민주화 시대의 장관 리더십

노태우-김영삼 정권기 장관의 생애와 신념

김경은

박영사

서문 ___

장관은 그가 활약한 시대와 그가 담당한 분야를 대표하는 인물이자 법령에 의해 권한과 역할이 주어지는 엄연한 제도이다. 또한 정치적 피임명자이면서 부처의 총책임자가 되어 정책과정을 주도하기 때문에 정치와 행정의 매개자로 그려진다. 특히 대통령제하에서 장관은 선거로 선출된 대통령으로부터 민주적 정당성을 수혈받고, 대통령의 이념적 동지로서 정권의 얼굴이 되어 정부를 대변한다. 최근에는 의회나 대정부 관계에서 갈등을 관리하고, 정책현장에 등장해 설득과 조정의 기술을 발휘하며, 때로는 정치적 야심을 드러내거나 정치인의 행보를 펼치는 정치지도자의 예비군으로 통한다.

우리나라 역대 장관들의 성공 사례와 사회적 공과(功過)는 비단 학문 세계에서뿐 아니라 여러 매체를 통해 공론화되어 왔다. 하지만 장관이 국가와 사회공동체의 발전 과정에서 얼마나 의미 있는 역할을 하였는지 되짚는 시도는 간헐적으로 이루어졌고, 장관의 리더십을 사회 변동의 차원에서 바라보는 관점은 부각되지 않았다. 또한 장관 연구에서도 임명과 해임, 경력과 출신배경, 재임기간 등의 개별 요건에 주목해 장관직을 분석하기 때문에 장관의 행동을 종합적으로 설명하지 못하고, 그의 내면세계에 심층적으로 접근하지 못하는 한계가 드러나곤 했다.

사실 장관 리더십은 그의 성격과 자질, 역량, 그가 재임한 당시의 권력구조와 대외 동향, 예측불가능한 사건·사고 등 어느 한 조건만으로는 설명할 수 없는 총체성을 특징으로 한다. 더욱이 장관 교체가 빈번하게 이루어질 경우에는 장관학습 시간이 충분하게 주어지지 않기 때문에 그때그때의 의사결정은 장관으로 임명되기 이전에 형성된 가치관과 생애과정에서 누적된 갖가지 경험, 그리고 외부요인에 의해 좌우되기 마련이다. 그러므로 장관 연구에서는 무엇보다 장관의 삶에 주목하여야 하고, 장관의 행동과 결정이 이루어지는 시대 상황에 관한 설명이 반드시 수반되어야만 한다.

장관직 수행기는 그들 삶의 일부만으로 이루어진 단막극이 아니라 과거의 연장선상에서 발현되는 연속극이다. 이 책에 등장하는 여섯 명의 장관은 모두 6.25 전쟁을 겪은 세대이자 경제개발 초기에 사회에 첫발을 내디딘 산업화 세대로서 민주화 이후에 출범한 정부에서 장관으로 임명되었다. 이들의 생애를 추적해 보면 전쟁으로 인한 혼돈 속에서 자신의 의지와 계획보다는 우연히 다가온 운명에 의해 개인의 삶이 조타된다는 사실을 발견할 수 있다. 또한 직업행로에서 산업화의 성과와 권위주의 체제의 모순을 동시에 마주하였던 경험은 훗날 장관이 되어 민주적 가치의 실현이라는 피할 수 없는 사명을 이루어 나가는 데 주효한 동력이 되었음을 확인할 수 있다. 이같이 시대 상황은 개인의 삶뿐 아니라 공적 자아와도 결코 분리될 수 없기에, 이 책에서는 장관의 리더십을 한국의 민주화라는 프레임을 통해 바라보았다.

사실 장관을 민주주의의 맥락에서 다루게 된 계기는 개인적 경험에 기초한다. 저자가 국민학교에 다니던 1980년대 말과 90년대 초, 서울 시내에 볼일 보러 나가시는 부모님은 최루가스에 대비해 손수건을 챙겨 나가시곤 했다. 헌법이 개정되고 정권이 바뀌면서 분명 "민주주의"가 달성되었음에도 민주화 운동은 계속되고 있었고, 민주주의는 여전히 불변의 시대정신이었다. 이후 도덕성 회복을 새 시대 민주주의의 기본과제로 내세운 정권이 들어서면서 한국의 민주화는 선진 민주주의의 흐름에 합류할 것으로 기대를 모았지만, 문민정부가 막을 내릴 무렵, 우리 사회에서 도덕적 가치의 위상은 눈에 띄게 추락하였고, 올바름과 정의에 대한 성찰은 찾기 어려워졌으며, 개인의 삶은 더욱 각박해졌다. 저자에게 민주화는 어린 시절의 기억 속에 각인된 일상이었기에 박사학위 논문을 쓰면서 만나게 된 장관 연구와 자연스럽게 결합되었다. 장관이 당대의 시대정신을 무엇이라 정의하며, 어떤 사명감과 혜안을 가지고 '민주화 이후'의 국가 무대에서 활약하였는지에 대한 의문이 연구의 실마리가 된 것이다.

『민주화 시대의 장관 리더십』이라는 제목이 암시하듯, 이 책에서는 민주화 시대를 개막한 노태우 정부, 그리고 문민 민주주의를 표방한 김영삼 정부에서 임명된 장관들 중 민주주의 현상을 반영하는 사건의 중심에서 역사적 결단을 단행한 사례를 선별해 민주주의라는 시대조건과 상호작용하는 리더십 작용을 살펴보았다. 이 글은 지도자의 성공담을 다루는 것과는 궤를 달리한다. 다시 말하자면, 민주주의의 발전에 기여하거나 민주적인 행태를 취하였다고 평가받는 장관, 또는 주어진 목표를 달성하거나 과업을 완수해 성공한 장관으로 기록된 인물을 다룬 것이 아니라, 민주화와 관련된 사건의 중심에서 도전을 요구받고, 문제 해결에 앞장선 장관들을 민주주의의 무대에 등장시켰다. 한 시대를 주름잡은 인물을 섭외하는 일이 만만치 않았고 복잡한 내막의 사건과 정책을 파고들어야만 하는 난관에 처하기도 하였지만, 꼭 알아야 하는 장관이라는 판단이 선 후에는 과감하게 '민주화 시대의 장관'으로 낙점하였다.

민주화라는 시대적 소명을 안고 역할을 수행함으로써 국정에 뚜렷한 발자취를 남긴 윤형섭, 이명현, 진념, 강경식, 최병렬, 오인환 장관은 노태우~김영삼 정권기의 10년간 주어진 임무를 완수하기 위하여 짧지만 격동적인 행군을 지휘하였다. 이 여섯 인물들은 전환기의 장관으로서 여러 선택지 앞에서 고뇌하였고, 온 삶의 경험을 끌어와 결단을 내렸다. 민주화라는 시대 조건은 이들의 행동을 추동하거나 제약하였고, 이들의 선택과 결정은 한국의 민주주의가 이행기를 거쳐 공고화의 토대를 닦는 계기가 되었던 것이다. 그러므로 독자들은 시대정신이라 불릴 만한 사회 공동의 가치가 결여된 지금, 민주화의 바람이 휘몰아친 전환기를 배경으로 리더십을 발휘한 장관들의 다채로운 면면을 통해 시대와 소통하는 지도자상을 그려 볼 수 있을 것이다.

2024년 12월
김경은

차례

표&그림 목차

장관과 민주주의

우리나라에서는 대한민국 정부 수립 이후 문재인 정권기까지 74년간 842명의 장관(임명 1,117건)이 탄생하였다.[1] 장관은 정권의 상징적 대표이자 부처 정책의 최종 책임자로서 한 시대를 설명해 주는 국가무대의 주인공이다. 특히 대통령제를 택한 우리나라에서는 민주적 정당성을 수반하는 대통령에 의해 임명되기 때문에 장관의 역할에는 국정 기조가 투영되고, 이러한 의미에서 장관의 인식과 행태는 시대정신의 구체화된 실상이다.[2] 또한 장관은 임명권자인 대통령에 대한 보좌적 참모 역할과 정부의 정치적 우선순위를 부처의 사무에 투입시키는 역할을 수행함으로써 대통령과 관료제 사이의 완충자로서 정치와 행정을 연결하는 독자적인 지위를 보유한다. 따라서 장관은 정치가의 얼굴을 갖되 행정가로서 행동하는 혼합된 인성을 지닌 주체로 그려진다. 더욱이 민주화 이후 정치체제가 대통령과 시민사회 간의 권력 배분을 둘러싼 긴장과 조율이 전개되면서 장관은 정부의 대표이면서 사회 여론 창구로서의 역할이 기대되는 일대 전환기를 맞게 되었다.

서구의 장기적인 민주주의 발전 궤적과는 달리 단기간의 격변을 통해 민주화를 경험한 우리나라는 제3의 민주화 물결을 겪은 여러 국가 중 가장 주목할 만한 국가로 꼽히고, 권위주의적 정치제도와 문화를 전환시키는 데 성공하였다고 평가받는다.[3] 학계에서도 6.29 선언 직후 출범한 6공화국 정부의 정통성 문제를 비롯해 각종 개혁의 단행과 민주주의 질의 향상을 위한 도전에 이르기까지 한국의 민주화가 갖는 특징을 규명하려는 시도는 꾸준히 전개되었다. 그러나 민주화 과정을 견인한 국가 엘리트들의 민주주의 인식과 의사결정의 이면을 종합적으로 분석한 연구는 찾기 어렵고, 민주주의와 리더십을 상호 교차적 관점에서 조명하는 시도 역시 미흡하다. 다시 말해, 정치과정을 주도하는 지도자는 늘 각광받아 왔지만, 관심의 대상은 그의 업적과 권력작용의 결과였으며, 민주화라는 시대적 맥락에서 리더십을 바라본 것은 아니었다. 특히 장관 연구에서는 장관의 업적과 성과, 재임기에 발생한 사건 및 사고에 주목하고 있으며, 당대와 교차하는 인물의 내면세계를 탐구하거나 장시간의 호흡을 가지고 장관의 행태를 추적하는 사례를 찾아보기 어렵다.

사실 리더십과 민주주의는 대척점에 위치하고, 긴장과 갈등의 관계를 형성하며, 상호 배타적인 방식으로 작동한다는 생각이 오랫동안 이어져 왔다.[4] 즉 현대 민주주의에서는 평등을 핵심 가치로 삼는 반면, 리더십은 본질적으로 불평등한 관계를 전제하기 때문에 양자 간의 모순이 발생하며,[5] 민주주의에 관한 문헌에서는 권력 개념을 배제하고, 권력을 다룬 문헌에서는 민주주의에 관하여 거의 언급하지 않는 등 민주주의와 권력에 관한 연구는 각각 분리된 채 수행되어 왔다는 것이다.[6] 일각에서는 민주주의 체제에서 통치자의 전횡에 대한 우려 때문에 통치자를 속박하는 리더십 딜레마 현상이 출현하게 된다는 지적도 제기되었다.[7]

그러나 민주화 연구(transitology)에서는 지도자와 정치체제가 영향을 주고받는 관계라는 점에 주목하였다. 일례로 새뮤얼 헌팅턴(S. Huntington)은 민주주의의 공고화의 핵심의 결정적 요인으로 경제발전과 함께 정치 지도력을 꼽았고,[8] 역사학자 슐레진저(A. Schlesinger)는 리더십이 자치(self-government)의 적이 아니라 민주주의를 촉진시키는 수단임을 강조하였다.[9] 또한 민주주의가 성공하든 실패하든 정치리더와 지도자 그룹의 선택과 행동, 결정에 크게 의존하고(S. M. Lipset),[10] 민주주의가 리더십의 질에 의해 유지되거나 몰락한다고 주장하는 등(K. Ruscio)[11] 민주주의를 리더십 작용의 결과로 간주하였다.

사실상 정치 엘리트는 민주화 과정에 참여하는 가장 강력한 주체로, 엘리트의 기질과 전략, 행동은 민주화의 성공을 좌우한다.[12] 또한 권위주의적 통치로부터의 전환은 각국의 독특한 역사적 상황에 의해 이루어지는데, 이때 정치 지도자의 리더십은 시대상을 조망하는 데 유용한 근거로 다루어지기도 한다. 이같이 민주화로 이행하는 국가에서 정치 지도자의 판단과 능력은 매우 중요하며 민주화 이행의 성공은 엘리트 간의 협상에 달려있다고 할 정도로 리더십은 민주주의의 발전과 불가분의 관계를 이룬다.

제왕적 대통령이 지휘하는 국정운영의 전통이 착근된 우리나라에서 장관은 현대사의 굴곡과 격랑을 헤치면서 국가를 경영한 핵심 요체였다. 그런데 장관의 운명은 대통령의 임기에 의하여 제약되기 때문에 시간 관리야말로 장관의 가장 중요한 업무 전략 가운데 하나로 거론된다.[13] 게다가 장관학습 시간이 충분히 주어지지 않은 채 선택의 순간에 직면하기 때문에 취임 이전에 겪은 경험은 장관 재임기의 판단과 행동에 광범위한 영향을 미친다.

문제는 장관으로 임명되기 이전의 생애 경로가 장관직 수행기의 행적과 어떻게 연결되는지 그 접점을 모색하는 일이다. 근래에 들어 정치 지도자의 삶의 역정(歷程)이 담긴 구술을 수집하는 시도가 간간이 이루어지지만, 한 인물의 삶을 구성하는 여러 단편을 꿰어 지도자상(leadership model)으로 추상화하는 작업은 정치·행정학계의 과제로 남아 있다.

한편 장관이 당면하는 정치 현상과 사회적 조건을 그의 행태를 결정짓는 주효한 요인으로 충분히 고려하지 않음으로써 장관과 정치체제 간의 역동적 상호작용과 시대성이 반영된 장관 리더십의 실체에 대한 접근이 제약되고 만다. 특히 핵심행정부의 정책결정은 여전히 베일에 가려 있는 숨겨진 이야기로 인식되고 있으며, 그들만의 리그에서 이루어지는 밀실행정의 일환으로 치부되면서 최고위직 지도자의 결정을 지배하는 거시적 환경을 리더십 요인에서 간과하는 오류를 범하게 된다.

사실 리더십은 반드시 긍정적 지지의 차원에서 정의되는 것은 아니고 그 반대의 경우일 수도 있으며, 때로는 중립적 개념으로 사용된다. 그러나 우리나라의 장관 연구에서는 유독 정책의 성공에 주목하고, 장관직에 관하여 성공-실패라는 이분법적 사고로 접근함으로써 장관이 처하는 다층적 상황과 그가 취하는 행동의 참 의도를 제대로 조명하지 못하게 된다. 그 결과, 장관은 시대와 적극적으로 소통하는 공직자로 그려져야 함에도 불구하고 장관이 활동한 시대를 그의 행동반경을 이루는 부수적 요소로 간주함으로써 시대상이 담긴 장관 리더십에 관한 논의로까지 발전하지 못하고 마는 것이다. 따라서 이 책에서는 장관 개인의 생애경험과 민주주의 전환기라는 시대 조건이 리더십에 어떤 영향을 미치는지 조명하는 데 방점을 두고, 한국의 민주주의 이행 과정을 견인하는 장관을 탐구하였다.

우리나라에서는 노태우 정부의 출범으로 민주화 시대가 개막되고, 김영삼 문민정부의 등장으로 민주주의 공고화의 길목에서 각종 개혁이 추진되었다. 그러나 노태우 정부는 6.29 선언 이후 새로 개정된 헌법에 따라 치러진 선거로 구성된 민주정부임에도, 권력층 내부의 인적 구성과 행정운영 방식이 구태를 벗어나지 못했다는 비판에 직면하였다. 한편 김영삼 정부는 오랜 군부 통치로 형성된 정치질서와 과감하게 단절하고, 세계적인 시류에 부합하는 정치개혁과 사회 개편을 추진하였으나 주요 개혁이 대통령 1인의 결정에 의해 단행되고, 청와대의 토론문화 부재가 지적되는 등 비민주적인 국정운영이 이루어졌다는 비판을 받았다.

이와 같이 민주주의 전환기라는 공통의 분모를 가졌음에도 여러 면에서 상반된 성격이 나타난 두 정권에서 '민주화'와 관련된 사건의 중심에 있었던 장관들이 이 책의 주인공이다. 성공 담론에 치중할 경우, 장관의 개성과 그가 당면한 상황의 특수성을 간과함으로써 장관 리더십만이 가진 고유한 속성에 대한 발견은 원천적으로 봉쇄되고 만다. 즉 성공과 몰락이라는 결과론적 접근만으로는 장관의 역할 수행이라는 실천적 측면을 이해하기 어렵고, 후대가 당면할 상황을 해석하는 데 귀감이 될 만한 사례를 발굴하는 데에도 도움이 되지 않는다. 여기에 등장하는 여섯 명의 장관은 성공 신화의 주역이 아니라, 민주화라는 과업을 안고 국정 전면에 등장하였던 인물들로, 그들의 개략적인 면면은 다음과 같다.

윤형섭은 연세대학교 정외과 교수로 재직하였고, 대한교육연합회와 한국교원단체총연합회의 회장으로 연이어 취임해 일하던 중 초대 교육부 장관(1990.12.27-1992.1.22)으로 임명되었다. 장관 재임기에 강경대 사망 사건을 비롯한 연쇄적 학원 저항 사태에 직면해 국정 경색의 난국을 돌파하고, 학원 안정을 이루는 임무를 부여받았다.

이명현은 서울대학교 철학과 교수로, 문민정부 출범을 앞두고 신한국론을 제창해 새 정부의 이념적 기틀을 마련하는 데 일조하였다. 또한 교육개혁위원회 상임위원으로서 5.31 교육개혁안을 설계해 신교육 개혁의 틀을 조각하였고, 정권 말엽에 교육부 장관(1997.8.6-1998.3.2)이 되어 개혁안의 집행을 위한 법제화 작업을 추진하였다.

진념은 경제기획원에서 공직을 시작한 정통 관료 출신으로, 냉전의 와해와 걸프전의 여파로 자원 위기가 고조된 노태우 정권기에 동력자원부 장관(1991.5.27-1993.2.25)으로 임명돼 에너지 수급 안정화에 매진하였다. 또한 문민정부에서 노동부 장관(1995.5.24-1997.8.5)으로 취임한 후 노동법 파문에 직면해 복잡한 이해관계를 조율하고 때로는 소신을 고수하며 사태의 수습을 도모하였다.

강경식은 5공화국에서 재무부 장관, 대통령비서실장을 지낸 이력 때문에 문민정부에서 입각이 지연되다가, 경제위기의 전야에 재정경제원 장관(1997.3.5-1997.11.19)으로 발탁되었다. 그는 난국을 극복하기 위해 시장경제 원리에 기반한 구조개혁이라는 초강수를 꺼내 들었지만, 정권 말기의 레임덕과 대선을 앞둔 정치인들의 눈치작전에 밀려 IMF 체제로의 전환을 맞이하게 되었다.

최병렬은 언론계와 정치계에서 쌓은 관록을 바탕으로 노태우 정권기에 정무수석을 거쳐 문화공보부(1988.12.5-1990.1.2), 공보처(1990.1.3-1990.12.26), 노동부 장관(1990.12.27-1992.6.25)으로 연달아 임명되었다. 그는 민주화의 봇물이 터진 갈등의 현장에서 법과 원칙을 앞세워 문제를 돌파하는 통치 전략을 구사하였다.

오인환은 문민정부 출범과 동시에 공보처 장관(1993.2.26-1998.2.24)으로 임명된 후 5년간 재임해 '헌정 사상 최초로 대통령과 임기를 같이한 장관'이라는 타이틀을 달게 되었다. 그는 종합유선방송 및 지역민영방송 관련 사업자 선정과 같은 이권 사업의 주무부처 장관으로서 공개주의와 공정성에 기반을 둔 행정을 펼쳤다.

1 중복으로 임명된 경우를 한 건으로 환산하였을 때 총 842명이 장관으로 임명되었다. 중복 임명된 사례를 건별로 환산하고 부처 통폐합에 따른 수평 이동과 차기 정권으로 유임된 경우도 별도의 임명으로 상정하였을 때 임명 건수는 1,117회다. 자세한 내용은 20쪽의 〈표 1〉 참고.

2 김경은, 「한국의 장관은 정치가인가 행정가인가」, 『한국행정학보』 49(3), 2015, 2쪽.

3 Samuel Kim, *Korea's Democratization*, Cambridge; New York: Cambridge University Press, 2003), p. 3; Larry Diamond(1996); Im(1996); To-chol Shin, *Mass Politics and Culture in Democratizing Korea*, Cambridge; New York: Cambridge University Press, 1999, p. xxii에서 재인용.

4 Larry D. Terry, *Leadership of Public Bureaucracies: The Administrator as Conservator*, Armonk, New York: M.E. Sharpe, 2003, p. ix; Geir Helgesen, *Democracy and Authority in Korea: The Cultural Dimension in Korean Politics*, London: Routledge, c1998, p. 222.

5 Matthew Trachman, "Historicizing Leadership/Democratizing Leadership Studies" (unpublished manuscript), pp. 18-19; J. Thomas Wren, *Inventing Leadership: The Challenge of Democracy*, Cheltenham, UK; Northampton, MA: Edward Elgar, c2007, p. xii.

6 Ian Shapiro, "Inclusion and Participation" in F. Engelstad & Øyvind Østerud, *Power and Democracy: Critical Interventions*, Aldershot, Hants, England; Burlington, VT: Ashgate, 2004, p. 21. 위계적 지위나 권력을 전제로 한 엘리트 개념의 차원에서 리더십을 정의함으로써 리더십과 민주주의는 대립적인 관계로 설정된다는 주장도 이와 같은 맥락이다. William A. Welsh, *Leaders and Elites*, New York: Holt, Rinehart & Winston, 1979, p. 2.

7 Kenneth Ruscio, *The Leadership Dilemma in Modern Democracy*, Cheltenham, UK: Edward Elgar, 2004, p. x.

8 Samuel P. Huntington, *The Third Wave: Democratization in the Late Twentieth Century*, Norman: University of Oklahoma Press, 1991.

9 Arthur M. Jr. Schlesinger, *The Cycles of American History*, Boston: Houghton Mifflin, 1986, 정상준 · 황혜성(역), 『미국 역사의 순환』(서울: 을유문화사, 1993), 430쪽.

10 Seymour Martin Lipset(1994); Doh Chull Shin, "On the Third Wave of Democratization: A Synthesis and Evaluation of Recent Theory and Research," *World Politics* Vol. 47(1), 1994, p. 136에서 재인용.

11 Kenneth Ruscio, *op. cit.*(2004), p. 4.

12 Edward Friedman, "Democratization: Generalizing the East Asian Experience" in E. Friedman(ed.), *The Politics of Democratization: Generalizing East Asian Experiences*,

Boulder: Westview Press, 1994; Palma(1990), p. 9; Guillermo O'Donnell, Philippe C. Schmitter & Laurence Whitehead, *Transitions from Authoritarian Rule: Comparative Perspectives*, Baltimore: The Johns Hopkins University Press, c1986. p. 19에서 재인용; Carl J. Saxer, *From Transition to Power Alternation: Democracy in South Korea, 1987-1997*, New York: Routledge, 2002, p. 15.

13 이와 같은 맥락에서 대통령제를 택한 국가에서 시간은 정치의 중요한 한 축을 이루고, 장관의 행위에 가장 큰 제약조건으로 작용하는 것 역시 시간이라고 한다. Juan J. Linz, "The Perils of Presidentialism" in L. Diamond, M. F. Plattner & P. J. Costopoulos, *Debates on Democratization*, Baltimore: Johns Hopkins University Press, 2010, p. 271; Geoffrey Dudley & Jeremy Richardson, "Promiscuous and Celibate Ministerial Style: Policy Change, Policy Networks and British Roads Policy," *Parliamentary Affairs* Vol. 49(4), 1996, p. 568.

한국의 장관

1 장관이란 자리

"장관의 자리라는 것은 대단히 선택된 분들만이 차지할 수 있는 영예로운 자리입니다. 수많은 교육 공직자가 있지만 그중에서 장관으로 선택되는 분은 대단히 적습니다. 그 정도로 영광스럽고 막중한 권한을 가지고 있는 자리이기 때문에 대학을 제외하고도 약 35만 명이 넘는 교육 공직자들이 장관의 일거수일투족을 관심 있게 지켜보고, 또 장관의 훌륭한 인간된 모습, 지도자의 모습을 선망의 대상으로 삼고 존경하며 기대를 걸고 살아가는 것입니다."

- 제15대 국회 교육위원회 위원장 김현욱(1996.8.22)[1]

장관은 한 시대를 풍미한 정책의 제조자나 사건·사고의 해결사로서 이름을 남기는 영예를 얻지만, 때로는 정권의 오명을 떠안는 불명예의 주인공이 되는 등 극명하게 대비되는 평가에 구속된다. 또한 단명(短命)하고, 돌발 상황에 의해 임명되거나 해임되며, 자신의 경륜과 능력에 반드시 부합하지만은 않는 조직의 수장으로 발탁되기 때문에 '불확실성을 동반하는 임시직', '내각이라는 큰 퍼즐의 한 조각에 불과한 자'로 묘사되거나 '가장 매력 없는 공직'으로 간주된다.[2]

장관직은 매 순간마다 많은 사람의 생활에 영향을 미치는 선택을 하고, 최종 책임을 지는 고독한 결단을 자처하는 자리다. 그러나 누군가에게는 개인적 영달을 위한 필수 코스이며, 전도유망한 사람이라면 인생에서 한번쯤 연착륙하게 되는 경력 중 하나다. 피터 리델(P. Riddell)에 따르면 장관 자리를 제안받은 사람은 그것이 자신이 원하던 일이 아닐지라도 거절하지 않으며, 장관직이 한시적이고 사회적으로 후한 평판을 받지 못함에도 경의의 대상임은 분명하다.[3] 다시 말해 장관직은 정치계와 미디어, 대중의 주목을 끄는 명망 높은 직업이자 화려한 자리로, 정치 경력의 최정점에 해당한다. 또한 대부분의 정치인들이 가장 성공적인 종착점으로 여기는 자리이기에 야심 있는 정치가는 '장관'이라는 명성을 얻기 위해 분투한다.[4]

우리나라에서도 장관직은 '임명된 후 천장만 보고 누워 있어도 빙긋이 웃음이 나는 자리'에 비유된다. 또한 '모든 공무원들의 꿈'[5]이자 '엘리트 관료라면 한번쯤 해보고 싶은 자리',[6] '존귀하고 명예로운 직책'[7]으로도 묘사된다. 장관직은 단 하루만 맡았더라도 평생 "장관" 소리를 들을 정도로 희소하고 영예로운 이력인 것이다.

역대 장관들은 자신이 겪은 경험을 통해 규범적 역할과 현실적 사명이 어우러진 장관의 정체성을 정의한다. 장관은 일명 '대통령제하에서 일종의 비서(Secretary)'(박철언 체육청소년부 장관),[8] '대통령의 지시를 충실하게 이행하는 자'(주돈식 문화체육부 장관)[9]라면서 장관을 대통령의 대리인으로 여기거나, '국정철학의 구현자'(오인환 공보처 장관),[10] '국정 설계자'(이명현 교육부 장관)[11]로서 정권의 핵심 지도자로 인식한다. 또한 '국민의 대리인'(김정길 행정자치부 장관)[12]이자 '멸사봉공의 자세로 국민의 이익을 위해 정책을 펴는 자리'(이헌기 노동부 장관),[13] '정치적 중립의 위치에서 국민의 이익을 위해 일하는 사람'(박윤흔 환경부 장관)[14]으로서 국민의 공복임을 자처하거나, '정책과 조직의 최종 책임자'(김호진 노동부 장관),[15] '정치 이슈의 해결사'(남재희 노동부 장관)[16]로서 리더십을 발휘할 것을 주문한다.

장관은 내각의 구성원이자 부처의 총책임자이며, 때로는 소속 정당의 당론에 구속되는 정치가이기 때문에 역할갈등을 빈번하게 겪는다. 블론델과 티보(J. Blondel & J. Thiébault)는 장관이 자신의 행정적 결정이 유발하는 정치적 결과에 공동으로 간여하기 때문에 정치가이자 테크니션으로서의 자질을 갖춰야 하고, 제너럴리스트이자 스페셜리스트가 되어 뛰어야 한다고 강조하였다.[17] 이같이 장관에게는 행정 세계와 정치 세계의 경계에서 중개자(go-betweens), 완충자(buffers) 또는 여과자(filters)가 되어 행동하는 전략이 요구된다. 그러나 직업관료에 대한 인사관리는 전 세계적으로 잘 정착되어 있는 반면, 정치적 피임명자의 활동에 관한 규율은 제대로 제도화되어 있지 않은 편이어서[18] 공직 규범의 차원에서 장관에 업무와 역할에 대한 체계적인 정비가 필요하다.

한편 장관은 개인적 야망과 한계를 동시에 보유하며, 저마다의 직업 경로와 역할관, 사명감을 바탕으로 고유한 리더십 스타일을 구현해 낸다. 특히 내각제 국가에서는 장관 후보군이 대부분 의회의 구성원으로 제한되어 비교적 동질적인 정치 성향과 정책 지향성을 가지는 데 반해, 대통령제를 채택한 나라에서는 각기 다른 삶의 궤적을 지난 각료들이 섞인 내각 안에서 장관들 간의 공통점을 찾기란 매우 어렵다. 또한 장관의 리더십에 따라 부처별로 정국 운영의 흐름과는 다른 정책기조를 가질 수 있으며, 때로는 대통령의 국정방침에 정면으로 대항하는 강성 장관이 출현하기도 한다.[19] 달리 말하자면 대통령제하에서 장관의 전형(typical example)이란 애초부터 존재하지 않는 신기루일 수 있다. 따라서 한 팀으로 집권하고 행동하며 몰락하는 정부와는 달리, 장관의 삶은 고독한 지점에서 개별화된 모습으로 그려지는 것이다.[20]

장관의 삶과 업적에 관한 연구는 도처에서 수행되어 왔으며, 특히 장관의 내면 세계와 그가 취한 선택과 행동의 이면을 이루는 배경은 회고록, 자서전과 같은 자전적 에세이와 평전 등을 통해 구체적인 언어로 묘사되곤 한다.

일례로 클린턴 행정부에서 노동부 장관을 지낸 로버트 라이시(R. B. Reich)는 사람을 국가의 가장 귀중한 자산으로 여기는 국정 철학('Putting People First')에 기반해 대통령과 참모들을 어떻게 설득했는지, 현장에서 어떤 교훈을 얻었는지, 의회, 자본가, 국책기관장 등 거대 권력과의 관계에서 어떤 전략을 펼쳤는지를 자신이 겪은 백악관 경험을 통해 면밀히 기록하였다.[21]

우리나라에서도 장관 경험에 대한 분석은 간헐적으로 보고되었다. 거슬러 올라가 1973년에는 1963년 민정 이양 후 퇴직한 장관 17명, 차관 13명, 지사 5명을 면담해 정무직 공무원의 역할과 그 역할을 이행하는 데 필요한 역량을 규범적 차원에서 제시한 연구(『최고 정책 결정직의 역할에 관한 연구』)가 소개되었다.[22]

1981년에는 정부 수립 시부터 1950년대까지의 국가건설기에 경제부처 장관으로 임명된 25명 인사의 공직 경험담(『재계회고』)이 발표되었다. 이 책에서는 장관으로 발탁된 배경, 재임 중 관찰한 대통령의 행태, 대통령과의 관계에 대하여 자세하게 언급하는데, 회고자들이 재구성한 이야기를 통해 국가 건립 초기의 불안정한 시국, 제왕적 대통령의 휘하에서 임명권자에 대한 의존도가 상당히 높았던 정황,

장관의 업무가 결국 대통령의 일을 처리하는 대리인으로서의 과업임을 추론할 수 있다.[23]

사회의 거시적 환경이 바뀔 때마다 새로운 국면이 결합되면서 장관의 역할과 리더십에 대한 기대가 변하였고, 그들의 성과도 이전과는 다른 양상으로 도출되었다. 1990년대에는 경제개발기에 국정운영을 통해 큰 발자취를 남긴 장관급 행정가 7명의 삶과 업적을 조명한 『전환시대의 행정가』가 출간되었다.[24] 이후에도 고도성장기에 괄목할 만한 업적을 남긴 국가 엘리트에 관한 기록은 저술과 논평, 구술자료 수집 등 다양한 방식을 통해 꾸준히 축적되었다.

정치와 행정의 관계는 행정학의 근본적인 물음이라는 인식과 함께 2000년대에 접어들면서 장관 연구가 적극적으로 진척되었다. 대표적으로 김대중 정권기의 장관 31명과의 심층면담을 통해 장관의 바람직한 역할과 리더십을 제언한 『장관론』(2003)[25]이 출간되었다. 이어서 노태우·김영삼·김대중 정부의 장관 27명을 면접해 성공적인 직무 수행을 위한 요건을 탐구한 『21세기 성공 장관론』(2004),[26] 그리고 경제·외교·행정·사회문화 부처에서 재직한 9명의 장관 사례를 제시한 『장관 리더십』(2007)[27]이 소개되었다. 앞의 두 책은 경험자료를 토대로 규범적 처방을 내리고 있으며, 마지막 저서에서는 개별 장관의 경험에 밀착해 장관의 일을 십중석으로 분석하였다. 세 저작 모두 장관으로 임명된 배경이나 부처의 환경과 같은 취임 전후의 조건을 살피고 있지만, 해당 장관의 재임기가 우리 현대사의 어느 지점에 해당하는지, 장관이 마주한 사건의 역사성은 어떠한지 근원적 물음을 다루고 있지는 않다.

전직 장관들이 집필한 회고록도 활발하게 간행되어 왔다. 그런데 이들의 장관 경험은 평생 쌓아 온 여러 이력 중 일부에 불과하여 장관직의 단편적인 면만을 보여준다는 한계를 지니지만, 동시에 장관 재임기 전후의 정황과 행적이 장관의 직무와 어떻게 연결되는지를 파악할 수 있는 근거를 제공한다는 장점도 있다.

2 우리나라의 장관 개요

장관직을 설명해 주는 여러 항목 중 우리나라의 장관을 논할 때 가장 빈번하게 언급되는 것은 임명과 해임, 경력과 출신배경, 재임기간, 장관으로서의 역량, 장관 유형 등이다. 각각의 항목은 유기적으로 연결돼 장관직의 특성을 이루고, 여기에 정치·사회적 여건과 돌발 상황이 결합돼 장관 특유의 리더십 스타일을 만들어 낸다.

1) 임명과 해임

정부 형태는 장관의 탄생과 몰락, 재임기간, 임명권자와의 관계, 임기 등에 영향을 미친다. 의원내각제 국가에서는 총리가 장관의 임명과 해임에 관한 권한을 보유한다. 그러나 실제로는 총리가 자신이 소속된 당에서 영향력 있는 인물을 장관으로 지명하거나 라이벌 관계인 의원을 내각에 끌어들임으로써 권력 암투를 사전에 막는 등 총리의 인사권 행사에 많은 변수가 작용한다.[28] 따라서 장관직은 총리로부터 얻은 자리가 아니고, 장관은 총리의 의회 동료일 뿐이며, 내각은 강하고 독립적인 멤버들로 구성된다는 공식이 성립한다.

반면 대통령제 국가에서 내각은 대통령의 안정적 지위와 강력한 권력으로 인해 단순히 정책 집행부로 간주되고, 각료도 대통령의 보좌역이나 참모, 부하에 불과한 자로 치부되곤 한다. 또한 장관의 재임기간을 결정하는 데 임명권자의 입김이 크게 작용한다. 다시 말해 대통령은 내각 구성원이 해임 건의의 대상이 되었을 때 내각제의 총리보다 훨씬 더 적극적으로 방어하고, 내각을 일체화하여 집행 추진력을 확보하기 때문에 장관은 대통령을 추종할 밖에 없으며, 장관직에서 물러나야만 대통령의 굴레로부터 해방된다.

내각을 구성하는 일은 공적으로나 정치적으로나 대통령의 가장 중요한 결정으로, 새 조각을 통해 대통령이 의도하는 국정운영의 방향에 대한 힌트를 얻을 수 있다. 김대중 정부에서 초대 정무수석을 지낸 문희상에 따르면 첫 조각에서 1970년대 중앙정보부 국장을 두루 거친 대북 강경론자인 강인덕을 통일부 장관으로 임명한 것이 "김대중은 빨갱이"라는 정치 선전에 노출되어 온 국민들과 "김대중은 과격한 반미주의자"라는 의구심을 갖고 있던 미국 정부를 안심시키려는 대통령의 의중이 반영된 조치였다면, 후임 장관으로 남북 간의 화해와 협력을 앞장서 주장해 온 임동원 전 외교안보 수석을 낙점한 것은 집권 하반기에는 한반도 통일의 일대 전환점을 만드는 데 주력하겠다는 메시지였다고 한다.[29] 사실 대통령은 각료를 자신의 국민적 지지 기반으로 여기거나 정치적 정당성의 근거가 되는 공약 수행을 담당할 실질적·능동적 주체로 간주한다.[30] 즉 장관은 우선순위의 정책 또는 공약과 씨름하라는 주문과 함께 발탁되는 등 명확한 임명 사유를 수반하기 때문에 통상적인 업무 이외에 자기에게 주어진 고유한 역할기대를 충족시켜야만 한다.

나라마다 정치체제와 역사적 경험은 다르지만, '국민의 대표'(대통령)가 가진 열망을 따를 준비가 되어 있는 사람을 장관으로 임명하는 것이 일반적이다.[31] 우리나라에서도 장관 임면권은 전적으로 대통령의 권한에 속하기 때문에 장관은 어디까지나 대통령이 책임을 지는 '대통령의 사람'으로 인식된다. 자기의 지식체계와 인식 기반이 정권과 부합하지 않는다면 장관 자리를 수락하지 않는 게 타당하다는 어느 장관의 견해(윤광웅 국방부 장관, 2004.7.29-2006.11.24)[32]는 장관이 정권과 한편이 되어야만 한다는 당위성을 뒷받침해 준다. 전직 장관들도 "대통령중심제에서 장관의 가장 큰 시어머니는 대통령"(전 재무부 장관)이라 언급하고, 임무 수행 과정에서 "청와대의 입김이 가장 세며, 특히 경제수석이 정책결정 과정에 많이 개입했다"(전 농림수산부 및 동력자원부 장관), "통수권자의 의도를 염두에 두었다"(전 국방부 장관)라는 고백을 털어놓았다.[33] 민주화 이후에 출범한 정부의 장관들과 인터뷰하면서 그들이 과업이나 부하 관료들과의 관계보다는 대통령과의 관계, 정권의 성격, 당시의 권력구조와 사회 분위기 등에 관한 이야기를 더 풍성하게 구술하는 경향을 포착하였다는 진술[34]은 장관이 대통령과 정권에 가장 민감하게 대응하였음을 알려주는 대목이다.

한편 장관 임명 기준은 장관의 역할과 기능을 규정한다. 비조미르스키(M. J. Wyszommirski)는 정치적 전문성, 관리 역량, 정치운영 능력, 정치적 이익단체의 지원을,[35] 로즈(R. Rose)는 대표성, 임명권자에 대한 충성과 능력을 장관 발탁의 조건으로 꼽았다.[36] 영국의 고든 브라운(Gordon Brown) 전 총리는 장관을 뽑을 때 교육 수준이나 건강뿐 아니라 연령, 사회적 배경, 인품, 소속 정당 내에서의 입지 등 여러 부분을 종합적으로 고려하여야 한다고 언급한 바 있다.[37] 미국 백악관의 경우, 대통령 당선자의 가치를 공유하고, 소관 정책에 대하여 충분한 지식과 역량을 보유하며, 훌륭한 관리자로서의 요건을 구비하였는지를 따져 정치적 임명을 단행한다.[38] 레이건 행정부에서 백악관 인사자문국장을 역임한 팬들턴 제임스(E. Pendleton James)는 행정부 인선 후보자 명단을 추려낼 때 철학적 확신, 청렴성, 강인함, 역량, 팀 플레이어로서의 자질을 고려하였다고 한다.[39] 장관은 임명권자의 철학적 동지이자 정치 파트너임을 시사한다.

그러나 임명권자와 친분이 있는 경우, 대개 비공식 수단을 통해 정부 요직에 대한 거래가 이루어지는 등 내각의 구성은 굉장히 사적인 영역에 속한다고 알려져 있다. 일례로 클린턴 대통령 당선자와 오랜 친구 사이였던 로버트 라이시(R. Reich)는 노동부 장관이나 경제자문위원회 의장직에 도전하고 싶다는 뜻을 클린턴에게 직접 말하였고, 얼마 안 돼 노동부 장관으로 입각하였다고 한다.[40] 사실 모든 임명권자는 거래비용을 줄이기 위해 가능한 한 자신과 연줄이 닿는 사람을 임명하고자 하며, 실제로 혈연, 지연, 학연과 같은 일차적 관계에 있는 사람들을 등용하곤 한다.

우리나라에서는 전두환, 노태우와 같은 군 출신 대통령은 군대조직을 관리한 경험이 있기 때문에 장관을 능력 본위로 기용하고 특별한 실책이 없는 한 장관직을 유지하게끔 한 반면, 재야에서 오랜 시간 민주화 운동을 한 김영삼, 김대중 대통령은 공식적인 조직생활 경험이 없는 데다 과거에 신세진 사람들에게 빚을 갚는 차원에서 장관직을 전리품과 같이 사용하였다고 한다.[41] 일각에서는 대통령이 장관직을 정치적 보상을 위한 수단으로 사용함에 따라 공직의 사유화가 초래된다고 우려하지만,[42] 충성스러운 내각을 구축하는 일이야말로 대통령 직무의 성패를 좌우한다.

그러나 대통령의 선호는 정치적 합리성과 기술적 합리성에 의해 제약된다. 즉 신임을 내세워 측근자 위주로 기용하면 정치적 정통성이 약화되기 때문에 정치적 합리성의 관점에서 대표성에 기초한 임명을 할 수밖에 없으며, 복잡한 국가운영을 효율적으로 관리하고 경제적 성과를 높이기 위해 기술 엘리트를 충원하는 방식으로 기술적 합리성에 입각한 임명을 단행한다는 것이다.[43] 김영삼 정부에서 이명박 정부까지의 장·차관 임명 사례를 분석한 연구에서는 최우선 순위의 정책을 집행하는 부처에서 장관을 임명할 때는 실적을 강조하고 충성도를 제한적 수준에서 적

용하는 반면, 차관 임명 시에는 충성도를 무시하고 실적을 과도하게 강조하는 것으로 나타났다.[44]

근래에 들어 정치적 임명자들에 관한 모든 인사 업무가 본질적으로 대통령의 권한에 속한다는 제왕적 관념이 변화해야 한다는 입장이 대두되었다.[45] 대표적으로 노무현 정부는 첫 조각 때 국민 인터넷 추천제를 통해 장관 후보자를 물색하고, 각 부처를 대상으로 장관 후보자에 대한 여론조사를 실시하는 파격적인 시도를 단행하였다.[46] 사실상 장관 임명은 임명권자의 독단에 의해 이루어지는 것이 아니라 여러 결정요인이 작용해 최종안이 도출되는 일종의 정치적 과정으로, 전체 정치 시스템이 작동한 결과라고 보는 것이 합당하다.

우리나라에서는 정부 업무가 덜 복잡하고, 사회도 덜 분화되었던 과거에 한 정권 내에서, 또는 여러 정권에 걸쳐 동일인이 수차례 장관으로 임명된 경우가 상당히 많았다. 한 정권에서 여러 번 임명된 사례로, 이승만 정부에서는 총 110명의 장관 중 18명(13.2%)이 두 번 이상 장관으로 발탁되었다. 예컨대 허정은 교통부 장관(1948.10.4-1950.5.10), 사회부 장관(1950.11.23-1952.1.12), 무임소 장관(1952.4.10-1952.7.22)에 이어 외무부 장관(1960.4.25-1960.8.19)까지 총 4차례나 장관직에 올랐다.[47] 2공화국에서는 4.19 혁명 때 계엄사령관을 지낸 송요찬이 국방부(1961.6.12-1961.7.10), 외무부(1961.7.22-1961.10.10), 경제기획원(1962.3.2-1962.6.18)에서 연달아 장관 배지를 다는 등 73명의 장관 중 11.4%에 해당하는 10명이 두 차례 이상 장관을 지냈다.[48]

박정희 정권기부터 중복 임명 건이 급증해 전두환 정권까지 이어졌다. 3공화국에서는 80명의 장관 중 22명(20.4%), 4공화국에서는 93명의 장관 중 22명(17.9%), 그리고 전두환 정권기에는 87명 중 18명(17%)이 한 정권 안에서 두 차례 이상 장관직에 임명되었다. 이렇게 여러 부처에서 장관직을 수행한 경력자(mobile minister)는 정책과정 전체를 조망하는 폭넓은 시야를 갖게 된다. 일례로 이승만 정권기의 김일환 내무부 장관(1958.8.27-1959.3.20)은 상공부 장관(1955.9.16-1958.8.27) 시절의 경험을 통해 내무행정 역시 산업부흥과 건설의 뒷받침 역할을 해야 한다는 지론을 갖게 되었다고 한다.[49]

그러나 민주화 이후에는 한 정권 안에서 중복 임명된 사례가 김영삼 정권기를 제외하고 점차 감소하는 경향을 띠어, 노태우 정권기에는 11명(9.6%), 김영삼 정부

14명(12.1%), 김대중 정부 7명(7.3%), 노무현 정부에서는 4명(5.2%)에 불과한 것으로 나타났다. 최근에 들어와 중복 임명된 장관들 중 대부분은 정부조직 개편으로 인하여 수평 이동한 사례에 해당한다. 예컨대 이명박 정부에서 중복 임명된 4명 중 박재완 장관(기획재정부·고용노동부)을 제외한 전재희(보건복지가족부→보건복지부), 임태희(노동부→고용노동부), 백희영 장관(여성부→여성가족부)은 새 부처로 수평 이동한 사례에 해당한다. 박근혜 정부에서는 유일호(국토교통부·기획재정부), 조윤선(여성가족부·문화체육관광부), 정종섭(안전행정부→행정자치부)이 두 차례 이상 임명되었고, 문재인 정부에서는 김부겸(행정자치부→행정안전부)과 유영민(미래창조과학부→과학기술정보통신부) 단 두 명의 장관만 정부조직 개편으로 수평 이동하였다.

대통령제를 택한 국가에서는 정권 간의 연속성이 뚜렷하지 않기 때문에 이전 정부에서 봉직한 참모들이 차기 정부에 재입성하는 일은 드물다. 따라서 새로운 인물이 국정 전면에 등장하는 일은 자연스러운 현상으로 받아들여지게 마련이다. 그러나 우리나라의 경우 권력형성의 특수성으로 인하여 정권이 교체되었음에도 장관이 그대로 유임해 이전 정부와 연속성을 이루는 경우가 빈번하였다. 3공화국에서 임명된 장관 19명은 4공화국으로 전원 유임되었고, 4공화국의 장관이 5공화국으로 유임된 사례는 14건에 달하였으며,[50] 노태우 정부에서도 첫 조각에 5공화국 내각에 있던 8명의 장관이 유임되거나 재임명되었다.

여러 정권에 걸쳐 동일 부처의 장관으로 재등용되는 사례도 간간이 보고되었다. 경제부처에서는 황종률이 장면 정부와 3공화국에서 재무부 장관(16대·24대)을 지냈고, 신병현은 전두환 정부에서 두 차례 경제기획원 장관(16대·19대)을 역임하였다. 또한 이규성이 노태우 정부에서 재무부 장관(34대), 김대중 정부에서 재정경제부 장관(초대)으로 임명되었고, 이헌재는 김대중 정부와 노무현 정부에서 재정경제부 장관(3대·7대)을 지냈다. 경제장관에게 요구되는 고도의 전문성이 정권을 초월해 장관으로 등용되는 기회로 작용한다는 점을 확인할 수 있다.[51]

그러나 동일 부처에의 중복 임명이 경제부처에만 한정되지는 않는다. 내무부의 경우, 이호 장관이 1공화국(20대)과 3공화국(31대)에서, 박경원 장관이 2공(27대)·3공(32대)·4공화국(36대)에서 장관직을 역임하였고, 서정화 장관은 4공에서 5공화국으로 넘어가는 과도기(40대)와 김영삼 정권기(61대)에 재임하였다. 또한 김기재

장관은 김영삼 정부에서 총무처 장관(18대), 김대중 정부에서 행정자치부 장관(2대)으로 임명되었다.[52] 장관 경험이야말로 장관으로서의 적격성을 검증해 주는 가장 유력한 지표이기 때문에 임명권자는 장관 경력자를 새 장관으로 발탁하는 안전한 선택을 단행하는 것이다.[53]

그러나 문민정부가 출범하면서 이전 정부 각료의 유임과 재임명은 눈에 띄게 줄어들었다. 김영삼 정부에서 김대중 정부로 유임된 경우는 이기호 노동부 장관(1997.8.6-1999.5.25)이 유일하고, 김대중 정부에서 노무현 정부로 교체되면서 정세현 통일부 장관(2002.1.29-2004.6.30)만 다시 발탁되었다. 또한 이명박 정부에서 박근혜 정부로 정권이 바뀔 때 김관진 국방부 장관(2010.12.4-2014.6.29)이 새 정부에 연속해 재임하였을 뿐이다.

한편 장관의 해임은 현 시국의 수습 및 새 인물의 임명과 관련된 중대한 이슈다. 업무를 배우다 그만두는 '학생장관' 또는 '인턴장관'을 비롯해, 장관으로 내정된 때부터 구설에 시달리다 결국 낙마한 사례는 역대 정부마다 부정적인 에피소드로 다루어졌다. 건국 초기에는 6.25 전쟁과 4.19 혁명, 5.16 군사정변 등 정치적 격변 속에서 단명한 장관이 많이 양산되었다면, 민주화 이후에는 정권 편들기, 부동산 투기 의혹, 자녀의 입시 부정과 같은 각양각색의 이유로 장관직에서 물러나는 사례가 보고되곤 한다.

이른바 충성문건 파문으로 낙마한 안동수 법무부 장관(2001.5.21-2001.5.23)은 3일간 재임해 최단명 장관으로 꼽힌다. 부동산 투기 의혹을 받은 허재영 건설부 장관(1993.2.26-1993.3.8)과 박양실 보건사회부 장관(1993.2.25-1993.3.7)은 각각 11일, 안정남 건설교통부 장관(2001.9.7-2001.9.29)은 23일간 내각에 머물렀다. 임명 전부터 뇌물 수수 의혹에 휩싸인 김태정 법무부 장관(1999.5.24-1999.6.7)과 부적절한 발언으로 경질된 최낙정 해양수산부 장관(2003.9.18-2003.10.2)은 15일 만에 사임하였다. 그 밖에 DJP 공조 파괴라는 정치 지형의 변화로 물러난 김용채 건설교통부 장관(2001.8.22-2001.9.7)은 17일 동안 업무를 수행하였으며, 논문 표절 의혹을 받은 김병준 교육인적자원부 장관(2006.7.21-2006.8.8)은 19일간 근무한 채 단명하였다.

자녀 문제가 공직자 윤리 규범과 결부돼 정무직 진출을 좌우하는 변수로 떠오른 것은 오래전부터다. 자녀의 대학교 부정입학 사태로 물러난 박희태 법무부 장관(1993.2.26-1993.3.7)은 10일, 자녀의 이중국적 문제가 논란이 된 송자 교육부 장관(2000.8.7-2000.8.31)과 이기준 교육인적자원부 장관(2005.1.5-2005.1.10)은 각각 25일과 6일간 장관 배지를 달았다.

정권의 성격을 막론하고 소관 사무와 정책에 대한 최종 책임자로서 물러나는 일은 빈번하였다. 특히 현대사에 기록될 만한 대형사고의 희생양은 늘 장관이었다. 70여 년 전, 김석관 교통부 장관(1950.5.10-1953.2.3)은 창경호 침몰사고의 책임을 지고 물러났다. 김성은 국방부 장관(1963.3.16-1968.2.27)은 1.21 청와대 기습사건에 대한 책임을 지고 사퇴하였다. 김정렴 재무부 장관(1966.1.25-1966.9.26)과 민복기 법무부 장관(1964.5.11-1966.9.25)은 사카린 밀수 사건과 김두한 의원의 오물투척 사건이 연이어 발생하자 퇴임하였으며, 정래혁 국방부 장관(1970.3.10-1971.8.25)은 실미도 사건을 이유로 경질되었다.

민주화 이후에도 마찬가지였다. 안응모 내무부 장관(1990.3.17-1991.4.27)은 강경대 사망 사건에 대한 문책의 일환으로 교체되었고, 오명 과학기술부 장관(2003.12.28-2006.2.9)은 황우석 사태로 인하여 낙마하였다. 윤영관 외교통상부 장관(2003.2.27-2004.1.16)은 부하 공무원의 대통령 폄하 발언 파문이 일자 내부를 제대로 관리하지 못한 것에 대한 책임을 지고 물러났다.

이같이 장관은 통제 범위 밖의 사건·사고에 대한 상징적 책임 전가의 차원에서 내각을 떠나는 등 국정을 수습하고 쇄신하기 위한 정치적 소모품으로써 교체되는 일을 겪는다. 때로는 장관 개인의 잘못 때문이 아니라 임명권자의 눈 밖에 나거나 동료와의 적대 관계로 인하여 낙마하는 경우도 있다. 장관은 법적 책임뿐 아니라 도덕적 책임을 감당하는 가운데 단죄성 인사, 민심 수습, 정치적 이유 등에 의해 해임되는 것이다.

장관의 해임으로 인하여 여러 부작용이 초래되는 만큼 정책상 큰 오류나 대형 스캔들, 도덕적 시비의 사유가 아닌 한, 장관의 업무 수행을 지지하고 안정적인 재임을 보장하여야 한다는 주장이 설득력을 얻어왔다. 그러나 최근 20여 년간 장관의 재임기간이 꾸준히 늘어나면서 현안 해결을 기대할 수 없는 장관, 존재감이 사라진 장관, 말과 표정에서 피로감과 무력감이 느껴지는 장관, 국민과 국회와 소통이 되지 않는 장관은 바꿔야 한다는 쇄신론[54]도 제기되고 있다.

● 표 1 역대 정권별 장관 장관 '임명 건수'·'장관 수'·'중복 임명자 수'·'평균 재임기간'

구분 (출범일)	이승만 정부 (1948.8.15)	장면 정부 (1960.8.23)*	박정희 3공화국 (1963.12.17)	박정희 4공화국 (1972.12.27)	전두환 정부 (1981.2.25)	노태우 정부 (1988.2.25)	김영삼 정부 (1993.2.25)	김대중 정부 (1998.2.25)	노무현 정부 (2003.2.25)	이명박 정부 (2008.2.25)	박근혜 정부 (2013.2.25)	문재인 정부 (2017.5.10)	합계
임명 건수 (a)	136건	88건	108건	123건	107건	115건	116건	96건	77건	52건	46건	53건	1117건
장관 수 (b)	110명	73명	80명	93명	87명	101명	100명	88명	73명	48명	41명	51명	945명
정권 내 중복 임명자 수 (%)(c)	18명 (13.2%)	10명 (11.4%)	22명 (20.4%)	22명 (17.9%)	18명 (17.0%)	11명 (9.6%)	14명 (12.1%)	7명 (7.3%)	4명 (5.2%)	4명 (7.7%)	4명 (8.7%)	2명 (3.8%)	136명 (12.2%)
평균 재임 기간(d)	14.4개월	7.2개월	19개월	16.3개월	17.3개월	13.1개월	11.9개월	12.2개월	15.7개월	19개월	20.22개월	20.5개월	15.6개월

※ 장면 정부는 2공화국 출범 직후 첫 내각이 구성된 1960년 8월 23일을 기준으로 산출함.
※ 개별 정권의 재임기간은 월 단위로 산정하되, 재임기간이 30일 이하인 경우는 1개월로 함. 평균 재임기간(d)=월 단위로 산출한 장관들 재임기간의 총합/임명 건수(a)
※ 차기 정권으로 유임된 경우, 현 정권과 차기 정권에서의 재임기간은 각각 해당 정권의 출범일을 기산점으로 산정함. (예. 최형섭 과학기술처 장관(1971.6.15-1978.12.22)의 3공화국 재임기간(1971.6.15-1972.12.26)은 19개월, 4공화국 재임기간(1972.12.27-1978.12.22)은 73개월)
※ 장관이 차기 정권으로 유임되거나 정권 내 부처명이 변경된 경우, 새 부처에 새로 임명된 것으로 간주해 임명 건수를 산출함.
※ 정권 내 중복 임명자 수 비중(%)= 정권 내 중복 임명자 수(c)/임명 건수(a)×100

2) 재임기간

동서양을 막론하고 짧은 재임기간을 이유로 장관은 '관료조직에 임시로 머무르는 경계인(in-and-outer)', '정치 철새(political birds)', '단거리 선수(short-timer)', '관광객(tourist)'으로서 이방인들의 정부(government of strangers) 또는 아마추어 정부(amateur government)를 촉발한다는 비판이 제기되었다.[55]

특히 대통령제에서는 새 정권이 출범하면서 대통령이 장관을 새로 임명하므로 장관의 임기는 내각제보다 짧은 경우가 많다. 세계 여러 나라 장관들의 특징을 비교한 장 블론델(J. Blondel)의 연구에서는 내각제를 채택한 서유럽 국가의 장관 재임기간이 비교적 긴 편인 반면, 대통령제에서는 반대의 경우가 많다고 밝혔다. 그러나 정치체제가 장관직의 연속성을 보장하는 절대적인 기준은 아니며, 각 나라마다의 체제를 넘어서는 관행과 정치적 전통이 장관의 수명을 좌우한다. 일례로 내각제 국가인 일본에서는 내각이 매년 교체되는 순환이 이루어지며,[56] 대통령제를 택한 미국에서는 가족이 중병에 걸렸거나 장관 본인에게 중대한 사유가 없는 한, 대개 대통령이 임기를 마치는 날까지 각료로서 함께한다.[57]

한편에서는 장관의 짧은 임기가 불안정의 징후나 향후 닥칠 재앙에 대한 경고는 아니며, 장관의 권력과 영향력은 그가 안고 있는 불확실성에 의해 균형을 맞춰 간다고 한다.[58] 또한 개각이 오히려 낮은 성과를 내는 장관을 낙마시키고, 높은 성과를 창출하는 장관을 다른 부처로 이동시킴으로써 내각 안에서 "최고의 재능"을 공유하는 효과를 유발한다는 긍정적 측면에 주목하기도 한다.[59] 임명권자는 정치적 피임명자가 조직에 동화되지 않도록 한 조직에 단기간 머물게 하는 전략을 구사한다고 보고된 바도 있다.[60] 사실 장관의 교체는 전략과 구조의 변화를 촉진시킴으로써 주요 정책의 변화로 이어진다. 우리나라 전직 장관들도 재임기간이 길지 않을 것을 예상했기 때문에 조직의 관행에 종속되지 않고 새로운 개혁을 추진할 수 있었다고 고백한다.[61]

그러나 장관의 재임기간은 정책의 지속과 정치체제의 안정에 영향을 미치기 때문에 장관 임기의 지속성은 좋은 정부의 지표로 간주된다. 또한 한 부처에서 장관으로 오랫동안 재직하였다는 것은 의사결정 과정에서 그의 입김이 유효하게 작용하였다는 근거이자 장관이 내각과 임명권자에게 의미있는 영향력을 미친다는 것을 뜻한다. 따라서 장수(長壽) 장관에 관한 탐구는 장관 개인의 성공을 반영할 뿐 아니라 정책결정 과정에 영향을 미치는 장관의 파워 측면에서 중요한 시도로 받아들여지는 것이다.[62]

일반적으로 짧은 재임기간은 업무에 대한 노하우의 축적을 어렵게 하고, 정책의 일관성을 저해하며, 조직 효율성도 저하시킨다고 알려져 있다. 또한 장관으로 하여금 소신을 갖고 일을 추진하기 어렵게 하고, 정책형성을 단기적 관점에서 바라보게끔 하며, 경험이 부족한 장관과 숙련된 관료 간의 힘의 불균형으로 인하여 관료제 통제에 있어서 곤란을 초래한다. 대통령제보다 재임기간이 긴 편인 의원내각제 국가에서도 장관들은 퇴임 시점이 너무 빠르게 닥치며, 빈번한 장관 교체가 장관의 효과성에 부정적 영향을 미친다고 인식한다.[63] 관료들 역시 장관이 새로 와도 "금방 바뀔 텐데"라는 마음을 가져 장관은 리더십을 발휘하기 어려우며,[64] 부처의 힘이 없기 때문에 장관이 자주 교체되는 것이라는 생각에 사기가 저하되고 좌절감마저 갖게 된다고 한다.[65] 일각에서는 김영삼 대통령의 임기 5년간 무려 여섯 번에 달하는 경제부총리의 교체가 외환위기를 유발하였다고 진단하기도 한다.[66]

한편에서는 어떤 사건이 발생하면 민심 수습의 차원이나 여론무마용으로 장관을 경질하고, 분위기 쇄신을 위해 장관의 해임을 정치적 책임을 지는 수단으로 이용하는 행태가 재임기간의 단축을 초래해 한국의 장관은 "장관(長官)"이 아닌 "단관(短官)"이라고 한다. 이홍구 통일원 장관(1994.4.30-1994.12.16)은 막상 장관에게는 의사결정 권한이 없는데, 일이 터지면 장관에게 책임을 떠넘겨 물러나게 하는 관행이 장관의 임기를 제약해 왔다고 지적하였다.[67] 오인환 공보처 장관(1993.2.26-1998.2.24)은 우리나라 정치상황이 험난한 데다 정권의 실세들이 정치 지향적 인사들을 장관 자리에 앉히는 방식으로 양 집단이 결탁하기 때문에 단명 장관이 양산된다고 진단하였다.[68]

더욱이 의원 겸직이 가능한 우리나라 헌법의 내각제적 요소로 인해 장관이 총선에 출마하고자 중간에 퇴임하는 일이 종종 발생하면서 장관직에 머무는 기간이 더 줄어들었다. 언론에서는 "대통령 후보감을 키운다고 장관을 시키더니 당에서 필요하다고 빼내고, 선거에 낙선한 사람을 장관 시키더니 다시 선거를 위해 차출하고, 또 낙선하니까 다음 자리를 찾아주는 식"의 장관 돌리기가 장관의 임기를 단축시키는 요인으로 작용한다고 비판하였다.[69]

임기의 불안정이라는 문제를 필연적으로 안고 갈 수 밖에 없는 장관에게는 문제해결 능력(IQ), 그리고 유권자, 동료, 스태프들과의 관계에서 필요한 감성지능 (EQ) 뿐 아니라 현재와 미래의 중요한 정책 선별에 주의를 기울이고 활동하는 초점 지능(FQ, focus intelligence)이 요구된다.[70] 영국에서 내무장관과 재무장관을 역임한 로이 젠킨스(Roy Jenkins)는 장관이라면 정말 중요하다고 생각하는 소수의 문제에 집중하고, 너무 광범위한 영역에서 에너지를 소진하지 않아야 한다고 조언한다.[71] 86명의 전·현직 장관을 인터뷰한 피터 리델(P. Riddell)의 연구에서도 장관은 소수의 이슈에 집중하여야 하고, 주어진 시간 안에 성취할 수 있는 "작은 목표"를 선별하여야 한다고 이야기한다.[72]

이렇듯 장관은 제한된 시간 속에서 축약된 실천력을 보여야 하는 숙명을 안고 업무에 돌입한다. 문민정부 말엽에 임명된 이명현 교육부 장관(1997.8.6-1998.3.2)은 "재임 7개월 동안 신문 한 장 제대로 읽을 틈 없이 교육개혁 기본틀 마련에 온 힘을 쏟았다"라면서 퇴임 소회를 털어놓았다.[73] 맹형규 행정안전부 장관(2010.4.15-2013.3.11)에 따르면 장관은 촌각을 쪼개서 사용할 정도로 바쁜 직업으로, 장관으로 일하면서 24시간 근무한다는 마음가짐으로 불현듯 떠오르는 정책과 구상을 잊지 않기 위해 머리맡에 항상 메모지를 놔두는 습관을 들였다고 고백하였다.[74]

그렇다면 장관에게는 어느 정도의 임기를 보장해 주어야 할까? 리처드 로즈(R. Rose)는 장관이 법안의 세부 사항을 결정하기 위하여 부처의 복잡한 문제를 이해하는 데 1년이 소요되고, 이 법안을 의회에 상정하고 예산을 확보하기 위하여 또 1년이 요구되며, 최종 정책을 집행하기 위한 가이드라인을 정립하는 데 1년이 필요하므로 최소 3년의 임기가 보장되어야 한다고 주장하였다.[75] 장관이 어떤 목표를 갖고 임무를 수행하느냐에 따라 최소한 보장되어야 하는 임기가 달라진다는 입장도 있다. 예컨대 장관이 기존의 정책을 유지하고자 할 경우, 그의 주요 임무는 그 정책을 학습하고 방어하는 것이므로 2~3년의 임기가 요구되는 반면, 거대한 변화가 유발되는 아이디어를 구상하거나 임명권자로부터 큰 변화를 주문받았을 경우에는 관료들을 빠르게 제압할 필요가 있으므로 목표 달성까지 대략 3년의 기간이 필요하다고 한다.[76]

우리나라의 전직 장관들은 장관학습을 하는 데 대개 1년 정도가 소요되며, 조직을 지휘하고 정책과정을 주도적으로 이끌어 가는 것은 2년 차부터 가능하므로 최소 2년의 시간이 필요하다는 의견을 내놓았다.[77] 이명현 교육부 장관은 장관의 책임성을 확보하기 위해 자신이 편성한 예산을 집행할 수 있는 기간이 보장되어야 한다고 주장했다.[78] 이와 같은 취지에서 윤광웅 국방부 장관(2004.7.29-2006.11.24)은 재임 중 1년은 기존에 편성된 예산으로 운영하고, 다음 1년은 국회에 예산을 요구하며, 마지막 1년은 자신이 요구한 예산으로 집행하는 오류 시정 개선 과정을 통해 최소의 성과가 산출된다고 하였다.[79] 이용섭 장관(행자부 2006.3.27-2006.12.4, 건교부 2006.12.11-2008.2.29)은 재임기간이 너무 짧으면 업무 파악을 하다 끝나게 되고, 너무 오래 머물면 매너리즘에 빠져 혁신을 기대하기 힘들지만 정책의 일관성도 고려하여야 하므로 2-3년 정도의 임기가 적절하다는 의견을 냈다.[80]

한편 오명 장관(체신부 1987.7.14-1988.12.4, (건설)교통부 1993.12.21-1995.12.21, 과학기술부 2003.12.28-2006.2.9)과 노준형 정보통신부 장관(2006.3.22-2007.9.3)은 대통령이 믿을 수 있는 사람을 장관으로 임명하되, 대통령과 임기를 같이하는 게 원칙이라고 이야기하였다.[81] 손학규 보건복지부 장관(1996.11.13-1997.8.5)도 5년 임기의 대통령과 함께 원칙과 철학, 비전을 공유하면서 한 팀이 되어 일하는 사람이 없는 것이 대통령제의 가장 큰 문제점이라고 지적하였다.[82]

우리나라 역대 장관의 평균 재임기간은 15.6개월이다.[83] 〈표 1〉과 같이 이승만 정부의 평균 장관 재임기간은 14.4개월, 장면 내각은 7.2개월, 박정희 3공화국과 4공화국은 각각 19개월, 16.3개월이며, 전두환 정부에 들어와 17.3개월을 기록하였다.[84] 그러나 민주화 이후 장관 교체가 더욱 빈번해져 노태우 정부에서 13.1개월, 김영삼 정부에서 11.9개월, 김대중 정부에서는 12.2개월로 재임기간이 1년 내외인 것으로 나타났다. 그러나 국무위원 내정자에 대한 인사청문회가 실시되기 시작한 노무현 정권을 기점으로 그 기간이 점차 늘어나 최근 문재인 정부에서는 장관의 평균 재임기간이 20.5개월에 달했다.

한편 동일 부처에서 가장 오랫동안 머문 장관은 7년 7개월간 과학기술처를 이끈 최형섭 장관(1971.6.15-1978.12.22)이다. 여러 부처의 장관으로 연속해 재직한 사례를 포함할 경우, 재무부 장관으로 5년(1969.10.21-1974.9.18), 부총리 겸 경제기획원 장관으로서 4년 4개월(1974.9.18-1978.12.22)을 재직해 총 9년 4개월의 경력을 보유한 남덕우가 최장수 장관으로 꼽힌다. 대통령의 임기 동안 꾸준히 장관 자리를 지킨 사람을 진흙 속에서 금반지를 찾기보다 더 어려운 정치환경에서 오인환 공보처 장관은 5년간 재임해 "문민정부의 천연기념물"이라는 별명을 얻었다.[85]

한편 성격이 다른 정권과 여러 부처를 넘나들면서 수차례 장관에 임명된 사례도 눈에 띈다. 진념은 동력자원부 장관(1991.5.27-1993.2.25)을 시작으로 노동부 장관(1995.5.24-1997.8.5)을 거쳐 기획예산처 장관(1999.5.24-2000.8.6), 재정경제부 장관(2000.8.7-2002.4.15)을 역임해 총 7년 3개월 간 장관직을 수행하면서 "직업이 장관"이라 불렸다. 나웅배는 재무부 장관(1982.1.4-1982.6.24)을 시작으로 상공부 장관(1986.8.27-1988.2.25), 경제기획원 장관(1988.2.25-1988.12.5)을 거쳐 통일원 장관(1995.2.22-1995.12.20), 재정경제원 장관(1995.12.20-1996.8.8)을 지내는 등 5개 부처에 4년 8개월간 머물렀다. 오명 장관은 6년에 걸쳐 체신부(1987.7.14-1988.12.4), 교통부(1993.12.21-1994.12.23), 건설교통부(1994.12.24-1995.12.21), 과학기술부(2003.12.28-2006.2.9)를 이끌었다.[86]

정권별로 살펴보면, 이승만 정부의 최장수 장관은 4년 4개월간 재임한 변영태 외무부 장관(1951.4.16-1955.7.28)이고, 장면 내각에서는 정희섭 보사부 장관(1961.7.7-1963.12.16)이 2년 6개월간 재임한 장수 장관으로 꼽힌다. 3·4공화국에서는 최형섭 과학기술처 장관(1971.6.15-1978.12.22)의 7년 7개월에 이어 이석제 총무처 장관(1963.12.17-1969.10.20)이 5년 11개월, 남덕우 재무부 장관(1969.10.21-1974.9.18)과 김성은 국방부 장관(1963.3.16-1968.2.27)이 각각 5년의 기록을 보유한다.[87]

그러나 1980년 이후 한 부처에서 4년 이상 재직한 장관은 이정오 과학기술처 장관(1980.9.1-1985.2.18), 그리고 오인환 공보처 장관(1993.2.26-1998.2.24), 윤병세 외교부 장관(2013.3.13-2017.6.18)이 전부다. 또한 2000년대 들어와 한 부처에서 3년 이상 재임한 장관은 앞서 언급한 윤병세 장관을 제외하고 16명에 불과하다. 장기간 근무한 순으로 나열했을 때 김명자 환경부 장관(1999.6.25-2003.2.27)과 강경화 외교부 장관(2017.6.18-2021.2.8)의 3년 9개월에 이어 유은혜 교육부 장관(2018.10.2-2022.5.9)이 3년 8개월의 재임기간을 기록하였고, 김관진 국방부 장관(2010.12.4-2014.6.29), 이동필 농림축산식품부 장관(2013.3.11-2016.9.4), 윤성규 환경부 장관

(2013.3.11-2016.9.4), 김현미 국토교통부 장관(2017.6.21-2020.12.29)이 각각 3년 7개월 간 장관 직무를 수행한 것으로 나타났다.[88]

최단기 장관으로는 3일간 장관을 지낸 안동수 법무부 장관(2001.5.21-2001.5.23), 6일의 기록을 세운 박희현 상공부 장관(1954.6.30-1954.7.5)과 이기준 교육인적자원부 장관(2005.1.5-2005.1.10)을 들 수 있다. 그 밖에 박희태 법무부 장관(1993.2.26-1993.3.7)은 10일, 박양실 보사부 장관(1993.2.25-1993.3.7)과 허재영 건설부 장관(1993.2.26-1993.3.8)은 각각 11일간 장관 자리에 머물렀다.

어느 때보다도 장면 정권기에 장관의 임명과 해임이 빈번하게 이루어져, 88명의 임명 건 중 무려 16명(18.2%)의 재임기간이 한 달 미만에 불과한 것으로 나타났다. 앞선 이승만 정권기에 한 달 미만으로 재직한 장관이 2명이었던 것[89]과 비교하였을 때 2공화국의 불안정한 정국을 유추해 볼 수 있다.

3공화국에서 노태우 정부까지는 단기 낙마한 사례가 거의 없이 내각이 운영되었지만, 문민정부에 들어와 각종 구설수와 여론의 악화에 따른 해임이 수 차례 단행되었다. 앞서 언급한 박희태, 박양실, 허재영 장관은 모두 문민정부의 첫 내각에서 물러난 각료이며, 이들에 이어 서정화 내무부 장관(1997.2.13-1997.3.5)이 21일간 업무를 수행한 단기 장관으로 기록되었다.

김대중 정권기에는 안동수 법무부 장관(2001.5.21-2001.5.23)이 3일, 김태정 법무부 장관(1999.5.24-1999.6.7)이 15일, 김용채 건설교통부 장관(2001.8.22-2001.9.7)이 17일, 안정남 건설교통부 장관(2001.9.7-2001.9.29)이 23일, 송자 교육부 장관(2000.8.7-2000.8.31)이 25일로 재임기간이 한 달 미만에 불과하고, 이어서 손숙 환경부 장관(1999.5.24-1999.6.25)이 33일, 주양자 보건복지부 장관(1998.3.3-1998.4.30)이 59일간 장관직을 수행하였다. 노무현 정부에서는 이기준 교육인적자원부 장관(2005.1.5-2005.1.10)이 6일간 재임한 데 이어 최낙정 해양수산부 장관(2003.9.18-2003.10.2)이 15일, 김병준 교육인적자원부 장관(2006.7.21-2006.8.8)이 19일의 기록을 세웠고, 최근에는 임명 전부터 각종 논란과 구설수에 오르다 36일간 재직한 후 사퇴한 조국 법무부 장관(2019.9.9-2019.10.14)이 최단기 사례로 꼽힌다.

민주화 이전에는 정치체제의 불안이 단기 장관을 배출하는 결정적인 계기였다면, 민주화 이후에는 장관 개인의 문제가 사회적 이슈로 불거져 문책성 교체가 이

루어지거나 임명 건이 정쟁의 대상으로 치달으면서 중도 사퇴하는 일이 종종 발생하였다.[90]

3) 경력

장관의 경력에 주목하는 이유는 장관으로 등판하기 이전에 하였던 일이 해당 장관이 담당하는 사무와 반드시 일치하지 않는 경우가 많기 때문이다. 장관 연구자들은 다수의 장관이 충분한 훈련을 받지 못하거나 관리 경험이 없는 상태, 즉 자기 부처의 주요 업무에 대한 전문성이 없음에도 발탁되는 세태를 꼬집고, 업무체계에 대한 아무런 사전 지식도 없는 상태에서 시작하는 직업은 장관직이 아니고선 상상할 수 없다고 지적한다.[91] 영국의 내무장관 재키 스미스(Jacqui Smith)는 장관 재직 중 가장 충격적이었던 것 중 하나로 "결정하는 데 주어진 시간이 매우 짧다"는 것을 들었고,[92] 전직 장관들은 일을 효과적으로 해내는 데 필요한 직관은 경험을 통해서만 얻을 수 있다면서 과거 경력이 현재의 판단을 좌우하는 주요 동기라고 여겼다.[93] 결국 공식적인 훈련이 결여된 채 장관직에 임명된다는 것은 곧 재임 중 학습하여야만 한다는 것이므로 경험을 통해 재빠르게 학습할 수 있는 능력이 이상적인 장관의 조건 중 하나로 다루어진다. 이러한 맥락에서 박희태 법무부 장관은 장관직을 '일생 동안 축적된 경험과 아이디어를 국정에 쏟아붓는 자리'라고 정의하였다.[94]

장관의 경력은 그가 해당 분야에 대한 충분한 경험과 전문성을 확보하고 있는지를 알려주는 근거이자 그에게 기대하는 역량의 근원이며, 그가 어떠한 대안을 택하고 어떤 결정을 내리며, 문제 해결을 위해 어떻게 자원을 동원할 것인지를 예측하게 해주는 중요한 열쇠다. 또한 장관의 경력 경로는 그를 둘러싼 사회적 배경과 인적 연결망을 암시하는 실마리이기도 하다. 예컨대 해당 부처에서 오랫동안 일해 온 관료 출신 장관이나 기업인 출신으로서 스스로 그 분야의 전문가라고 장담하는 경우에는 전임 장관들과의 접촉을 의례적인 일로 치부하는 반면, 정치계에서 영입된 장관은 전임자들로부터 구한 조언이 장관 업무 수행에 도움이 되었다고 여긴다.[95]

대체로 관료, 정치인, 학자, 군인, 법조인, 언론인, 금융인, 기업인, 사회운동가 등의 여러 직업군에서 장관을 배출한다.

관료 중에서 장관을 뽑는 관행은 가장 전통적인 임명 방법으로, 임명권자는 효율적인 국가운영을 위해 전문성을 겸비한 기술관료들로 내각을 충원한다. 추종자의 위치에서 능력을 발휘한 사람이 결국 리더로 성장한다는 가설은 관료 출신이라면 장관으로서 갖춰야 할 최소한의 역량은 구비하고 있다는 것을 의미한다. 번스 (J. Burns)는 행정 리더에게는 정치적·제도적 지지가 부족하지만, 참모진과 예산과 같은 관료제 자원에 의존하고, 정치적 이익과 가치의 충돌 속에서 자신의 재능과 성격, 인기 등의 개인적 자원을 활용한다는 점에 주목하였다.[96] 행시 출신으로서 장관 자리에 오른 노준형 정보통신부 장관(2006.3.22-2007.9.3)은 정통 관료 출신 장관의 강점으로 이익단체와 시민단체가 관여하는 정책생태계를 잘 이해한다는 점을 꼽았다.[97] 안병영 교육부 장관(1995.12.21-1997.8.5, 2003.12.24-2005.1.4)에 따르면 직업관료는 자신이 몸담고 있는 조직을 평생직장으로 여기므로 관료 출신 장관의 사고방식은 다분히 조직 중심적이며, 조직의 이익을 고려해 정책대안을 평가한다. 또한 이들은 권력의 중추에 접근하거나 "빅딜"을 단행하는 데 서투르지만, 웬만해서는 정책적 실패를 하지 않는다고 한다.[98]

외부에서 들어온 장관은 일에 대한 전문성이 부족하고, 조직의 인적자원에 대한 정보와 암묵지도 부족해 장관학습 시간이 많이 소요되는 데 반해,[99] 관료는 고도로 훈련된 정책 기술자로서 정부가 당면한 문제에 익숙하고, 부처 업무의 연속성을 고려하며, 국가와 임명권자에 대한 충성심과 의무감을 가지고 있을 것이라는 기대를 받는다. 정부 지도자는 정치적 긴장 상태와 불확실성, 모호함이 가득 찬 환경에서 일하기 때문에 결국 정부 안에서 일하면서 쌓은 경륜에 의해 그의 성과가 결정된다는 주장[100]도 관료 출신 장관에 대한 긍정적 기대를 뒷받침한다.

일각에서는 관료 출신 장관이 국가 전체의 명운보다는 자기 조직의 이익을 추구하는 부처주의자(departmentalitis)가 될 수 있다는 점을 지적한다. 그러나 직업관료의 장관 진출은 곧 조직 내부에서의 승진과 같기 때문에 조직 동원력이 더욱 활력 있게 작동하고, 오랫동안 공직생활을 하면서 맺은 비공식적 관계를 효과적으로 활용하는 계기가 되며, 부하 공무원들과의 관계에서 비롯되는 긴장과 갈등을 최소화하는 데 유리하다. 경제기획원 사무관으로 공직을 시작한 진념 장관이 '부처 간 부들을 어떻게 활용하느냐'가 성패의 관건이라고 이야기하였듯이,[101] 장관학습 시간 없이 곧바로 업무에 돌입하여야 하는 장관에게 관료 경험은 매우 큰 자산이다.

한편 당이 제시한 선거공약의 실천을 위하여 정치적 리더십이 필요할 때 또는 정책 성패에 대한 정치적 책임의 공유가 요구될 때 정치인을 장관으로 임명한다.[102] 정치인 출신 장관은 대국회·대언론 역량이 뛰어나고, 대통령이나 청와대 수석과의 친소관계를 통해 자기 조직이 당면한 문제를 해결할 수 있는 자원을 동원한다. 공무원들도 정치에 대한 지식과 경험, 네트워크를 보유하고 정책에 대한 직관력을 갖춘 정치가 유형의 장관을 가장 선호한다고 한다.[103]

그런데 행정부와 입법부가 긴밀한 관계를 맺는 내각제 국가에서는 주로 의원들이 장관이 되어 내각에 입성하므로 외부 인사가 지도자로 혜성같이 등장하는 일은 찾아보기 어렵다.[104] 또한 정부의 대응성과 대표성은 대체로 장관의 의회 배경에 의해 결정된다는 점에서 의회 정치인의 내각 입성은 민주적 정당성을 수반한다. 한편 의원직을 겸하거나 의원 경력이 있는 장관들은 충성심, 개인적 역량, 의회 경험을 정치적 성공을 위한 요건으로 들고,[105] 의회를 '잠재적 장관'을 키워내는 학교와 같은 곳으로 여긴다. 다시 말해, 이들 장관은 입각하기 전에 이미 상당 기간 동안 역량검증의 단계를 통과하면서 정치적으로 성장하였기 때문에 장관은 곧 '의회의 산물(creatures of Parliament)'이고, 의회에서의 존재감은 장관의 평판과 효과성을 결정짓는 필수요건이며, 의회에서 거둔 실적이야말로 장관의 성공을 예측할 수 있는 준거가 된다는 것이다.[106]

장관의 국회의원 겸직이 가능한 우리나라에서도 정치인은 장관 출신배경의 큰 줄기를 이루고 있다. 국회의원을 장관으로 임명함으로써 그들의 행정 능력을 높이고, 정치력과 행정력을 동시에 지닌 집권 엘리트를 육성할 수 있다. 의회주의자로 알려진 김영삼 대통령은 "선거를 해봐야 민의(民意)를 안다"라면서 첫 조각에서 국회의원들을 장관으로 대거 등용한 바 있다.[107]

그러나 정치가가 보유한 정치력이 장관 업무 수행의 충분조건은 아니며, 효과적인 직무 수행을 위하여 무엇보다 전문성을 구비하여야 한다. 이 같은 차원에서 노무현 대통령은 장관이 되고 싶은 국회의원이라면 해당 상임위원회에서 미리 업무를 익히는 것이 좋으며, 행정 경험이 있는 전문가라면 정치적 능력을 갖춰 정치력과 전문성을 겸비하는 것이 금상첨화라고 언급하였다.[108] 관료들도 공무원을 거친 후 정치인으로 활동하다가 장관으로 발탁된 경우에 부처 관리능력이 가장 뛰어나다면서 관료 경험과 정치 경력을 모두 가진 장관의 능력과 판단을 가장 신뢰한다고 밝혔다.[109]

그러나 정치인 출신 장관은 선거를 염두에 두고 의사결정을 하며, 파행적 인사를 단행하고, 자기 홍보에 치중하기 때문에 관료제 안에서 '공공의 적'으로 인식되기도 한다.[110] 선거를 앞두고 한시적으로 장관 일을 하는 '시한부 장관'도 정치판에서 유입된 각료의 폐단 중 하나로 지목된다. 이명박 정부의 문체부 장관에 따르면 정치계에서 온 장관은 일 자체보다 언론에 비춰진 자신의 모습을 중요하게 여기고, 자기 지역구를 챙기는 데 급급하며, 총선을 준비하기 위해 장관직에서 사퇴함으로써 공선사후(公先私後)라는 막중한 사명을 저버리고 만다.[111] 오인환 공보처 장관도 지역구를 가진 정치인은 자기 지역에 대한 관심이 절반을 차지하기 때문에 국정 업무와 부처 사무를 온전하게 수행하는 데 한계가 있다고 지적한 바 있다.[112]

박윤흔 환경처 장관(1993.12.22-1994.12.21)은 정치인이 장관이 되어 어설프게 정책을 결정하는 것보다는 정치 중립적 입장에 있는 사람이 국민의 이익을 위해 일하는 것이 낫다는 견해를 밝혔다.[113] 박근혜 정부 때 실시한 장관 평가에서도 청와대의 눈치만 보거나 대통령의 지시 사항만을 이행하는 장관을 비롯해, 총선 출마에 촉각을 세우며 정치적 득실에 민감하게 반응하거나 정치적 중립에서 벗어난 행보를 보인 장관을 자질이 부족한 인물로 꼽았다.[114]

한편 권위주의 정권기에 이루어진 교수들의 정치 참여는 통치 이데올로기를 보조하는 범위를 벗어나지 못하였고, 쿠데타 정권의 이미지 개선에 이용되는 수단으로 전락하는 등 정통성 없는 독재정권에 "부역"하는 것과 다름이 없었다면서 학계에서 장관을 발탁하는 관행에 대해 비판의 날을 세운다.[115] 그러나 〈표 2〉에서 보듯, 민주화 이후 학자 출신 장관의 비중은 꾸준히 증가하였고, 2000년대 들어 급증해 최근 박근혜 정부(31.1%)와 문재인 정부(30.2%)에서는 장관 세 명 중 한 명이 학계에 있다 내각에 입성할 정도로 학자 출신 장관의 비중이 높아졌다.

교육부 고위 관료는 교수를 하다 온 장관이 부하들을 마치 제자 다루듯이 대하기 때문에 친밀감을 형성하고 신뢰를 쌓기에 좋다고 말한다.[116] 그러나 내각에 영입된 학계 출신 각료의 역량에 대한 회의적인 시각도 만만치 않다. 김영식 교육부 차관(2004.7.20-2006.1.31)은 학계에서 영입된 장관이 기존 제도나 틀에 얽매이지 않고 새로운 각도에서 접근하거나 객관적으로 사물을 볼 수 있는 능력이 있는 반면, 부처 내부의 사정을 잘 알지 못해 사람을 적재적소에 배치하지 못하고, 기존의 정책을 잘 몰라 정책의 일관성을 유지하기 어려우며, 현실 상황에 대한 이해도 떨어져 이상에 치우칠 가능성이 크다고 하였다.[117]

어느 중앙부처 공무원은 학자 출신 장관에 대하여 자신이 최고라고 생각하기 때문에 아집이 강하고, 다른 부처나 국회와의 관계에서 발휘하여야 할 정치력이 부족하며, 현실을 무시한 채 이상만 좇아 장관으로는 부적합하다고 진술하였다.[118] 학자로서의 전문성을 현실 행정에 접목시키는 데 어려움을 겪고, 대외관계에서의 불통과 자기 전공분야에 대한 집착을 드러내며, 관료의 속성을 이해하지 못한 탓에 공무원 사회를 장악하지 못하고, 그들을 제대로 활용하지도 못해 실패한 장관으로 낙점된다는 것이다. 정덕구 산업자원부 장관(1999.5.25-2000.1.13)은 경제부처에 등용된 교수 출신 장관의 경우, 몇몇 예외적인 사례를 제외하고 경제정책의 실패를 초래하였다면서 경제 현실에 대한 정확한 정보의 부재, 정치 현실에의 부적응, 관료 장악력 부족, 정책과정에서의 책임의식 부족을 낙마 요인으로 들었다.[119]

언론계에서 정치권으로 영입되는 사례도 꾸준히 보고되고 있다.[120] 기자 경력을 가진 정치인은 현장에 기반을 둔 취재력, 주제를 뽑아내는 감각, 균형 잡힌 팩트 중심의 사고, 공익을 위해 일하는 자세를 갖춘 유망한 장관감으로 꼽힌다. 또한 직업정치인이라면 말과 글에 능숙하여야 하는데, 기자는 이 분야에 관한 전문가이기 때문에 정치 진출이 자연스럽게 이어질 수 있다.[121] 특히 정치부 기자는 생생한 현장을 목격하고 국정운영의 세세한 사항까지 관심을 가지는 직업 특성상 최고 권력자들이 원하는 바를 포착하고, 바람직한 국정 향방을 판단할 능력을 보유하므로 정치부 기자 10년이면 어설픈 정치인보다 낫다고 한다.[122] 언론인 조갑제는 국민에게 전해지는 정치가 정치인과 정치부 기자들의 합작으로 만들어진다면서 정치부 기자들의 막강한 영향력에 대하여 언급하였다.[123]

한편 기자생활의 꽃이라 불리는 신문사 편집국장은 각기 다른 생각과 취향의 기자들을 다루는 가운데 사회 전 영역의 이해와 가치를 조정해 사시(社是)에 걸맞은 지면을 완성하는, 일명 '오케스트라의 지휘자'이므로[124] 내각과 의회, 정책고객과의 관계에서 통합의 묘미를 구현하여야 하는 장관의 역할과 일맥상통한다. 동아일보 기자를 지낸 이만섭 전 국회의장은 군인들에게 뭘 시키면 "Yes, sir"하고 대답하는 데 반해, 신문기자 출신은 "Yes, but"이라며 따지기 좋아하는 습성을 가졌지만, 사고의 폭이 넓고 다양한 전문성을 지니고 있어 언론계 인사들의 정계 진출이 더욱 많아져야 한다는 견해를 밝혔다.[125]

언론계에 있다 내각에 입성한 장관들도 언론인의 정치 진출이 가지는 긍정적 측면에 주목한다. 한국일보에서 28년간 일한 오인환 공보처 장관에 따르면 명석하고 재빠르게 판단하는 언론인들이 결국 성공 가도를 달리게 된다. 문민정부 초기 내각에 등용된 이민섭 문체부 장관(전 서울신문 기자), 오인환 공보처 장관(한국일보 주필), 송정숙 보건사회부 장관(서울신문 논설위원), 남재희 노동부 장관(전 서울신문 편집국장), 서청원 정무 제1장관(전 조선일보 기자), 권영자 정무 제2장관(전 동아일보 사상)이 언론계 출신인 것을 두고 권위주의적 군사정부에서 문민정부로 넘어가는 이양기를 상황 논리가 뛰어나고 임기응변에 능한 언론인 출신이 상당 부분 메운 것이라는 해석한 것이 이를 뒷받침한다.[126]

조선일보에서 사회부 기자로 뛴 서청원 정무장관(1993.12.21-1994.12.23)은 기자로서 보유한 풍부한 상식이 의정활동에 큰 도움이 되었다고 한다. 또한 사람을 만나고 사건을 파악하는 직업 특성상 체득하게 되는 '상대방의 의중을 명확하게 잡아내는 능력'은 국정감사나 대정부 질문에서의 대응력과 직결되며, 언론인으로서 가지는 균형 잡힌 자세는 국정을 운영하는 데 다양한 소리를 들을 수 있는 자질의 바탕이 된다고 언급하였다.[127] 조선일보 편집국장을 지내다 국회로 진출한 최병렬 장관(문화공보부(공보처) 1988.12.5-1990.12.26, 노동부 1990.12.27-1992.6.25)은 사안을 객관적으로 볼 수 있는 능력, 치밀하고 분석적인 역량을 언론인의 강점으로 내세웠다.

동아일보와 경향신문을 거쳐 정계에 입문한 윤여준 환경부 장관(1997.8.6-1998.3.3)은 짧은 시간 안에 문제의 핵심을 짚어내는 능력과 분석력, 종합 판단력을, 중앙일보 기자를 지낸 홍사덕 정무장관(1997.8.5-1998.3.1)은 폭넓고 공정한 시각으로 사안을 파악하는 능력을 기를 수 있는 직업으로 언론인을 꼽았다.[128] 동아일보 정치부장을 거친 최영철 장관(체신부 1988.12.5-1989.7.8, 노동부 장관 1989.7.19-1990.12.27, 통일원 장관 1992.6.26-1993.2.25)은 뛰어난 현실감각과 축적된 정보를 갖추고, 정계에 발탁될 정도로 언론계에서 두각을 나타내려면 계속 공부해 지식을 축적해야만 한다면서 정치 입문을 꿈꾸는 언론인이라면 준비된 자세를 갖춰야 함을 강조하였다.[129]

그러나 언론인들이 정계에 진출한 후 그간 쌓아온 인맥과 영향력을 활용해 후배 기자나 보도 관계자들을 구워삶아 자기 소속 정당에 불리하거나 비판적인 기사를 잠재우는 데 첨병 역할을 하는 방식으로 당과 청와대를 지원하는 폐단이 나타나기도 한다.[130] 즉 언론인의 활발한 정계 진출이 권력을 감시하는 언론 본연의 역할을 망각한 채 권력 추종을 일삼는 권언유착(權言癒着)을 초래하고, 언론인으로 하여금 언론을 통제하도록 하는 이언제언(以言制言)의 병폐를 유발하는 단초가 될 수도 있는 것이다.[131] 정달영 전 한국일보 주필은 기자들이 냉정한 외부 관찰자로서의 위치에서 벗어나 정치판의 한 주체로 행세하기를 즐기고, 내부자 되기 또는 이너서클의 멤버십을 열망함으로써 기자로서 반맹(半盲)이 되고 마는 행태를 꼬집었다.[132]

그 밖에 재계에서 영입된 장관은 현장 이해도와 시장 통찰력이 뛰어나다는 강점을 안고 직무를 수행한다. 그러나 공기업 출신을 포함해 기업인이 내각에 등용된 사례는 많지 않아, 노태우 정부에서는 안병화 상공부 장관(1988.2.25-1988.12.5), 김영삼 정권기에는 고병우 건설부 장관(1993.3.8-1993.12.21)[133]이 유일하다. 한편 김대중 정부는 경제위기 극복이 최우선 과제였던 만큼, 민간의 혁신기법을 정부에 접목시키려는 노력이 장관 인선으로 이어져 정보통신부 장관으로 대우전자의 배순훈 회장(1998.3.3-1998.12.20)과 삼성 SDS의 남궁석 사장(1998.12.21-2000.2.1), 이상철 KT 사장(2002.7.11-2003.2.27)이 영입되었다. 삼성전자의 반도체 신화를 일군 진대제는 노무현 정부에서 정보통신부 장관(2003.2.27-2006.3.22)으로 임명된 후 기업에서 쌓은 노하우를 바탕으로 한국이 IT 강국으로 자리매김하는 데 일조했다는 평가를 받았다.[134]

그림 1 기업가 출신 장관

※ 자료: 한국일보 광고(1996.1.5)
  대우전자가 세계경영과 품질을 최우선으로 한 탱크주의를 내세우며 공격적으로 사업을 확
  장할 때 배순훈 사장이 직접 자사 광고에 등장하였다.

  사실 장관마다 직업 경로가 다르고, 임명 전에 활동하였던 무대가 제각각인 데
다 동시에 여럿의 사회적 지위를 보유하는 일도 다반사다. 이런 까닭에 장관의 경
력을 한마디로 단정하기 어렵고, 임명 직전의 경력이 그 장관의 정체성을 가장 적
절하게 설명해 준다고 단언할 수 없다. 한국 장관들의 경력을 정리한 선행연구에
서는 어떤 기준에 따라 대표 경력을 추출하였는지 설명하지 않기 때문에 연구마다
역대 장관의 경력을 다르게 제시하는 경우가 비일비재하다.

  〈표 2〉는 장관으로 임명되기 직전 10년의 직업 경로를 추적해 정리한 역대 장
관들의 주요 경력이다.[135] 정부 수립 시부터 문재인 정부까지 가장 큰 비중을 차지
하는 경력은 관료(33.9%), 정치인(25.5%), 학자(16%), 군인(11.1%), 법조인(6.2%), 언론
인(2%) 순으로 나타났다. 정권과 시대를 불문하고 관료와 정치인은 장관이 가진 사
회적 배경의 양대 줄기를 이룬다. 학자의 비중은 역대 정권에서 꾸준히 증가하다
노무현 정권기에 들어와 급증하였고, 근래에 들어 30%에 육박해 관계에서 진출한
장관의 비중과 엇비슷한 양상을 보인다.

정치인 출신이 가장 큰 비중을 차지한 이승만(정치인 비중 36%), 장면(36.4%), 문재인 정권기(39.6%)를 제외하고 모든 정권에서 관료는 장관 경력의 1순위를 기록하였다. 한편 장면 정부에서는 군인 출신 비중이 무려 34.1%를 차지해 정치인의 뒤를 이었고, 군사정변으로 집권한 박정희 3공화국과 전두환 5공화국 시기에도 군인 출신 장관은 각각 19.4%, 19.6%를 차지해 관료에 이어 가장 높은 비중을 차지하였다. 그러나 노태우 정부에 들어와 그 비중은 6.1%로 확연하게 감소하였고, 이후 국방부 장관직을 제외하고 군인 경력자가 장관으로 진출한 사례는 해군 참모총장으로 전역한 유삼남이 해양수산부 장관(2001.9.7-2002.7.11)으로, 해군 대장으로 예편한 박인용이 초대 국민안전처 장관(2014.11.19-2017.7.25)으로 임명된 건 외에는 없는 것으로 확인된다.

정부 수립 이래 학자들의 내각 진출은 꾸준히 증가하였다. 특히 민주화 이후 군인 출신을 학자군이 대체하는 양상이 뚜렷해졌고, 노무현 정부에 들어와 그 비중이 20%를 돌파한 데 이어 최근 문재인 정부에서는 30.2%로 급증하였다. 노무현(학자 비중 23.4%)·박근혜(28.3%)·문재인 정부(30.2%)에서는 장관 경력자 중 학자군이 2순위를 차지해 지식인의 정권 편입은 정무직 인사에서 견고한 관행으로 자리잡았다.[136]

법조인과 언론인도 장관 이력의 한 유형으로 분류된다. 이승만 정부에서는 법무부와 내무부에 법조인들을 배치함으로써 전체 임명 건 중 법조인의 비중이 10.3%를 차지하였고, 이후 법무부에는 법조인 출신 인사가 내정되는 것이 관례화되었다. 그러나 문재인 정부에 들어와 총 4명의 법무부 장관 중 2명은 학계(박상기, 조국), 나머지 2명은 정계(추미애, 박범계)에서 유입됨으로써 이 공식은 깨지고 말았다.

언론인의 경우, 장관으로 입각하는 사례가 많다고 알려졌지만 실제로는 그 비중이 크지 않고, 2000년대에 들어서는 전무한 것으로 나타났다. 최근에는 언론계에서 곧장 내각에 입성하는 것이 아니라 국회나 정부기관에 진출해 정치 경력과 전문성을 쌓은 후 장관 자리에 오르는 사례가 많기 때문에 '장관으로 임명되기 직전의 10년간'을 기준으로 경력을 산출하였을 때 언론인 출신으로 분류되지 않는다고 설명할 수 있다.

그 밖에 금융계, 기업, 종교계, 의료계 출신으로서 입각하거나 사회운동가 또는 예술인이 장관으로 발탁되는 경우도 종종 있었다. 특히 1공화국에서는 의료계(5.1%), 금융계(4.4%), 재계(3.7%), 종교계(1.5%)[137]에서 유입된 장관들이 포진해, 다른 정권보다 출신배경의 분포가 넓게 나타났다. 1~3공화국과 김영삼·박근혜 정부에서 등용된 의료인 출신 장관은 모두 복지부처(보건부→보건사회부→보건복지부)를 이끌었고, 금융계에서 유입된 1-5공화국의 장관들은 재무부(8명), 부흥부(1명), 경제기획원(1명), 상공부(2명), 정무제1장관실(1명)에 배치되었다.

정권별로도 특이한 임명 사례가 있었음을 확인할 수 있다. 전두환 정권기에 여성운동가 김정례(1982.5.21-1985.2.19)가 보건사회부 장관, 노동 운동권에 있었던 권중동(1981.4.8-1982.5.21), 정한주(1982.5.21-1985.2.19), 이헌기(1986.8.27-1988.2.24)가 노동부 장관으로 발탁된 것이 눈에 띈다.[138] 특히 노동계 탄압을 일삼은 5공에서 노동청을 노동부로 격상시키고, 노동계 인사가 노동부 장관으로 충원되는 모순이 연출되었다는 이야기가 세간에서 회자되었다.

김대중 정부에 들어와 노동운동가 이태복(2002.1.29-2002.7.11)과 연극인 손숙(1999.5.24-1999.6.25)이 각각 보건복지부와 환경부 장관으로 임명되었고, 여성운동계에서 활동한 한명숙(2001.01.29-2003.02.26)이 초대 여성부 장관으로 등용되었다.

노무현 정권기에는 역대 어느 정부보다 정치인 출신 장관의 비중(14.3%)이 낮고, 관료 출신의 비중(44.2%)은 가장 높았다. 일각에서는 관료를 정치적 자원으로 충원하면서 정치인으로 키워내는 것이 참여정부의 특징이라고 소개하였다.[139] 영화감독 이창동(2003.2.27-2004.6.30)과 연극인 김명곤(2006.3.27-2007.5.7)이 문화관광부 장관이 되는 튀는 발탁도 있었다. 또한 삼성전자 사장을 지낸 진대제가 정보통신부 장관으로 입각해 이목이 집중되었다. 첫 여성 법무부 장관으로 강금실(2003.2.27-2004.7.28)을 등용해 검찰개혁에 대한 의지를 표명하였고,[140] 이장 경력이 있는 김두관이 행정자치부 장관(2003.2.27-2003.9.18), 박홍수가 농림부 장관(2005.1.5-2007.8.30)으로 등용됨으로써 국정 목표 중 하나인 균형발전이 장관 인선을 통해 상징화되었다.

최근에 들어와 장관의 경력은 전통적으로 대세를 이뤄온 관료-정치인-학자 위주의 단조로운 양상을 형성하고 있다. 노태우 정부에서 전체 장관 경력 중 세 직업군이 차지하는 비중이 80%를 초과한 이래 순차적으로 늘어나 박근혜 정부에서는 86.7%, 문재인 정부에서는 94.3%에 달하였다.[141] 그러나 이러한 경향이 장관의 경력 배경이 단조로워졌음을 의미하는 것은 아니다. 오히려 정치적 기회구조를 둘러싼 경쟁이 심해진 결과, 직업적 변신을 계속 시도한 끝에 세 가지 직업군 중 어느 하나 또는 그 이상의 자리를 거쳐 내각에 입성하는 장관직 경력 경로의 패턴을 반영하는 것이라 할 수 있다.

표 2 역대 정권별 장관의 주요경력

(단위: 명)

구분	이승만	장면	박정희 (3공화국)	박정희 (4공화국)	전두환	노태우	김영삼	김대중	노무현	이명박	박근혜	문재인	계
관료	33 (24.7%)	13 (14.8%)	43 (39.8%)	53 (43.1%)	38 (35.5%)	43 (37.4%)	44 (37.9%)	35 (36.5%)	34 (44.2%)	15 (28.8%)	15 (32.6%)	13 (24.5%)	379 (33.9%)
정치인	49 (36%)	32 (36.4%)	16 (14.8%)	27 (22%)	17 (15.9%)	31 (27%)	31 (26.7%)	24 (25%)	11 (14.3%)	14 (26.9%)	12 (26.1%)	21 (39.6%)	285 (25.5%)
학자	11 (8.1%)	7 (8%)	13 (12%)	16 (13%)	15 (14%)	19 (16.5%)	21 (18.1%)	18 (18.8%)	18 (23.4%)	12 (23.1%)	13 (28.3%)	16 (30.2%)	179 (16%)
군인	9 (6.6%)	30 (34.1%)	21 (19.4%)	15 (12.2%)	21 (19.6%)	7 (6.1%)	4 (3.4%)	5 (5.2%)	3 (3.9%)	3 (5.8%)	3 (6.5%)	3 (5.7%)	124 (11.1%)
법조인	14 (10.3%)	2 (2.3%)	9 (8.3%)	9 (7.3%)	6 (5.6%)	6 (5.2%)	7 (6%)	7 (7.3%)	4 (5.2%)	3 (5.8%)	2 (4.3%)	-	69 (6.2%)
언론인	-	-	1 (0.9%)	3 (2.4%)	5 (4.7%)	7 (6.1%)	6 (5.2%)	-	-	-	-	-	22 (2%)
금융인	6 (4.4%)	2 (2.3%)	2 (1.9%)	-	2 (1.9%)	-	-	-	-	-	-	-	12 (1.1%)
기업인	5 (3.7%)	-	-	-	-	1 (0.3%)	1 (0.9%)	3 (3.1%)	1 (1.3%)	1 (1.9%)	-	-	12 (1.1%)

구분	이승만	장면	박정희 (3공화국)	박정희 (4공화국)	전두환	노태우	김영삼	김대중	노무현	이명박	박근혜	문재인	계
사회 운동가	-	-	-	-	3 (2.8%)	1 (0.9%)	1 (0.9%)	3 (3.1%)	4 (5.2%)	3 (5.8%)	-	-	15 (1.3%)
의료인	7 (5.1%)	2 (2.3%)	3 (2.8%)	-	-	-	1 (0.9%)	-	-	-	1 (2.2%)	-	14 (1.3%)
예술인	-	-	-	-	-	-	-	1 (1%)	2 (2.6%)	1 (1.9%)	-	-	4 (0.4%)
종교인	2 (1.5%)	-	-	-	-	-	-	-	-	-	-	-	2 (0.2%)
계	136 (100%)	88 (100%)	108 (100%)	123 (100%)	107 (100%)	115 (100%)	116 (100%)	96 (100%)	77 (100%)	52 (100%)	46 (100%)	53 (100%)	1117 (100%)

※ 임명 건별로 장관의 주요 경력을 산출함. 따라서 여러 차례 장관으로 임명된 경우 어느 시점에 임명되었느냐에 따라 주요 경력이 달라질 수 있음.

4) 역량

공공 리더십 연구에서는 지도자가 갖춰야 할 역량과 자질을 다양한 용어로 정의한다. 한편에서는 고위 공직자라면 정치력, 관리능력과 리더십, 경험, 기술적 전문성, 전략, 인격과 함께 상황 요인이 뒷받침되어야 성공할 수 있다고 이야기한다.[142] 일례로 폴 라이트(Paul C. Light)는 협상력, 분석력, 폭넓은 소통 능력, 의회와의 관계 기술, 정책에 대한 해박한 지식, 중앙 정치(Washington politics)에 대한 익숙함, 관리역량, 대인관계 능력을 정치적 피임명자들이 갖춰야 할 요건으로 꼽았다.[143] 또한 그린스타인(F. I. Greenstein)은 정치 지도자라면 공적 소통 역량, 조직능력, 정치력, 명확한 정책 비전 제시 능력, 인지 스타일을 비롯해 감성지능과 자기인식(self-awareness) 등 반성적 사고를 갖춰야 한다는 견해를 밝힌 바 있다.[144]

장관은 정치가이자 행정가로서의 정체성을 보유하는 만큼 다방면에서 역할을 수행해야 한다. 예컨대 사이먼 제임스(Simon James)는 정책혁신과 관리, 중대한 결단(executive work), 의회에 대한 대응, 조직 옹호자로서의 활동, 대사적 역할 이행 및 정책의 공개 등을 장관의 주요 과업으로 제시하였다.[145] 마쉬·리차즈·스미스(Marsh, Richards & Smith)는 장관에게 정책적 역할, 정치적 역할, 관리적 역할, 공적 관계의 역할이 수반된다고 하였다.[146] 카카바제 & 카카바제(A. P. Kakabadse & N. K. Kakabadse)는 장관의 역할을 의회에 대한 책임, 정책개발과 기획, 지역구 수요에의 대응, 조직 내부 관리를 포함하는 거래적 역할, 그리고 팀워크와 네트워크의 활성화, 롤 모델로서의 자격, 불확실성 관리, 유연성을 요건으로 하는 변혁적 역할로 구분하였다.[147]

우리나라 정치부 기자들은 '민주화 개막기에 정치 지도자가 갖춰야 할 정치적 자질'로 정치적 목표 달성 능력(추진력·정책의 일관성 유지), 경륜 및 비전(세계관), 도덕성(신뢰성·결백·공인의식), 결단력과 위기관리 능력, 민주적 지도력, 예견력 및 통찰력, 용인술(인사의 효율성·공정성)을 꼽았다.[148] 박근혜 정부 중반기에 언론계 인사와 학계 전문가들을 대상으로 조사한 바에 따르면 장관에게는 현장과의 소통 능력, 대국회 및 관계 부처와의 협상력, 소신과 추진력 등의 자질이 요구된다.

부처의 업무 성격과 당면한 상황 조건에 따라 장관 리더십에 대한 선호가 달라질 수 있지만, 장관이라면 공통적으로 정치력, 관리능력과 행정력, 정책 전문성,

조정력, 도덕성 등을 갖춰야 한다.

정치력은 장관에게 요구되는 가장 기본적인 능력 가운데 하나로, 정치체제나 민주주의 발전 수준을 초월해 항시적으로 요구되어 왔다.[149] 즉 지도자라면 시대가 요구하는 정책 변화를 이끌어 낼 수 있어야 하므로 장관의 리더십은 정치가로서의 역량 차원에서 접근하여야 한다.

의원이 곧 잠재적 장관 후보자로 간주되는 내각제 국가에서는 의회에서 논쟁하고 응수하는 능력이 장관직 발탁의 주요 요인이며, 의회에서의 탁월한 퍼포먼스가 강한 장관이 되기 위한 필수 조건으로 거론된다. 또한 의회와 좋은 관계를 유지하고 소속 정당원들로부터 인정 받는 것이 성공하는 장관의 필수요건이므로 장관은 훌륭한 관리자나 탁월한 스페셜리스트가 되기보다는 정치 역량을 증진하는 데 치중한다.[150]

노무현 대통령은 장관이라면 전문가를 활용할 줄 알고, 각계의 이해관계를 잘 조정할 줄 아는 능력을 갖춰야 한다면서 정치인이 가지는 갈등 조정자로서의 역할에 관심을 갖고 있다고 언급하였다.[151] 관료제의 기술적 전문성에 기대어 발전사업을 추진하였던 권위주의 정권기에도 장관에게는 행정력보다 정치능력이 더 중시되었다.[152] 대법관을 하다 장관직에 오른 백한성 내무부 장관(1953.9.20-1955.4.23)은 법대로 처결하고 그로써 책임을 완수하는 법관과는 달리, 장관이 되어서는 정치사회 문제로 인해 난처해지고 곤란에 처하는 일이 많다며 고충을 토로하였다.[153]

정치력의 양태 중 하나가 정권의 이념을 꿰뚫는 비전을 제시하는 일인데, 장관은 대통령의 대리인이면서 동시에 부처의 대변인이기도 하므로 정치적으로 무엇이 필요한지 아는 감각을 갖추고, 이것을 실행 과정에 투입시킬 줄 알아야 한다. 임명권자와 정권의 이데올로기적 목표를 공유하는 것 이외에 여론과 정치권, 이해집단과의 관계를 잘 이끌어 나가는 정치적 반응성도 정치력의 양상 중 하나다. 성공하는 장관(effective minister)이라면 결단력과 정치적 판단력을 갖추고, 자기 조직의 몫을 차지하기 위하여 대외적으로 자원 획득을 위하여 투쟁해야만 하며, 조직에서 발생한 정치적 실수에 무한책임을 지고, 정책이나 행정상의 실수를 방어하기 위해 정치적 자원을 동원하여야 한다는 주장은 장관의 정치 역량에 초점을 둔 것이다.[154]

이러한 맥락에서 오명 장관은 장관이라면 공무원들이 제시하는 좋은 아이디어와 정책 방향을 선택하고 판단할 정도의 전문성이 필요하지만, 전문성보다는 리더십을 더 갖춰야 한다고 언급하였다.[155] 또한 3선 의원 출신인 정병국 문화체육관광부 장관(2011.1.27-2011.9.19)도 장관에게는 소관 분야에 대한 준 전문성이 요구되지만, 각 분야를 꿰뚫는 통찰력이 더 중요하다는 의사를 피력하였다.[156]

한편 가시적인 성과 창출의 관점에서는 정책 전문성과 조직관리 능력을 포함하는 행정역량에 주목한다. 사실 전문성은 공공 지도자에게 늘 거론되는 덕목으로, 우리나라 전직 장관들은 장관으로서의 자질과 덕목으로 전문성을 가장 많이 강조하였으며 그 다음으로 상식, 판단능력, 통찰력, 비전 제시 능력, 도덕성을 꼽았다.[157]

공공행정에서 전문성은 주로 정책과정에서 판명된다. 장관은 정책공동체의 구성원으로 편입되므로 당파적 제휴(partisan affiliation)에 몰입하기 보다는 자신이 담당하는 정책 현장에서 상당한 전문성을 가져야 한다.[158] 3선 국회의원 타이틀을 가지고 입각한 정동채 문화관광부 장관(2004.7.1-2006.3.6)은 정책이란 현장에 근거하지 않으면 안 된다는 점을 고려해 현실에 바탕을 두고 이념적 범주 내에서 최선의 방법을 찾기 위해 고군분투하였던 경험담을 이야기하였다.[159] 주경식 보건복지부 차관(1994.12.23-1995.6.2)은 정책 아이디어를 구상하고 그것을 실제 정책으로 구현해 내는 역할모델로 신현확 전 보사부 장관(1975.12.9-1978.12.22)을 들면서, 그를 분명한 목표와 방법을 갖고 최고 통치권자의 결심을 받아낼 뿐 아니라 여론 형성을 통하여 지지 기반을 확보하고 반대 의견을 제기할 수 있는 경제 각료들을 설득하는 등 철저한 사전 정치 작업을 통해 정책을 이뤄내는 치밀한 경제 행정가의 전형으로 묘사하였다.[160]

그런데 아침에 눈 뜨면 출근이고, 밤에 눈을 감으면 곧 퇴근이라고 할 정도로 빡빡한 일정 속에 하루를 보내는 장관에게 정책 구상이란 특별한 시간을 내어서 하는 일이 아니다. 즉 다른 일을 하는 와중에 아이디어가 떠오르고 그것이 정책 어젠다로 발전되며 실행 가능한 전략으로 개발되는 일련의 흐름 속에서 정책이 만들어진다. 안병영 장관에 따르면 장관은 계속 움직이면서 다양한 정책환경과 접촉하고, 정보를 수집하며, 설득하고 또 설득 당하는 등 장관의 일상과 그 생활 자체가 모두 정책결정과 연관된다.[161] 달리 말하자면 정책은 장관 일상의 연속선상에서 점진적으로 숙성되는 것이지, 집중적이고 밀도 있는 심사숙고의 결과, 혹은 섬광 같은 충격이나 직관에 의해 이루어지는 것은 아니다.[162]

한편 공무원의 입장에서는 조직의 위상 강화를 장관의 큰 공적으로 여긴다. 체신부 장관을 하면서 정보통신부 발족의 터를 닦은 윤동윤 장관(1993.2.26-1994.12.23), 과학기술처를 과학기술부로 격상시켜 부처의 대외적 위상을 높이는 데 기여한 강창희 장관(1998.3.3-1999.3.22)을 해당 부처의 관료들은 성공한 장관으로 꼽는다.[163] 공무원들 사이에서 이해찬 교육부 장관(1998.3.3-1999.5.24)은 다른 부처와 국회, 언론과 같은 외부 기관의 불필요한 간섭에 대하여 과감하게 조직을 방어하는 리더십을 발휘한 수장으로 기억되고 있다.[164]

조직원들의 사기 진작도 조직관리 기술 중 하나로 언급된다. 손학규 보건복지부 장관(1996.11.13-1997.8.5)은 전임 장관이 가족의 수뢰 혐의로 경질되고, 한약 분쟁으로 이전 장관들이 잇따라 해임된 상황에서 장관으로 취임하면서 첫 번째 과제는 조직의 사기를 진작시키는 일이었다고 회고하였다.[165] 더욱이 장관이 부하들에게 권한을 위임하고 관료제의 자율성을 보장할 때 조직의 일체감이 높아지고 장관에 대한 충성심도 강화된다.[166] 박관용 전 국회의장에 따르면 강한 지도력은 모든 권한을 다 쥐고 있는 것이 아니라, 적재적소에 배치된 참모들에게 법에 따라 권한을 적절히 배분함으로써 더 큰 효율을 창출한다.[167] 오명 건설교통부 장관(1994.12.24-1995.12.21)은 공무원에게 책임과 권한을 동시에 부여한 점이, 강창희 과학기술부 장관은 격의 없는 토론 문화를 조성하고 국가 시책을 결정할 때 부하 공무원들의 의견을 과감하게 수렴함으로써 관료조직의 자율성을 신장한 점이 높이 평가되었다.[168]

한편 장관이 된다는 것은 온갖 갈등의 한가운데에 진입하는 것으로, 장관이라면 자신의 리더십 스타일을 상황에 맞춰 조정할 수 있어야 한다. 이익집단, 지방정부, 전문가 조직, 정책고객 등을 상대하는 설득의 전문가인 대사형 장관(ambassador ministers)은 장관이 갖춰야 할 역량 중 조정력에 초점을 둔 유형이다.[169]

특히 행정부의 작은 일에도 관여하는 국회로부터 협력을 끌어내고, 다른 부처와의 갈등과 대립을 어떻게 관리하느냐는 장관 직무 수행의 관건이다. 서정욱 과학기술부 장관(1999.3.23-2001.3.25)은 정책 입안 내용을 두고 부처 간 의견이 대립할 때, 장관이 조정 능력과 설득력을 발휘하여야만 일이 원활하게 추진된다고 하였다.[170] 안병영 교육부 장관도 오늘날의 주요 정책문제는 단일 행정기관의 영역에 배타적으로 속하기보다는 여러 행정기관의 관할영역에 중첩적으로 연계되는 경우가 많기 때문에 장관은 수평적·수직적으로 얽힌 유관 기관들과 협력과 조정을 하여야만 한다고 주장한다.[171] 정동채 문화관광부 장관은 재임 중 문화콘텐츠의 관할 영역과 관련해 정보통신부와 다툼이 심했는데, 장관들끼리 수시로 이야기를 나누면서 갈등관리를 하였다고 한다.[172]

내각 안에서뿐만 아니라 대통령실 수석비서관을 우군으로 만들어야 일을 원활하게 처리할 수 있다. 수석비서관은 이름을 드러내지 않은 채 대통령 뒤에서 정책개발을 담당하는 장관의 카운터 파트너이자 장관과 대통령을 잇는 가교로, 안병영 장관은 일단 장관이 되면 수석과의 잦은 접촉은 불가피하며, 양자가 규범적 동지관계를 이루어야 할 동반자임을 강조하였다.[173] 문민정부의 최양부 농수산 수석비서관은 '대통령은 총사령관, 장관은 야전군 사령관, 수석은 총사령관을 보좌하는 작전 참모장'이라는 3각 관계에 비유하면서[174] 3자 간의 긴장과 연대에 주목하였다. 그러나 대통령 수석은 상관 임무의 방해꾼으로 묘사되곤 한다. 박희태 법무부 장관은 장관직 수행의 최대 걸림돌은 청와대에 있는 '소내각'(대통령실)이라고 언급하였으며,[175] 정병국 문화체육관광부 장관은 '옥상옥'이 되어버린 비서실이 때로는 대통령과의 소통을 차단하는 일을 자행한다고 지적하였다.[176] 정동채 문화관광부 장관도 청와대 수석의 강력한 영향력 때문에 인사권 행사와 정책결정에 있어서 실질적인 권한이 제약되는 현실을 꼬집었다.[177]

언론인과의 친분 형성과 유지, 언론의 적극적 활용과 같은 언론 대응력은 민주화된 정부뿐 아니라 권위주의 정권에서도 업무 추진의 효과를 좌우하는 요건으로 다루어졌다. 사실 "정치인과 파리의 공통점은 항상 신문에 맞아 죽는다"라는 말을 우스갯소리로 넘기기 어려울 정도로 정부에 대한 언론의 태도는 국정 난이도에 영향을 미친다. 각 부처의 오전 간부회의 때 가장 먼저 거론되는 사안이 조간신문에 실린 해당 부처에 관한 기사일 정도로 민주정부에서 언론 동향에 대한 주시와 견제는 필수불가결한 것으로 간주되고 있다. 우리나라 장관들도 언론과 원만하고 우호적인 관계를 유지함으로써 정책을 국민에게 진솔하게 홍보할 수 있고, 정책이 탄력과 가속을 받게 된다고 여긴다.[178] 특히 정보화 시대에는 '홍보전'이 곧 정책의 성패를 좌우하기 때문에 장관이라면 부처를 막론하고 언론 감각을 갖추어야만 한다.

과거에는 장관이 조직 내부에서 취하는 관료들에 대한 조치가 자원관리의 일환으로 간주되었으며,[179] 관료제 통제(bureaucratic control)를 장관의 주요 기능 중 하나로 여겼다. 그러나 근래에는 관료와의 원만한 관계가 장관의 성공을 좌우하는 결정적인 요인으로 인식되고 있으며, 특히 외부에서 들어온 장관에게는 관료의 벽을 넘는 것이 1순위 과제로 주어진다. 훌륭한 결정임에도 효율적으로 집행되지 않아 실패하고 마는 복잡한 정책 세계에서 장관의 손과 발이 되어주는 직업관료의 역할이 정책의 성공을 결정하는 중요한 요건으로 부상한 것이다.

또한 정치적 피임명자가 관료의 조언과 전문성을 무시할 경우 근시안적이게 되고 자가당착에 빠질 수 있으며 관료저항[180]을 불러올 수 있는 반면, 관료들과 건설적인 관계를 맺고 사람을 최대한 활용할 줄 아는 장관은 정책을 선택하는 결단력과 추진력을 발휘함으로써 성과를 창출해 낸다. 장관과 관료 간의 신뢰가 아마추어인 장관의 비전문성을 스페셜리스트인 직업관료가 자연스럽게 보완하게끔 하는 것이다.[181] 현대 국가에서 관료의 대응성이 정서와 공감의 문제로 귀결된다는 주장[182]은 '도구로서의 관료제'가 아닌 '사람으로서의 관료'라는 관점에서 접근하여야 한다는 의미로, 장관의 조직 관리 전략에 시사하는 바가 크다.

우리나라의 장관들도 관료를 직무 수행의 동반자로 인식한다. 오명 장관은 대인관계에서 실패하지 않아야 좋은 장관이 될 수 있다면서 물론 청와대를 의식한 채 일하는 장관도 있지만, 실제로 장관 업무를 수행하는 데 윗사람보다 아랫사람이 더 중요하다고 이야기하였다.[183] 유혁인 공보처 장관(1992.10.9-1993.2.25)은 독주하는 장관이야말로 실패하는 장관이라고 언급하였고,[184] 노신영 외무부 장관(1980.2.11-1982.6.1)은 부하에게 믿음을 주는 것이 가장 중요한 리더십 역량임을 강조하였다.[185] 손학규 보건복지부 장관은 법을 고치려고 해도 과장이 실무로 뒷받침해주지 않으면 안 된다면서 장관으로 취임한 후 매일 저녁 사무관급 이상 공무원들의 인사기록철 다섯 권을 차에 싣고 다니면서 봤다는 경험을 전하였다.[186] 노무현 해양수산부 장관(2000.8.7-2001.3.25)은 대화와 토론을 통한 합리적 의사결정 구조가 민주주의 시스템의 근간이며, 실무자와의 대화가 더 효율적인 업무수단이라고 여겼기 때문에 과장이나 그 아래 직원들과 토론하는 것을 개의치 않았다고 한다.[187]

우리나라에서 국무위원 내정자에 대한 인사청문회가 실시된 2006년 이후 도덕성과 공직자 윤리는 장관이 갖춰야 할 덕목으로 주목받게 되었다. 도덕성은 시대나 정치체제, 지도자 유형을 불문하고 가장 기초적인 공공조직 운영 원리 중 하나이자 리더십의 구성요건이다. 문민정부 출범 직전에 정치부 기자 111명을 대상으로 '1990년대의 정치 지도자가 갖춰야 할 요건'에 대하여 설문한 조사에서도 정직성을 가장 많이 꼽았고, 이어서 추진력, 판단력, 책임감, 경륜 순으로 답하였다.[188]

공직자의 도덕성은 성과나 능력 본위의 요건과는 판이한 가치 함축적인 자질로, 다양한 하위개념을 포괄한다. 예컨대 리더십 연구자들은 지도자의 덕성(virtue)은 선천적으로 주어지는 것이 아니라 반성(reflection)과 실천(conduct)을 통해 획득할 수 있는 것이라면서 공공관리자라면 용기, 공정성, 관용 정신을 개발하여야만 한다고 주장하였다.[189] 또한 말과 행동의 일치를 뜻하는 정직성도 도덕적 면모를 지칭하는 속성 중 하나로, 정직한 리더는 행여 전문성을 결여하였을지라도 비난을 피해갈 수 있다고 한다.[190] 헬무트 슈미드(Helmut Schmidt) 전 독일 총리는 정치 지도자의 권위를 뒷받침해 주는 요건 중 하나로 깨끗한 인품을 제시하였다.[191]

변영태 외무부 장관(1951.4.16-1955.7.28)은 외국에 나갈 때 정부에서 출장비가 나오면 그대로 두었다가 반환할 정도로 청빈하였는데, 전직 장관들은 그를 최고의 장관 중 한 명으로 꼽은 바 있다.[192] 고건 전 국무총리는 유신과 쿠데타 등으로 인해 과거 정권과의 단절이 계속된 헌정사에서 6명의 대통령이 집권한 정권마다 한 번도 빠지지 않고 고위직을 차지하였는데, 이처럼 지속적으로 중용될 수 있었던 이유는 그의 청렴함 때문이라고 한다.[193]

우리나라 장관들은 공직자의 도덕적 윤리에 대해 각자 한마디씩 의견을 제시했다. 이해찬 교육부 장관은 "공인은 공적인 업무의 실행을 위해 나에게도 엄하고 타인에게도 엄해야 한다"라고 하면서 도덕성에 기반을 둔 공인의식을 강조하였다.[194] 이용섭 행자부·건설부 장관은 장관이라면 국민과 부처 직원들로부터 권위와 신뢰를 받을 수 있는 도덕적 리더십이 필요하다고 언급하였다.[195] 한편 경제부처 관료들은 훌륭한 선배 공직자들이 갖춘 인성 요건으로 배려심과 온화한 인품을 내세웠다.[196] 2,600여 명의 최고위직 관리자 사례를 통해 리더십 기술을 분석한 저서에서는 정직과 격려(honest and inspiring)를 유능함, 미래를 전망하는 능력, 상호관계적 역량과 함께 리더에게 필요한 자질로 꼽았다.[197]

그런데 도덕성은 대개 그의 언행을 통해 외부로 드러나기 때문에 장관에게는 신중한 처신이 요구된다. 이명현 교육부 장관은 교육계 인사들이 대체적으로 보수적 성향을 띠고 있기 때문에 이들을 대하는 장관은 일거수일투족을 신중히 하여야 한다고 조언하였다.[198] 제15대 국회에서 교육위원회 위원장을 지낸 김현욱은 수만 명의 교육공직자가 장관의 면면을 관심 있게 지켜보고, 장관의 훌륭한 모습을 선망의 대상으로 삼고 존경하며 기대를 걸기 때문에 교육부 장관은 말 한마디도 신중하게 하여야 한다고 언급하였다.[199] 그러나 지도자들이 대체적으로 능숙한 업무처리를 위한 교육을 받는 데 반해, 도덕적 책무에 대해선 거의 훈련받지 못하기 때문에, 결과적으로 공직자의 도덕성은 개인의 책임과 역량에 기댈 수밖에 없는 것이 현실이다.

이외에도 교육부 장관에게는 교육적 소신을 가지고 청와대를 설득할 수 있는 능력이 요구되고, 문체부 장관에게는 이익단체의 저항을 뚫을 수 있는 추진력이 필요하며, 행자부 장관은 공무원의 조직문화를 개선하고 경쟁력을 강화시키는 능력을 구비하여야 한다. 그리고 미래창조과학부 장관은 유관기관을 아우르는 정책을 다루는 만큼 강력한 리더십이 필수라고 한다.[200] 이와 같이 장관이 갖춰야 할 요건은 많지만, 특정한 자질과 역량에만 치우쳐서는 장관직이 수반하는 복합적인 역할을 수행하거나 예측하기 어렵고 불가항력적인 상황에 대응하기도 어렵다. 그러므로 장관에게는 무엇보다 정치력과 정책적 전문성, 조직관리 역량, 대내외 조정술, 도덕성과 같은 여러 가지 역량을 종합하고 조율해 나가는 통합의 기술이 요구된다.

3 우리나라 최고의 장관

어떤 장관을 최고의 장관이라고 할 수 있을까. 장관 유형론으로 잘 알려진 헤디(B. W. Heady)는 다양한 이슈를 잘 숙지하고, 그중 일부를 자기 조직의 프로그램으로 잘 발전시켜 실행에 옮기며, 관료들로부터 지지를 받는 장관을 강한 장관이라고 명명하였다.[201] 여러 문헌과 증언에서는 비전 제시와 추진력, 조직보호와 조직의 위상 강화, 애국심, 일에 대한 헌신 등을 훌륭한 장관이 갖춰야 할 조건으로 제시한다.

리더의 비전과 철학이 명확할 때 사소한 일에 휘말리지 않은 채 결단력 있게 일을 추진할 수 있고, 조직원들을 통합할 수 있다. 관료들은 우유부단하고 일관된 비전을 제시하지 못하는 장관을 무능하다고 여기는 반면, 명확한 비전과 목표를 가지고, 결단력을 발휘하며, 주변의 조언에 귀 기울이고 반응할 줄 아는 자세를 명장관의 조건으로 여긴다.[202] 영국의 전·현직 장관들과 관료들도 장관의 성공을 결정하는 요인으로 '명확한 비전과 목표'를 1순위로 꼽고, 이어서 '조직 내부에서의 건설적인 관계 형성', '리더십과 용인술', '대의회 관계', '의사결정과정에서의 협의'와 같은 관계적 측면을 중요하게 생각하는 것으로 나타났다.[203]

박재완 장관(고용노동부 2010.8.30-2011.6.1, 기획재정부 2011.6.2-2013.3.22)은 자신의 재임기간과 정권의 임기라는 시계에 갇히지 않고, 그 한계를 뛰어넘어 좀 더 멀리 보고 길을 선택하는 혜안이 필요하다면서 비전 제시의 중요성을 강조하였다.[204] 1981년 5월, 체신부에 차관으로 부임한 이래 정보통신 인프라 구축에 뚜렷한 족적을 남긴 오명 장관은 다가올 미래에 대한 비전을 조직 안에서 공유한 일화를 다음과 같이 회고하였다.

"1980년도 초에 '21세기는 과연 어떤 사회일까'에 대해 공부하고 토론한 결과, 정보화 사회라는 결론을 내렸습니다. 다른 부처가 생각하지 않을 때 체신부는 정보화 사회라는 개념을 가졌고, 정보통신이 대단히 중요해진다고 생각했습니다. 당시만 해도 체신부가 중요한 부처로 인정받지 못했는데, 2000년대가 되면 틀림없이 1등 부처가 된다는 비전을 가졌습니다. 장관, 차관, 국장, 과장, 계장까지 한꺼번에 같은 비전을 공유했기 때문에 모든 결정이 쉽게 이루어졌어요. 다른 부처가 우습게 보는 체신부였는데 우리는 '앞서가는 체신부'라는 플래카드를 붙였어요."[205]

비전이 있는 장관이라면 그 비전을 실행해 내는 추진력도 겸비하여야 한다. 오인환 공보처 장관은 냉철한 판단력과 기획력뿐 아니라 옳다고 생각한 바를 저돌적으로 밀어붙이는 추진력을 가진 장관을 이상적인 장관상으로 제시하였다.[206] 긴박한 상황에서는 리더의 따뜻한 배려보다 생존의 절박함이 더 중요하기 때문에 부하들은 "좋은 사람(nice guy)"인 상관보다는 긴급한 문제를 해결하는 데 도움이 되는 상관을 따르려 한다는 분석[207]도 장관은 실행 능력을 갖춰야만 한다는 관료들의 생각을 반영한다.

항간에는 전문가적 역량이 부족하거나 도전적 성향이 약한 수동적인 장관을 '장식 장관', '대독 장관', 'MC 장관'이라는 용어로 비유하기도 한다. 반면 공감력, 다른 관점의 수용, 타인에 대한 지지와 장려, 집단 과업에서의 조정력과 같은 능력은 리더십 출현을 촉진할 뿐 아니라 조직원들의 참여를 강화시킨다.[208] 일각에서는 장관에 대한 부하들의 충성은 내심에서 우러나기보다 외형으로만 나타나는 형식적인 것에 불과하다고 한다.[209] 그러나 공무원들은 장관과의 인간적·정서적 관계가 중요하며, 장관이 관료들과 한 팀이 되어 공동의 목표를 공유하고, 관료의 자율성을 존중하며, 대외적으로 조직을 보호하고 조직의 위상을 강화시키는 책임 있는 리더이기를 바란다. 다시 말해, 관료들은 장관의 정치력이 조직에 자원을 끌어오고 정치적 외풍을 차단해 주는 힘이 될 것이라고 기대하며, 예측 불가능한 사건·사고나 복잡하게 얽힌 상황에 대처하는 대응력을 장관의 필수 역량으로 여기면서 장관과 상호작용한다.[210] 정무장관실 폐지를 막기 위해 각개격파로 투쟁하고, 완전히 폐지되는 것으로 최종 결론이 난 당일 밤까지 처절하게 로비를 벌여 '국무총리 정무비서실로의 흡수통합'이라는 차선의 결과를 끌어낸 홍사덕 정무장관 (1997.8.5-1998.3.1)의 사례[211]는 관료들과 일체를 이루어 조직을 보호한 장관의 사례로 회자된다.

한편 재무부의 간부급 공무원들은 부하들이 토론한 끝에 올바르다고 결론이 난 정책안을 과감하게 추진하는 스타일의 장관을 이상적인 장관상으로 제시한다.[212] 문체부 공무원들도 '조직의 위상 강화', '다른 부처와의 관계에서 조직 입장에 대한 적극적인 대변과 관철', '관료들의 의견 경청 및 인간적인 관계 형성', '공정한 인사'를 존경받는 장관이 되기 위한 조건으로 꼽는다.[213] 어느 문공부 퇴직 공무원은 이원경 장관(1974.9.18-1975.12.18)과 최병렬 장관(1988.12.5-1990.12.20)이 다른 부처나 기관과의 관계에서 부하들을 보호하고, 상관으로서의 책임을 기꺼이 감수하는 희생정신이 남다른 상관이었다고 회고하였다.[214]

그러나 장관이 국가 전체의 이익은 고려하지 않은 채 자기 부처의 이익에만 매몰될 경우, 국무위원으로서의 책무를 저버린다는 비난을 받게 된다.[215] 우리나라 고위공무원들은 행정가로서의 장관과 정치인으로서의 국무위원 역할을 잘 이행할 때 훌륭한 장관이 될 수 있다고 여긴다.[216] 이와 같은 취지에서 국회의원 정상구는 정권이나 정부가 아니라 국가를 대변하고 국가 차원에서 생각하여야 명장관이 될 수 있다고 충고하였다.[217]

장관들의 생각도 크게 다르지 않다. 전직 장관들을 대상으로 한 조사에서 정책을 결정하고 실행하는 데 '국민 또는 국가이익'을 고려하였다는 응답이 42.5%(37명)로 1순위를 차지하였다.[218] 즉 한 나라의 장관이라면 공선사후(公先私後)의 태도를 지녀야 하며(이명박 정부 문체부 장관),[219] 국가의 미래를 염두에 두고 공익을 견지하는 대의(大義)를 실전해야 힌디(이명현 교육부 장관)는 진술도 이와 궤를 같이한다.[220] 안병영 장관 역시 장관 업무 수행 과정에서 가장 고려한 것은 국리민복(國利民福)이었다고 고백한 바 있다.[221]

그런데 정치체제가 장관의 공공심과 헌신에 영향을 미치기도 한다. 일례로 의원내각제 국가에서 내각은 정당에 대한 충성심으로 결속되고, 의회에 대하여 집단적으로 대응하며, 장관도 그가 속한 정당과 정부, 그리고 총리에 대하여 책임을 지기 때문에 각 부처 장관들은 조직의 이익에 매몰되지 않고 좀 더 종합적인 맥락에서 국정에 참여하게 된다. 이러한 취지에서 3선 의원 임기 중 재경원 장관직에 오른 강경식(1997.3.5-1997.11.19)은 우리나라가 내각책임제가 되면 장관이 국무위원으로서 자기의 소관 부처뿐 아니라 소속 정당의 입장에서 보다 거시적인 안목으로 국사(國事)를 생각하게 될 것이라고 전망하였다.[222]

한편 대통령의 신임은 장관의 강력한 정치적 자원으로, 대통령이 장관을 정치적·정책적으로 신뢰할 때 주변 세력이 장관을 덜 흔들게 된다. 장관이 대통령으로부터 신뢰를 받는다는 것은 곧 대통령의 권위를 이어받는다는 것으로, 이를 통해 대통령실과의 원만한 관계 속에서 일을 추진하고, 관료사회에서도 실세 장관으로 통하게 되는 것이다. 오인환 공보처 장관은 '대통령이 이 시점에서 무슨 생각을 하고 있을까, 무슨 정책을 하고 싶을까'라는 생각을 염두에 둔 채 재임기를 보냈다면서 대통령과의 신뢰 관계를 일관성 있게 유지하는 것을 성공하는 장관의 조건으로 꼽았다. 문체부 전 고위관료는 박지원 장관(1999.5.23-2000.9.19)과 같은 정권의 실세가 부임한 덕분에 문화부 1% 예산을 달성할 수 있었다면서 장관의 권력이 부처의 위상을 결정하는 주요인이라고 판단하였다.[223]

정책고객을 위하여 적극 행정을 펼친 장관도 최고의 장관으로 거론된다. 김성훈 농림부 장관(1998.3.3-2000.8.6)은 농민을 위한 헌신과 청렴함을 실천한 훌륭한 장관으로 거론된다. 그는 김대중 정부의 첫 농림부 장관으로 임명된 직후 경제난국 속에서 2,000억 원의 예산을 투입해 농업인들의 연대보증 문제를 해결하고, 농협상호금융으로 젖소를 사들여 급락한 젖소 송아지 가격의 안정을 도모하는 등 농가 보호에 앞장섰고, 친환경 농업을 정부 정책으로 육성하였다.[224]

〈표 3〉은 3~7급 공무원 250명이 문민정부 이전의 역대 장관 중 이상적인 장관(이상형)과 뛰어난 업적을 남긴 장관(업적)을 뽑은 결과다.

이상적인 모델이자 업적 면에서도 뛰어나다고 평가받은 장관들은 부처의 업무 특성을 제대로 파악하는 통찰력과 거시적인 안목에서 과업을 완수해 내는 추진력을 갖췄다. 일례로 정원식 문교부 장관(1988.12.5-1990.12.26)은 업무에 대한 이해의 폭이 넓고, 소신과 여론 수렴 능력을 보유하며, 대외 관계는 장관이, 대내 관계는 차관이 담당하게끔 업무를 분담함으로써 조직 운영의 합리화를 도모한 데다 설득력, 일관성, 추진력, 통솔력을 발휘하였다.[225] 이홍구 국토통일원 장관(1988.2.25-1990.3.18)은 남북교류협력법의 제정과 시행, 한민족공동체 통일방안 수립을 통해 대북관계 개선에 크게 기여한 장관으로 거론되었다.[226] 최형섭 과학기술처 장관의 경우 과학기술 분야의 비전을 제시하고, 대덕연구단지 건설 계획 추진을 비롯해 과학기술 기관 설립, 인재 영입, 법제 정비 등을 통해 그 비전을 현실 세계에서 구현해 냈다.

경제기획원에서는 경제개발 5개년 계획의 입안과 포항종합제철 설립에 기여한 김학렬 장관(1969.6.3-1972.1.4)과 긴축재정을 기조로 물가안정을 이룩해 경제개발 기반을 구축한 남덕우 장관(1974.9.18-1978.12.22)이 업적 면에서 최고의 장관으로 거론되었다. 리더의 효율성은 실재적이고 의도된 사회변화의 형태로서 목표를 어느 정도 성취하였느냐에 달려있다.[227] 즉 괄목할 만한 업적은 이상적인 장관으로 꼽히는 데 가장 확실한 근거를 제공해 준다.

표 3　중간급 공무원이 뽑은 문민정부 이전의 최고 장관

부처	구분	장관 성명(응답자 수(명))
재무부	이상형	이규성(3)→**홍재형(2)**, 정영의(2)→나웅배(1), **사공일(1)**, **김용환(1)**
	업적	**홍재형(2)**→김만제(1), **사공일(1)**, **김용환(1)**
경제기획원	이상형	**조순(7)**→**김학렬(1)**, **남덕우(1)**, 나웅배(1), 최각규(1)
	업적	**김학렬(3)**→**남덕우(2)**→장기영(1), 신현확(1), **조순(1)**, 김만제(1)
교육부	이상형	**정원식(10)**→**이규호(2)**→손제석(1), 류기춘(1), 서명원(1)
	업적	**정원식(7)**→**이규호(2)**→권오병(1), 민관식(1)
교통부	이상형	**김창근(6)**→고건(3)→**손수익(2)**→이범준(1), **임인택(1)**, **황인성(1)**
	업적	**김창근(4)**→**황인성(2)**→**임인택(1)**, **손수익(1)**
외무부	이상형	이원경(8)→**최호중(3)**→박동진(1)
	업적	**최호중(1)**, 이동원(1)
통일원	이상형	**이홍구(8)**→최호중(1), 홍성철(1)
	업적	**이홍구(12)**→허문도(1), 이용희(1)
내무부	이상형	**이상희(7)**→정호용(2), **안응모(2)**, 이한동(2), **김치열(2)**→**김현옥(1)**, 노태우(1)
	업적	**안응모(3)**→**김현옥(2)**, **김치열(2)**, 정석모(2)→**이상희(1)**
총무처	이상형	**김용갑(6)**→**박세직(2)**→김용래(1), **김용휴(1)**, **이연택(1)**
	업적	**김용휴(5)**→**박세직(2)**→**김용갑(1)**, 이석제(1), **이연택(1)**
농(림)수산부	이상형	**황인성(4)**→김식(3)→**김영갑(1)**, 고건(1)
	업적	**황인성(2)**→**김영갑(1)**, 조시형(1), **김식(1)**

부처	구분	장관 성명(응답자 수(명))
상공부	이상형	한승수(4)→**나웅배(3)**→**서석준(2)**, **이봉서(2)**→박필수(1), 최각규(1)
	업적	**서석준(2)**→**이봉서(1)**, **나웅배(1)**
동력 자원부	이상형	**이희일(5)**→**이봉서(4)**
	업적	최동규(3)→**이희일(2)**→박봉환(1), **이봉서(1)**
보건 사회부	이상형	**신현확(4)**→이경호(1), 진의종(1), 권이혁(1), 김정수(1)
	업적	**신현확(4)**→홍성철(1), 김종인(1), 천명기(1)
노동부	이상형	**최영철(4)**→**권중동(2)**→최병렬(1), 최두열(1)
	업적	**권중동(4)**, **최영철(4)**
건설부	이상형	이상희(9)→**이한림(1)**, **신형식(1)**
	업적	**이한림(1)**, **신형식(1)**, 박승(1)
체신부	이상형	**오명(8)**→최광수(3)→김성진(1), 송언종(1)
	업적	**오명(13)**
과학 기술처	이상형	**최형섭(3)**, 이태섭(3)→정근모(2), **이상희(2)**, 이관(2)→김진현(1), **이정오(1)**, 김성진(1)
	업적	**최형섭(3)**, **이상희(3)**→**이정오(1)**

※ 자료: 이종범 외, 『전환시대의 행정가』(서울: 나남출판, 1994), 323-333쪽.
※ 이상적인 장관(이상형)과 뛰어난 업적을 남긴 장관(업적)에 중복되는 경우, 굵게 표시함.

　　그런데 중간급 공무원들 사이에서 인기 있는 장관은 고위직 관료들에게도 최고의 장관으로 꼽힌다. 〈표 4〉는 23개 부처의 국장급 이상 고위공무원 300명이 이승만 정부에서 노태우 정부까지의 역대 장관 중 최고 장관을 뽑은 결과다. 고위공무원들은 '부처의 위상 강화', '공정한 인사', '민주적인 과정을 통한 업무추진력 발휘'를 최고 장관의 3대 조건으로 내세웠다.[228] 공무원 특유의 조직 위주 사고방식의 일면을 보여주는 대목이다.

● 표 4　고위공무원이 뽑은 문민정부 이전의 최고 장관

부처	성명(재임기간)	부처	성명(재임기간)
재무부	이규성 (1988.12.5-1990.3.18)	경제기획원	남덕우 (1974.9.18-1978.12.21)
문교부	민관식 (1971.6.4-1974.9.17)	외무부	이원경 (1983.10.15-1986.8.26)
통일원	이홍구 (1988.2.25-1990.3.18)	법무부	김석휘 (1985.2.19-1985.7.15)
국방부	윤성민 (1982.5.21-1986.1.8)	내무부	김현옥 (1971.10.7-1973.12.2)
총무처	김용갑 (1988.2.25-1989.3.8)	문화공보부	최병렬 (1988.12.5-1990.1.2)
농(림)수산부	황인성 (1985.2.19-1986.12.31)	상공부	한승수 (1988.12.5-1990.3.19)
보건사회부	신현확 (1975.12.9-1978.12.22)	노동부	최영철 (1989.7.19-1990.12.27)
교통부	김창근 (1988.12.5-1990.3.18)	건설부	이상희 (1990.9.19-1991.2.18)
체신부	오명 (1987.7.14-1988.12.4)	환경처	허남훈 (1990.9.19-1991.4.26)
정무1	김윤환 (1988.3.7-1988.5.3)	정무2	조경희 (1988.2.25-1988.12.4)

※ 자료: 월간조선, 「23개 부처 국장급 이상 3백여 명이 꼽은 역대 최고 장관 23명」(1993년 9월호(c)), 215쪽.

〈표 5〉와 같이 국장급 공무원 89명을 대상으로 노태우 정부에서 김대중 정부 초기까지의 장관 중 성공한 장관이 누구인지 조사한 결과, 선문싱과 ㅗ직 장아력, 대외교섭력, 부하의 업무 자율성을 인정하는 태도를 비롯해 외부의 인사 압력을 과감하게 물리치거나 외부기관의 불필요한 간섭으로부터 조직을 방어하는 데 열정을 다한 장관이 높게 평가되었다.

구체적으로 이해찬 교육부 장관은 1년 남짓 장관으로 재직하면서 과감하게 입시개혁을 추진함으로써 교육과정의 개편에 상당한 영향을 미쳤다. 교육부 고위관료에 따르면 이해찬 장관은 관료의 이야기를 경청할 줄 아는 상관이었기 때문에 이전 정부에서 만든 정책(5.31 교육개혁)을 무난하게 승계하였다고 한다. 또한 교원단체들이 반대하는 교원 정년 2년 단축안을 강력하게 밀어붙여 관료들이 심약해 추진하지 못하였던 숙원을 풀어준 데다 대통령의 신임이 높았기 때문에 장관의 기세에 힘입어 부처의 위상도 높아졌다고 한다.[229]

홍순영 외교통상부 장관(1998.8.4-2000.1.14)은 합리적인 성격에 보스기질을 갖추고 있으며, 소신 있게 일을 추진한다고 정평이 났다.[230] 그는 외교관 출신으로서 전문성을 갖춘 데다 외부 압력을 과감하게 물리쳐 인사의 자율성을 확보한 것이 높게 평가되었다. 최호중 외무부 장관(1988.12.5-1990.12.27)도 부하공무원의 업무 자율성을 존중하는 포용력을 갖추었다는 점, 그리고 북방외교 개척으로 공산권 국가와의 관계 개선에 공헌함으로써 외교의 지평을 넓힌 업적이 긍정적인 평가로 이어졌다.[231]

상공부의 한승수 장관(1988.12.5-1990.3.19)은 조직인화 능력이 뛰어나고, 통상산업부의 정해주 장관(1997.11.19-1998.3.2)은 부하 공무원의 의견을 존중하는 하의상달식 의사결정의 활성화를 통해 조직관리를 훌륭하게 한 상관으로 기억된다. 농림수산부에서는 농업 분야에 대한 해박한 지식을 토대로 각각 농지법과 농업·농촌기본법을 제정한 최인기 장관(1994.4.6-1995.12.20)과 김성훈 장관을 성공 사례로 꼽았다. 한편 이어령 문화부 장관(1989.12.28-1991.12.19)은 문화 전반에 대한 지식이 해박하고, 아이디어를 적극적으로 정책화함으로써 관 주도의 문화정책을 국민이 참여하는 문화 향수 정책으로 변화시키는 데 기여한 점이 부각돼 공직사회에서뿐 아니라 문화행정 전문가들 사이에서도 탁월한 리더로 거론되었다.[232]

표 5 고위공무원이 뽑은 노태우 정부~김대중 정부 초기의 최고 장관

부처	장관(재임기간)
교육부	이해찬(1998.3.3-1999.5.24), 안병영(1995.12.21-1997.8.5)
외무부	홍순영(외교통상부 1998.8.4-2000.1.14), 최호중(1988.12.5-1990.12.27)
통일부	이홍구(국토통일원 1988.2.25-1990.3.18), 통일원 (1994.4.30-1994.12.16)
문화부	이어령(1989.12.28-1991.12.19)
농수산부	최인기(농림수산부 1994.4.6-1995.12.20), 김성훈(농림부 1998.3.3-2000.8.6)
상공부	한승수(1988.12.5-1990.3.19), 정해주(통상산업부 1997.11.19-1998.3.2)
보건복지부	차흥봉(1999.5.24-2000.8.6), 서상목(1993.12.22-1994.12.22), 손학규(1996.11.13-1997.8.5)
노동부	진념(1995.5.24-1997.8.5), 최병렬(1990.12.27-1992.6.25)
건설교통부	오명(교통부 1993.12.21-1994.12.23, 건설교통부 1994.12.24-1995.12.21), 이정무(1998.3.3-1999.5.24), 이건춘(1999.5.24-2000.1.14)

부처	장관(재임기간)
정보통신부	강봉균(1996.8.8-1998.3.2), 남궁석(1998.12.21-2000.2.1), 윤동윤(체신부 1993.2.26-1994.12.23)
과학기술부	이상희(과학기술처 1988.12.5-1990.3.18), 강창희(1998.3.3-1999.3.22)

※ 자료: 신동아, 「〈국·과장급 고위공무원 집중조사〉 노태우·김영삼·김대중 정부의 장관성적표」(2001년 10월호), 246-259쪽.

비슷한 시기에 고위공무원을 대상으로 최고의 공직자가 누구인지 조사한 결과, 고건 총리가 청렴성, 전문성, 포용력을 두루 갖춘 관료로서 폭넓은 지지를 받아 1위를 차지하였고, 이어서 남덕우 총리, 김재익 경제수석, 오명 장관(체신부·(건설)교통부)이 꼽혔으며, 이헌재 총리와 진념 장관(동력자원부·노동부·재정경제부)이 공동으로 5위를 차지하였다. 국무총리실 비서관을 지낸 정두언에 따르면 고건은 직업관료 출신답게 매사가 조심스럽고 꼼꼼하며, 항상 상사(대통령)의 입장을 깊이 헤아리며 처신한 공직사회의 본보기였다.[233] 한편 남덕우 총리는 이론과 실무를 겸비함과 동시에 기획력과 추진력이 뛰어나다는 평판의 인물이었다. 김재익 수석은 시장중심의 정책을 펼침으로써 경제정책의 골간을 바꿔놓은 업적, 그리고 오명 장관은 정보통신 분야의 획기적인 발전을 이룩한 공로를 인정받은 최고의 관료였다.[234]

그렇다면 장관들은 누구를 롤 모델로 제안할까? 3공화국 후반기부터 김영삼 정부 중반기까지의 기간에 임명된 장관 62명을 대상으로 최고의 장관이 누구인지 질문한 결과, 〈표 6〉과 같이 남덕우 경제기획원 장관이 가시적인 업적과 조직 내·외부 관리능력을 인정받아 1위를 차지하였다. 이어서 변영태(외무부)·김치열(내무부·법무부)·장기영(경제기획원)·신현확(경제기획원·보사부)·최각규(농수산부·상공부·경제기획원)·최형섭 장관(과학기술처)이 2순위를, 오명 장관(체신부·(건설)교통부)과 최병렬 장관(문공부(공보처)·노동부)이 3순위를 차지하였다. 장관 경력자들은 무엇보다 국가가 직면한 긴요한 과업을 탁월하게 완수해 낸 성과를 최고의 장관이 되기 위한 으뜸 요건으로 꼽았다.[235]

● 표 6 전직 장관들이 뽑은 최고 장관

구분	성명	직위(재임기간)	선정 이유
1순위	남덕우	재무부 (1969.10.21-1974.9.18), 경제기획원 (1974.9.18-1978.12.22)	경제성장의 공로, 정확한 예산 운용, 관료의 자부심 고취, 타 부처 장관의 업무 존중, 외유내강으로 합리적이고 무리 없는 업무 처리
2순위	변영태	외무부 (1951.4.16-1955.7.28)	위기(6.25 전쟁)시 대통령을 충실하게 보필, 애국심, 신념을 갖고 국운 개척에 기여
	김치열	내무부 (1975.12.19-1978.12.22), 법무부 (1978.12.22-1979.12.13)	경찰 수사능력의 획기적 향상, 높은 식견과 통솔력, 투철한 국익 의식, 소신 있는 결단, 애국심
	장기영	경제기획원 (1964.5.11-1967.10.3)	실천력을 갖고 경제개발 초기 주도, 적극적으로 경제개발 계획 수립, 보스 기질, 정열적인 업무 추진
	신현확	보건사회부 (1975.12.9-1978.12.22), 경제기획원(1978.12.22-1979.12.13)	의료보험제도 도입, 경제안정화 시책을 소신 있게 추진, 뛰어난 국정 분석 능력
	최각규	농수산부 (1975.12.19-1977.12.19), 상공부 (1977.12.19-1979.12.13), 경제기획원 (1991.2.18-1993.2.24)	타 부처 장관의 업무 존중, 성실한 업무 추진, 해박한 지식으로 각 부처 장악, 풍부한 전문지식, 소신
	최형섭	과학기술처 (1971.6.15-1978.12.22)	과학 황무지에서 소신을 갖고 대통령 설득, 관료주의에 젖지 않고 과학기술 발전에 기여, 과학기술 발전에 대한 비전
3순위	오명	체신부 (1987.7.14-1988.12.4), 교통부 (1993.12.21-1994.12.23), 건설교통부 (1994.12.24-1995.12.21)	정보화 시대 개막의 공로, 체신산업 분야 육성
	최병렬	문화공보부 (1988.12.5-1990.1.2), 공보처 (1990.1.3-1990.12.26), 노동부 (1990.12.27-1992.6.25)	소신 있고 합리적, 탁월한 정책추진 능력

※ 자료: 월간조선, 「전직 장관 62명의 체험적 장관론」(1995년 2월호), 157-158쪽.

그런데 주변 사람들은 훌륭한 장관감은 떡잎부터 달랐다고 진술한다. 경제부처 과장들이 선정한 훌륭한 선배 공직자 1위 그룹에는 이헌재 재경부 장관, 한덕수 재경부 장관, 이윤재 재정경제비서관, 이규성 재경부 장관, 변양호 재경부 금융정책국장이 포함되었다. 이헌재 재정경제부 장관(2000.1.14-2000.8.7, 2004.2.10-

2005.3.7)은 금융시장 및 산업에 대한 이해력과 판단력, 추진능력이 뛰어나 재무부 과장 시절부터 "차관급 과장", "장관급 과장"이란 소리를 들었고, 대통령과 독대해 현안 보고를 할 만큼 준비된 과장이었다. 한덕수 재정경제부 장관(2005.3.14-2006.7.18)은 일이 취미인 일벌레로, 산자부 공무원에 따르면 그는 항상 새로움을 추구하는 선배였다. 이규성 재정경제부 장관(1998.3.5-1999.5.24)은 온화하고 따스한 인품과 함께 예지력과 분별력을 두루 갖춘 리더로 그려진다.[236] 법무부도 마찬가지다. 역대 법무부 장관 중 최우수군에 속한 김석휘 장관(1985.2.19-1985.7.15)은 검찰총장 시절, 두둑한 배짱으로 후배들의 존경을 받는 보스기질의 검사로 알려졌다.[237]

장관으로부터 총애받는 공직자는 장관 후보감으로 거론될 만한 유망주로 떠오르기도 한다. 정동채 문화관광부 장관은 소신을 가지고 직언할 줄 알아 신뢰하였던 부하로 박양우 실장을 꼽았는데,[238] 그는 훗날 문체부 장관(2019.4.3-2021.2.10)으로 발탁되었다.

언론계와 전문가들을 상대로 실시한 박근혜 정부 중반기의 장관 평가에서는 최우선 과제를 일관적으로 추진한 이기권 고용노동부 장관(2014.7.16-2017.7.25)과 김현웅 법무부 장관(2015.7.9-2016.11.29)이 일 잘하는 장관으로 뽑혔다. 이기권 장관은 노동개혁의 일환으로 노사정 대타협을 이끌어낸 성과, 김현웅 장관은 법조브로커 근절을 추진한 점이 높이 평가되었다.[239]

장관 자리에 올랐다는 것은 한 개인의 인생 성공을 반영하는 일면이 있지만, 장관이 되었다고 해서 모두 훌륭한 선례로 남는 것은 아니다. 장관에게 요구되는 여러 역량을 고루 갖추었거나, 각 역량의 총합 점수가 높다고 반드시 출중한 장관이 되는 것도 아니다. 재임 당시 기대된 역할을 완수하거나 괄목할 만한 성취를 달성해 변화를 불러일으킨 장관이야말로 자타가 공인하는 최고의 장관이라 할 수 있다. 이러한 변화는 장관 개인의 역량과 상황이 맞물리는 타이밍 속에서 이루어진다. 장관의 선택과 행동을 판단할 때 시대적 요인을 간과할 수 없는 이유다.

1   김현욱 의원(자민련); 대한민국국회, 「교육위원회 회의록」(1996.8.22), 48쪽.

2   Peter Riddell, *15 Minutes of Power: The Uncertain Life of British Ministers*, London: Profile Books, 2019, p. xviii, 59; Jean Blondel, *Government Ministers in the Contemporary World*. London; Beverly Hills; New Delhi: Sage Publications, 1985, p. 274.

3   P. Riddell, *op. cit.* (2019), p. 20, 61.

4   J. Blondel & J. Thiébault, *The Profession of Government Minister in Western Europe*, New York: St. Martin's Pr., c1991, p. 153; J. Blondel, *op. cit.* (1985), p. 3, 7; Mattei Dogan, "Introduction: Selecting Cabinet Ministers" in M. Dogan(ed.), *Pathways to Power: Selecting Rulers in Pluralist Democracies*, Boulder: Westview, 1989, p. 2.

5   이용섭 행자부·건교부 장관; 행정부공무원노동조합 정책연구소, 「한국의 장관들: 장관은 시대의 거울이다!」(성남: 티핑포인트, 2016), 676쪽.

6   월간조선, 「전직 장관 62명의 체험적 장관론」(1995년 2월호), 139쪽.

7   국민권익위원회, 「장관 행동강령 도입 방안 연구」(2015), 11쪽.

8   행정부공무원노동조합 정책연구소, 앞의 책(2016), 681쪽.

9   주돈식(2016.8.3 인터뷰); 김경은·한승주·장석준·박윤희, 「조선총독부 건물 철거결정은 어떻게 이루어졌나」(성남: 한국학중앙연구원출판부, 2020).

10 행정부공무원노동조합 정책연구소, 앞의 책(2016), 653쪽.

11 이명현(2013.6.15 인터뷰); 김경은, 「고위직 관료의 장관 대응행태 실증분석: 장관 역할인식과 관료의 대응경험을 중심으로」(고려대학교 행정학과 박사학위논문, 2014).

12 김정길(2013.6.25 인터뷰); 김경은, 앞의 논문(2014).

13 월간조선, 앞의 기사(1995년 2월호), 153쪽.

14 월간조선, 앞의 기사(1995년 2월호), 154쪽.

15 김호진(2013.7.11 인터뷰); 김경은, 앞의 논문(2014).

16 남재희(2013.7.4 인터뷰), 김경은, 앞의 논문(2014).

17 J. Blondel & J. Thiébault, *op. cit.* (1991), p. 7, 10 참고.

18 Pan Suk Kim, "A Case for Performance Management for Political Appointees," *Public Personal Management* Vol. 38(4), 2009, p. 4.

19 장관이 반드시 대통령실의 기조에 협조적인 것만은 아니다. 진영 보건복지부 장관은 박근혜 대통령의 기초연금 공약이 지켜지지 않자 사퇴하였고, 유진룡 문체부 장관은 대통령의 비선 인사와 문화계 블랙리스트에 기초한 차별과 배제를 이유로 청와대와 갈등을 겪다 면직되었다고 알려졌다. 노태우 정권기의 김용갑 총무처 장관은 좌경세력에 대한 강경 대처와 국회 해산권 도입

을 위한 개헌을 강력히 요구하면서 장관직을 사임하였다.

20 J. Blondel, *op. cit.* (1985), p. 3.

21 Robert B. Reich, *Locked in the Cabinet*, New York: Vintage Books, 1998.

22 서울대학교 행정대학원 행정조사연구소, 『最高 政策 決定職의 役割에 關한 研究: 長.次官職을 中心으로』(서울: 서울대학교 행정대학원, 행정조사연구소, 1973).

23 임영신·허정·장기영 외, 『재계회고7: 역대경제부처장관편 I』(서울: 한국일보사출판국, 1981). 원로 기업가, 역대 경제부처 장관 및 금융기관장들의 회고가 연재된 이 연작을 통해 각기 다른 사회적 위치에서 겪은 사적 경험이 '재계'라는 큰 울타리를 안에서 '경제 엘리트 공통의 역사'라는 의미를 부여받게 되었다.

24 이종범 외, 『전환시대의 행정가』(서울: 나남출판, 1994).

25 박동서·함성득·정광호, 『장관론』(서울: 나남출판, 2003).

26 김호균, 『21세기 성공 장관론』(서울: 나남출판, 2004).

27 김광웅·김병섭·최종원·정광호, 『장관 리더십』(성남: 지혜로, 2007). 김영삼~이명박 정권기 장관들과의 인터뷰를 통해 외부에서 들어온 장관이 자신의 역할을 어떻게 인식한 채 행동하는지를 분석한 필자의 연구도 있다. 김경은, 앞의 논문(2014); 김경은, 앞의 논문(2015). 비교적 최근에 역대 각 부처의 장관들을 개략적으로 소개하고, 민주화 이후에 임명된 장관 11명과의 인터뷰를 통해 장관에게 필요한 자질, 장관이 되기 이전의 경력이 장관의 직무 수행에 미치는 영향, 장관의 적절한 재임기간과 재임 중의 일화, 현행 정치제도와 조직구조 및 개편에 대한 견해를 제시한 저서(『한국의 장관들. 장관은 시대의 거울이다!』(2016))가 발간되었다.

28 M. Dogan, *op. cit.* (1989), p. 10.

29 문희상, 『대통령: 우리가 알아야 할 대통령의 모든 것』(서울: 경계, 2017), 86-87쪽.

30 Nelson W. Polsby, "Presidential Cabinet Making: Lessons for the Political System," *Political Science Quarterly* Vol. 93(1), 1978, pp. 15-25; Richard J. Ellis, *Cabinet Members as Presidential Lightning Rod*, Ann Arbor, Michigan: University Microfilms International, 1989, p. 17.

31 J. Blondel, *op. cit.* (1985), p. 56 참고.

32 행정부공무원노동조합 정책연구소, 앞의 책(2016), 667-668쪽.

33 월간조선, 앞의 기사(1995년 2월호), 145-146쪽.

34 김경은, 앞의 논문(2014), 79쪽.

35 Margaret Jane Wyszomirski, "Presidential Personnel and Political Capital" in M. Dogan(ed.), *op. cit.* (1989), pp. 58-68.

36 Richard Rose, "The Making of Cabinet Ministers," *British Journal of Political Science* Vol. 1(4), 1971, p. 397; Jong One Cheong, "Suggested Capacities for Minister's Success:

An Empirical Approach Based on Saaty's AHP," *International Journal of Public Administration* Vol. 32, 2009, p. 137.

37　Gordon Brown, *My Life, Our Times*, London: The Bodley Head, 2017, pp. 18-19.

38　R. B. Reich, *op. cit.* (1997), p. 52.

39　여기서 '철학적 확신'이 대통령의 정책목표를 제대로 인지하고 대통령이 꿈꾸는 프로그램과 철학적으로 잘 맞는지를 나타내는 요건이라면, '청렴성'은 삶의 양식에 있어서 도덕적인 면을 가늠하게끔 해주는 지표다. 또한 '다부짐'은 행정부처에서 겪게 될 시련을 견뎌낼 수 있는 능력을 뜻하고, '역량'은 해당 직책의 본래 사명에 대한 이해력, 그리고 '팀 플레이어'는 대통령이 제시한 목표를 달성하기 위해 일하고 있다는 것에 대한 인식을 의미한다. Alvin S. Felzenberg & Heritage Foundation, *The Keys to a Successful Presidency*, Washington, DC: Heritage Foundation, c2000, p. 51.

40　R. B. Reich, *op. cit.* (1997), p. 22.

41　김호균, 앞의 책(2004), 247-248쪽.

42　안병영, 「장관의 교체와 정책의 안정성: 정책연속성 확보를 위한 시론」, 『한국행정연구』 10(4), 2001, 43쪽.

43　Ben Ross Schneider, *Politics within the State: Elite Bureaucrats and Industrial Policy in Authoritarian Brazil*, Pittsburgh: University of Pittsburgh Press, 1991; 황종성, 「한국 정치엘리트의 구조적 분석」, 『한국정치학회보』 30(2), 1996, 144쪽.

44　Hyunki Shin & Sun Choi, "Presidential Priority and Political Appointment: Ordered Logit Regression Analysis of the Patronage and Merit of Ministers and Vice Ministers," *Korea Observer* Vol. 48(2), 2017, pp. 183-216.

45　Pan Suk Kim, "Presidential Personnel Innovation for Presidential Appointees in Korea: Toward an Institutional Presidency," *Public Administration and Development* Vol. 24(3), 2004, p. 239.

46　제16대 대통령직인수위원회는 온·오프라인을 통해 국방부 장관을 제외한 18개 부처의 장관직에 대하여 국민으로부터 인사 추천을 받았다. 국민이 추천한 장관 후보자 5,415명 중 중복자를 제외한 인원은 1,870명으로 집계되었는데, 인수위가 자체적으로 피추천인들을 검증하고, 마지막 단계에서 대통령 당선자와 총리 내정자가 협의해 최종적으로 인선하였다. 신계륜 제16대 대통령직인수위원회 인사특보 진술; 행정안전부, 『되돌아보는 대한민국 전자정부 이야기 23선: 1967-2017』(서울: 행정안전부, 2017), 95쪽.

47　그 밖에 이윤영(사회부·제1대-제4대 무임소), 박희현(재무부·상공부), 김현철(재무부·부흥부), 송인상(재무부·부흥부), 최재유(문교부·보건부·보건사회부), 권승렬(2대 법무부·10대 법무부), 이호(법무부·내무부), 홍진기(법무부·내무부), 이범석(국방부·내무부), 신성모(국방

부·내무부), 윤치영(내무부·무임소), 이순용(내무부·체신부), 이근직(내무부·농림부), 김일환(내무부·상공부·교통부), 최인규(내무부·교통부), 윤영선(농림부·무임소), 오정수(상공부·체신부)가 이승만 정권기에 두 번 이상 장관으로 임명되었다.

48 그 밖에 김유택(재무부·경제기획원), 주요한(부흥부·상공부), 태완선(부흥부·상공부), 유창순(경제기획원·상공부), 조재천(법무부·내무부), 현석호(국방부·내무부), 이상철(내무부·체신부), 신현돈(내무부·보사부), 김선태(7대 무임소·8대 무임소)가 2공화국에서 두 차례 이상 장관 직무를 수행하였다.

49 행정부공무원노동조합 정책연구소, 앞의 책(2016), 52-53쪽.

50 재무부의 이승윤, 경제기획원 신병현, 문교부 이규호. 외무부 노신영, 국토통일원 이범석, 국방부 주영복, 내무부 서정화, 총무처 김용휴, 문화공보부 이광표, 상공부 서석준, 동력자원부 박봉환, 보건사회부 천명기, 건설부 김주남, 과학기술처의 이정오 장관이 4공화국에서 5공화국으로 연임되었다.

51 경제정책의 탈정치적 성격이 다른 정권에서 장관으로 재임명되는 데 영향을 미쳤다고 할 수 있다. 최장집(2005)은 권위주의 관치경제 시대부터 민주화 이후 신자유주의적 세계화 시대에 이르기까지 경제영역에서 정책의 연속성이 유지되어 그 차이를 실감하기 어렵고, 사회경제적 이슈가 정치의 중요 사안에 들어오지 못한 채 탈정치화됨으로써 경제정책은 어느 정당이 집권하든 유사하다고 한다. 최장집, 「한국 민주주의의 취약한 사회경제적 기반」, 최장집(편), 『위기의 노동: 한국 민주주의의 취약한 사회경제적 기반』(서울: 후마니타스, 2005), 22, 24쪽.

52 법무부에서는 이호 장관(1공화국 8대·3공화국 20대), 권승렬 장관(1공화국 2대·10대), 김정길 장관(김대중 정부 49대·53대)이 재임명되었다. 또한 교육부의 경우, 권오병 장관(3공화국 16대·18대 문교부 장관)과 안병영 장관(김영삼 정부 교육부 36대·노무현 정부 교육인적자원부 4대)이 각각 2차례 장관직을 수행하였다. 그 밖에 김용식 외무부 장관, 이홍구 통일원 장관, 정희섭 보건사회부 장관, 임인택 (건설)교통부 장관, 정근모 과학기술처 장관이 동일 부처에서 중복으로 임명되었다.

53 한 부처에 한 번만 임명된 단임 장관(one-post minister)은 단일한 시각으로 정책을 대하며, 다른 부처에 주의를 기울이지 않거나 그들의 요구에 거의 반응하지 않은 채 부분적 의사결정을 하는 반면, 여러 차례 장관 직무를 수행한 경력자(recurrent minister)는 눈앞의 결정을 단행하기 위해 과거의 경험을 빈번하게 동원하는 경향을 띤다고 한다. J. Blondel, op. cit. (1985), pp. 214-215.

54 한국일보, 「[이성철 칼럼] 개각합시다, 가급적 크게」(2020.10.23), 26면 참고.

55 James P. Pfiffner, "Political Appointees and Career Executives: The Democracy-Bureaucracy Nexus in the Third Century," *Public Administration Review* Vol. 47(1), 1987, pp. 59-60; Carolyn Ban & Patricia W. Ingraham, "Short-Timers: Political

Appointee Mobility and Its Impact on Political-Career Relations in Raegan Administration," *Administration & Society* Vol. 22(1), 1990, p. 117; Heclo(1977); David M. Cohen, "Amateur Government," *Journal of Public Administration Research and Theory* Vol. 8(4), 1998, pp. 450-497에서 재인용; 김경은, 앞의 책(2015), 391쪽; Jock Bruce-Gardyne, *Ministers and Mandarins: Inside the Whitehall Village*, London: Pan Macmillan, 1986; P. Riddell, *op. cit.* (2019), p. 2.

56 J. Blondel, *op. cit.* (1985), p. 96.

57 한국일보, 「[특별기고] 대통령과 임기를 함께하는 장관」(2000.1.13), 6면.

58 J. Blondel, *op. cit.* (1985), p. 186; P. Riddell, *op. cit.* (2019), p. ix.

59 P. Riddell, Zoe Gruhn & Liz Carolan, *The Challenge of Being a Minister: Defining and Developing Ministerial Effectiveness*, London: Institute for Government, 2011, p. 41.

60 C. Ban & P. W. Ingraham, *op. cit.* (1990), pp. 109-110.

61 김경은, 앞의 논문(2015), 411쪽.

62 J. Blondel, *op. cit.* (1985), p. 25, 238, 241.

63 P. Riddell, *op. cit.* (2019), p. 5; P. Riddell, Z. Gruhn & L. Carolan, *op. cit.* (2011), p. 15.

64 해양수산부 국장 진술; 월간조선, 「그룹인터뷰. 단명장관들, 할 말은 길다」(2001년 12월호), 253쪽.

65 건설교통부 공무원 진술; 월간조선, 앞의 기사(2001년 12월호), 256쪽.

66 한국일보, 앞의 기사(2020.10.23), 26면.

67 김호균, 앞의 책(2004), 236쪽.

68 오인환 공보처 장관 진술; 월간조선, 앞의 기사(2001년 12월호), 287쪽.

69 한국일보, 「[장명수 칼럼] 짖지 않는 개들」(2006.9.1), 26면.

70 David Laughrin, "Swimming for Their Lives: Waving or Drowning? A Review of the Evidence of Ministerial Overload and Potential Remedies for It," *The Political Quarterly* Vol. 80, 2009, p. 348.

71 John Campbell, *Roy Jenkins: A Well-Rounded Life*, London: Jonathan Cape, 2014, p. 17.

72 P. Riddell, *op. cit.* (2019), p. xxiii.

73 조선일보, 「떠나는 閣僚들 한마디」(1998.2.25), 4면.

74 행정부공무원노동조합 정책연구소, 앞의 책(2016), 708, 710쪽.

75 Richard Rose, *op. cit.* (1971); S. Drabble, *Ministerial Effectiveness: Literature Review*, London: Institute for Government, 2011, p. 8.

76 J. Blondel, *op. cit.* (1990), p. 38.

77 3공화국 후반기부터 김영삼 정부 중반기까지의 장관 62명을 대상으로 적절한 재임기간을 질문

한 결과, 61%(38명)가 2년 또는 2~3년 정도 재직하거나 대통령과 진퇴를 같이 하는 것이 바람직하다고 답하였고, 1년 6개월이 바람직하다는 의견은 16%(10명), 그리고 1년 정도라는 의견은 13%(8명)를 차지하였다. 대다수의 장관은 계획을 세우고 집행해서 성과를 도출한 후 이를 수정해 다시 예산을 편성하기까지 2년 정도의 시간이 필요하므로 최소한 2년 이상 봉직하여야 일관성 있게 업무를 추진할 수 있다고 판단하였다. 월간조선, 앞의 기사(1995년 2월호), 139-140쪽.

78 김경은, 앞의 논문(2014), 155쪽.

79 행정부공무원노동조합 정책연구소, 앞의 책(2016), 666쪽.

80 행정부공무원노동조합 정책연구소, 앞의 책(2016), 679쪽.

81 월간조선, 「[인물연구] 「최고장관」 吳明의 성공비결」(2003년 7월호), 514쪽.

82 신동아, 「YS정권 핵심 실세가 회고하는 문민정부 5년(下)」(2001년 2월호), 125쪽.

83 정권별로 산출한 평균 재임기간을 합산한 후 정권의 수로 나누어 산정한 수치다.

84 블론델(J. Blondel)의 연구에서는 군사정부에서 대체적으로 장관의 임기가 긴 편임에도 불구하고 한국의 경우, 권위주의적 대통령의 통치 아래 장관 교체가 빈번하게 일어나고, 장관의 임기 또한 짧다고 지적하였다. J. Blondel, *op. cit.* (1985), p. 158, 185.

85 한국일보, 앞의 기사(2000.1.13), 6면. 김대중 정부의 한명숙 초대 여성부 장관과 박근혜 정부의 윤병세 외교부 장관도 한 정권에서 교체 없이 자리를 지켰다. 그러나 여성부는 김대중 정권 중반기에 신설되었고, 박근혜 정권은 대통령의 탄핵으로 단명하였기 때문에 두 장관의 재직기간은 헌법상 부여된 대통령의 임기와 일치하지 않는다.

86 그 밖에 이윤영이 1공화국에서 사회부 장관과 1~4대 무임소 장관을 지냈고, 박경원은 2공화국의 내무부 장관, 3공화국의 체신부·교통부·내무부 장관을 거쳐 4공화국에서 내무부 장관으로 임명되어 다섯 차례의 장관직 보유 기록을 세웠다. 장관으로 4번 입각한 사례로는 김현철(1공화국 6대/8대 재무부 장관·부흥부 장관, 2공화국 경제기획원 장관), 이호(1공화국 법무부·내무부 장관, 3공화국 내무부·법무부 장관), 태완선(2공화국 부흥부·상공부 장관, 3공화국 건설부·경제기획원 장관), 김유택(2공화국 재무부 장관 1대/4대 경제기획원 장관, 3공화국 경제기획원 장관), 김윤기(2공화국 교통부 장관, 3공화국 건설부·정무 담당 무임소·경제 담당 무임소 장관), 황종률 장관(2공화국 재무부 장관, 3공화국 무임소·체신부·재무부 장관)을 들 수 있다.

87 그 밖에 박동진 외무부 장관이 4년 10개월, 홍종철 공보부(문화공보부) 장관이 4년 8개월, 김용환 재무부 장관과 남덕우 경제기획원 장관이 각각 4년 4개월, 서일교 총무처 장관과 이낙선 상공부 장관이 각각 4년 3개월간 재임하였다. 이어서 최규하 외무부 장관, 서종철 국방부 장관, 심흥선 총무처 장관, 김성진 문공부 장관, 장예준 상공부 장관이 각각 4년 1개월 동안 장관직에 머물렀다.

88 이어서 홍남기 기획재정부 장관(2018.12.11-2022.5.9)과 박능후 보건복지부 장관(2017.7.22-2020.12.23)이 각각 3년 6개월, 정종환 국토해양부 장관(2008.2.29-2011.6.1)이 3년 5개월, 이

만의 환경부 장관(2008.3.12-2011.6.1)이 3년 4개월간 재임하였고, 진대제 정보통신부 장관(2003.2.27-2006.3.22)은 3년 2개월의 기록을 보유하고 있다. 또한 이기권 고용노동부 장관(2014.7.16-2017.7.25)과 최양희 미래창조과학부 장관(2014.7.16-2017.7.10)은 각각 3년 1개월, 맹형규 행정안전부 장관(2010.4.15-2013.3.11)과 유인촌 문화체육관광부 장관(2008.2.29-2011.1.26)은 각각 3년의 재임기록을 세웠다.

89 이승만 정권기에 박희현 상공부 장관은 6일, 김영찬 상공부 장관은 21일을 기록하였고, 이어서 오정수가 상공부 장관으로 30일, 체신부 장관으로 31일간 재임하였다.

90 그러나 장관의 성공과 재임기간이 반드시 정비례하는 것은 아니며, 인기 많은 장관이 꼭 장수하는 것도 아니다. 박재윤 통상산업부 장관(1994.12.24-1996.12.19)은 무리한 정책결정과 부하 공무원들과의 잦은 마찰로 조직 내부의 에너지를 결집시키지 못하였다고 평가받았지만, 재임기간은 부처 평균보다 크게 웃도는 25개월이었다. 신동아, 「〈국·과장급 고위공무원 집중 조사〉 노태우·김영삼·김대중 정부의 장관성적표」(2001년 10월호), 252-253쪽.

91 R. Rose(1987); S. James(1999); S. Drabble, *op. cit.* (2011), p. 3에서 재인용.

92 P. Riddell, *op. cit.* (2019), p. 75.

93 D. Richards(2008); S. Drabble, *op. cit.* (2011)에서 재인용.

94 월간조선, 앞의 기사(2001년 12월호), 257쪽.

95 월간조선, 「김대중 정부 26인의 장관들이 말하는 「장관직의 모든 것」」(2002년 11월호), 683쪽.

96 James M. Burns, *Leadership*, New York: Harper & Row, 1978, 한국리더십연구소(역), 『리더십 강의』(서울: 미래인력연구센터), 615쪽.

97 행정부공무원노동조합 정책연구소, 앞의 책(2016), 669쪽.

98 안병영, 「한국 장관의 역할, 유형, 그리고 정책영향력」, 『사회과학논집』 33, 2003, 10쪽.

99 한국의 고위공무원들은 관료 경험이 없는 장관이 관료제에 들어와 불확실성을 유발하고, 기존의 정책과 조직문화를 무시하며, 때때로 조직에 대한 편견을 드러낸다면서 그를 '침투자(penetrator)'에 비유한다. Kyoung Eun Kim & Heung Suk Choi, "What Determines Senior Civil Servants' Responsive Behaviors to Ministers?: Applying Mixedmethodology on the Relationship between Top Bureaucrats and Ministers in South Korea," *International Review of Public Administration* Vol. 25(1), 2020, p. 28.

100 Norma M. Riccucci, ""Execucrats," Politics, and Public Policy: What Are the Ingredients for Successful Performance in the Federal Government?," *Public Administration Review* Vol. 55(3), 1995, p. 220.

101 진념은 재경부 장관으로 임명되기 전부터 장관 업무에 투입되었던 정황을 다음과 묘사한다. "제가 2000년 8월 7일 오후 4시에 임명장을 받았습니다. 8월 7일 아침 8시에 대통령으로부터 일을 맡으라는 전화를 받았고요. 임명장을 받기 전인 8월 7일 점심 때 경제수석과 금융감독

위원회 위원장 내정자와 셋이 만났습니다." 진념, 「진념: IMF 3년과 한국경제」, 관훈토론회 (2000.11.30), 209-210쪽.

102 강원택, 『대통령제, 내각제와 이원정부제: 통치형태의 특성과 운영의 원리』(고양: 인간사랑, 2006), 89쪽.

103 Cheong, *op. cit.* (2009), p. 145; S. Drabble, *op. cit.* (2011), p. 12.

104 강원택, 앞의 책(2006), 111쪽. 그러나 최근에는 국정운영에 있어 제한된 경험만을 보유한 의원의 한계를 이유로 의회 밖에서 새 인물을 영입하려는 시도가 활발하게 단행되었다. 2007년에 고든 브라운 총리는 "각양각색의 재능을 활용하는 정부(government that uses all the talents)"를 만들겠다면서 의회 밖의 인물들을 등용하였고, 이렇게 발탁된 장관들로 구성된 정부를 'GOATS(Government of all the talent)'라고 칭하였다. P. Riddell, *op. cit.* (2019), pp. 176-181.

105 Juan J. Linz & Arturo Valenzuela, *The Failure of Presidential Democracy*, Baltimore: Johns Hopkins University Press, c1994. p. 41.

106 P. Riddell, *op. cit.* (2019), p. 23, 25.

107 조선일보, 「金대통령이 대부분 직접통보」(1993.2.27(a)), 2면. 오인환 장관에 따르면 YS는 국회의원에 당선됐는지 여부가 인물 평가의 기준인 사람이었다. 김영삼 대통령의 삶과 의사결정의 상당 부분이 선거의 승패에 달려 있었던 만큼 그는 내각을 구성할 때 정치 경력을 중요한 임명요건 중 하나로 다루었다.

108 노무현, 『(노무현의) 리더십 이야기: 행성가와 CEO를 위한 8가지 리더십의 원리』(서울: 행복한 책읽기, 2002), 123쪽. 15~16대 국회의 문화관광위원회에 속해 있다 문화관광부 장관이 된 정동채 장관(2004.7.1-2006.3.6)과 16~18대 국회에서 문화관광위원회 위원을 지낸 정병국 장관(2011.1.27-2011.9.19)의 임명 사례가 대표적이다. 노무현도 국민의 정부 때 8개월간 해양수산부 장관을 한 일에 대하여 '한 번도 해보지 못한 행정을 직접 하게 된 아주 특별하고 중요한 경험'이라고 이야기하였고, 이때의 경험이 대통령 직무를 수행하는 데 큰 도움이 되었다고 회고하였다. 문희상, 앞의 책(2017), 249쪽.

109 김광웅, 「새 정부의 바람직한 장관 리더십」, 한국정책지식센터 리더십 심포지엄(2003.2.6); 원희복, 『국가가 알려주지 않는 공무원 승진의 비밀: 100만 대한민국 공무원의 필독서!』(고양: 위즈덤하우스, 2011), 226쪽.

110 김광웅 외, 앞의 책(2007), 15쪽.

111 김경은, 앞의 논문(2014), 147-152쪽.

112 행정부공무원노동조합 정책연구소, 앞의 책(2016), 652쪽.

113 월간조선, 앞의 기사(1995년 2월호), 153쪽.

114 2015년 일반 국민과 전문가를 대상으로 현직 장관에 대해 평가한 조사에서 황우여 교육부 장관

은 총선 출마를 의식한 채 조직 수장으로서 부적절하게 처신하고, 정종섭 행자부 장관은 '총선 승리'라는 건배사 논란을 일으켰으며, 윤병세 국방부 장관은 대통령의 지시사항만을 이행하는 코드 외교를 하였다는 비판을 받았다. 동아일보, 「리더십-소신 없이 눈치만⋯장관 21명 중 10명 '자질 미흡」(2015.12.3(b)), 5면.

115 한겨레신문, 「그들 지식은 역사 비튼 '흉기'」(1996.1.18), 5면 참고.

116 교육부 고위관료(2013.8.16 인터뷰); 김경은, 앞의 논문(2014), 199쪽.

117 김영식 교육부 대학행정지원과장(後 교육부 차관) 진술; 월간조선, 「교수출신 장관·청와대 참모의 장단점 연구」(1996년 2월호), 321, 327쪽.

118 월간조선, 앞의 기사(2001년 12월호), 258쪽.

119 정덕구, 『정덕구 교수의 강의노트: 한국의 경제정책 결정과정』(서울대학교 강의자료, 2003), 140-141쪽.

120 특히 언론인에서 국회의원으로 변신하는 사례는 꾸준히 보고되었다. 1973년에 출범한 제9대 국회에 언론인 8명(3.8%)이 입성하였고, 1979년 제10대 국회에는 9명(3.9%), 1981년 제11대 국회에는 19명(6.7%), 1985년 제12대에는 40명(14.5%)의 인사가 의원 배지를 달았다. 1988년에 실시된 제13대 총선에서도 언론계 출신의 후보 26명이 당선돼 전체 의석 가운데 9%를 차지하였다. 이어서 1992년 제14대 국회에서는 40명(13.4%), 1996년 제15대 국회 33명(11%), 2000년 제16대 국회 42명(15.4%), 2004년 제17대 및 2008년 제18대 국회에서는 각각 35명(11.7%)의 의원이 언론계 출신으로 분류되었다. 언론인 출신의 범주를 넓게 보았을 때 그 비중은 더욱 커진다. 언론사 유형에 스포츠신문이나 잡지 등을 포함시키고, 언론인에 기자뿐 아니라 언론사 사장과 발행인도 넣어 환산한 결과, 제헌국회에서 언론인 출신 국회의원 수는 전체 200명 중 41명을 차지해 20.5%를 기록하였다. 특히 민주화 초기의 정치 공간에 언론인 출신들이 대거 진입해 제13대 국회에서 13.7%, 제14대 19.7%, 제15대 18.7%, 제16대 국회에서 20.1%를 차지하였다. 그러나 정계 진출을 소망하는 언론인이 여전히 많음에도 입법부의 진입장벽이 높아지면서 진입 경로가 다변화된 결과, 제17대 국회부터 언론계에서 곧바로 국회로 진출하는 경우는 줄어들었다. 김세은, 「한국 '폴리널리스트'의 특성과 변화: 언론인 출신 국회의원을 중심으로」, 『한국언론학보』 61(3), 2017, 19-21쪽 참고.

121 조영재·김택호·손동유, 『한국정치사 구술연구』(서울: 선인, 2020), 244-245쪽.

122 국회의원 김진배 진술; 김강석, 『언론인의 권력이동』(서울: 새로운 사람들, 2001), 146-147쪽.

123 월간조선, 「집중 인터뷰: 「자신만만한 남자崔秉烈」」(1995년 7월호), 679쪽.

124 월간조선, 「한국사회를 움직이는 얼굴 없는 실력자, 편집국장들의 세계」(1995년 5월호), 457, 463쪽.

125 월간조선, 「金泳三 대통령의 愛用語 「문민」 탐험」(1995년 6월호), 508쪽.

126 김강석, 앞의 책(2001), 301, 304쪽.

127 홍지만, 「언론인 정계 진출 단점보다 장점 더 많다」, 『관훈저널』 132, 2014, 89-91쪽.

128 김강석, 앞의 책(2001), 166-168쪽.

129 김강석, 앞의 책(2001), 242-243쪽.

130 홍지만, 앞의 글(2014), 86쪽. 즉 언론인의 정치 참여는 언론인으로 하여금 '한국 언론계'가 아닌 '소속 언론사'를 1차 귀속집단으로 여겨 취재와 보도에 있어서 불공정하게 처신하게끔 하며, 권력을 감시하고 언론이 찾아 나서야 하는 사회 곳곳의 목소리를 대변하여야 하는 본연의 임무를 망각하는 결과를 초래한다. 이준웅, 「언론인의 정계진출과 언론의 독립성」, 『관훈저널』 104, 2007, 125-126쪽 참고.

131 언론계 출신의 정치인을 일컫는 '폴리널리스트(polinalist)', 지배권력 체제 속으로 기어드는 데만 열심인 '해바라기성 언론인', 개인적 처신이나 술수에는 뛰어나지만 사회문제에 대한 전문성은 거의 없는 '권력 핵심부의 머슴'이라는 용어 모두 권언유착 현상이 투영된 언론인의 모습을 가리킨다. 송정민, 「언론인들의 권력 편입」, 『저널리즘 비평』 21(1), 1997, 12-13쪽 참고.

132 정달영, 『참언론인이 되려는 젊은이들에게: 영원한 선비언론인 정달영의 언론학특강』(파주: 한울, 2008), 186쪽.

133 고병우 장관은 이 책의 경력 산출 기준인 '장관으로 임명되기 직전의 10년 경력'에 따라 관료가 아닌 기업인 출신으로 분류하였다.

134 머니투데이, 「과거 정부 기업인 입각 사례 보니…」(2018.6.26), 3면.

135 '장관 임명 직전의 10년'이라는 기준으로 경력을 산출할 경우, 일반적인 통념과는 어긋나게 장관의 출신배경을 규정하게 되는 경우가 발생한다.

예컨대 최병렬 장관의 경우, 1959년에 신문기자가 되어 26년간 언론계에 종사하다 1985년, 정계에 진출해 제12대 국회의 전국구 의원으로 활동하였다. 이후 1988년 2월, 노태우 정부가 출범하면서 정무수석으로 발탁되었고, 같은 해 12월에 문공부(공보처) 장관, 1990년 12월에는 노동부 장관으로 임명되었다. 그렇다면 최병렬 장관의 경력은 무엇이라고 하여야 할까? 혹자는 혹독하게 신문 제작을 밀어붙여 최틀러라는 별명을 얻은 조선일보 편집국장 시절의 최병렬을 떠올리면서 '언론인'으로 분류할 것이고, 한편에서는 장관으로 임명되기 직전의 정무수석 경력과 의정 경험을 근거로 '정치인'으로서의 정체성에 방점을 둘 것이다. 최창윤 장관을 예로 들어보자. 최창윤은 1980년, 군인 신분으로 대통령비서실에서 근무하기 시작하였고, 1983년에 육군 준장으로 예편한 후 1986년부터 문화공보부 차관으로 일했다. 이후 1988년에 제13대 국회의원이 되어 의정활동을 하다 1990년 12월에 공보처 장관으로 발탁되었고, 1993년 2월에는 총무처 장관으로 임명되었다. 초기 경력에 중점을 둘 경우, 그의 출신배경은 '군인'으로 분류되지만, 직전 경력을 고려한다면 '정치인'으로 봐야 한다. 이 책에서는 '장관 임명 직전의 10년'이라는 기준에 따라 최병렬이 1988년 문공부 장관으로 입각하였을 때는 '언론인', 1990년 노동부 장관으로 임명되었을 때는 '정치인'으로 분류하였고, 최창윤은 '정치인' 경력의 장관으로 상정하였다.

한편 손학규가 1996년 11월 보건복지부 장관으로 임명되었을 때는 정외과 교수 출신의 초임 국회의원이었다. 훗날 국무총리에 오른 한명숙이 2001년 1월에 초대 여성부 장관으로 입각하였을 당시는 제도권 정치에 입문한 지 불과 1년밖에 지나지 않은 시점이었다. 따라서 앞서 언급한 기준에 따라 손학규 장관의 경력은 '학자'로, 한명숙 장관은 '사회운동가'로 분류하였다.

이렇듯 '장관 임명 직전의 10년'이라는 기준에 따르면 임명 시점에 따라 경력이 다르게 부여된다. 예컨대 1공화국에서 법무부 장관과 내무부 장관을 지낸 이호는 '법조인' 출신으로 분류하였지만, 3공화국에서 다시 법무부 장관과 내무부 장관으로 등용되었을 때는 '관료' 출신으로 봤다. 1966년에 육군 중장으로 전역한 박경원의 경우 1966년 체신부 장관, 1967년 교통부 장관, 1968년 내무부 장관으로 재임하였을 때는 '군인' 출신으로 봤지만, 1974년에 내무부 장관으로 재임명되었을 때는 '관료'로 구분하였다.

136 학자군에는 대학교수 이외에 연구기관 종사자도 포함된다. 대표적으로 최형섭 과학기술처 장관은 한국과학기술연구원(KIST) 소장을 지낸 공학자였고, 사공일 재무부 장관은 한국경제개발연구원(KDI) 출신의 경제학자였다. 근래에 들어 학자 출신 장관이 급증하였는데, 박근혜 정부에서 임명한 학자 경력의 장관 13명 중 이동필 농림축산식품부 장관(한국농촌경제연구원), 윤진숙 해양수산부 장관(한국해양수산개발원), 문형표 보건복지부 장관(한국개발연구원), 방하남 고용노동부 장관(한국노동연구원)이 국책연구원에서 영입되었다.

137 김법린 문교부 장관과 백성욱 내무부 장관이 종교계(불교 승려)에서 영입되었다. 이들은 독립운동과 교육활동에 매진하였기 때문에 사회운동가로 분류될 여지가 있지만, 독립운동은 지금의 사회운동과는 성격이 다른 민족해방투쟁이었다는 점을 고려해 종교인으로 분류하였다.

138 전두환 정권은 체신노조 위원장을 지낸 권중동을 초대 노동부 장관으로 임명하였고, 6.25 직후 부산에서 부두노조운동에 참여한 후 한국노총 위원장까지 지낸 정한주, 그리고 인천공작창 노조 출신의 이헌기를 노동부 장관으로 발탁하였다. 행정부공무원노동조합 정책연구소, 앞의 책 (2016), 37쪽.

139 행정부공무원노동조합 정책연구소, 앞의 책(2016), 527쪽.

140 강금실의 장관 인선을 두고 김각영 검찰총장보다 11기수나 후배이고, 검사가 아닌 판사 출신인데다 남성도 아닌 여성을 법무부 장관으로 앉힌다는 결정에 대한 검찰 내부의 반발 기류가 너무 강해 수석비서관들의 만류가 잇따랐다. 그러나 노무현 대통령은 집권 초기에 강하고 빠른 개혁을 원했고, 그런 의지가 서열과 관행을 파괴하는 인사 혁신을 통해 국민에게 전달되게끔 하는 데 승부수를 두고 장관 임명을 강행하였다. 문희상, 앞의 책(2017), 91-93쪽.

141 법조인 비중이 상대적으로 높았던 이승만 정부에서는 관료-정치인-학자의 비중이 68.4%였고, 군인 비중이 높았던 장면 정부와 박정희 3공화국, 전두환 정부에서는 각각 59.1%, 55.7%, 59.9%를 차지하였다.

142 N. M. Riccucci, *op. cit.* (1995), p. 220.

143 Paul C. Light, "When Worlds Collide: The Political-Career Nexus" in Mackenzie, G. Calvin (ed.), *The In-and-Outers: Presidential Appointees and Transient Government in Washington*, Baltimore: Johns Hopkins University Press, c1987.

144 Fred. I. Greenstein, *The Presidential System: Leadership Style from FDR to Barack Obama*, Princeton: Princeton University Press, 2000, pp. 5-6.

145 James E. Simon, *British Cabinet Government*, London: Routledge, c1992, pp. 13-17.

146 David Marsh, David Richards & Martin J. Smith, "Re-assessing the Role of Departmental Cabinet Ministers," *Public Administration* Vol. 78(2), 2000, pp. 321-324.

147 Andrew P. Kakabadse & Nada K. Kakabadse, "Eleven Sides to the Minister of the Crown," *British Politics* Vol. 6(3), 2011.

148 1992년 11월 27일부터 12월 7일까지 정치부 기자들을 대상으로 설문조사를 실시한 결과다. 월간조선, 「새시대의 유망 정치지도자 랭킹30」(1993년 1월호(a)), 126-128쪽.

149 정치력은 임명권자 또는 소속 정당과 비전을 공유하고 결속하는 이념적 차원, 조직 내부에서의 통솔력과 대외적 조정 능력을 포괄하는 관리적·관계적 차원에서 정의되는 다중적 개념이다. 장관이 갖춰야 할 여러 역량 중 정치력이 우세한 경우 정치가 유형의 장관으로 분류하는데, 정치가로서의 장관은 명확한 정치적 아이덴티티를 갖고, 임명권자와 정치 이데올로기 및 정책 지향성을 공유하기 때문에 높은 수준의 대표성을 보유한다. 또한 다양한 이해관계자가 얽힌 정책 과정을 능숙하게 다루는 정치적 솜씨를 지니고, 정치가와 관리자로서의 이중적 역할을 수행해내는 균형감을 발휘한다.

150 D. Marsh, D. Richards & M. J. Smith(2000); S. Drabble, *op. cit.* (2011), p. 6에서 재인용; P. Riddell, Z. Gruhn & L. Carolan, *op. cit.* (2011), p. 11; J. Blondel & J. Thiébault, *op. cit.* (1991), p. 10.

151 연합뉴스(2006.1.2); 행정부공무원노동조합 정책연구소, 앞의 책(2016), 545쪽에서 재인용.

152 서울대학교 행정대학원 행정조사연구소, 앞의 책(1973), 35-36쪽 참고.

153 경향신문, 「內務部長官 白漢成氏 長官은 어려운 것」(1954.12.20), 1면.

154 D. Marsh, D. Richards & M. J. Smith, *op. cit.* (2000), p. 13; Rhodes(2004); S. Drabble, *op. cit.* (2011), p. 7에서 재인용. 개별 장관이 보유하는 인적 네트워크도 정치적 자원의 척도가 된다. 클린턴 행정부에서 노동부 장관을 지낸 로버트 라이시(R. B. Reich)에 따르면 권력의 정점에서는 어느 분야에 속하였는지와 상관없이 모두가 동질화된다. 즉 정부 최고위직 인사, 언론의 최고봉, 최상위층의 로비스트, 이익집단의 우두머리는 모두 친구이자 동료이고 골프 파트너이며, 때로는 연인 관계이기도 한데, 긴요한 정보는 그들 간의 사적 대화로 빠르게 전달된다. R. B. Reich, *op. cit.* (1997), p. 99, 120. 이러한 사회적 연계는 보다 빨리 거래가 이루어지고, 갈등과 충돌이 쉽게 해결되도록 하는 장치이자 권력의 윤활유와 같은 역할을 하는 강력한 정치적 자원이다.

155 월간조선, 앞의 기사(2003년 7월호), 508쪽.

156 행정부공무원노동조합 정책연구소, 앞의 책(2016), 689쪽.

157 월간조선, 앞의 기사(2002년 11월호), 692-693쪽.

158 Heclo(1978a); Christopher Hood & Guy Peters, "Ch4. Higher Civil Servants: Neither Mutuality Implosion nor Oversight Explosion" in C. Hood, O. James, G. Peters & C. Scott (eds.), *Controlling Modern Government: Variety, Commonality and Change*, Cheltenham, UK; North-ampton, MA: Edward Elgar Publishing, 2004, p. 139에서 재인용.

159 행정부공무원노동조합 정책연구소, 앞의 책(2016), 649쪽.

160 주경식, 「최단기 성공과 뒤늦은 성과」, 박관용(편), 『공직에는 마침표가 없다: 장·차관들이 남기고 싶은 이야기』(고양: 명솔출판, 2001), 82-83쪽.

161 안병영, 「개혁과정과 장관의 역할: 문민정부 교육개혁을 중심으로」, 『연세행정논총』, 24, 1999, 7-8쪽.

162 안병영, 「체험적 교육부 장관론」, 전상인·정범모·김형국(편), 『배움과 한국인의 삶』(파주: 나남출판, 2008), 161쪽.

163 신동아, 앞의 기사(2001년 10월호), 254-255쪽.

164 교육부 고위관료(2013.8.16 인터뷰); 김경은, 앞의 논문(2014).

165 관료제의 자율성이 보장되기 위해선 장관의 공정한 인사권 행사가 전제되어야 한다. 따라서 장관으로 하여금 정치적 판단을 배제하고 인사권을 행사하게끔 제약하는 규율을 만들기도 한다. 영국의 「장관 행동강령(Questions of Procedure for Ministers)」에서는 장관이 공무원 조직의 정치적 중립성이 유지되게끔 하고, 공무원 조직과 공직 임용에 미치는 장관의 영향력이 당파적 목적을 위해 남용되지 않아야 함을 규정한다. 국민권익위원회, 앞의 보고서(2015), 40-41, 46쪽.

166 박관용, 「침착하게 원칙을 지키며」, 박관용(편), 앞의 책(2001), 20쪽.

167 신동아, 앞의 기사(2001년 10월호), 255쪽.

168 신동아, 앞의 기사(2001년 2월호), 131쪽.

169 Bruce W. Heady, "A Typology of Ministers: Implications for Minister-Civil Servant Relationships in Britain" in M. Dogan(ed.), *The Mandarins of Western Europe*, New York: Sage, 1975, pp. 67-68, 79, 81 참고.

170 김호균, 앞의 책(2004), 208쪽.

171 안병영, 앞의 책(2008), 153쪽.

172 행정부공무원노동조합 정책연구소, 앞의 책(2016), 649쪽.

173 행정부공무원노동조합 정책연구소, 앞의 책(2016), 658쪽.

174 신동아, 앞의 기사(2001년 2월호), 120쪽.

175 월간조선, 앞의 기사(2001년 12월호), 253쪽.

176 행정부공무원노동조합 정책연구소, 앞의 책(2016), 690쪽.

177 행정부공무원노동조합 정책연구소, 앞의 책(2016), 649-650쪽.

178 김호균, 앞의 책(2004), 221쪽. 노태우·김영삼·김대중 정권기에 임명된 장관 27명과의 심층면
      담 결과, 이와 같은 답변을 얻었다.

179 서울대학교 행정대학원 행정조사연구소, 앞의 책(1973), 34-41쪽.

180 장관은 국민이 선택한 대통령이 임명하기 때문에 민주적 정당성을 보유하고, 직업관료는 장관
      으로부터 정당성을 수혈받는다. 이같이 장관은 관료로부터 전문성을, 관료는 장관으로부터 정
      당성을 보충하는 교호적 관계를 맺는다.

181 제왕적 대통령제의 전통이 강한 우리나라에서도 장관이 관료저항에 직면한 사례는 간간이 보
      고되었다. 일례로 1990년에 건설부 직원들이 건설부의 일부 기능을 지자체로 이관하는 조직개
      편안에 반발해 장관이 주재하던 직원 조회에서 퇴장한 집단 항명 사건이 발생하였다. 2008년에는
      이명박 대통령 인수위원회가 통일부 폐지를 포함하는 정부조직 개편안을 추진하자 통일부 공무원
      들이 야당에 줄을 대고 각종 로비를 펼치는 조직화된 파워를 행사해 부처 폐지를 막아냈다.

182 Kingdley(1944), p. 274; Robert D. Putnam, "The Political Attitudes of Senior Civil Servants
      in Western Europe: A Preliminary Report," *British Journal of Political Science* Vol.
      3(3), 1973, pp. 258-259에서 재인용.

183 월간조선, 앞의 기사(2003년 7월호), 509쪽.

184 월간조선, 앞의 기사(1995년 2월호), 154쪽.

185 김광웅, 「한국의 장관론: 역할, 자질, 능력」. 『행정논총』, 32(2), 1994, 48쪽.

186 신동아, 앞의 기사(2001년 2월호), 132-133쪽.

187 윤태영, 『기록: 윤태영 비서관이 전하는 노무현 대통령 이야기』(서울: 책담: 한솔수북, 2014),
      56, 64쪽.

188 월간조선, 앞의 기사(1993년 1월호(a)), 126-128쪽.

189 Terry L. Cooper, "Prologue: On Virtue" in Terry L. Cooper & N. Dale Wright, *Exemplary
      Public Administrators: Character and Leadership in Government*, San Francisco: Jossey-
      Bass Publishers, 1992, p. 6; Bailey(1965); A. Hejka-Ekins(1992), p. 305; T. L. Cooper
      & N. D. Wright, *op. cit.* (1992)에서 재인용.

190 S. A. Kirkpatrick & E. A. Locke, *op. cit.* (2006), p. 72.

191 Helmut Schmidt, *Was ich noch sagen wollte*, München: C. H. Beck, 2016, 강명순(역),
      『(헬무트 슈미트) 구십 평생 내가 배운 것들』(서울: 바다출판사, 2016), 85쪽.

192 머니투데이, 「[소셜 디자이너 열전] 〈22〉 박석무 다산연구소 이사장」(2013.3.23), 15면; 월간조
      선, 「전직 장관 62명의 체험적 장관론」(1995년 2월호), 157-158쪽.

193 원희복, 『국가가 알려주지 않는 공무원 승진의 비밀: 100만 대한민국 공무원의 필독서!』(고양:
      위즈덤하우스, 2011), 266쪽.

194 함성득·박동서·권기헌·정광호(2002b); 유동훈, 『교육부장관 인사청문회의 효과성에 대한 사례 연구: 지명·준비과정과 공격·방어 전략을 중심으로』(연세대학교 교육학과 박사학위논문, 2018), 54쪽에서 재인용.

195 행정부공무원노동조합 정책연구소, 앞의 책(2016), 677쪽.

196 이코노미스트, 「'미래 장관감'은 떡잎부터 달랐다」(2007.6.26, 제893호), 26쪽.

197 James M. Kouzes & Barry Z. Posner, *The Leadership Challenge*, San Francisco, California: Jossey-Bass, 1987; Edwin P. Hollander, "Leadership, Followership, Self, and Others" in Jon L. Pierce & John W. Newstrom(eds.), *Leaders & the Leadership Process: Readings, Self-assessments & Applications*(4th ed.), Boston: McGraw-Hill Irwin, c2006, p. 271.

198 김호균, 앞의 책(2004), 185쪽.

199 대한민국국회, 앞의 회의록(1999.8.22), 48쪽.

200 동아일보, 앞의 기사(2015.12.3(b)), 5면.

201 관료는 강한 장관에게 충분한 정보를 제공하고, 장관의 아이디어를 기술적·행정적 실현 가능성의 차원에서 분석하며, 장관이 추진한 정책이 빠르고 긍정적으로 효과를 발휘할 수 있을 것이라는 확신을 주는 등 장관의 시녀(handmaiden)가 되기를 주저하지 않는다. 반면 상관이 약한 장관일 때 관료들이 독립적으로 정책결정을 단행할 가능성이 높으며, 특히 고위관료들이 다루는 주요 정책에 조직의 관점이 확연하게 반영됨으로써 장관이 관료에 의해 움직이는 양상이 조성된다. B. W. Heady, *op. cit.* (1975), p. 40.

202 P. Riddell, Z. Gruhn & L. Carolan, *op. cit.* (2012), p. 14; P. Riddell, *op. cit.* (2019), p. 82.

203 P. Riddell, Z. Gruhn & L. Carolan, *op. cit.* (2012), pp. 15-16. 예컨대 영국의 고위공무원들은 명확한 비전을 지니고, 우선순위의 문제를 기획해 입안하며, 조직원들을 고무시키거나 열정을 부추기는 등 동기를 유발하고, 조직 내부의 세세한 일에 대하여도 살필 줄 아는 마이클 헤슬타인(Micheal Heseltine) 장관(국방부·환경부·무역산업부·제1국무장관 및 부총리 역임)을 이상적인 장관 모델로 꼽았다.

204 행정부공무원노동조합 정책연구소, 앞의 책(2016), 727쪽.

205 월간조선, 앞의 기사(2003년 7월호), 508-509쪽.

206 김광웅 외, 앞의 책(2007), 103쪽.

207 Fillmore H. Sanford, "The Follower's Role in Leadership Phenomena" in J. L. Pierce & J. W. Newstrom(eds.), *op. cit.* (2006), p. 268.

208 Steven B. Wolff, Anthony T. Pescosolido & Vanessa Urch Druskat, "Emotional Intelligence as the Basis of Leadership Emergence in Self-managing Teams" in J. L. Pierce & J. W. Newstrom(eds.), *op. cit.* (2006), p. 354.

209 조석준, 『組織과 行政: 趙錫俊教授停年退任記念論文集』(서울: 서울대학교, 1994). 이 견해와 반대되는 증거를 외국의 사례에서도 찾아볼 수 있다. 일례로 독일 고위관료들을 대상으로 한 조사에서 '새로 출범한 정부의 정책에 동의하지 않더라도 반대하지 않겠다'는 의견이 80%를 차지하였고, 정책내용이 부적합하다고 판단되면 상관과 협의하겠지만, 그럼에도 명령을 집행하겠다는 비율은 82%에 달하였다. Derlin(1995), p. 77; 김성수, 「독일의 정치·행정관계와 행정 국가」, 『정부학연구』 6(2), 2000, 85쪽에서 재인용. 독일 관료들은 공무 활동을 지시하는 주체는 정치영역이라고 인식하고, 국민에 대하여 강한 책무성을 지니며, 법치국가 이념에 따라 자신을 국가에 대한 봉사자, 공공복지 실현의 주체로 규정한다. Mayntz & Derlien(1989), p. 395; 김성수, 앞의 논문(2000), 85쪽에서 재인용.

영국의 고위관료들의 경우, 공직사회에서 가장 중대한 일탈은 장관을 배신하는 것이라고 믿으며 장관에 대한 복종을 헌법적 의무로 여긴다. 또한 충성의 대상을 추상적인 장관직이 아니라 구체적인 개별 장관에게 둔다고 한다. Anthony Barker & Graham K. Wilson, "Whitehall's Disobedient Servants? Senior Officials' Potential Resistance to Ministers in British Government Departments," *British Journal of Political Science* Vol. 27(2), 1997, pp. 223-246.

미국에서도 고위관료들의 이념 지향성과 정당 지지 성향이 매우 다양함에도 그들 대부분은 자신의 역할을 "국민의 선택"(대통령)에 충실하게 부응하는 것으로 여기며, 새 행정부가 지도하는 방향에 따라 자신의 정치적 관점을 전환한다. James W. Fesler, "Policymaking at the Top of Bureaucracy" in Francis E. Rourke (ed.), *Bureaucratic Power in National Policy Making*(4th ed.), Boston: Little Brown, 1986, PP. 324-325; Charles T. Goodsell, *The Case for Bureaucracy: A Public Administration Polemc*, Washington, D.C.: CQ Press, c2004, 황성돈·박수영·김동원(역), 『공무원을 위한 변론』(서울: 올리브 M&B, 2006).

210 Kyoung Eun Kim & Heung Suk Choi, *op. cit.* (2020), p. 34. 일례로 영국의 고위관료들은 장관이 조직의 중요한 현안을 부각시키는 일에 무능하거나 실패하는 경우, 다른 부처의 장관, 특히 예산권을 쥐고 있는 부처의 장관에게 제대로 대응하지 못하는 경우, 초과근무를 강요하는 등 강압적 행태를 보일 때 장관에 대하여 반감을 드러낸다. James B. Christoph, "High Civil Servants and the Politics of Consensualism in Great Britain" in M. Dogan(ed.), *op. cit.* (1975), p. 44.

211 정두언, 『최고의 총리 최악의 총리: 공직 생활 20년의 정두언이 털어놓는 기막힌 행정부 실태』(서울: 나비의활주로, 2011), 55-56쪽.

212 월간조선, 「23개 부처 국장급 이상 3백여 명이 꼽은 역대 최고 장관 23명」(1993년 9월호(c)), 237쪽.

213 한국행정연구원, 『한국행정60년: 1948-2008 3. 공공정책』(파주: 법문사, 2008), 723-724쪽.

214 문화공보부 퇴직관료(2013.6.3 인터뷰); 김경은, 앞의 논문(2014).

215 우리나라의 장관에게는 국무위원으로서 국무회의를 통해 국정을 심의하고 국정 전반에 대하여 발언할 권한이 주어진다. 그러나 실제로 국무회의 석상에서 국가의 주요 현안을 두고 난상토론을 하는 경우는 드물고, 국무위원들의 현장 정보 부족과 공통의 인식 결여, 우선순위의 현안 처리와 시급함에 따른 토의 시간의 제약, 정보 누출의 우려, 자기 부처의 사안이 공론화되는 것을 꺼리는 국무위원들의 행태 때문에 주요 안건을 그대로 통과시키는 경우가 많다. 이 때문에 국무회의를 '통과회의'라고 폄하한다. 월간조선, 「최청림의 경제시평-국무회의를 활성화시키자」 (1989년 5월호), 362쪽 참고.

216 월간조선, 앞의 기사(1993년 9월호(c)), 277쪽.

217 정상구 의원(자민련); 대한민국국회, 「1996년도 국정감사 문화체육공보위원회 회의록」 (1996.10.18(a)).

218 이어서 '대통령의 정책 방향과 수석비서관'이 28.7%(25명) '언론의 반응'이 23%(20명), '부처의 실무자' 3.4%(3명), '국회' 2.3%(2명) 순으로 나타났다. 월간조선, 앞의 기사(1995년 2월호), 145-146쪽.

219 이명박 정부 문체부 장관(2013.6.17 인터뷰); 김경은, 앞의 논문(2014).

220 이명현(2013.6.15 인터뷰); 김경은, 앞의 논문(2014).

221 안병영(2013.7.20 인터뷰); 김경은, 앞의 논문(2014).

222 강경식, 『가난구제는 나라가 한다: 경제부처 30년의 메모』(서울: 삶과꿈, 1992), 150쪽. 그러나 의원내각제의 장관들이 통합된 팀을 이룬다는 것은 아니며, 장관마다 소관 정책에 대해 책임지고, 자신의 정치적 야망의 성취에 관심을 기울이는 것은 대통령제의 장관과 다를 바 없다. 이와 같은 맥락에서 시 장관(City Minister)을 지낸 폴 마이너스(Paul Myners)는 개별 장관들이 서로 라이벌이자 경쟁 관계라면서 의원내각제 국가의 장관들이 공동의 목적과 동일한 어젠다를 가지고 일할 것이라는 통념을 부정하였다. R. Rose, *Ministers and Ministries*, Oxford: Oxford University Press, 1987, p. 2 참고.

223 문체부 고위관료(2013.8.13 인터뷰); 김경은, 앞의 논문(2014).

224 한국농어민신문, 「국민의 정부 초대 농림장관 김성훈이 기억하는 김대중」(2009.8.24), 3면.

225 이종범 외, 앞의 책(1994), 328쪽.

226 신동아, 앞의 기사(2001년 10월호), 250쪽.

227 J. M. Burns, *op. cit.* (1978), p. 437.

228 월간조선, 앞의 기사(1993년 9월호(c)), 215-216쪽. 김영삼 정권기 초반에 실시된 조사이기 때문에 피설문자들은 비교적 최근에 겪었던 장관에 대하여 후하게 평가한 것으로 보인다.

229 교육부 고위관료(2013.8.16 인터뷰); 김경은, 앞의 논문(2014).

230 주중대사 시절에 탈북한 장길수 군 일가족 문제를 매끄럽게 처리하였던 홍순영은 외교통상부

장관 퇴임 후 통일부 장관을 하면서 햇볕정책에 대한 주변국의 지지를 끌어내는 관록을 보여주었다. 행정부공무원노동조합 정책연구소, 앞의 책(2016), 468-469쪽 참고.

231 신동아, 앞의 기사(2001년 10월호), 249쪽.

232 한국행정연구원, 앞의 책(2008), 723-724쪽. 이어령은 공무원들 사이에서도 인기있는 장관으로 회자되곤 한다. 이어령 장관은 문화부 장관 취임사에서 "관리들은 상상력 부족으로 창조적이고 새로운 꿈을 잃어버리는 경향이 있다"라면서 상상력을 키울 것을 당부하였는데, 내부에서는 종래 문공부 시절의 딱딱하고 관료적인 분위기가 크게 가신 느낌이라면서 장관의 체질 개선 지시에 호응하였다고 한다. 동아일보, 「[스케치] "상상력부터 길러라" 文化部 體質만들기 술렁」(1990.1.5), 8면.

233 정두언, 앞의 책(2011), 175-176쪽.

234 매일경제, 「[역대 공무원 베스트10] 고건.남덕우.김재익 順」(2002.3.19).

235 훌륭한 리더십의 조건으로 거론되는 업적과 성과는 결국 변화의 문제로 귀결된다. 사실 '지도자는 정말 변화를 유발하는가'라는 질문은 리더십 연구에서 핵심을 차지한다. 장관과 한 팀을 이루는 관료들은 그들의 상관이 단지 '법의 관리자'라는 테두리 안에서 행동하기만을 바라지는 않고 변화를 주문하며, 장관들 역시 변화를 만들어낼 수 있는 기회와 권한이 자신에게 주어져 있다는 점을 인지한다. 영국의 장관들은 오직 장관만이 큰 변화를 창출할 수 있고, 장관이라면 철학적·지적 리더십을 발휘하여야 한다고 생각하며(보수당 소속 장관), 장관에게는 새 정책을 창안해 내는 창조력이 요구되고, 창의적인 장관이라면 자기 부처가 조직의 기능을 재해석하도록 이끄는 역할을 해야만 한다(노동당 소속 장관)고 여긴다. B. W. Heady, *op. cit.* (1975), p. 69.

236 2위 그룹에는 김석동 재정경제부 차관, 정건용 산업은행 총재, 윤증현 금융감독위원회 위원장(後 기획재정부 장관), 윤용로 금융감독위원회 부위원장, 김영주 산업자원부 장관, 박운서 통상산업부 차관, 이정재 금융감독위원회 위원장이 포함되었다. 이코노미스트, 앞의 기사(2007.6.26), 26쪽.

237 동아일보, 「金錫輝 검찰총장」(1982.5.22), 2면.

238 행정부공무원노동조합 정책연구소, 앞의 책(2016), 650쪽.

239 동아일보, 「2015 장관평가, 현장 소통과 개혁 추진력이 갈랐다」(2015.12.3(a)), 1면.

한국의 민주주의 전환기

1 민주화에 대한 여러 가지 시각

민주주의는 현대 정치의 정통성의 근거이자 보편적 가치로 받아들여지고 있다. 그런데 '민주주의냐 아니냐'라는 이분법적 사고[1]를 비롯해 민주주의는 항상 정도(degree)의 문제라면서 단계적 관점에서 민주화의 성숙도를 판단하는 입장[2] 등 민주주의는 다양한 기준과 방법에 의해 설명되곤 한다.

일각에서는 '민주주의는 무엇인가'라는 논쟁의 일환으로, 민주화 개념에 대해서 체계적인 논의가 이루어지지 않은 상태에서 민주화라는 용어가 일상화된 정치적 수사로 무비판적으로 사용되고 있으며, 민주화 자체에 관해서는 이론 축적이 없다는 점을 지적한다.[3] 또한 민주화 개념에 대한 국민적 합의의 부재가 민주화의 제도화 또는 법의 지배의 결여를 초래하고,[4] 민주주의 공고화를 저해하는 요인으로 작용하는 실정을 지목한다. 그러나 민주주의 연구자들은 민주주의의 속성상 그 개념을 단정할 수 없으며, 민주주의란 무엇인가에 대한 물음에는 하나의 옳은 답이 있을 수 없다고 이야기한다.[5] 즉 민주주의는 사회의 변화와 그 효과를 분석하는 학자들에 따라 달리 해석할 수 있는 것으로, 시간의 경과에 따라 다른 의미를 얻게 되는 동적인 것이며,[6] 복잡하고 장기적인 현상으로서 열린 과정(open-ended process)의 차원에서 접근하여야 할 대상이라는 것이다.[7]

사실 민주화는 경쟁적인 자유선거를 수반하는 정치 개념에서 민주화 양상으로 분류되는 각양각색의 현상을 포괄하는 것으로 그 개념이 확장되어 왔다. 예컨대 최장집(1996)은 민주화에 대하여 국가권력을 민주적 통제하에 둘 수 있는 제도적 장치의 발전, 공권력 행사의 범위와 크기, 시민사회의 이익이 자율적 조직을 통해 정치과정에 참여할 수 있는 조건의 마련, 국가와 시민사회 간 관계의 재정립을 포함하는 폭넓은 문제를 포괄하는 현상으로 규정한다.[8]

민주화는 민주주의를 향해 나아가는 절차적 현상이자, 이행의 결과로서 나타나는 체제 변화를 특징으로 한다. 우선 민주화는 갈등 해결을 위해 제도적으로 합의하는 과정 또는 민주주의가 성숙될 때까지 반복적으로 사용되어야 할 절차적 개념으로,[9] 장기적인 사회구성의 과정이자 변화의 연속체다.[10] 한편에서는 민주주의가 사회와 소통하며 사회의 광범한 요구가 정책결정 과정에 투입되는 데 더 중점에 두는 체제이며, 민주화는 민주주의를 실현하고자 하는 끊임없는 실천 과정이라는 데 방점을 둔다.[11] 그런데 민주화는 순탄하고 선형적인 경로로 나아가지 않고, 위기와 반전을 겪는 가운데 진행되며, 최종적으로 완벽하거나 안정된 민주주의로 귀결되는 것도 아니다.[12] 이러한 맥락에서 쉐보르스키(A. Przeworski)는 민주화란 민주주의에 이르는 과정으로, 민주화의 최종 목적지는 민주주의이며, 가는 과정에 따라 민주주의는 달라진다고 하였다.[13]

민주화는 체제변화(regime change)의 한 양식이기도 하다. 민주화 연구를 뜻하는 'transitology'란 용어에 '이행(trans)'이라는 의미가 담겨 있다는 것은 민주화가 곧 전환의 속성을 가진 개념임을 시사한다. 헌팅턴(S. Huntington)도 민주화란 정치체제가 권위주의라는 균형점에서 민주주의라는 다른 균형점으로 이동하는 것이라면서[14] 민주주의 이행의 관점에서 민주화를 설명하였다. 즉 민주화는 권위주의 정권의 종식과 새로운 정권의 수립, 민주주의의 공고화와 지속을 포괄하는 광범위하고 장기적인 정치적 변화과정이자, 구체제가 구축한 정치적·사회적 구조를 새로운 민주주의 체제 내에서 어떻게 재배치하고 정렬할 것인가라는 문제로 귀결된다.[15] 그런데 민주주의 이행의 양식(mode)은 이후에 전개될 민주주의 공고화의 패턴과 내용, 정도에 지속적인 영향을 미칠 뿐 아니라 개혁정치의 총체적 성격을 규정한다.[16] 이같이 민주주의 이행의 유형과 양식은 이후 민주주의가 어떻게 발전하는지에 대한 바로미터이기 때문에 민주주의 연구에서 민주화, 즉 민주주의 이행은 가장 주목받는 주제로 다루어지는 것이다.

그렇다면 한국의 민주화 시대는 언제부터 본격적으로 막을 올렸다고 할 수 있을까? 일각에서는 노태우 정권의 출범을 전후해 민주적 선거 정치가 확립되고 김영삼 정권에 들어와 민주주의 공고화가 이루어졌다고 한다.[17] 또 다른 편에서는 노태우 대통령의 취임과 제13대 총선이 치러진 1988년에 민주주의 이행이 완료되고 1997년 말에 확실시된 정권교체로 민주주의 공고화가 달성되었다고 해석하기도 한다.[18] 노태우 정권을 과도기, 김영삼 정권을 민주화 이후라고 명명하거나[19] 노태우 정권의 출범을 추동한 1987년의 시민항쟁이 민주주의의 변곡점이 되어 김영삼 정부 때 이르러 본격적으로 민주화를 추진하였다면서[20] 김영삼 문민정권기를 구체적인 민주화가 이루어진 시기로 규정하기도 한다. 노태우 정부에서 서울시장을 지내고 김영삼 정부에서 국무총리를 역임한 고건은 양 정권기를 묶어 '정치·행정의 민주화 시대 개막기'라고 명명한 바 있다.[21] 이와는 다른 관점에서 노태우 정부가 자유주의적 민주화 시대(87년 체제·민주화 체제)를 개막하고, 김영삼 정부는 신자유주의적 지구화 시대(97년 체제·신자유주의 체제)를 열었다고 평하거나,[22] 민간주도형 분권화 체제기(1988-1992)와 세계화 시기(1993-1997)로 칭함으로써[23] 노태우 정권기를 정치의 시대, 김영삼 정권기를 경제의 시대로 구분하기도 한다.

2 노태우 정권기의 민주화[24]

1987년의 6.29 선언[25] 이후 정치, 경제, 사회, 문화 각 영역에서 변화와 교착이 반복되는 가운데 6공화국이 출범하였다. 외신에서는 6.29 선언을 "경제적 기적을 정치적 기적으로 연결한 결정적인 계기", "민주화의 빛이며 신선한 바람"에 비유하면서 한국의 정치 상황에 돌파구가 마련되었다는 논평을 쏟아냈다.[26] 야당 대표들도 환영의 의사를 표명하였다. 김영삼 민주당 총재는 6.29 선언이 민주화를 열망하는 "국민에 대한 항복선언"이며, 1987년은 "모든 국민에게 희망을 안겨 주는 해이자 정치적 기적을 이루는 해"라는 의미를 부여하였고,[27] 김대중 민추협 공동의장은 "인간에 대한 신뢰감이랄까 신선함 같은 것을 느꼈다"라면서 6월의 민주화는 우리나라 민주주의 진척을 위한 첫걸음이라는 해석을 내놓았다.[28] 학계에서도

1987년에 이르러 비로소 한국의 민주주의가 가시적으로 진전하기 시작하고, 정치의 주요한 추동력이 국가에서 시민사회로 이전되면서 시민사회가 개막하는 등 민주주의의 외형과 외연이 모두 확장되는 변화에 주목하였다.[29]

노태우는 제13대 대선을 앞둔 1987년 11월 17일, 민주화합 조치의 일환으로 권위주의 정부 운영을 배격하고, 정보기관의 기능을 재조정하며, 집권당인 민정당을 민주 정당화함으로써 문민정치의 가교 역할을 수행하게끔 하겠다는 공약을 내걸었다. 같은 해 12월 4일 KBS 연설에서는 부정부패를 척결하는 데 국가원수를 포함한 어느 누구도 성역이 있어서는 안 된다고 강조하였고, 대통령 당선 이후에도 권위주의 청산, 광주사태 해결 노력과 함께 부패 척결을 거듭 약속하였다. 또한 대통령취임준비위원회는 내각의 헌법상 권한 행사를 최대한 보장하고 인사 권한을 하부로 대폭 위임하며, 국무총리의 역할을 증대하고 권위주의적 제반 요소를 배제하기 위한 대안을 담은 「새 대통령 상(像) 정립을 위한 보고서」를 발간함으로써 일대의 개혁을 예고하였다.

6공화국 노태우 정부가 '선거에 의한 최초의 정권 변화'라는 수식어를 단 채 출범한 직후 7,000여 명의 시국 사범이 석방·사면되고, 대통령이 쥔 비상조치권과 국회해산권이 폐지되었다. 또한 국회의 국정감사권이 16년 만에 부활하고, 임시회의 소집 요건이 완화되면서 의회 민주주의적 요소가 강화되었다. 노태우 대통령의 취임식은 국회의 권위를 존중한다는 취지에서 국회의사당 앞에서 거행되었으며, 청와대를 개방하고 국무회의에 원탁회의 형식을 도입함으로써 탈권위주의 문화를 조성하고자 했다. 더 나아가 노태우 대통령은 영단(英斷), 영도(領導), 하사(下賜), 영부인(令夫人) 등의 권위적인 용어를 모두 버리고 '보통 사람들'의 '보통 대통령'이 되겠다고 선언하였으며[30] 국민 참여의 중요성을 강조하는 '보통사람의 시대'라는 슬로건을 만들었다.

과거 권위주의 정권과의 결별을 알리는 시그널은 곳곳에서 터졌다. 정치권에서는 5·6공 단절론을 내세우는 신(新) 실세들이 부상하였고, '5공과의 차별화'가 정권과 집권 여당의 핵심 기류로 부상하였다. 또한 이상훈 국방부 장관이 기자회견(1988.12.5)을 통해 "군의 정치개입은 시대착오적"이라는 입장을 밝히는 등 군사정치와의 단절이 민주화 작업의 선결 조건이라는 분위기가 조성되었다. 국회에서도

5공 특위(제5공화국에 있어서의 정치권력형 비리조사 특별위원회)와 광주 특위(광주민주화 운동 진상 조사 특별위원회)가 설치돼 청문회 정국이 예고되었고, 5공 단절론은 점차 5공 청산 작업으로 확대되었다.

당시 국민의 관심은 5공 비리 척결과 민주화의 열기에 집중되어 있었고, 그야 말로 모든 것이 '민주적이냐 아니냐'로부터 시작되었다.[31] 노태우도 집권 첫해에 헌정 사상 처음으로 평화적인 정부 이양을 실현한 것에 대하여 "40년을 억누르 던 독재와 정통성 시비가 씻어지고 힘과 강권에 의한 억압이 사라졌다"라고 역설 하였다.[32] 또한 새 정권이 출범한 1988년이 대한민국 건국 40주년임에 주목해 '건 국 40년', '헌정 40년'을 맞는 해로서 '제2의 민주건국을 이룩한 해'라는 의미를 부 여하였고,[33] 6공 시기를 권위주의가 민주 질서로 이행되면서 정치사회가 질적으로 바뀌는 체제 전환기라고 규정하였다.[34]

노태우 정권기에 경제기획원의 관료였던 이석채 정보통신부 장관(1995.12.21- 1996.8.7)은 당시를 경제가 아닌 정치가 대세였던 "정치 우선의 시대"로 묘사한다.[35] 윤형섭 교육부 장관(1990.12.27-1992.1.22)은 강경한 대학시위 주동 세력이 민주화, 인간화 등 거부하기 어려운 구호를 표면에 내세우고 있었기 때문에 그들과 다른 생각이나 주장을 공개적으로 표현하기 어려운 "강제된 대학 분위기"에 매몰된 시 국 분위기를 전하였다.[36] 노재봉 국무총리(1991.1.23-1991.5.23)는 6공 시기를 정치의 민주화, 사회의 자유화, 경제의 기회균등을 추구하는 민주화를 향해 숨가쁘게 달 려온 격동의 전환기이자 체제의 변화를 꾀하는 과정을 보여주는 때이며, 산업화에 이어 민주화를 확립한 시대로 규정하였다.[37]

그림 2   6.29 선언 환영 무료 영업을 하는 점포

※ 자료: 경향신문 제공
　1987년 6월 29일, 서울 중구 태평로 플라자호텔 뒷골목에 위치한 가화커피숍에서 손님들에게 차를 무료로 제공하였다.

그림 3   제47차 유엔총회에서 기조연설하는 노태우 대통령

※ 자료: 경향신문 제공
　노태우 대통령이 1992년 9월 23일, UN총회에서 '한반도에 화해와 통일을 여는 길'이라는 제목의 연설을 하고 있다.

그러나 분출하는 민주화 욕구와 사회갈등의 증폭, 여소야대 정국으로 6공화국의 리더십 환경은 과거보다 어려운 상황에 처하였고, 전환기의 비용도 사회문제로 대두되었다. 일각에서는 노태우 정권기에 들어와 정책과정이 종전에 비해 장기화·복잡화·동태화되고, 사회 전체적으로도 민의 수렴 과정이 크게 확장되는 등 정치과정의 민주화와 다원화가 두드러지며, 국정운영 체제와 절차에 민주주의 원리가 적용되었다고 보았다.[38] 그러나 실상은 이전의 군부 엘리트에 의한 통치와 권위주의적 정치행정 문화가 지속되고, 정(政)·관(官)·경(經)에 의한 3각 결정구조가 그대로 유지되었으며, 권력구조의 형성과 통치 양식도 군사·관료 권위주의로부터 크게 벗어나지 못하였다는 비판을 면치 못하였다.[39] 노태우 정권의 첫 내각 구성에서 전두환 정부의 장관 8명이 재임명되거나 그대로 유임돼 민주적으로 선출된 대통령이라는 이미지도 훼손되었다. 또한 여전히 군인 출신이 정부 요직을 차지하는 등 집권 엘리트 구성에서 구체제와의 연장선에 있었기 때문에 민주화로 인한 국가의 변화는 잘 드러나지 않았다고 한다.

　　더욱이 노태우 자신이 5공화국의 창업 공신이고, 역사의 거대한 흐름이 인위적으로 부정될 수는 없다는 입장을 취하면서 과거와의 단절을 근본적으로 부정하였기 때문에 민주화 추진에 동력을 가하기 쉽지 않은 모순을 안게 되었다. 일례로 노태우는 대통령 취임사에서 "과거가 우리의 자산이자 반성의 거울이되 미래의 족쇄일 수는 없다"[40]라고 언급함으로써 '한국 현대사의 연장선'에서 새 정부가 들어섰음을 강조하였다.[41] 또한 독재와 권위주의를 '청산'이 아닌 '시비(是非)'의 대상으로 언급함으로써 과거에 대한 근본적인 부정을 거부하였고, 그러한 시비에서 벗어난 상태를 정통성이 확보된 것으로 해석함으로써 과거와의 단절이 아닌 역사의 연속적인 흐름 속에서 국정을 전개하고자 하는 의지를 피력하였다.[42] 그는 대통령 주재 회의에서 역사는 '단절'이 아닌 '승계'의 대상임을 밝히고, 자유당, 민주당, 공화당, 5공, 6공화국으로 이어지는 역사를 발전시켜야 한다면서 좋은 점들의 단절은 자멸을 촉진시킬 뿐이라는 의중을 내비쳤다. 또한 비공식적인 자리에서도 역사의 유산은 단절이 불가능하며, 과거의 일로 혼란을 야기하고 오늘의 질서를 파괴하며 체제를 부정해서는 안 된다는 견해를 밝히는 등[43] 역사 단절론에 대하여 확실하게 선을 그었다.

그림 4 노태우 정권의 중간평가 연기를 규탄하는 대학생 시위

※ 자료: 박용수, 민주화운동기념사업회 제공
1989년 3월 25일, 대학생들이 연세대 도서관 앞 광장에 모여 노태우 정권의 중간평가 연기
발표에 대하여 비판하는 시위를 벌였다. 노태우 정부는 1989년 3월 20일에 중간평가를 연
기하겠다고 발표하고, 같은 해 6월 8일에는 중간평가를 받지 않겠다고 밝혔다.

그렇다면 노태우 대통령은 민주주의 개막기의 대통령으로서 적합하였을까? 어
느 군 관계자는 노태우에 대하여 마음이 선하고 신중한 반면, 결정이 너무 늦고 사
람을 한번 믿으면 그 사람이 변해도 끝까지 믿는 성향을 단점으로 지적하였다.[44]
학계에서는 참을성이 장점으로 꼽히지만, 그의 행태는 무위무책의 표본이라면서
노태우 리더십을 수동적이며 체제 유지적인 리더십[45] 또는 상황 중심적 리더십[46]
으로 분류하였다. 지도자 유형 중 대세 편승형(eventful man)에 해당한다는 해석[47]도
이와 같은 맥락이다.

6공의 핵심 참모였던 박철언은 노태우 대통령이 딱 부러지게 무엇을 지시하거
나 추진하는 스타일이 아니었고, 노심(盧心)을 읽기도 어려워 소신껏 일을 추진한
후 어느 정도 가시적인 결과가 나오기 시작할 때 대통령을 설득했다고 한다.[48] 노
태우 정권기에 경제기획원 차관보와 환경처 차관을 지낸 김인호는 매사에 분명한
의사표시를 하지 않는 대통령의 성격 탓에 보고할 때마다 명쾌한 반응이나 결단을
읽을 수 있는 경우는 드물었다고 고백하였다.[49]

노태우 대통령은 결단력이 부족하고 우유부단해 '물대통령', '물태우'라는 별명을 얻었지만, 세간에서는 이러한 성격이 민주화를 이뤄낼 최고통치자의 가장 적절한 덕목이며, 노태우라는 인물은 민주화 과정에서 적절한 선택이었다는 말이 돌았다. 또한 측근들도 정권 초기의 여소야대 국면과 노태우 대통령의 유한 성격이 민주적 전이(transition)를 유연하게 이끌었다고 이야기하였다.[50] 그가 명문중·고등학교를 나와 정상적인 결혼·가정생활을 해왔으며 자녀 교육에도 성공해 구김살 없는 인격이 자연스럽게 형성되었고, 철저한 질서체계 속에서 군 생활과 정치 생활을 이어간 삶의 배경이 그를 민주화 시대에 걸맞은 지도자로 만들었다고 보는 것이다.[51]

구체적으로 청와대 정무비서관을 지낸 김충남에 따르면 노태우 대통령은 신중하고 인내심이 많으며, 누구와도 정면 대결을 피하고 분쟁을 조정, 화해시키는 역할을 하였다.[52] 염홍철 정무비서관은 전환기라는 시대적 상황, 그리고 안정과 개혁을 요구하는 국민적 욕구에 비추어 볼 때 국민의 의사에 귀 기울이고 시간이 걸리더라도 무리하지 않는 태도를 보임으로써 신중하게 대처하는 노태우 대통령의 통치 스타일과 성품이 당시 한국의 상황에서 가장 적합하였다고 언급하였다.[53] 6공 초대 정무수석을 거쳐 문공부(공보처)와 노동부에서 장관을 지낸 최병렬은 노태우 대통령이 겉은 부드러우면서도 속은 대단히 강인한 품성을 지녔다면서, 이러한 면이 6.29 선언이라는 역사적 결단을 내리는 원동력이 되고, 권위주의 시대에서 민주주의로 넘어가는 과도기에 가교 역할을 하는 등 민주화라는 역사적 사명 앞에서 긍정적으로 작용하였다고 술회하였다.[54]

노태우도 '물대통령'이라는 자신의 별명에 대해 불쾌해하지 않았고, 자신의 재임기를 '물처럼 유연하게 대처하는 대통령이 필요한 시대'에 비유하였다.[55] 또한 자기 이름을 '크게(泰) 어리석다(愚)'라고 해석할 수 있다면서 대통령으로 재직하는 동안 상황에 따라 변개하지 않는 우직함을 잃지 않으려 노력했다고 회고하였다.[56] 강원택(2013)은 노태우 대통령이 3당 합당으로 사실상 입법 권력까지 장악하였음에도 막강한 권력 행사를 자제하였으며, 북방정책이나 대북 정책의 변화를 두고 집권 세력 내부에서 상당한 반대가 있었음에도 이를 뿌리치고 임기 내내 일관성을 가지고 급변하는 국제정치 질서에 적극적으로 대응하였다고 평하였다.[57] 손주환 공보처 장관(1992.6.6-1992.10.9)도 군 출신 대통령이 힘을 억제한다는 것은 민주주의에 대한 안목과 철학이 없이는 불가능한 일이라면서[58] 한국 민주주의 발전에 끼친 노태우 대통령의 공에 대하여 언급하였다.

⌐• **그림 5 6공화국 정치풍자**

※ 자료: 네이버 지식백과
개그맨 최병서는 1987년, 노태우, 김영삼, 김대중, 김종필을 일컫는 이른바 '1노 3김' 대선 후보들의 목소리를 흉내낸 '따따부따'라는 테이프를 만들어 풍자 코미디의 선두에 섰다.

※ 자료: 나무위키
KBS 유머일번지의 '회장님 우리 회장님' 코너(1986.11-1988.12)는 본격적인 정치개그 시대를 연 것으로 평가받는다.

한편 군인 출신으로서 신군부 집권의 주역인 노태우의 배경을 두고 일각에서는 민주화의 포문을 여는 데 제약조건으로 작용하였다고 여기는 반면,[59] 다른 쪽에서는 민주주의 전환기에 어울리는 리더십 발휘를 가능케 한 요인이 되었다고 평하였다. 군부의 영향력이 여전히 존재하였던 당시에, 이전 정부와 연계성을 갖는 군 출신 인사가 대통령이 되었다는 것은 군의 통제와 탈정치화가 연착륙할 수 있는 기회를 제공하는 역설적인 상황을 만들어 냈다는 것이다.[60] 노태우가 취임 후 전임 대통령인 전두환이 정권 말기에 단행한 군 수뇌부의 인사를 대대적으로 개편하고,[61] 민군 관계의 변화 모색, 제2창군 선언, 국방행정의 공개 천명을 통해 군의 탈정치화를 모색하는 등 민간인 대통령으로서는 상당한 부담이 따르는 군부 개혁을 단행할 수 있었던 것은 그가 군부를 배경으로 성장하였기 때문이라는 논리다. 임혁백(2011)도 노태우가 1979년 군사 반란의 주동자 가운데 한 사람이었지만, 민주정부에 대한 군의 반란을 제어하는 완충자 역할을 하였다면서 권위주의로의 역류(reversal)로 이어질 수 있는 위기를 제어하는 데 기여했다고 평가하였다.[62]

더 나아가 홍사덕 의원은 노태우 대통령이 군부 출신이었기 때문에 큰 의심을 받지 않은 채 노동운동의 자유화를 허용하고, 이데올로기 투쟁 시대에는 상상도 할 수 없었던 북방정책을 수행할 수 있었던 것이라고 했다.[63] 노태우 자신은 군이 명령에 따라 움직이고 여러 가지 통제를 받는 조직이어서 민주주의나 자유와 같은 개념과는 거리가 멀 것이라고 예단하는 것은 잘못이라면서, 실제로 군조직에서 체험한 사고방식과 생활방식은 민주적이었으며, 자신은 군 생활을 통해 민주적인 사고방식과 민주적인 절차를 배웠다고 회고하였다.[64]

③ 김영삼 정권기의 민주화

노태우 정부의 출범이 민주 대 반민주의 대립이라는 도식이 소멸된 민주주의 이행의 출발점이었다면, 김영삼 정권기는 구체적인 민주주의를 달성하기 위한 도약의 시기이자 변화와 개혁의 시대였다. 또한 김영삼 정부의 등장은 군사정부와 준군사 정권의 통치가 막을 내리고, 완전한 민주주의에 대한 열망을 성취할 수 있는 실질적 기회이기도 했다.

김영삼은 제14대 대통령 선거에서 41.4%의 지지로 당선된 데 이어 정권 초기에는 90%의 국민적 지지를 받는 등 새로운 성격의 정부가 들어선 데에 대한 기대가 압도적으로 높았다. 외신에서는 김영삼 대통령을 '민주주의 변혁에 공헌한 위대한 지도자',[65] '최초의 문민 대통령(the first civilian President)',[66] '과거의 극렬한 반체제 인사에서 국민의 희망을 충족시킬 수 있는 능력을 갖춘 강력한 진짜 보스(real boss)'[67]라고 칭하면서 그의 생애를 권위주의 체제에 대한 도전과 용기로 묘사하였다. 일본 아사히(朝日) 신문에서는 김영삼 대통령의 당선으로 한국 정치가 민주주의 과도기를 거쳐 본격적인 문민 시대로 접어들었다는 논평을 냈다.[68] 김영삼도 '민주화'와 '투쟁'이라는 두 단어를 빼놓고는 자신의 삶이 제대로 표현될 수 없다면서 민주주의 발전을 새 정부의 핵심 과업으로 상정하였다.[69]

김영삼은 임기 초반에 높은 국민적 지지를 바탕으로 개혁의 센세이션을 주도하였다.[70] 청와대 앞길과 인왕산 등산로를 완전히 개방하고, 밀실정치의 산실인 청와대 주변의 안가를 철거하였으며, 청와대 옛 본관이었던 총독관저를 헐어버림으로써 권위주의의 상징을 해체하고 일반인들이 정치권력의 중심 공간에 자유롭게 접근할 수 있도록 하였다. 공보처 장관을 의장으로 하는 대외홍보협의회를 설치해 군사 독재 국가의 이미지를 불식시키고 선진 민주국가로서의 이미지를 구축하려는 노력도 펼쳤다. 또한 정치화된 군 장교집단을 해체하며, "정부 위의 정부"라고 불리던 국가안전기획부와 기무사의 월권적인 요소들을 청산하고 업무를 정상화시킴으로써 군부 및 정보기관에 대한 엄격한 문민통제를 확립하였다. 김영삼 대통령은 과거에 의회의 통제에서 벗어나 무소불위의 권력을 행사했던 군부와 국가안보기구로 하여금 특권을 상실케 함으로써 민간 정치인의 정치적 공간을 확대하고, 세계에서 가장 군사화된 국가의 첫 문민 대통령으로서의 입지를 다졌던 것이다.[71]

사실 노태우 대통령이 차기 정권을 '6공 2기'로 만들고 싶어한다는 소문이 돌았고,[72] 김영삼도 안정 속의 개혁을 주장하는 가운데 안정을 바라는 기득권 세력의 도움으로 당선되었기 때문에 대통령 취임 후 기득권의 반발을 누르고 개혁에 성공할 수 있을지 관심이 주목되었다. 그러나 김영삼은 대선캠프가 본격적으로 가동되자 새 이미지를 창출하고 지지를 확대하고자 기존 정부와의 연속성보다는 민간정부라는 차별성을 내세웠고, 그 과정에서 '문민'이 새로운 민주주의의 가치로 부상하였다.

그렇다면 '문민'이란 무엇이며, 이것이 김영삼 정부의 성격을 어떻게 설명해 주는가? 문민은 사전적으로 '직업군인이 아닌 일반국민'(1991년 금성판 국어대사전), '군인이 아닌 사람' 또는 '직업군인의 경력이 없는 사람'(1994년 민중서림 국어대사전 제3판)으로 정의된다.[73] 또한 '문민우위의 원칙(civilian control)'은 군인에 대하여 문민이 최고의 지휘권을 가진다는 의미로, 군인이 정치에 개입하면 민주정치가 위기에 빠진다는 생각에 기초한다.[74]

우리나라에서 문민이란 용어를 처음 사용한 이만섭 전 국회의장은 군에 의한 쿠데타가 다시는 일어나지 않는 정치를 해야겠다는 집념을 가지고 '노 모어 쿠데타(No more coup)'라는 의미에서 문민을 언급하였다고 한다.[75] 노태우도 제13대 대선을 앞두고 "군의 정치적 중립 등을 통해 문민 민주정치에의 착실한 가교역할을 하겠다"라고 선언함으로써 '군의 정치에의 배제'를 문민의 핵심으로 제시하였다.[76] 한편 최장집(1996)은 문민정부라는 용어가 민간 민주주의 대 군부 권위주의라는 이분법을 전제로 한 '민간 지배의 민주적 정당성' 또는 '군부 권위주의 체제에서 형성된 적폐물 청산 및 구체제와의 단절'을 의미한다고 밝혔다.[77] 이러한 주장대로라면 문민은 그 자체만 두고 독립적으로 설명할 수 있는 것이 아니고, 한국의 특수한 정치적 상황을 함축한 군, 군부, 군사권력 등의 개념과 대립적인 의미에서 등장한 것이라 할 수 있다.

김영삼의 오랜 스피치라이터인 김정남 교문수석에 따르면 문민정부 개혁의 1차 목표는 군사정치문화의 유산을 청산하는 문민화, 즉 군사정치문화에 빼앗겼던 문민 민주주의 문화를 정상으로 회복시키는 일이었다.[78] 그는 문민이 30여 년간 찌들었던 군사통치로부터의 해방감에서 만들어진 말이며, 문민정부는 군사통치에 반대되는 새로운 민간정부라는 의미를 담고 있다고 했다.[79] 김영삼 대통령의 취임사 작성에 참여한 김충남 공보비서관은 문민이란 용어가 '진짜 민주주의'를 강조한 일종의 수사라고 설명하였다.[80] 문민은 '무민(武民)'이란 단어와의 차별성을 부각시킨 일종의 레토릭이라는 취지다. 김영삼 자신도 문민이란 단어를 가장 좋아하였고, 그가 평생 추구한 군정 종식과 민주를 발전적으로 아우르는 데 '문민정부'는 그야말로 "딱"이었다고 한다.[81]

이같이 문민은 문민정부의 정통성을 강조하는 구호이자 문민정부의 성격을 포괄적으로 상징하는 시대정신이었고, 권위주의 시대와 작별을 고하는 언어이자 국가와 사회를 결속시키는 가치였다. 실제로 군부독재의 폐해를 정상화시키는 것은 문민정부 제1의 과제였으며, 김영삼 정부의 탈 군부 개혁 조치와 이를 통한 민간 우위 원칙의 확립은 문민정부의 최대 업적으로 평가받고 있다.[82]

문민의 가치는 권위주의와의 단절과 청산이라는 명목으로 가시화되었다. 김영삼 대통령은 취임 후 "오랜 군사독재와 군사정치 문화의 잔재를 씻어내고 이 땅에 문민 민주주의 시대를 열었다"라고 밝힘으로써[83] 과거와의 분리를 선언하였다. 또한 문민정부가 애국선열의 독립투쟁과 30여 년에 걸친 민주화 투쟁의 열매이며, 임시정부의 법통을 계승하고 4.19 혁명과 5.18 광주민주화운동, 6월 민주항쟁으로 이어지는 민주화 운동의 연장선상에 있음을 선언함으로써 문민정부의 뿌리가 격동의 시대를 이끌어 온 "투쟁의 연장선"에 있음을 강조하였다.[84] 더 나아가 지난 30여 년의 권위주의를 '정치적 밤'이라고 명명하면서 그 시간을 민주화를 위한 훈련 과정이었다고 해석하고,[85] 문민정부의 출범을 '제2의 건국'이라고 표현함으로써 역대 권위주의 정부와의 단절을 강조하였다.[86] 이같이 김영삼 정부는 집권 과정의 정통성과 권력의 도덕성을 문민이라는 슬로건으로 함축해 권위주의 정권과의 차별화를 도모하였고, 6공 정부가 일궈놓은 제한된 민주주의를 극복하고 공고화를 밟기 위한 선결 조건으로서 과거청산을 전격적으로 추진하였던 것이다.

그림 6 이만섭 한국국민당 부총재의 국회 연설 관련 기사

※ 조선일보(1984.3.1)
  1984년 2월 29일에 열린 제121회 임시국회에서 이만섭 한국국민당 대표는 "참다운 도덕적 민주정치가 이룩되기 위해 문민정치를 확립해야 합니다. 다시는 이 땅에 무력에 의한 정치적 악순환이 없어야 합니다"라고 연설하면서 우리나라 정치인 중 처음으로 '문민'이라는 용어를 사용하였다.

그렇다면 김영삼은 문민 민주주의 시대의 지도자로서 적합하였다고 할 수 있을까? 김영삼은 미래에 희망을 주는 소년처럼 밝은 표정의 홍안을 잃지 않아 주위에 사람들을 끌고 다니는 매력적인 정치인이었다.[87] 3당 합당에 반대해 김영삼의 통일민주당에서 당적을 옮긴 김정길 행정자치부 장관(1998.3.3-1999.2.5)도 정치인으로서의 김영삼은 상당히 매력적인 인물이며, 문민정부의 군부개혁과 금융개혁의 공적을 높게 평가하였다.[88] 오인환 공보처 장관은 김영삼이 모질게 말하는 성향이 있지만, 하루 이틀 지나면 수그러들 정도로 순진하고 뒤끝 없는 사람이었다고 한다.[89] 이명현 장관은 YS를 신뢰가 가는 사람이라면 모든 것을 믿고 맡기는 통 큰 지도자로 묘사하였다.[90] 제14대 대선에서 김영삼 캠프의 주역으로 뛴 최병렬은 세간에서 김영삼이 정치 9단이라면서 속에 구렁이가 들어 있는 것처럼 얘기하지만 천성은 착한 사람이며, 민주화된 바탕 위에서 한국 사회를 한번 뒤집어 올바른 방향으로 가기 위한 개혁을 추진하였기 때문에 상당히 후한 평가를 받아야 한다고 언급하였다.[91]

김영삼은 자기중심주의, 강한 승부 의식에 매인 '큰 인물 콤플렉스'가 있지만, 유신정권 치하에서 초산 세례, 살해 추방 등 온갖 위협을 무릅쓰고 군사독재 권력과 용감하게 싸운 저항의 투사였다. 문민정부 사람들은 그를 두고 '무모할 정도의 용기를 가진 인물'(박관용 대통령비서실장),[92] '기가 막히게 정치투쟁을 잘하는 싸움꾼'(남재희 노동부 장관)[93]에 비유하면서 김영삼의 투사 기질이 대통령 재임기 개혁의 원동력이 되었다고 말한다. 또한 '정말 민주화를 위한 개혁을 한 사람'(고건 국무총리)[94]이자 '내용적·철학적·제도적으로 문민 시대를 완성한 지도자'(오인환 공보처 장관)로서 김영삼이 있었기에 한국 민주주의의 수준을 앞당길 수 있었다고 이야기한다. 이만섭 전 국회의장도 김영삼 대통령이 선거를 통해 국민의 지지를 얻어 선출되었다는 점 이외에 오랜 시간 동안 민주화 투쟁을 해왔다는 사실에 근거해 문민 정치를 할 수 있는 도덕적인 뿌리가 확보된 것이라고 풀이하였다.[95]

한편 김영삼은 앞뒤를 재면서 치밀하게 일을 계획하는 점은 부족했지만, 자신의 타고난 정치적 감각을 믿고 속전속결로 일을 해치우는 데에는 일가견이 있었다.[96] 또한 정치적 효과를 극대화하기 위해 개혁 조치의 시행 시점도 정권에 대한 지지율의 추이를 보면서 결정하는 전략가였다.[97] 다시 말해 김영삼은 민심을 파악하는 감각이 뛰어나고, 이슈를 잘 포착해내는 타이밍의 명수이자 국면 전환의 재주꾼이었던 것이다.

※ 자료: 장덕균(1993)   ※ 자료: 게임챔프(1993년 1월호)

현직 대통령을 희화한 정치 풍자는 엄숙한 군부독재의 종식, 문민정부의 자유와 민주를 실감
나게 해주는 소재였다.

 그러나 김영삼 대통령은 조직이나 시스템을 통해 일을 처리하지 않은 채 독단
에 의한 결정을 감행함으로써 집권기에 '대통령 1인 연출의 개혁'이 추진되었고,
대통령의 독주적인 의사결정 스타일 때문에 민주적 정책과정은 오히려 후퇴하였
다는 비판이 일었다.[98] 또한 정책의 문제점에 대한 종합적이고 객관적인 분석과 검
토 과정이 생략된 채 대통령 개인의 직감에 근거한 결정이 이루어지면서 대통령
실 시스템의 가장 큰 문제로 토론문화의 부재가 지적되었다. 언론에서는 김영삼
대통령이 1주일에 한 번씩 열리는 수석비서관 회의를 각 수석들로 하여금 준비해
온 보고서를 읽게 하는 보고회 형식으로 주재하고, 중요한 사항은 토론보다는 해
당 수석과 대통령의 독대를 통해 이루어지는 경우가 더 많다고 보도하였다.[99] 가장
폭발적인 개혁으로 꼽히는 금융실명제도 황인성 국무총리와 박재윤 경제수석조
차 알지 못한 상태에서 기습적으로 결정되었고, 광주 선언문, 취임 1백일 기자회
견문, 정기국회 연설문 등 주요 연설문은 홍보수석이 아닌 김정남 교육문화수석이

작성하였다. 이 때문에 측근 중심·비선조직 우선의 국정운영 방식, 기습적·전격적 전략에 따른 정책 전술이 민주주의 원리에 배치된다는 여론의 비난이 거셌다.

　　문민정부 사람들도 김영삼의 리더십 스타일에 대하여 한마디씩 하였다. 한승수 비서실장(1994.12.23-1995.12.21)은 군인 출신 대통령이 조직 운영, 소위 거버넌스를 해 본 경험이 있어 합의형 스타일인 반면, 정치인 출신 대통령은 특정 목표를 위하여 정치력을 동원하는 독단형에 속한다면서 김영삼 대통령 통치 스타일의 기원을 그의 출신배경에서 찾고자 했다.[100] 김정남 교문수석(1993.2.25-1994.12.23)은 문민정부의 개혁이 대체적으로 대통령의 결단에 따라 폭탄적, 파편적으로 진행됨으로써 시스템에 의한 개혁이 아닌 대통령에 의한 개혁이 되었다고 고백하였다.[101] 김광일 비서실장(1995.12.21-1997.2.28)도 수석비서관 회의나 관계장관 회의에서 일방적인 보고와 지시만 있었지 갑론을박하는 진정한 토론이 있었던 기억은 별로 없었다고 토로한 바 있다.[102]

　　언론에서는 정권 초기부터 인치(人治)가 아닌 법치와 객관적·합법칙적 방식으로 국정이 운영되어야 한다고 강조하였다.[103] 그러나 하향식 개혁을 추진하는 과정에서 대중뿐 아니라 장관들조차 개혁 드라이브의 참여자로 영입되지 못하였고, 대통령 중심의 권력 기반과 영향력의 강화로 민주화와 관련된 개혁 기조가 시민사회의 성숙으로 연결되지 않았다는 지적도 제기되었다.[104] 이 때문에 김영삼 정권기는 '신권위주의' 또는 '문민독재'의 시기이며, 김영삼 정부의 본질은 민주화의 변용이 두드러진 '문민권위주의 정부'이자 '민주지향적 권위체제'라는 말이 나돌았다.[105] 즉 민주화된 사회에서의 비민주적 국정 행태로 인해 민주주의가 이행 과정에서 표류하는 양상으로 비춰졌던 것이다.

1 Linz(1975), pp. 184-185; Huntington(1991), pp. 11-12; Giddens(1999); David Collier & Robert Adcock, "Democracy and Dichotomies: A Pragmatic Approach to Choices about Concepts," *Annual Review of Political Science* Vol. 2, 1999, p. 538에서 재인용.

2 Kenneth A. Bollen & Robert W. Jackman, "Economic and Noneconomic Determinants of Political Democracy in the 1960s," *Research in Political Sociology*, Vol. 1, 1985, p. 612, 618.

3 양승태, 「민주화와 민주화의 수사」, 한국정치학회(편), 『한국정치의 민주화와 통일방안』(서울; 을유문화사, 1990), 42, 44, 46쪽.

4 양동안, 『民主化와 위기』(서울: 삼영, 1990), 38-39쪽.

5 Laurence Whitehead, *Democratization: Theory and Experience*, New York: Oxford University Press, 2003, p. 18; Larry Diamond, *The Spirit of Democracy: The Struggle to Build Free Societies throughout the World*, New York: Times Books/Henry Holt and Co., 2008, 김지운(역), 『民主主義 선진화의 길: 자유사회의 世界普遍 위해』(서울: 광림북하우스, 2009), 24쪽.

6 Georg Sørensen, *Democracy and Democratization*, New York: Avalon Publishing, 1993, 김만흠 (역), 『민주주의와 민주화』(서울: 풀빛, 1994), 55쪽.

7 L. Whitehead, *op. cit.* (2003), p. 18, 27.

8 최장집, 『한국민주주의의 조건과 전망』(서울: 나남출판, 1996), 257-258쪽.

9 안청시, 「한국정치와 민주주의: 비교정치학적 고찰」, 안청시·진덕규(편), 『전환기의 한국민주주의 1987~1992』(파주: 법문사, 1994), 14쪽; 박종성(1993), 「전환기 한국의 정치파벌구조와 정치변동방향 연구: 민·군 관계와 엘리트 유동성을 중심으로」, 『한국정치학회보』 27(1), 295쪽 참고.

10 예컨대 쉐보르스키(A. Przeworski)는 민주화를 역사·구조적 관점에서 장기적·거시적 과정으로 다루거나 단기적·미시적 차원에서 여러 행위자(집단) 간의 전략적 게임으로 시작해 결론에 도달하는 과정으로 설명하였다. Adam Przeworski, *Democracy and the Market: Political and Economic Reforms in Eastern Europe and Latin America*, Cambridge; New York: Cambridge University Press, 1991, 임혁백·윤성학(역), 『민주주의와 시장』(서울: 한울아카데미, 1997), 266-272쪽.

11 최장집, 『민주주의의 민주화: 한국 민주주의의 변형과 헤게모니』(서울: 후마니타스, 2006), 24쪽.

12 Munck(1994), Schmitter(1994); To-chol Shin, *op. cit.* (1999), p. xxv에서 재인용.

13 A. Przeworski, *op. cit.* (1991), p. 81.

14 S. P. Huntington, *op. cit.* (1991), p. 9.

15   최장집, 앞의 책(2006), 267쪽.

16   Hyug Baek Im, "South Korean Democratic Consolidation in Conparative Perspective" in Larry Diamond & Byung-Kook Kim(eds.), *Consolidating Democracy in South Korea*, Boulder, Colorado: Lynne Rienner Publishers, 2000, p. 23; 임현진·송호근(편), 『전환의 정치, 전환의 한국사회: 한국의 정치변동과 민주주의』(서울: 사회비평사, 1995), 8쪽. 일반적으로 민주주의는 민주적 절차에 의한 정부 구성, 그리고 안정적 민주주의 체제의 기초를 다지는 민주주의 공고화의 이행을 통해 정착되는데, 학자들마다 유사하거나 상이한 용어로 민주화의 흐름을 설명한다. 일례로 쉐어(Donald Share)를 비롯한 국내외 연구자들은 민주화를 민주주의 개시, 민주주의 실행, 민주주의 공고화를 거치는 절차로 이해하거나 자유화, 민주주의의 제도화, 민주주의 공고화라는 정치발전의 과정으로 설명하였다. 오도넬(G. O'Donnell)은 민주화 과정을 '권위주의 정권으로부터 민주적 정권의 수립'의 단계, 그리고 '민주주의의 공고화' 또는 '민주적 정권의 효율적 기능'의 단계로 구분하고, 쇠렌센(Georg Sørensen)은 비민주 체제의 붕괴를 이끄는 정치투쟁으로 특징지어지는 '예비 국면', 민주주의 질서의 확실한 요소가 정착되는 '결정 국면', 새로운 민주주의 체제가 더욱 발달해 민주적 실천이 정치문화의 한 부분으로 확립되는 '공고화 국면'으로 이행 과정을 구분하였다. Donald Share, "Transitions to Democracy and Transition through Transaction," *Comparative Political Studies* Vol. 19(4), 1987, pp. 533-534; 강민, 「제6공화국 민주화의 구조적 한계와 정치상황의 논리」, 한국정치학회(편), 『한국정치의 민주화와 통일방안』(서울: 을유문화사, 1990), 16쪽; Uk Heo, "What Delays Democratic Consolidation in South Korea," *Korea Observer* Vol. 44(4), 2013, p. 570; G. O'Donnell, "Transitions, Continuities and Paradoxes" in S. Mainwaring et al.(eds.), *Issues in Democratic Consolidation*, Notre Dame: University of Notre Dame Press, 1992; Georg Sørensen, *op. cit.* (1994), pp. 120-121.

17   Byung-Kook Kim, "Party Politics in South Korea's Democracy: The Crisis of Success" in L. Diamond. & Byung-Kook Kim(eds.), *op. cit.* (2000), p. 53.

18   C. J. Saxer, *op. cit.* (2002), p. 3.

19   강신택, 「"참여정부"의 정부혁신의 논리: 하나의 해석」, 『대한민국학술원 논문집(인문·사회과학편)』 47(1), 2008, 281쪽.

20   안병만, 「서론: 대한민국 역대 정부 주요 정책과 국정운영」, 한국행정연구원(편), 『대한민국 역대 정부 주요 정책과 국정운영 1. 이승만·장면 정부』(서울: 대영문화사, 2014(a)), 12쪽.

21   고건, 『고건 회고록: 공인(公人)의 길』(파주: 나남출판, 2017), 294쪽.

22   정일준, 「통치성을 통해본 한국 현대사: 87년 체제와 한국의 사회구성」, 6월항쟁 22주년 기념 학술대토론회, 2009, 7쪽; 손호철, 「한국체제 논쟁을 다시 생각한다: 87년 체제, 97년 체제, 08년 체제론을 중심으로」, 6월항쟁 22주년 기념 학술대토론회, 2009, 41-46쪽,

23 정덕구, 앞의 책(2003), 16-29쪽.

24 6월 항쟁을 기점으로 조성된 6공화국의 정치·경제·사회적 질서를 87년 체제라고 한다. 87년 체제는 '민주주의 이행이 시작된 체제'(조희연)이자 '민주화 시대를 규정짓는 개념'(김호기), 그리고 '수많은 일시적 타협을 담은 불안정한 체제'(백낙청) 등의 용어로 정의된다. 조희연, 「'87년체제' '97년체제'와 민주개혁운동의 전환적 위기」, 백낙청(편), 『87년체제론』(파주: 창비, 2009), 75-77쪽; 김호기, 「87년체제인가 97년체제인가」, 백낙청(편), 앞의 책(2009), 123쪽; 백낙청, 「6월항쟁 20주년에 본 87년체제」, 백낙청(편), 앞의 책(2009), 57쪽.

25 본래 명칭은 '국민대화합과 위대한 국가로의 전진을 위한 특별선언'으로, ① 대통령 직선제 개헌 및 새 헌법에 의한 대통령 선거로 평화적 정부 이양, ② 직선제 개헌을 비롯해 자유로운 출마와 공정한 경쟁을 보장하기 위한 대통령 선거법 개정, ③ 김대중 사면·복권 및 시국 관련 사범 석방, ④ 국민의 기본권 신장을 위한 제도 개선 및 인권 침해 사례의 즉각 시정, ⑤ 언론 자유를 위한 제도와 관행 개선 및 언론의 자율성 최대 보장, ⑥ 사회 각 부문의 자치와 자율의 최대 보장 및 지방자치제와 대학의 자율화·교육자치제의 조속한 실현, ⑦ 정당활동 보장 및 대화와 타협의 정치 풍토 마련, ⑧ 사회 정화 조치 강구 및 서민생활 침해 사범 척결과 비리·모순 시정의 내용을 담고 있다.

26 출처 미상.

27 김영삼, 『2000新한국』(서울: 동광출판사, 1992), 70쪽.

28 박철언, 『바른 역사를 위한 증언 1: 5공, 6공, 3김 시대의 정치 비사』(서울: 랜덤하우스코리아, 2005), 266쪽.

29 강정인·안외순·전재호·박동천·이상익, 『민주주의의 한국적 수용: 한국의 민주화, 민주주의의 한 국화』(서울: 책세상, 2002), 7쪽; S. Lee(1993), p. 359; 김선혁, 「노태우 시대 한국의 시민사회」, 강원택(편), 『노태우 시대의 재인식: 전환기의 한국사회』(파주: 나남출판, 2012), 109-110쪽에서 재인용.

30 주돈식, 『우리도 좋은 대통령을 갖고 싶다: 8명의 역대 대통령과 외국 대통령의 비교 평가』(서울: 사람과책, 2004), 327쪽.

31 이장규, 『경제가 민주화를 만났을 때: 노태우 경제의 재조명』(서울: 올림, 2011), 129쪽.

32 노태우, 「이제 서울은 세계의 등불(서울지역 각계인사 초청 다과회 연설)」(1988.4.22).

33 노태우, 「국민의 소리에 귀기울이자(민주정의당 지구당위원장 접견시 연설)」(1988.5.2); 노태우, 「보통사람들의 일꾼이 되자(민주정의당 제13대 국회의원 후보자 공천장 수여식 연설)」(1988.3.19).

34 노태우, 「민주자존·민주화합·균형발전·통일번영(청와대 국무회의에서의 지시)」(1988.5.9).

35 이장규, 앞의 책(2011), 61, 184쪽.

36 대한민국국회, 「교육체육청소년위원회 회의록」(1991.6.7), 51쪽.

37 노재봉, 「민주화와 思考의 전환」, 관훈토론회(1991.3.5), 268쪽; 노재봉, 「군 출신 대통령은 내가
    마지막이오」, 노재봉(편), 『노태우 대통령을 말한다: 국내외 인사 175인의 기록』(파주: 동화출
    판사, 2011), 66, 69쪽.

38 안병영, 「한국관료제의 변천과 전망」, 『한국행정연구』 1(1), 1992 참조.

39 안병만, 『한국정부론(제5판)』(서울: 다산출판사), 34쪽; 진덕규, 『한국 현대정치사 서설』(서울:
    지식산업사, 2000), 174쪽.

40 노태우, 「보통사람들의 위대한 시대(제13대 대통령 취임사)」(1988.2.25).

41 노태우, 「보통사람들의 일꾼이 되자(민주정의당 제13대 국회의원 후보자 공천장 수여식 연설)」
    (1988.3.19).

42 노태우, 「민주주의는 시민의식 뒷받침될 때 성공(「한국일보」 창간 35돌 기념 특별회견)」
    (1989.6.9) 참고.

43 박철언, 앞의 책(2005), 303-304, 337쪽 참고. 노태우는 대선 후보였던 1987년 8월에도 김대중,
    김영삼, 김종필과의 면담에서 '역사는 단절될 수 없다. 단절은 국민에 대한 역사교육으로서도
    좋지 않다'고 밝혔다. 월간조선. 「노태우의 권부」(1988년 10월호), 118쪽.

44 월간조선. 앞의 기사(1988년 10월호), 118-120쪽.

45 한국일보, 「金昌悅칼럼 土曜世評. 「特段의···」」(1992.9.19), 5면.

46 정윤재, 『정치리더십과 한국민주주의』(서울: 나남출판, 2003), 388쪽.

47 신동아, 「노 대통령, 끝내 대세에만 편승할 것인가」(1989년 6월호), 180-188쪽 참고; 정윤재, 앞
    의 책(2003), 388쪽.

48 박철언, 앞의 책(2005), 351-352쪽.

49 김인호, 『明과 暗 50년: 한국경제와 함께: 김인호 회고록: 1. 영원한 시장주의자』(서울: 기파랑,
    2019), 204-205. 학자들도 노태우 대통령의 스타일에 대해 '문제해결을 기다리는 형'(안병영),
    '수동적이면서도 성정은 긍정적 온건형'(김호진), '신중하게 몸 사리는 지도자'(한승조), '세련되
    었으나 우유부단한 대통령'(안병만), '항상 적절한 시기를 놓치는 상황 적응형'(김용서)으로 묘
    사한다. 안병영; 신동아, 「노 대통령 지도력의 세 가지 특징」(1991년 4월호), 152-163쪽; 김호
    진, 『한국정치체제론』(서울: 박영사, 1991), 284쪽; 한승조, 『(리더쉽 理論에서 본)韓國政治의
    指導者들』(서울: 대정진, 1992), 110쪽; 안병만, 「歷代지도자 統治스타일」(1992.6.12), 3면; 김용
    서, 「노태우·전두환·박정희」, 『한국논단』, 1992, 77쪽.

50 주돈식, 앞의 책(2004), 327쪽; 국사편찬위원회, 「언론인 정치인 남재희를 통해 본 한국 언론 및
    정치사」(2007), 199쪽.

51 출처 미상.

52 김충남, 『대통령과 국가경영: 이승만에서 김대중까지』(서울: 서울대학교출판부, 2006), 434쪽;
    이송호, 『관계장관회의』(서울: 대영문화사, 2008), 147쪽.

53 월간조선, 「위험한 국가지상주의」(1991년 4월호), 111쪽.

54 월간조선, 앞의 기사(1995년 7월호), 695쪽; 최병렬, 『보수의 길, 소신의 삶: 최병렬 자서전』(서울: 기파랑, 2011(a)), 172쪽. 한편에서는 노태우 대통령이 스스로 약하게 보임으로써 국민들로 하여 금 민주주의를 자율적으로 실습할 수 있는 기회를 제공하려는 의도를 가지고 있었을 가능성을 배제할 수 없다면서 노태우를 '권력의 분화기에 등장하는 여우형 엘리트' 유형으로 분류하였다. 정윤재, 앞의 책(2003), 398-399쪽.

55 이장규, 『대통령의 경제학: 역대 대통령 리더십으로 본 한국경제통사』(서울: 기파랑, 2012), 277쪽.

56 노태우(조갑제 해설), 『盧泰愚 肉聲 회고록』(서울: 조갑제닷컴, 2007), 177쪽.

57 강원택, 『정치 리더를 어떻게 만들어 낼 것인가?: 반(反) 정치의 정치 개혁과 위기의 한국 정치』(서울: 미래한국재단, 2013), 6쪽.

58 노태우(조갑제 해설), 앞의 책(2007), 198쪽.

59 노태우는 신군부 정권이 출범한 후에 정무제2장관, 체육부 장관, 내무부 장관을 역임한 데 이어 제12대 국회의원, 민정당 대표위원, 민정당 총재를 거치면서 대통령 후보로 성장하는 등 전두환 정부에서 승승장구한 5공의 핵심 인물이었다.

60 강준식(2017), 9-10쪽; 김선혁(2012), 124쪽; 조진만, 「제6장 전환기의 민주주의」, 강원택(편), 『6.29 선언과 한국 민주주의: 민주화 30년, 한국 민주주의의 진전과 노태우 정부 시기의 재조명』(서울: 푸른길, 2017), 183쪽에서 재인용.

61 전두환은 퇴임을 앞둔 1987년 12월 26일, 합참의장에 최세창 3군사령관, 3군사령관에 고명승 국군보안사령관, 국군보안사령관에 최병북 7군단장, 수방사령관에 김진영 3사관학교장을 임명하는 한편, 박희도 참모총장과 민병돈 특전사령관을 유임시킴으로써 자신의 인맥을 요직에 남겨 두었다. 정해구·김혜진·정상호, 『6월항쟁과 한국의 민주주의』(서울: 민주화운동기념사업회, 2004), 159쪽.

62 임혁백, 『1987년 이후의 한국 민주주의: 3김 정치시대와 그 이후』(서울: 고려대학교 출판부, 2011), 130쪽.

63 홍사덕(2011.1.23 구술), 한국학중앙연구원 현대한국구술자료관. 그러나 탈냉전 초기의 혼돈 속에서 돌발적인 항명 사건도 발생하였다. 민병돈 육사교장은 1989년 3월 21일, 노태우 대통령이 참석한 육사 졸업식장에서 정부의 북방정책과 대야당 정책이 '적과 우방을 구별하지 못하는 정책'이라는 내용의 식사를 읊어 파문을 불러일으켰다.

64 노태우(조갑제 해설), 앞의 책(2007), 149쪽.

65 미국 하원 의사록(1993.3.3); 공보처, 『세계가 지켜본 김영삼 시대 개막』(서울: 공보처, 1993), 28쪽.

66 미국 상원 의사록(1993.3.3); 공보처, 앞의 책(1993), 30쪽.

67 Chicago Tribune(1993.3.3); 공보처, 앞의 책(1993), 63쪽.

68 오인환, 『金泳三 재평가: 대통령과 임기를 함께한 문민정부 최장수 장관의 김영삼 評傳』(서울: 조갑제닷컴, 2021), 270쪽.

| 98 민주화 시대의 장관 리더십

69 김영삼, 앞의 책(1992), 17쪽.

70 김영삼 대통령은 초기에 교두보를 확보하지 못하면 개혁이 성공하기 어렵다는 생각을 풀고 취임 직후 100일간 5년 동안에 이루어질 개혁의 상당 부분을 단행하는 '백일작전'을 펼쳤다. 문민정부의 개혁이 "깜짝쇼"라면서 기습성을 특징으로 한다는 세평에 대해 오인환 공보처 장관은 부패구조와 왜곡된 사회를 단번에 뜯어고치기 위해 개혁 초기에 불가측한 정책을 견지하는 것이 불가피했다고 해명하였다. 월간조선, 「이것이 金泳三 개혁의 본질이다」(1993년 11월호(a)), 184-185쪽.

71 임혁백, 앞의 책(2011), 130-131쪽. 5공화국에서 부총리급으로 격상되었던 안기부장을 장관급으로 격하시키고 서열도 장관의 맨 마지막 자리에 두었으며, 군 장성 출신들이 주로 맡아온 안기부장 자리에 교수 출신인 김덕을 임명하는 파격 인사를 단행하였다. 또한 정치사찰의 주역을 맡았던 안기부 내 제4국을 폐쇄하는 등 조직을 축소 재편하였다. 한편 대통령이 기무사령관으로부터 직접 보고받는 관행을 깨고 국방부 장관을 거쳐 간접적으로 보고하게끔 하였으며, 대민 정보수집 업무를 맡아온 정보처를 해체하고, 기무사 요원들의 정부기관 및 민간기관 출입을 금지시켰다. 동아일보, 「社說. 제자리 찾는 安企部 機務司」(1993.3.31), 3면.

72 이용식, 『金泳三 권력의 탄생: 3당합당에서 청와대까지 1000일간의 파워게임』(서울: 공간, 1993), 53쪽.

73 월간조선, 앞의 기사(1995년 6월호), 483쪽.

74 공보처, 『(資料) 第6共和國: 노태우 대통령 정부 5년』(서울: 공보처, 1992), 52쪽.

75 월간조선, 앞의 기사(1995년 6월호), 505쪽. 이만섭은 1984년 2월 임시국회에서 '참다운 도덕적 민주정치가 이루어지기 위하여 우선 문민정치를 확립해야 한다'고 언급하였고, 1985년 5월에는 '군이 총과 칼의 힘으로 정치에 개입하는 것은 나라를 지키는 사명을 저버리는 일'이며, '군의 정치적 개입을 막는 것만이 문민정부를 이룩하는 길'이라고 언급하였다. 이용식, 「언론을 사랑한 의회주의자」, 청강이만섭평전간행위원회(편), 『(용기와 양심의 정치인) 청강 이만섭』(서울: 박영사, 2018), 411-412쪽.

76 노태우 기자회견(1987.11.16); 공보처, 앞의 책(1992), 52쪽 참고. 노태우 대통령은 자신의 후임 대통령은 군 출신이 되어서는 안 된다는 뜻을 여러 차례 밝혔고, 실제로 민자당 대통령 후보 선출 과정에서 김영삼에 맞설 수 있는 유력한 대권 후보였던 박태준을 군 출신이라는 이유로 눌러앉혔다. 노태우, 『노태우 회고록(상권)』.(서울: 조선뉴스프레스), 509-511; 강원택, 「한국 민주화와 노태우 정부」, 강원택(편), 앞의 책(2017), 23쪽.

77 최장집, 앞의 책(1996), 284, 373쪽.

78 김정남, 「文民시대와 改革」, 金正男 청와대 교육문화수석 초청 관훈 조찬간담회(1993.9.21), 413쪽.

79 월간조선, 앞의 기사(1995년 6월호), 500-501쪽.

80   월간조선, 앞의 기사(1995년 6월호), 500-502쪽.

81   시사저널, 「박관용 회고록-제16화 YS 스타일: 의욕 충만한 YS 넘친 자신감이 때론 장애」
     (2016.5.17-5.24, 제1387호), 37쪽.

82   손호철, 『현대 한국정치: 이론과 역사 1945-2003』(서울: 사회평론, 2003), 444쪽; 임혁백, 『비동
     시성의 동시성』(서울: 고려대학교 출판부, 2014), 697쪽.

83   오인환(2018.11.12 서면 인터뷰).

84   김영삼, 「3.1운동은 민족사의 찬란한 금자탑(1995.3.1)」 참고.

85   김영삼, 「우리 모두 다 함께 신한국으로(제14대 대통령 취임사)」(1993.2.25) 참고.

86   그러나 과거와의 단절을 강조한 김영삼의 역사관을 두고 언론에서는 그가 5.16 이후 30여 년의
     역사를 잘못된 것으로 판단하고 있을 뿐 아니라 그 전으로 되돌려놓아야 한다는 생각을 갖고 있
     다면서 김영삼 대통령의 통치 철학은 1960년대 이전에 형성된 것 같다고 꼬집었다. 월간조선,
     「청와대 출입기자들이 평가한 김영삼의 국가경영능력」(1993년 9월호(b)), 143쪽. 또한 조갑제
     기자는 김영삼 대통령이 '건국-반공-경제발전-민주화'로 이어진 국가건설의 흐름이 아니라, 투
     쟁과 반대의 노선에 정부 정통성의 입각점을 두는 부정적 역사관을 가지고 있다고 비판하였다.
     월간조선, 「김영삼 대통령의 역사관 문제-그는 역사의 계승자인가 파괴자인가」(1993년 11월호
     (b)), 105쪽.

87   월간조선, 「김영삼 대통령론」(1993년 2월호(a)), 116쪽 참고.

88   김정길(2013.6.25 인터뷰); 김경은, 앞의 논문(2014), 127쪽.

89   우인환(2018.10.29 인터뷰).

90   이명현(2017.7.10 인터뷰).

91   월간조선, 앞의 기사(1995년 7월호), 695쪽.

92   박관용(2016.9.8 인터뷰); 김경은, 「민주화 이후 핵심행정부의 의사결정: 조선총독부 건물 철거
     사례 분석」, 『행정논총』 56(4), 2018, 107쪽.

93   남재희(2013.7.4 인터뷰); 김경은, 앞의 논문(2014).

94   고건, 앞의 책(2017), 23쪽.

95   월간조선, 앞의 기사(1995년 6월호), 509쪽.

96   방우영, 『나는 아침이 두려웠다』(파주: 김영사, 2008), 273-274쪽.

97   하태수, 「김영삼 정권 전반기의 중앙정부 조직개편 분석」, 『한국정책연구』 11(2), 2011, 372쪽.

98   정용대, 「김영삼 대통령의 개혁이념과 한국 민주주의」, 『한국정치학회보』 27(2), 1994, 127쪽 참
     고. 김영삼은 야당 시절부터 몸에 밴 습관 때문에 충분한 상의 없이 단독으로 결정하는 일이 많
     았다고 한다. 더욱이 정부와 여당에 개혁의 대상인 보수그룹이 절대 다수를 차지하고 있었기 때
     문에 개혁은 대통령 개인을 중심으로 진행될 수밖에 없었다. 월간조선, 「대권 도박사 김영삼, 그
     인간과 정치」(1992년 6월호), 218-219쪽; 최장집, 앞의 책(1996), 251쪽. 한편에서는 문민정부

출범 직후 상공부와 동력자원부를 통합해 상공자원부를 발족하고, 문화부와 체육청소년부를 통합해 문화체육부를 신설하는 조직개편 과정에서 관료제의 강한 저항에 직면하였던 경험이 김영삼으로 하여금 각종 개혁정책을 비밀리에 결정하고, 전격적으로 추진하는 데 영향을 미쳤을 것이라 이야기한다.

99   월간조선, 「이제는 마지막 선을 넘는다는 담담함」(1998년 3월호), 146쪽.

100 신동아, 앞의 기사(2001년 2월호), 127쪽 참고.

101 김정남, 「문민정부는 한국에서 무엇인가」, 함성득(편), 『김영삼 정부의 성공과 실패』(서울: 나남출판, 2001), 195쪽.

102 시장경제연구원·월간조선, 「'대통령과 대통령 보좌 조직의 역할과 기능' 토론문」, 시장경제연구원·월간조선 공동기획 〈시장경제와 기업하기 좋은 환경, 어떻게 구축할 것인가?〉(2002.8.28), 8-9쪽.

103 조선일보, 「90%와 54%의 여론(사설)」(1993.4.18), 3면 참고.

104 이강로, 「김영삼의 지도력 유형」, 『한국정치학회보』 27(2-1), 1994, 150-151쪽; 강문구, 『한국민주화의 비판적 탐색』(서울: 당대, 2003), 39쪽 참고. 이러한 맥락에서 김영삼의 강한 성격과 카리스마가 민주화 투쟁에서는 없어서는 안 될 구심점을 제공했지만, 민주화 이후에는 민주정치과정을 단절 또는 왜곡시키는 부정적인 요인으로 작용했다고 한다. 김비환, 『민주주의와 법의 지배: 현대 입헌민주주의의 스펙트럼』(서울: 박영사, 2016), 387쪽.

105 월간조선, 「김영삼, '경제 모른다'는 인식 바꿀 수 있다」(1992년 5월호), 265쪽; 정용대, 앞의 논문(1994), 138쪽 참고.

민주주의 전환기의 장관

1 노태우·김영삼 정부의 장관

노태우 정부와 김영삼 정부에서는 장관의 인구사회학적 특징을 비롯해 대통령의 장관 임면 스타일과 내각을 활용하는 방식 등 여러 면에서 다른 모습이 나타났다.

일례로 노태우 정부에서는 총 115건의 장관 임명이 단행되었고, 중복 임명을 제외하고 총 101명의 장관이 활동하였으며, 장관의 평균 재임기간은 13.1개월이었다. 한편 김영삼 정권기에는 이전 정부와 임명 건수 및 장관 수는 거의 비슷해 총 116건의 장관 임명이 단행되고, 100명의 장관이 재임하였지만, 빈번한 개각으로 인해 평균 재임기간은 11.9개월로 감소하였다. 출신배경의 1, 2, 3순위는 양 정권기 모두 관료(노태우 정부 37.4%, 김영삼 정부 37.9%), 정치인(27%, 26.7%), 학자(16.5%, 18.1%) 순으로 나타났지만, 그 다음 순위의 경우, 노태우 정부에서는 군인과 언론인이 각각 6.1%를 차지한 데 반해, 김영삼 정부에서는 법조인(6%), 언론인(5.2%), 군인(3.4%) 순으로 높은 비중을 차지하였다(〈표 2〉 참고).

노태우 대통령은 정치·경제·사회 모든 영역에서 권위적 요소를 배제하려는 시도의 일환으로 대통령실의 규모와 역할을 축소하고, 각 부처에 대한 대통령실의 통제를 완화시켰으며, 회의체를 통해 국정을 민주적으로 운영하고자 하였다. 그러나 노태우 정권이 출범하면서 8개 부처의 장관이 5공화국에서 그대로 유임되거나 재임명돼(경제기획원 나웅배·재무부 사공일·외무부 최광수·체육부 조상호·건설부 최동섭·체신부 오명·법무부 정해창·내무부 이상희 장관) 첫 조각이라기보다 대폭 개각에 불과하다는 지적이 일었고,[1] 노태우 정부는 민주적 선거를 통해 출범하였음에도 정통성을 살리지 못한 채 '5·5공화국', '구권위주의 엘리트 연장선상의 정부', '권위주의 통치의 연장'이라는 반쪽의 민주화 정부로 폄하되었다. 훗날 김종인 경제수석(1990.3.17-1992.3.29)은 노태우 대통령이 새로운 정권의 탄생이 갖는 의미를 충분히 깨닫지 못하고, 새 정권이 구현해 나갈 청사진이 없었기 때문에 사람도 새로워질 수 없었다고 평하였다.[2]

그러나 정권 중반기에 접어들면서 장관들의 출신배경은 다양해지고, 내각 입성의 기회구조도 확대되었다. 예컨대 노태우 정권 중반기에 장관으로 등용된 5공 인사는 보사부에 이어 환경처에 부임한 권이혁 장관(1991.4.26-1992.6.26)이 유일하였으며, 장관으로 중복 임명된 건수도 이전 정부에 비해 크게 줄어 전체 임명건 대비 9.6%(11명)에 불과하였다.

한편 5년간 크고 작은 개각이 27차례 단행되면서[3] 115건의 장관 임명과 13.1개월의 평균 재임기간을 기록해 내각의 불안이 초래되고, 각료가 소모품이냐는 비난이 일었다.[4] 사실 노태우 대통령은 장관 인선에 있어서 자신의 주장을 앞세우기보다는 주변 인물들의 의견을 많이 참고하였다. 또한 측근들을 통해 여러 사람의 이름을 의도적으로 흘리게 한 뒤 그중에서 여론의 반응이 비교적 괜찮은 인물을 고르는 스타일로, 비서실의 해당 수석이 인물 검증을 마치면 국무총리와의 협의를 통해 장관을 내정하였다. 그럼에도 장관 후보자를 결정한 후에 말썽의 소지가 생기면 최종 결재 과정에서 번복하거나 수정하는 일이 자주 있었고, 문제가 생기면 장관들에게 책임을 물어 교체하는 식의 문책 인사를 단행하였기 때문에 작은 개각이 빈번하게 이루어졌다.[5]

그러나 노태우 대통령은 일단 임명한 이후에는 장관의 자율성을 인정하였고, 부처 간에 대립과 갈등이 조장될 때 중재에 나섰다. 박철언에 의하면 노태우 대통령은 청와대 안에서 참모들 간에 서로 보호하는 자세가 중요하다고 여기면서 비서실의 인화를 강조하였고, 인내와 경청을 더불어 하는 스타일이라서 6공화국의 장관들은 각자 소신을 가지고 일할 수 있었다고 한다.[6]

박철언의 진술은 6공 각료들의 증언을 통해 뒷받침된다. 노태우 정권기 장관들은 대통령의 성격과 업무 스타일을 각양각색으로 묘사한다. 일례로 윤형섭 교육부장관에 따르면 노태우 대통령은 자신의 생각을 밀어붙이는 스타일이 아니었고, 장관의 생각과 소신을 존중하였다. 이어령 문화부 장관은 청와대로부터 어떠한 간섭을 받거나 외부의 압력과 지시를 받은 일이 없었다고 밝혔다.[7] 이홍구 국토통일원 장관도 대통령이 장관의 일에 간섭하지 않고 참모진의 재량에 맡기는 퍼스낼러티를 지녔다고 평가하였다.[8] 손주환 공보처 장관에 따르면 노태우 대통령은 원탁회의를 하고, 대통령 호칭에 '각하'라는 용어를 빼도록 하였으며, 가방을 직접 들고 다니는 등 탈권위주의적 면모를 보여주었다. 또한 장관들 앞에서도 "이건 내가 잘 모르니까 알기 쉽게 설명해 달라"라는 소리를 예사로 하는 등[9] 권위주의와는 거리가 먼 상관이었다고 한다.

한편 김영삼 정부에 들어와 권력의 주도권이 민간으로 전환됨에 따라 장관의 생애 배경과 인구사회학적 특징에도 큰 변화가 나타났다. 특히 학자들의 내각 입성과 청와대 포진 현상이 두드러졌으며, 각종 개혁도 교수 그룹에 의해 주도되는 경향이 뚜렷해 김영삼 정부를 '교수정부', '학자정부'라고 불렀다.[10] 문민정부를 기점으로 학자는 장관으로 입각하는 주요 직업군 중 하나로 급부상한 것이다. 첫 조각에서는 박양실(보사부), 황산성(환경처), 권영자(정무 제2)를 포함해 여성 장관이 3명이나 임명된 것도 특징적이었다.

김영삼은 정치 지도자의 덕목으로 도덕성, 정치적 경륜, 용기와 결단력, 유능한 인사를 쓸 수 있는 바탕을 중시하였다.[11] 또한 사람에 대한 신뢰를 가장 중요시하고, 그 다음으로 능력을 고려해 '우리 사람', '내 사람'을 가장 먼저 쓴 다음에 '저쪽 사람이 아닌 사람'을 고르는 방식을 택하였다.[12] 김영삼 대통령은 '인사는 만사'라는 말로 인재의 중요성을 강조한 데다 '머리는 빌릴 수 있다'는 지론을 가지고 있었기 때문에 어느 정치 지도자보다 많은 부분을 참모들에게 의존하였다고 전해진다.[13]

대통령 임기가 개시되자 김영삼은 경험이 부족하더라도 "때 묻은 프로"보다는 "신선한 아마추어"를 등용하려는 인사 실험을 강행하였다. 그 결과, 대통령실 비서진과 행정부의 핵심 인사를 비롯해 민자당 요직에 과거 민주주의 투쟁사에 참여하였던 해직 교수, 해직 언론인, 재야 정치인, 시민단체 활동가 등 개혁 지향적인 사람들이 다수 포진하였다. 특히 첫 내각에서 5·6공 인사로 분류된 사람은 황인성 국무총리(1993.2.25-1993.12.16)와 최창윤 총무처 장관(1993.2.26-1993.12.21) 2명뿐이었고, 국방부 장관을 제외하고 군 출신자 등용을 배제하였다. 또한 22개 부처의 장관 중 차관에서 승진한 윤동윤 체신부 장관을 비롯한 6명(재무부 홍재형·경제기획원 이경식·내무부 이해구·상공자원부 김철수·건설부 허재영 장관)을 제외하고 나머지가 정부 바깥의 학계, 정계, 민간단체의 인사들로 충원돼 한마디로 "파격적 참신"이라는 평을 받았다.[14] 김영삼 대통령은 비관료 출신이 많아 행정에 파행이 우려된다는 반응에 대하여 "안전하게 제도를 운영하게 한다는 조건만 갖춘 인사로는 영원히 바꿀 수 없다"라면서 개혁 추진을 염두에 둔 각료 인선이라는 의사를 표명하였다.[15]

그렇다고 과거 정권의 인물이 장관 등용에서 완전히 배제된 것만은 아니었다. 정재석 장관(교통부 1993.10.18-1993.12.21, 경제기획원 1993.12.21-1994.10.4)은 유신정권에서 상공부 장관을, 서정화 내무부 장관은 유신정권에서 5공화국으로 넘어가는 과도기에 내무부 장관을 역임한 이력이 있다. 나웅배 재경원·통일원 장관과 강경식 재경원 장관도 1980년대 초반에 재무부 장관을 지낸 5공 인사이며, 오명 (건설) 교통부 장관 역시 5공 말엽에 체신부 장관을 지냈다.

지난 노태우 정권의 몇몇 각료들도 문민정부의 내각에서 다시 등용되었다. 한승수 재경원 장관(1996.8.8-1997.3.5)과 이홍구 통일원 장관은 각각 6공의 상공부 장관과 국토통일원 장관으로 등판한 바 있고, 최창윤 총무처 장관은 공보처 장관, 강현욱 환경부 장관(1996.12.20-1997.8.6)은 농림수산부 장관, 진념 노동부 장관은 동력자원부 장관을 지낸 바 있다. 또한 정근모 과학기술처 장관과 김윤환 정무 제1장관(1994.12.23-1995.7.4)은 6공에서 이미 동일 부처의 장관을 역임하였다. 과거 사람을 완전히 배제한다는 것은 대통령 과업의 원활한 수행과 효율적인 국가운영을 고려하였을 때 불가능한 일이며, 때로는 대승적 차원에서 "적과의 동침"을 자처해야 함을 보여주는 장관 인선의 현실인 것이다.

한편 김영삼은 제14대 대선 후보 시절, 노태우 정부의 장관들이 자주 교체되는 현상을 지적하며 장관을 너무 자주 바꾸어 국정 수행에 지장이 많다고 진단하였고, "나는 장관들과 임기를 함께해 능력을 극대화할 것이다"라고 말하곤 했다. 대통령으로 당선된 후에도 전임 정권은 개각을 많이 해 실패했다면서 장관 임기의 지속을 보장하겠다고 다짐하였다. 그러나 각종 사건·사고를 무마하기 위해 정치적 임명을 활용하고, 조직개편도 빈번하게 이루어져 결국 7차례의 전면 개각을 포함해 모두 30여 차례의 크고 작은 개각을 추진하였다.[16] 그 결과 116건의 장관 임명이 단행되고, 평균 재임기간은 11.9개월에 불과해 김영삼 정권에는 "장관(長官)"이 없고 "단관(短官)"만 있다는 말이 돌았다.[17]

김영삼 대통령은 핵심 엘리트의 인사에 관한 한 전권을 행사하였고, 보안을 중요하게 여겼다. 어찌나 단속이 심한지 속으로 낙점한 인물이 미리 신문에 하마평이 오르내리면 그날로 단칼에 후보군에서 지워버리는 비밀주의를 고수하였다.[18] 게다가 대통령비서실장은 장관급 이외의 인사에 대하여 천거와 추천, 검증 과정에 참여하였지만, 장관급 인사에는 전혀 관여하지 못하고, 장관 인선 발표 직전에 대통령으로부터 명단을 받아 발표하는 등[19] 최고위직 인사만큼은 대통령이 전권을 휘둘렀다.

그럼에도 김영삼은 비서실을 경유하지 않고 장관들을 직접 불러내 정보를 교환하는 방식으로 장관과 맞대면하였기 때문에 장관의 자율성은 비교적 높았다. 일각에서는 자질구레한 행정에 관여하지 않는 김영삼 대통령 특유의 통 큰 리더십이 화끈한 권한 위임으로 이어졌다고 평하였다.[20] 김영삼 정부의 장관들은 개혁이 정부 과업의 우선순위였던 만큼 정당성을 갖춘 선진 국가로 도약하기 위한 변화에 동참할 것을 주문받았다.

표 7 노태우 정부의 장관

구분	장관(임기 개시일)
재무부	사공일(1987.5.26) → 이규성(1988.12.5) → 정영의(1990.3.19) → 이용만(1991.5.27)
경제기획원	나웅배(1988.2.25) → 조순(1988.12.5) → 이승윤(1990.3.17) → 최각규(1991.2.18)
문교부 (→교육부)	김영식(1988.2.25) → 정원식(1988.12.5) → 윤형섭(1990.12.27) → 조완규(1992.1.23) → 조규향(1990.12.27)
외무부	최광수(1986.8.26) → 최호중(1988.12.5) → 이상옥(1990.12.27)
국토통일원 (→통일원)	이홍구(1988.2.25) → 홍성철(1990.3.19) → 최호중(1990.12.27) → 최영철(1992.6.26)
법무부	정해창(1988.2.25) → 허형구(1988.12.5) → 이종남(1990.3.19) → 김기춘(1991.5.27) → 이정우(1992.10.9)
국방부	오자복(1988.2.25) → 이상훈(1988.12.4) → 이종구(1990.10.8) → 최세창(1991.12.20)

구분	장관(임기 개시일)
내무부	이상희(1988.2.25) → 이춘구(1988.5.7) → 이한동(1988.12.5) → 김태호(1989.7.19) → 안응모(1990.3.17) → 이상연(1991.4.29) → 이동호(1992.3.30) → 백광현(1992.10.9)
총무처	김용갑(1988.5.25) → 김용래(1989.3.17) → 이연택(1990.3.19) → 이상배(1991.12.20) → 이문석(1992.6.26)
문화공보부	정한모(1988.2.25) → 최병렬(1988.12.5) ※ 1990.1.3 문화공보부가 문화부와 공보처로 분리
문화부	이어령(1990.1.3) → 이수정(1991.12.20)
공보처	최병렬(1990.1.3) → 최창윤(1990.12.20) → 손주환(1992.6.6) → 유혁인(1992.10.9)
체육부 (→체육청소년부)	조상호(1987.7.14) → 김집(1988.12.5) → 정동성(1990.3.19) → 박철언(1990.12.27) → 이진삼(1991.12.19)
농림수산부	유근환(1988.2.25) → 김식(1988.12.6) → 강보성(1990.3.20) → 조경식(1990.9.19) → 강현욱(1992.3.31)
상공부	안병화(1988.2.25) → 한승수(1988.12.5) → 박필수(1990.3.19) → 이봉서(1990.12.27) → 한봉수(1991.12.20)
동력자원부	이봉서(1988.2.25) → 이희일(1990.3.19) → 진념(1991.5.27)
보건사회부	권이혁(1988.2.25) → 문태준(1988.12.5) → 김종인(1989.7.19) → 김정수(1990.3.19) → 안필준(1991.5.27)
환경처	조경식(1990.1.3) → 허남훈(1990.9.19) → 권이혁(1991.4.26) → 이재창(1992.6.26)
노동부	최명헌(1988.2.25) → 장영철(1988.12.5) → 최영철(1989.7.19) → 최병렬(1990.12.27) → 이연택(1992.6.25)
교통부	이범준(1988.2.25) → 김창근(1988.12.5) → 김창식(1990.3.19) → 임인택(1990.12.27) → 노건일(1992.3.31)
건설부	최동섭(1987.12.15) → 박승(1988.12.5) → 권영각(1989.7.19) → 이상희(1990.9.19) → 이진설(1991.2.18) → 서영택(1991.12.19)
체신부	오명(1987.7.14) → 최영철(1988.12.5) → 이우재(1989.7.19) → 송언종(1990.12.27)
과학기술처	이관(1988.2.25) → 이상희(1988.12.5) → 정근모(1990.3.19) → 김진현(1990.11.10)
정무 제1 장관실	김윤환(1988.3.7) → 이종찬(1988.5.3) → 정종택(1988.12.5) → 박철언(1989.7.19) → 김윤환(1990.4.18) → 김동영(1990.10.13) → 최형우(1991.7.18) → 김용채(1992.5.24) → 김종호(1992.7.22) → 김동익(1992.10.9)
정무 제2 장관실	조경희(1988.2.25) → 김영정(1988.12.5) → 이계순(1990.3.19) → 김갑현(1991.12.20)

표 8 김영삼 정부의 장관

구분	장관(임기 개시일)
재무부	홍재형(1993.2.25) → 박재윤(1994.10.5)
경제기획원	이경식(1993.2.25) → 정재석(1993.12.21) → 홍재형(1994.10.4)
재정경제원	홍재형(1994.12.23) → 나웅배(1995.12.20) → 한승수(1996.8.8) → 강경식(1997.3.5) → 임창열(1997.11.19) ※ 1994.12.23 재무부와 경제기획원이 재정경제원으로 통합
교육부	오병문(1993.2.26) → 김숙희(1993.12.22) → 박영식(1995.5.16) → 안병영(1995.12.21) → 이명현(1997.8.6)
외무부	한승주(1993.2.26) → 공로명(1994.12.24) → 유종하(1996.11.7)
통일원	한완상(1993.2.26) → 이영덕(1993.12.22) → 이홍구(1994.4.30) → 김덕(1994.12.24) → 나웅배(1995.2.22) → 권오기(1995.12.21)
법무부	박희태(1993.2.26) → 김두희(1993.3.8) → 안우만(1994.12.24) → 최상엽(1997.3.6) → 김종구(1997.8.5)
국방부	권영해(1993.2.26) → 이병태(1993.12.22) → 이양호(1994.12.24) → 김동진(1996.10.18)
내무부	이해구(1993.2.26) → 최형우(1993.12.21) → 김용태(1994.12.23) → 김우석(1995.12.20) → 서정화(1997.2.13) → 강운태(1997.3.5) → 조해녕(1997.8.5)
총무처	최창윤(1993.2.26) → 황영하(1993.12.22) → 서석재(1994.12.24) → 김기재(1995.8.7) → 조해녕(1996.1.31) → 김한규(1996.12.20) → 심우영(1997.8.6)
문화체육부	이민섭(1993.2.26) → 주돈식(1994.12.24) → 김영수(1995.12.21) → 송태호(1997.3.6)
공보처	오인환(1993.2.26)
농림수산부	허신행(1993.2.26) → 김양배(1993.12.22) → 최인기(1994.4.6) → 강운태(1995.12.21)
상공자원부 (→통상산업부)	김철수(1993.2.26) → 박재윤(1994.12.24) → 안광구(1996.12.20) → 임창열(1997.3.6) → 정해구(1997.11.19)
보건사회부 (→보건복지부)	박양실(1993.2.25) → 송정숙(1993.3.8) → 서상목(1993.12.22) → 서상목(1994.12.23) → 이성호(1995.5.16) → 김양배(1995.12.21) → 이성호(1996.8.8) → 손학규(1996.11.13) → 최광(1997.8.6)
환경처 (→환경부)	황산성(1993.2.26) → 박윤흔(1993.12.22) → 김중위(1994.12.21) → 정종택(1995.12.21) → 강현욱(1996.12.20) → 윤여준(1997.8.6)
노동부	이인제(1993.2.26) → 남재희(1993.12.22) → 이형구(1994.12.24) → 진념(1995.5.24) → 이기호(1997.8.6)
교통부	이계익(1993.2.26) → 정재석(1993.10.18) → 오명(1993.12.21)

구분	장관(임기 개시일)
건설부	허재영(1993.2.26)→고병우(1993.3.8)→김우석(1993.12.21)
건설교통부	오명(1994.12.24)→추경석(1995.12.21)→이환균(1997.3.6) ※ 1994.12.23 교통부와 건설부가 건설교통부로 통합
체신부 (→정보통신부)	윤동윤(1993.2.26)→경상현(1994.12.24)→이석채(1995.12.21)→강봉균(1996.8.8)
과학기술처	김시중(1993.2.26)→정근모(1994.12.24)→구본영(1996.8.8)→김용진(1996.12.20) →권숙일(1997.3.6)
해양수산부	신상우(1996.8.8)→조정제(1997.8.7) ※ 1996.8.8 출범
정무 제1 장관실	김덕룡(1993.2.26)→서청원(1993.12.21)→김윤환(1994.12.23)→김영구(1995.7.4) →주돈식(1995.12.20)→김덕룡(1996.5.9)→신경식(1996.12.20)→홍사덕(1997.8.5)
정무 제2 장관실	권영자(1993.2.26)→김장숙(1994.12.24)→김윤덕(1996.8.8)→이연숙(1997.8.6)

2 장관 리더십 분석 요건

1) 분석틀[21]

한 사람의 정치적 성향은 정치사회화 과정을 통해 발달하고, 정치 지도자의 등
장은 역사·사회적 배경과 긴밀하게 연관되기 때문에[22] 지도자의 생애와 그가 속한
시대를 상호 교차적 관점에서 바라볼 때 리더십에 대한 올바른 이해가 가능하다.

지도자의 개인적 특성 중 성격은 과거의 경험을 통해 학습한 결과이며 장래의
기대를 담는 산물로서[23] 성격을 이루는 기질과 감정은 그 사람이 어떤 선택과 판
단을 할지 암시해주는 실마리다. 일례로 로버트 달(Robert A. Dahl)은 사람의 이성이
정의로운 행동을 하는 데 이바지할 수 있고, 선한 목적을 이루기 위한 효과적인 수
단을 선택하는 데 도움을 줄 수 있지만, 그를 행동하도록 이끄는 요인은 동정심이
나 시기, 분노, 증오와 같은 정서 내지 감정이라 하였다.[24] 또한 신경학자 안토니오
다마지오(Antonio Damasio)는 판단이 이전의 경험에서 유래된 정서와 감정에 뿌리
를 두고 있다는 주장을 펼쳤다.[25]

한편 개인에게 내면화된 가치는 의식적·무의식적 행동을 이끌며, 개인의 신념은 그 사람의 선택을 방향 짓는다. 특히 정치활동가들은 일반인보다 더욱 정교한 신념 구조를 가지려 하고, 정치적 신념에 따라 행동하고자 하며, 정권의 안정과 변화에 영향을 미치는 일을 비롯해 각종 정치적 사건에 더 많이 관여하려고 하기 때문에[26] 공공 리더십 연구에서는 지도자의 경험과 삶의 궤적에 더욱 주목하여야 한다. 특히 리더의 심리는 경험으로부터 영향받고, 그가 직면한 상황은 잠재되어 있는 과거 유사 상황의 하나로 다루어지기 때문에 그의 초기경험과 성장배경에 주목해야 한다. 이러한 맥락에서 생애사 연구자들은 어린 시절의 경험이 자아 개념의 형성에 기여하며[27] 가족은 개인을 보다 더 큰 사회적 구조에 연결하는 데 중요한 역할을 한다고 주장하였고,[28] 리더십 특성이론에서도 리더의 생애 초기와 그의 심리적 특성이 리더십 스타일과 정책 선호를 결정한다고 보았다.

한편 정치적·구조적 환경은 지도자로 하여금 효과적으로 목표를 달성하게끔 하는 도전과 기회를 창출한다.[29] 또한 임명 전후의 상황과 정치 역학에 대한 장관 자신의 해석이 그의 판단과 행태를 결정짓는다. 예컨대 장관이 민주화라는 시대상황을 어떻게 인식하는지는 임명권자와의 결속, 다른 권력기관과의 관계 설정, 조직관리 전략, 정책대안의 선택에 있어 중요한 준거로 작용한다.

이 책에서는 지도자의 생애경험과 그가 속한 정치사회 환경, 그리고 시대상황에 대한 그의 주관적 인식이 결합해 선택과 결정이 이루어진다는 생각에 기초해 장관 리더십을 분석하였다. 이에 성장배경, 성격과 가치관, 사회경력 등 생애과정 속에서 축적된 여러 요인을 '생애'라는 이름의 항목으로 정리하고, 장관 재임기의 정치환경과 사회 분위기를 '시대', 장관 임명 전후의 사정과 당시의 국가적 과업을 '임명'이라는 항목으로 설정하였다. 사람마다 주어진 상황을 자신의 경험에 비추어 다르게 해석하는데, 여기에서는 장관의 상황 수용 방식을 '민주화 인식'이라고 명명하였다. 번스(J. Burns)에 따르면 어떤 결정을 내리거나 행동을 취하는 데 작동하는 지도자의 의도를 리더십 전략이라고 한다.[30] 이에 장관의 개인적 요인('생애')과 상황 요인('시대'·'임명')이 장관의 상황수용 방식('민주화 인식')과 결합되어 산출된 결과를 '리더십 전략'으로 명명해 이야기를 전개하였다.

그림 8 분석틀

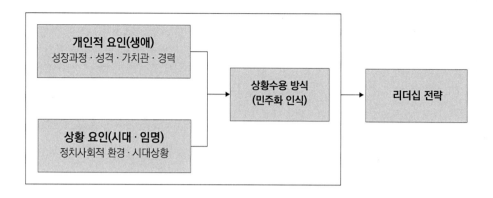

2) 인터뷰

이 책에서는 장관의 말과 생각에 주목하기 위해 신변을 이유로 대면하기 어려운 최병렬을 제외한 다섯 명의 장관과 인터뷰를 진행하였다.[31] 인터뷰에 앞서 각 장관이 살아온 과정을 살펴보았고, 임명 전후의 상황, 대통령과의 관계, 장관으로 재직할 당시의 이슈, 주변 인물들과의 관계에 관한 정보를 수집해 반구조화된 질문 목록을 작성하였다.[32]

한편 인터뷰를 실시하면서 장관으로 재직한 때가 오래전이라는 점을 고려해, 기억을 상기할 수 있도록 재임기에 발생한 굵직한 사건에 대하여 운을 띄우거나 관련 인물의 실명을 거론하는 방식으로 접근하였다. 장관은 과거의 경험에 기초해 행동한다는 생각을 토대로 장관으로 임명되기 이전의 경력, 가족관계와 성장 과정, 학창 시절에 관하여 질문하였다. 또한 현재 관점에서의 과거에 대한 해석과 장관 재임 당시의 인식 간 간극을 좁히기 위하여 면담 중간중간에 "그때도 그렇게 생각하였습니까", "그 생각은 지금도 변하지 않았습니까"라는 물음을 던졌다.

장관들은 질문을 잘 이해하기 위해 애쓰는 빛이 역력하였고, 성실하고 진지한 자세로 자신의 경험과 생각, 소신에 대하여 이야기하였다. 몇 차례의 직·간접적인 의사소통을 통해 라포가 형성된 경우에는 후속 인터뷰를 진행하였고, 구술을 뒷받침하는 자료를 제공받기도 하였다.[33] 학자인 윤형섭, 이명현 장관은 학술서뿐 아니라 에세이, 회고록, 논평 등 다수의 글을 남겼고, 경제관료를 지낸 진념, 강경식 장관은 공무수행 자료, 언론과의 대담, 정부 보고서와 구술 채록 사업에의 참여를 통해 정책 경험을 소상하게 남겼다. 언론계 출신인 최병렬, 오인환 장관은 각종 기사나 사설, 인터뷰를 통해 재임기의 시대상과 국정 행태에 관한 소신을 밝히고, 소관 정책에 대한 의견을 기록화한 바 있다. 이러한 자료는 인터뷰 내용의 진실성을 확인하고, 구술자료의 흠결을 보완하는 데 유용하게 활용되었다.

표 9 장관 인터뷰 현황

피면담자	인터뷰 일시	장소
윤형섭	2017.7.17(월) 15:00-19:00	(서울시 종로구) 카페 꽃이피움
	2017.7.22(토) 16:30-20:40	(경기도 고양시) 자택
	2017.8.30(수) 16:30-17:30	(경기도 고양시) 자택
이명현	2017.7.10(월) 13:30-17:40	(서울시 서초구) 자택
진념	2017.12.15(금) 16:00-17:45	(서울시 서초구) JW 메리어트 호텔 커피숍
강경식	2018.7.4(수) 10:45-12:30	(서울시 강서구) 국가경영전략연구원
오인환	2018.10.29(월) 15:30-17:30	(서울시 서초구) 카페베네

※그 밖에 인터뷰 내용 확인 및 최종 원고 검토를 위해 추가 인터뷰를 실시하거나 서신을 교환함.

구술연구가들은 엘리트가 비엘리트보다 더 많은 자기 정당화의 동기와 능력을 갖추고 있다면서 엘리트 인터뷰가 실제 역사적 사실과 괴리가 매우 크다는 점을 지적한다. 또한 역사적 사건에는 여러 행위자가 관련되어 있는데, 그들이 모두 서로 다른 경험을 통해 그 사건에 관여하고 있을 수 있으며, 특히 정치적 파급효과가 크고 이해 당사자 간의 갈등이 심할 때는 소수 엘리트의 구술만으로 전체적인 객관적 사실을 구성하는 데 뚜렷한 한계가 따른다고 지적한다.[34] 따라서 현상을 바라보는 다양한 관점과 고도의 지식을 보유한 정보원을 활용하는 자료 수집 방법이 편향을 줄인다는 견해[35]에 입각해, 장관으로 재임한 당시의 차관과 고위관료를 비롯해 삶의 과정에서 스쳐 간 주변 인물들의 증언을 수집하였다. 면담 대상과 담화의 소재는 다음과 같다.

윤형섭이 연세대 정외과 교수로 재직하던 시절의 79학번 제자인 이완범(한국학중앙연구원 교수), 이명현의 서울대 철학과 77학번 제자(대학교수)와의 담화를 통해 대학교 재학 시절에 겪은 스승과의 일화, 스승의 성향과 학내 평판 등에 관한 이야기를 들었다.

안병영 전 교육부 장관은 윤형섭, 이명현, 오인환 장관에 대한 기억을 전달해 주었다. 안병영은 윤형섭의 연세대 정외과 6년 후배이며, 연대 사회과학대에서 10여 년간 교수로 함께 재직한 동료 사이다. 안병영이 학내신문 『연세춘추』 주간을 할 때 윤형섭이 편집인이었기 때문에 각별한 사이였다고 한다. 한편 안병영은 1970년대 초에 이명현과 함께 한국외대 교수로 재직하였고, 문민정부 시절에는 이명현이 안병영의 후임 장관으로 임명되었다. 둘 사이에는 5.31 교육개혁에 대한 강한 자부심과 상호 신뢰의 깊은 연대감이 있었다고 한다. 오인환은 6.25 전쟁기에 남쪽으로 피란가 부산피란부민국민학교에 다녔는데, 안병영이 한 학년 아래 후배였다. 이후 오인환과 경기중·고등학교에 나란히 입학해 학창 시절을 보냈고, 문민정부가 출범하면서 국무위원이 되어 다시 만나게 되었다.

전북 부안군 줄포국민학교를 졸업한 문찬기 전 부안군의회 의원을 통해 진념 장관의 행적과 고향 줄포와의 인연에 관한 이야기를 들었다. 문찬기는 줄포국민학교 개교 100주년 기념사업회 위원장과 부안군의회 의원을 하면서 진념과 교류하였고, 줄포면 종합청사 내 진념 기념관('석학들의 서재')을 마련하는 데에도 관여한 부안지역의 마당발이다. 한편 진념의 동년배 사촌으로부터 진념 장관의 유년기와 청소년기, 관료 시절의 에피소드를 들었다. 그는 잘 알려지지 않은 진념의 가족사에 대하여 이야기해 주었다.

노동부에서 일한 노준석은 노태우 정부에서 서울지방노동청장, 노동연수원장을 지낸 노사관계 전문가다.[36] 그는 최병렬 장관과 진념 장관이 맞닥뜨린 노사갈등의 현장에 대한 정보를 비롯해 이들의 리더십 성향과 노동부 안에서의 평판에 대해 전해 주었다.

공보처 공무원을 지낸 유세준, 이덕주, 서종환을 만나 포커스 그룹 인터뷰를 실시하였다. 이들은 노태우·김영삼 정권기에 공보처(문공부) 고위관료를 지내면서 장관과 밀착된 위치에 있었기 때문에 이들로부터 최병렬 장관과 오인환 장관의 임명배경, 그들의 성격과 일처리 방식, 정책적 판단의 맥락, 임명권자와의 밀회, 목표 달성을 위해 꾀한 전략 등 숨겨진 이야기를 들을 수 있었다.[37] 유세준은 최병렬이 문공부·공보처 장관으로 재임하던 때 공보기획관, 홍보조사국장직에 있었고, 오인환 장관의 임기 중에는 공보처 차관(1995.10.9-1997.3.6)을 지냈다. 이덕주는 6공 시절에 신문·방송행정의 실무 책임자로서 여론의 뭇매를 맞는 자리인 매체국장직에 있었고, 최병렬 장관의 지근거리에서 민영방송 설립과 뉴미디어 관련 법제 제정 업무를 담당하였다. 서종환은 문민정부에서 케이블TV 및 지역민영방송업자 선정 사업을 담당하는 책임자로서 사업의 내막을 자세하게 파악하고 있었다.

임철순 전 한국일보 주필은 오인환의 언론사 후배로, 1974년에 한국일보에 입사해 기자로 뛰었다.[38] 오인환이 사회부 차장을 하던 1980년에 사회부로 발령이 나 그를 상관으로 모시면서 기자학습을 하였고, 1990년대에 들어와 오인환 편집국장 밑에서 사회부 차장으로 일하였다. 오인환 장관이 퇴임한 후에도 사내 문제에 대한 멘토로 여기면서 지속적으로 교류하였다.

박홍식은 최병렬이 제12대 총선의 전국구 후보로 공천받았던 1985년을 기점으로 국회의원 보좌관, 정무수석 보좌관, 장관 비서관, 국회의원 입법보좌관, 서울시장 비서실장, 당 대표 보좌관의 직함을 달고 20여 년간 최병렬 장관을 보필하였다.[39] 그는 최병렬의 공직 생활과 생애 전반에 관한 기록을 검토하고 각종 자료를 제공해 주었다.

표 10 주변 인물의 인터뷰 현황

피면담자	일시 및 자료수집 방법	장소
이완범	윤형섭 장관과의 2017.7.17(월), 7.22(토) 인터뷰 과정에서 대화	(서울시 종로구) 카페 꽃이피움 (경기도 고양시) 윤형섭 장관 자택
이명현의 77학번 제자	2017.9.6(수) 인터뷰	(경기도 성남시) 한국학중앙연구원 사무실
문찬기	2022.12.14(수) 인터뷰	(전북 부안군) 줄포면청사 내 '석학들의 서재'
노준석	2019.6.7(금) 인터뷰	(서울시 강남구) 노사공포럼 사무실

피면담자	일시 및 자료수집 방법	장소
유세준, 이덕주, 서종환	2019.3.8(금) 인터뷰	(서울시 종로구) 한국프레스센터
임철순	2022.11.30(수) 인터뷰	(서울시 마포구) 데일리임팩트 사무실
안병영	2022.12.7(수), 12.9(금) 질의응답	-
박홍식	2024.11.18(월) 질의응답	-

※ 문찬기의 주선으로 진념 장관의 사촌인 진영우와 그의 자택(전북 부안군 보안면 소재)에서 40여 분간 면담을 실시함.
※ 유세준, 이덕주, 서종환을 섭외하는 데 도움을 준 문화회(문체부 퇴직관료 단체) 인사(KBS 감사 역임)와 간단히 담화를 나눔.

1   5공화국에서 상공부 장관을 지낸 나웅배가 6공화국에서 부총리 겸 경제기획원 장관직에 올랐고, 재무부의 사공일, 외무부 최광수, 체육부 조상호, 건설부 최동섭, 체신부 오명 장관이 그대로 유임되었다. 또한 법무부의 정해창, 내무부의 이상희 장관이 5공화국에 이어 6공화국에서도 동일 부처의 장관으로 재임명되었다. 한편 유신정권기에 장관을 한 인물의 다수가 노태우 정부에서 재입각하였다. 4공화국에서 재무부 장관을 지낸 이승윤과 농수산부·상공부 장관을 역임한 최각규가 6공의 경제기획원 장관으로, 내무부·보건사회부 장관을 역임한 홍성철이 국토통일원 장관으로 발탁되었다. 또한 농수산부 장관이었던 이희일이 동력자원부 장관으로 등용되었고, 역시 농수산부 장관을 지낸 정종택은 5공의 정무 제1장관을 거쳐 노태우 정부의 정무 제1장관으로 재등용되었다.

2   이장규, 앞의 책(2011), 53-54쪽. 노태우 대통령은 5공 인사의 등용을 둘러싼 비판에 맞서 "자꾸 '새 얼굴', '새 얼굴'하는데 그렇게 쓰는 기자나 교수들은 새 얼굴인가?"라면서 과거 인물이라도 능력이 있으면 중용할 수 있다는 인사 철학을 밝혔다. 박철언, 앞의 책(2005), 304, 341쪽.

3   노태우 정부에서는 이현재 총리의 1기 내각에 이어 1988년 12월에 강영훈 총리와 조순 부총리를 기용하는 개각을 추진하였다. 또한 3당 통합 직후인 1990년 3월, 개각을 통해 국정의 안정을 도모하였고, 1991년 2월에는 수서사건으로 흐트러진 민심을 수습하고자 전면적인 개각을 단행하였다. 그밖에 시국사건, 페놀 오염 사건 등으로 때때마다 부처별 징계성 인사를 단행함으로써 잦은 개각이 이루어졌다.

4   7년 단임의 전두환 정부에서 장관 임명이 107건 실시되고, 평균 재임기간이 17.3개월에 달하였던 것에 비해 노태우 정부의 정치적 임명은 빈번한 편이었고 할 수 있다. 한편 역대 정권의 장관 임명 추이를 분석한 결과, 한 정권 안에서 장관직을 2차례 이상 차지한 비율의 평균값은 12.1%로 집계되었다. 노태우 정권기에는 최호중(외무부·통일원), 최영철(통일원·노동부·체신부), 이상희(내무부·건설부), 이연택(총무처·노동부), 최병렬(문화공보부 → 공보처·노동부), 박철언(체육청소년부·정무 제1), 조경식(농림수산부·환경처), 이봉서(상공부·동력자원부), 권이혁(보사부·환경처), 이연택(총무처·노동부), 김윤환(7대 및 11대 정무 제1)을 포함한 총 11명이 두 번 이상 장관직에 올라 중복 임명 비율이 9.6%인 것으로 나타났다.

5   이장규, 앞의 책(2011), 109~110, 123쪽; 월간조선, 「인간 노태우, 대통령 노태우」(1993년 3월호), 259쪽; 함성득, 『대통령 비서실장론』(서울: 서울: 나남출판, 2002), 186쪽 참고.

6   박철언, 앞의 책(2005), 311쪽.

7   한국예술종합학교(편), 『한국예술종합학교 개교 20주년 기념 백서: 한예종, 스무 살의 이야기』(서울: 한국예술종합학교, 2012), 184쪽.

8 김호균, 「장관교체가 부처행정의 변화에 미치는 영향 분석」, 『한국행정논집』 13(4), 2003, 27쪽.

9 손주환 진술; 노태우(조갑제 해설), 앞의 책(2007), 178, 206쪽.

10 월간조선, 앞의 기사(1996년 2월호), 319쪽. 그러나 정부 요직을 대학교수들로 채우는 김영삼 대통령의 인사 경향을 두고 문민 지향의 정부 기조가 장관 임명에 있어 편중성을 키웠다는 비판이 제기되었다.

11 이용식, 앞의 책(1993), 32, 99쪽.

12 월간조선, 앞의 기사(1993년 9월호(b)), 149쪽; 월간조선, 「김영삼의 인사원칙」(1993년 2월호 (b)), 154쪽. 민주화 이후에 출범한 정권 중 문민정부에서 장관을 중복 임명하는 비율이 가장 높았다. 홍재형(재무부·경제기획원·재정경제원), 박재윤(재무부·통상산업부), 정재석(경제기획원·교통부), 나웅배(재정경제원·통일원), 임창열(재정경제원·통상산업부), 김우석(내무부·건설부), 조해녕(내무부·총무처), 주돈식(문체부·정무 제1), 김양배(농림수산부·보건복지부), 강운태(내무부·농림수산부 → 농림부), 서상목(보사부 → 보건복지부), 이성호(2대 및 4대 보건복지부), 오명(교통부 → 건설교통부), 김덕룡(17대 및 22대 정무 제1) 등 14명이 두 차례 이상 장관에 임명돼 그 비중이 12.1%에 달하였다.

13 이용식, 앞의 책(1993), 32쪽.

14 조선일보, 앞의 기사(1993.2.27(a)), 2면.

15 조선일보, 「당혹···환영···"정권교체 실감"」(1993.2.27(c)), 5면.

16 정권 첫 해인 1993년 12월에 12개 부처의 장관을 교체함으로써 대대적인 개각이 이루어졌다. 이어서 1994년 12월에는 15개 부처의 장관을 교체하였고, 1995년 12월에 11개 부처, 1996년 8월에 7개 부처, 1996년 12월 20일에는 6개 부처 장관이 새로 임명되었다. 정권 말엽에도 전면 개편이 단행돼 1997년 3월 5일에는 총리를 비롯해 각 부 장관 7명, 같은 해 8월에는 11개 부처의 장관을 교체하였다.

17 월간조선, 「초점-문민정부 개각사 대해부」(1998년 1월호(a)), 360-361쪽.

18 문희상, 앞의 책(2017), 77쪽.

19 함성득, 앞의 책(2002), 224쪽.

20 이명현(2013.6.15 인터뷰); 김경은, 앞의 논문(2014).

21 생애사적 분석은 민주화 연구에 적합한 접근방식이다. 예컨대 민주주의 연구에 활용되는 측정도구는 민주적 정치 방정식의 투입과 산출을 고려하며, 민주성(democraticness)에 대한 양적 변인으로서 기능하기 때문에 민주정치의 절차, 이행이나 공고화의 역동적 측면에 대하여 설명하지 못하는데(Doh Chull Shin, *op. cit.* (1994), p. 148), 여기에 등장하는 장관들의 삶은 한국의 민주주의 발전 경로를 관통하기 때문에 민주화 현상을 설명하는 데 적합하다. 특히 협약(pact)에 의해 민주화가 착수된 경우 국가 엘리트들의 태도와 전략이 민주화 경로를 결정짓는 중요한 변수라 할 수 있는데, 여기에서는 민주화 시기에 활동한 장관의 경험을 분석하기 때문에 민주주의

과정의 맥락과 내밀한 속성을 깊이 있게 이해할 수 있다. 이와 같이 민주주의 경험자의 삶에 관한 접근은 고도의 불확실성과 비결정성 때문에 정상적(normal) 사회과학의 개념과 방법론 적용이 불가능한 이행기 연구에 있어서 훌륭한 대안이라 할 수 있다.

22 송희준·윤정열·이영애·정영순·송미원·임혜숙, 『통치 이념은 어떻게 정책에 반영되는가』(서울: 이화여자대학교출판부, 2005), 18, 33쪽 참고.

23 G. D. Paige, *The Scientific Study of Political Leadership*, New York: Free Press, 1977, p. 106.

24 Robert A. Dahl, *On Political Equality*, New Haven: Yale University Press, 2006, 김순영(역), 『정치적 평등에 관하여』(서울: 후마니타스, 2010), p. 45.

25 Antonio R. Damasio, *Descartes' Error: Emotion, Reason, and the Human Brain*, New York: Avon Books, 1994, 김린(역), 『데카르트의 오류: 감정, 이성 그리고 인간의 뇌』(서울: 중앙문화사, 1999); R. A. Dahl, *op. cit.* (2006), p. 6, 12.

26 Robert A. Dahl, *Democracy and Its Critics*, New Haven: Yale University Press, c1989, 조기재(역), 『민주주의와 그 비판자들』(서울: 문학과지성사, 1999), 487쪽.

27 R. L. Miller, *Researching Life Stories and Family Histories*, London; Thousand Oaks, California: SAGE, 2000, p. 42. 한국의 정치 엘리트 구술을 수집한 연구에서도 구술자의 출생과 가족관계, 성장과정, 교육과정, 경제적 배경, 역사적 사건에 대한 경험과 인식과 같은 생애에 대한 진술이 정당정치 활동의 인지적·사회적 맥락을 이해하는 데 많은 도움을 준다고 밝히고 있다. 조영재·김택호·손동유, 앞의 책(2020), 10쪽 참고.

28 John A. Clausen. "Chapter 8. Life Reviews and Life Stories" in Janet Zollinger Giele & Glen H. Elder(eds.), *Methods of Life Course Research: Qualitative and Quantitative Approaches*, Thousand Oaks, California: Sage Publications, 1998, p. 212.

29 N. M. Riccucci, *op. cit.* (1995), p. 220.

30 J. M. Burns, *op. cit.* (1978), p.212.

31 권력은 공개된 영역보다 비공개 영역에서 행사되고, 문어보다 주로 구어를 통해 작동되므로 엘리트 인터뷰는 긴요한 정보를 수집할 수 있는 훌륭한 수단이다. 엘리트의 구술은 그가 취한 행동의 구체적인 원인이나 내면의 동기를 파악하는 데 유용하고, 접근 불가능한 사례에 대한 정보를 제공하며, 숨겨진 역사를 복원하는 데 중요한 역할을 한다. 조영재, 「'사실'과 '구술자료'의 간극에 대한 하나의 해석: 정치엘리트 구술연구를 중심으로」, 『기록학연구』 43, 2015, 47쪽; Lewis Anthony Dexter, *Elite and Specialized Interviewing*, Colchester: ECPR, 2006, p 12. 따라서 리더십 연구자들은 문헌자료 그리고 제한적이고 부분적인 일부 참여자들과의 인터뷰 중 하나를 택하라고 한다면 문헌자료를 포기할 것이라고 언급한다. Jameson W. Doig & Erwin C. Hargrove, *Leadership and Innovation: Entrepreneurs in Government*, Baltimore: The Johns Hopkins University Press, 1990.

32 윤형섭, 진념, 강경식 장관은 질문지를 미리 전달해 줄 것을 요청해 전자우편으로 전송하였다.

33 윤형섭 장관과는 일면식도 없었지만 첫 만남 이후 인터뷰를 두 차례 더 진행하였고, 오랫동안 수집해 온 자신의 공식자료와 새롭게 집필한 여러 편의 글을 약 6년에 걸쳐 보내주었다. 현대한국구술자료관에 게시된 강경식 장관의 구술자료와 국사편찬위원회 전자사료관에 비치된 진념 장관의 구술채록은 그들의 삶 전체를 조망하는 데 유용한 자료로 활용되었다. 오인환 장관은 인터뷰 이후 자필로 작성한 '김영삼, 정보화 시대를 열다'라는 제목의 8쪽 분량의 메모, '문민 민주화를 위한 정치개혁'이라는 제목의 3페이지 분량의 메모를 전송해주었다.

34 조영재, 앞의 논문(2015), 48-49, 60쪽 참고. 구술은 과거의 기억에 의존해 이루어지기 때문에 사실과 다른 진술이 이루어질 수 있는 가능성은 변수라기보다는 상수에 가깝다. 즉 구술자가 경험하고 기억하는 과정 자체에서부터 정보가 생략, 선별, 누락되는 것을 피할 수 없으며, 시간이 지남에 따라 기억된 정보조차 망각이나 변형을 겪을 수 밖에 없다는 것이다. 조영재·김택호·손동유, 앞의 책(2020), 15쪽.

35 Kathleen M. Eisenhardt & Melissa E. Graebner, "Theory Building from Cases: Opportunities and Challenges," *The Academy of Management Journal* Vo. 50(1), 2007, p. 28.

36 노준석은 1972년에 노동청 사무관으로 공직에 입문하였고, 1976년 평화시장을 관할하는 서울중부 근로감독과장을, 이후에는 노사협의과장을 지냈다. 노동행정의 3대 취약지로 알려진 평화시장, 태백 탄광지역, 구로공단에서 노사갈등 분야를 담당하였다.

37 유세준은 문공부 기획관리실·보도과·홍보과 사무관을 지내고, 이후 방송과·기획과·문화재과·보도담당관 과장을 거쳐 매체국장 및 공보기획관을 역임하는 등 공보행정의 전 영역을 두루 섭렵하였다. 김영삼 정부에 들어와 2년 8개월간 기획관리실장직에 있다 공보처 차관으로 임명되었다. 아카이브 조선(검색어: 유세준).
이덕주는 제8회 행정고시 합격 후 중앙방송국 기획조정실 사무관으로 공직생활을 시작하였다. 이후 문공부 해외공보관 서무과·기획과·공보과 과장을 거쳐 홍보기획관·공보국장·매체국장·방송행정국장을 지냈다. 노태우 정권 출범기에 발족한 민주화합추진위원회의 멤버로 활동하였고, 문민정부에서는 해외공보관 기획부장·신문행정국장·신문국장·광고진흥국장·여론국장 및 대통령 공보비서관을 역임하였다. 아카이브 조선(검색어: 이덕주).
서종환은 제10회 행정고시 합격 후 1971년에 문공부 사무관으로 공직에 입문하였다. 전두환 정부에서 청와대 정무비서실 행정관과 홍보기획관을, 노태우 정부에서 주 유엔한국대표부 공보관과 해외공보관 문화교류부장을 지냈다. 김영삼 정부 출범 후 방송행정국장 및 방송매체국장, 신문방송국장, 여론국장을 거쳐 대통령비서실 정책1비서관, 기획조정비서관이 되었다. 특히 방송매체국장 재직시 케이블 TV와 지역민간방송업자 선정 작업을 추진하였고, 이때 터득한 지식을 바탕으로 〈(21세기 대비 정보화 사회 진입을 위한) 선진방송 5개년 계획〉을 입안하였다. 아카이브 조선(검색어: 서종환); 매일경제신문 정치부, 『DJ시대의 파워엘리트』(서울: 매일경제신문사, 1998), 211쪽.

38 임철순은 1974년에 한국일보 편집국 기자로 언론계에 입문한 후 사회부 차장, 기획취재부장, 문화부장을 거쳐 사회부장을 지내는 등 주로 사회부에서 기자생활을 하였다. 1997년부터 논설위원으로 활동하다 2004년에 편집국장이 되어 1년 5개월간 재임하였고, 2006년에 주필을 맡게 되었다.

39 박홍식은 최병렬이 민정당 전국구 후보로 내정되었던 1985년 1월 말부터 보좌하기 시작해 제12대 국회가 개원한 직후인 1985년 5월 30일에 국회의원 보좌관으로 임명되었다. 6공화국이 들어서면서 최병렬이 정무수석, 문공부·공보처 장관, 노동부 장관으로 자리를 옮길 때마다 보좌관 또는 비서관으로 발탁되었고, 이후에도 제14대 국회의원 입법보좌관, 서울특별시장비서실장, 제15대·제16대 국회의원 입법보좌관, 당 대표 보좌관으로 활동하면서 최병렬을 보좌하였다.

윤형섭 장관: 원칙과
융통을 혼용한 문제해결사

윤형섭(尹亨燮)

"자유의 핵은 자율이며 자율이 없어진 자리에는 타율과 예속이 들어서게 되어 있다.
그러므로 자유롭고 민주적인 사회건설의 바른 길은 참된 교육에 있다."[1]

약력

구분	연도	내용
출생	1933.10.4(양력)	서울 종로구 출생
학력	1946	혜화국민학교 졸업·경복중학교 입학
	1953	경복고등학교 졸업
	1957	연세대학교 정치외교학과 졸업
	1961	연세대학교 정치학 석사
	1971	미국 존스홉킨스대학교 정치학 석사
	1974	연세대학교 정치학 박사
	2003	중국 문화대학 명예 법학박사
경력	1957-1963	육군사관학교 교수부 정치학과 교관
	1963-1965	연세대·이화여대·건국대·국민대·서울여대 시간강사
	1966-1990	연세대학교 정치외교학과 전임강사·교수
	1975.1-1979.2	연세대학교 학생처장
	1975.5-1070.2	『연세春秋』 편집인
	1977-1979	전국대학교 학생처(과)장 협의회장
	1979-1980	미국 하버드대학교 객원연구원
	1981.8.1-1982.1.18	연세대학교 사회과학대학장
	1982.4-1982.8	일본 게이오대학교 정치학과 방문교수
	1982.4-현재	학교법인 홍신학원 이사장
	1982	서울시교육회 교육정책자문위원
	1982.8.20-1988.8.21	연세대학교 제8·9·10대 행정대학원장
	1983-1985	총무처 정책자문위원
	1983-1985	문교부 정책자문위원
	1984.10-1988.3	전국행정대학원장협의회 회장
	1985.1-1985.12	제14대 한국정치학회 회장

구분	연도	내용
	1986-1988.3	(대통령직속)교육개혁심의회 위원
	1986.7-1990	총무처 정책자문위원
	1988.5.30-1989	(문교부장관직속)중앙교육심의회 고등교육분과위원회 위원
	1988.11.16-1989.11	제22대 대한교육연합회(대한교련) 회장
	1989.2.16-1990.12	(대통령직속)교육정책자문회의 위원
	1989.11.29-1990.12	초대 한국교원단체총연합회(한국교총) 회장
	1990.12.27-1992.1.22	초대 교육부 장관 취임
	1990.12-1992.1	제13대 한국교육개발원 이사장
	1990.12-1992.1	UNESCO 한국위원회 이사장
	1992.8-1993.3	제21대 서울신문 사장
	1994.9.1-1998.8.31	제14대 건국대학교 총장
	1996-현재	연세대학교 명예교수
	1997.2.12-1998.4.7	제8대 한국대학교육협의회 회장
	1997.8.20	정부공직자윤리위원회 위원
	1999-2000	(대통령직속) 반부패특별위원회 초대 위원장
	2001.1.18-2003.1.17	제6대 호남대학교 총장
	2008-2012	재단법인 우정교육문화재단 이사장
	2019-2021	우당 이회영 기념사업회 회장

교육부 장관 재임기 주요일지

구분	내용
1990.12.27	초대 교육부 장관 취임
1991.1.20	교육방송 PD 70여 명, 교육방송의 파행적 운영에 반발·전면 제작 거부
1991.1.22	서울대 음대 입시부정 사건 관련 교수 5명 구속 〈공직 및 사회기강확립대책 합동보고회〉에서 노사 및 학원안정을 역점 추진과제로 선정
1991.1.24	「교육공무원법」 개정안 국무회의 심의·의결(교장 임기 4년·1회 중임)

구분	내용
1991.2.7	국회,「교육공무원법」·「지방교육자치법」·「학교보건법」개정안 및 「국립대학교병원설치법」 심의·의결
1991.2.19	초·중등 교원 임용 공개경쟁시험 실시
1991.4.2	대학별 본고사 부활 등을 골자로 한 1994년 새 대입제도 개선안 확정·발표
1991.4.26	명지대 강경대, 시위 중 사망
1991.4.29	전남대 박승희 분신(5.19 사망)
1991.5.1	안동대 김영균 분신(5.2 사망)
1991.5.2	서울 17개 대학 총장, 평화시위 보장과 분신 자제 호소 노태우 대통령, 강경대 사망 사건 관련 대국민 사과
1991.5.3	경원대 천세용 분신 사망
1991.5.4	「교원지위향상을위한특별법」 국회 통과
1991.5.5	김지하 시인, 조선일보에 '죽음의 굿판 당장 걷어치워라' 게재
1991.5.8	김기설 전민련 사회부장, 서강대 본관에서 분신사망 내부무·법무부·교육부 장관 및 전국 33개 대학 총장 연석회의에서 시국 수습 논의
1991.5.9	민자당 해체와 공안통치 종식을 위한 범국민대회 개최
1991.5.10	128개 대학 동맹휴업 교육부, 시국선언 참여 교사 징계 방침 발표
1991.5.18	검찰, 김기설의 유서 필적이 자필이 아니라고 발표
1991.5.24	노재봉 국무총리 시국 관련해 제출한 사표 수리
1991.5.25	성균관대 김귀정, 퇴계로에서 시위 중 사망 중학교 무상 의무교육 면 단위 전지역으로 확대 결정
1991.6.3	정원식 총리서리, 한국외대에서 계란·밀가루 투척 봉변
1991.6.4	국무위원간담회, 총리서리 봉변 사건을 국가와 정부에 대한 반민주적 폭력이라고 규정
1991.6.5	윤형섭 장관, 총리서리 봉변 사건에 대한 책임을 지고 사표 제출
1991.6.7	노태우 대통령, 대학 내 폭력 추방·안정 대책 수립 지시
1991.6.19	국가산업 인력 수요대비를 위해 전문대 정원을 7만명 증원하기로 결정
1991.7.16	교육부에 교원징계재심위원회 신설(「교원지위향상을위한특별법」에 의거)
1991.7.22	헌법재판소, 사립학교 교원노조 결성 금지 합헌 결정

구분	내용
1991.8.3	유치원 취학연령을 만3세로 낮추는 「유아교육법」 개정안 입법 예고
1991.8.5	건국대 입시부정사건 관련 재단 이사장, 전 총장 등 6명 구속
1991.8.19	소련 모스크바에서 한·소 교육협력에 관한 양해각서 체결
1991.8.21	소련방 최초로 카자흐스탄 알마티에 한국교육문화원 개원
1991.9.2	전국 15개 시·도교육위원회 개원
1991.9.17	서울대 대학원생 한국원, 경찰이 쏜 권총 탄환에 사망
1991.10.1	이화여대 무용과 입시부정 사건 관련자 조사
1991.10.2	교원 해외연수 대상지에 북한을 포함하는 계획 발표
1991.10.25	교원 처우 개선비 171억 원 예산 편성(사립학교 교원 퇴직 수당을 전액 국고에서 충당)
1991.11.16	「산업기술교육육성법」 제정하기로 결정(전문학사 학위 수여·산업체 근무자 특별전형 확대)
1991.12.4	충청북도에서 전국 최초 민선 교육감 선출
1991.12.28	「사립학교 교원연금 시행령」 개정안 의결(사립학교 교원도 공무원과 동일하게 퇴직 수당 수령)
1992.1.5	제6차 교육과정개정안 확정(고교 이수과목 축소, 중학교 선택교과제 도입 등)
1992.1.21	서울신학대 입시문제지 도난사건으로 후기대 입시 일자를 2월 10일로 연기
1992.1.22	윤형섭 교육부 장관 퇴임

① 생애

윤형섭은 1933년, 서울 종로구 통인동에서 아버지 윤복영(尹福營)과 어머니 김영규(金榮圭)의 4남 4녀 중 일곱째로 태어났다.[2] 청운국민학교 6학년에 재학 중이던 1945년 6월, 일제의 소개령으로 경기도 용인군에 있는 백암국민학교로 전학하였고, 제2차 세계대전 종전 직후인 1945년 10월에 서울로 다시 돌아와 혜화국민학교에 편입하였다. 이후 경복중학교에 입학하였지만, 5학년에 재학 중이던 1950년에 6.25 전쟁이 터져 학업을 접게 되었다.

눈 내리는 피란길, 남쪽으로 쫓겨가는 길에 조병화의 '낙엽'이라는 시를 읊으며 많이 울었다. 그러나 전쟁은 소년 윤형섭의 밝은 성격을 강직함으로 숙성시켰고, 난국을 극복하기 위한 기지를 계발하는 계기가 되었다. 그는 1.4 후퇴 때 일가 권속이 대전으로 피란가면서 중간중간에 미군 부대가 설치된 것을 발견하곤 다 큰 처녀인 누나들을 보호한답시고 옷을 남루하게 입히고, 얼굴에는 검정 칠을 해대며 머리를 산발로 만든 채 거닐고 다녔다. 윤형섭은 전쟁통에 국민방위군에 동원되고 막노동판을 전전하였는데, 그때 겪은 갖은 고생이 훗날 소외계층을 이해하는 데 큰 보탬이 되었다고 한다.

한편 기독교 계열의 사립학교인 협성학교(協成學校)의 교사였던 아버지 윤복영 은 독립운동가들을 숨겨주고 자금줄이 되어주는 등 막후에서 독립운동을 하였다. 윤형섭은 공부를 독려하고 꿈을 키우도록 격려하는 부친의 사랑 덕분에 학업을 이어가[3] 1953년에 연세대 정치외교학과에 입학하였고, 정법대 학생회장을 하면서 통솔력을 발휘하였다.[4] 대학을 졸업한 1957년부터 6년간 육사 교관으로 근무하였다. 이후 모교로 옮겨 강의를 하였는데, 1964년 『사상계』에 5.16 군사정권에 관한 논평을 몇 차례 썼다는 이유로 중앙정보부가 신변의 위협을 가하자 지도교수였던 김명회 선생님의 조언으로 펜을 꺾고 학자의 길을 걷게 되었다. 훗날 회고하기를, 그때 이후로 다시는 『사상계』에 실었던 것과 같은 글을 쓸 수 없었다고 한다.[5]

윤형섭은 1966년부터 연세대 정외과에 재직하면서 여러 보직을 전전하여, 1975년 1월부터 1979년 2월까지 4년 2개월간 학생처장을 하였고, 전국대학교 학생처장 협의회 회장(1977-1979)도 맡게 되었다. 이때의 경험은 군부 정권의 감시와 통제 속에서 대학의 자율을 수호하기 위한 지략을 계발하는 계기가 되었다. 1981년, 사회과학대학장으로 봉직할 때 교수권 보장을 위해 학내 투쟁을 하다 결국 학장직을 잃고 국외로 쫓겨나는 수난을 겪어야 했지만, 권위주의 정부에 대항하는 올곧은 스승으로서 학생들의 존경을 받았다.[6] 귀국 직후인 1982년 8월, 행정대학원장직을 맡아 6년간 재임하던 중 전국행정대학원장협의회 회장으로 추대되어 대외적 운신의 폭을 넓혔다. 또한 서울시교육위원회 교육정책자문위원(1982)을 비롯해 총무처와 문교부 정책자문위원(1983-1985)으로 활동하였고, 대통령직속 교육정책자문기구인 교육개혁심의회(1986-1988)와 문교부장관직속 중앙교육심의회(1988-1989)에 참여하면서 맹렬한 투사와 같이 진취적인 의견을 개진하였다.

한편 집안 식구 중 26명이 교직에 복무하였기 때문에 '훈장이 가업', '친척이 모이면 소교련(小敎聯)'이라고 불렸는데, 윤형섭 자신도 "우리 집안의 잔칫상에서 한국 교육계를 훤히 조망할 수 있었다"라고 고백하였다.[7] 교육자가 많은 집안 배경과 대학행정 경력, 그리고 윤형섭 자신의 교육에 관한 꾸준한 소신 발언에 힘입어 1988년에 대한교육연합회(대한교련) 회장으로 선임된 데 이어 한국교육단체총연합회(한국교총)의 초대 회장으로 선출되었다. 그는 어용 시비를 빚어온 교원단체의 정치적 독립과 교권의 옹호를 소임으로 받아들였다고 한다.

한국교총 대의원 총회에서 회장으로 선출된 지 불과 20여 일 지났을 무렵 교육부 장관직 제의가 들어와 1990년 12월 27일, 초대 교육부 장관으로 취임하였다.[8] 그는 1천 1백 만 명의 학생과 40만 명의 교원을 상대하는 교육부의 수장이 되어 정신없이 일에 묻혀 지내는 가운데 6차 교육과정 개정안을 마련하였으며, 구소련과 교육협력 관계를 체결하고, 남북한 교류 협력 방안을 수립하는 등 북방기류에 조응하였다.[9] 또한 「교원지위향상을위한특별법」을 제정하고 교원징계재심위원회를 설치함으로써 교원의 권익 향상을 꾀하였다. 윤형섭에 따르면 정치학 교수로서 발전이론을 강의하였던 경력과 교육 현장을 누비면서 쌓인 관록 덕분에 교육정책 과정에서 역량을 발휘할 수 있었다고 한다. 재임기간 내내 학원가의 정권 규탄 운동과 제도권 밖 교원단체(전교조)의 활동을 견제하고 사회 안정화를 도모하여야만 하는 막중한 책무를 이행하다 1992년 1월 22일, 서울신학대학교에서 발생한 후기대학입학시험지 도난 사건에 대한 책임을 지고 장관직에서 물러났다. 그는 퇴임 후 서울신문 사장(1992-1993)으로 부임해 경영 일선에 나섰고, 건국대학교 총장(1994-1998), 한국대학교육협의회장(1997-1998), 호남대학교 총장(2001-2003)을 연이어 맡으며 만년 교육행정가로서의 행로를 보여주었다.

연세대 동창생들은 윤형섭에 대하여 '모든 일에 최선을 다하고 대인관계도 원만하며 남의 말을 경청할 줄 아는 합리주의자'(이만섭 전 국회의장),[10] '분석력과 의사표현력이 뛰어난 달변가'(이영호 전 체육부 장관)로 묘사한다.[11] 정외과 후배이자 동료 교수인 안병영은 일에 대한 열정과 헌신이 남다른 그의 면모를 지목하였다.[12] 79학번 제자(이완범 교수)는 '화통한 성격을 가진, 학생들과 잘 노는 교수님'으로 스승 윤형섭을 기억하였다.[13] 신문사 경력이 전무한 상태로 서울신문 사장 자리에 앉았지만, 언론의 본질을 잘 이해하고 있었기에 부임하자마자 장기발전계획을 비롯해 획기적인 제안을 많이 내놓았으며 훗날 경영의 핵심이 된 구조조정을 과감하게 추진할 수 있도록 지휘한 합리주의자(이상우 전 서울신문 전무이사)로 묘사되기도 한다.[14]

> 아무리 살아봐도 인생은 내 것이 아니다. 제3자의 손바닥 안에서 내 운명은 전개된다. 내가 전통적인 교육자 집안에서 태어난 것부터 그러하다. 나는 그 제3자를 하나님이라고 믿고 살고 있다. 철이 들었다는 대학 시절부터 어쩌면 그렇게도 내가 싫어했거나 예상치도 않았던 일만 하면서 평생을 살아 왔는지…. 6.25로 인한 피란 시절, 부산 영도의 연세대 정외과 1학년 때 감찰부원이 되어 나와는 어울리지 않는 일을 했다. 서울 수복 후 3학년 때는 정외과와 법학과 학우들의 강권에 못 이겨 정법대학 학생회장이 되었다. 대학원 그리고 교수 시절에도 마찬가지였다. 학생처장도, 학장직도, 대학원장직도, 교련회장직도, 장관직도, 건대 총장직도, 호남대 총장직도 모두 마찬가지였다. 장관직을 거부했을 때는 노재봉 총리가 내게 "교총이 대한민국보다 더 중요합니까!"라며 고함을 쳤고, 건대 총장이 될 때는 현승종 이사장께서 "이 늙은이가 새벽 식전부터 이렇게 부탁해도 수락을 못하겠단 얘기요!"라면서 대노하셨다. 호남대 총장 취임 때에도 설립자와의 사이에 그 이상의 사연이 있었다. 이렇게 떠밀리며 살아온 인생, 그러나 후회는 없다. 그래서 평생 나를 그렇게 인도하신 히니님과 약혼 때 정치에 발을 들여놓지 않겠다는 조건을 내걸었던 아내에게 감사하며 여생을 보내고 있다.

※ 자료: 윤형섭(2024.11.26 메모)

2 │ 시대

노태우 시대의 특징을 요약하자면, 대외적으로는 탈냉전과 자유화, 대내적으로는 민주화라고 할 수 있다. 노태우 대통령은 소련과 중국을 방문한 최초의 한국 대통령으로서 재임기간 중 44개의 사회주의 국가와 수교를 맺었다. 한편 사회 각 부문의 자치와 자율을 최대한 보장한다는 내용의 6.29 선언은 교육 부문에도 적용되어 국·공립대학 총학장 후보 선출권과 교수 임용권을 대학에 위임하고, 사립대 총장 임용과 승인에 정부가 개입하지 않게 하는 등 대학의 자율을 보장하며, 교원의 사회적·경제적 지위 향상을 골자로 하는 법제를 마련하였다.

그림 9 한·소 교육협력 시행계획서 합의

※자료: 조선일보(1991.11.20)
 윤형섭 교육부 장관(우)과 소련교육위원회 야거딘 위원장(좌)이 1991년 11월 19일, 〈한·소 교육협력 시행계획서〉에 합의·서명한 뒤 악수하고 있다.

　윤형섭 장관의 재임기는 강경대 사망 사건[15]을 기점으로 이어진 1991년의 5월 투쟁,[16] 전교조 해직 교사들의 복직 요구 파동 등 학원계를 둘러싼 갈등이 첨예하게 빚어진 위국의 시기였다. 내무부 장관이 7번이나 경질될 정도로 불안한 시국이 조성되었고, 통일운동, 농민운동, 노동운동 등 각계의 활동이 반정권 민주화운동이라는 명목으로 격화되었다. 일각에서는 서로 다른 두 개의 이질적인 정치 상황과 세력이 교체되는 전환기에 권력구조나 정치체제 면에서 갈등과 길항관계(antagonism)로 인한 힘의 공백지대가 조성된 것으로 당시 분위기를 조망하였다.[17] 새뮤얼 헌팅턴(S. Huntington)은 1987년 대통령 직선제 개헌에도 불구하고 학생들은 여전히 만족하지 않은 채 이반되었으며, 사회주의 개혁을 촉진하기 위하여 시위와 폭력을 이용하고, 미국의 영향력을 종결시키는 데 역량을 집중한다고 진단하였다.[18]

6.25 북침(北侵) 등 교과서 왜곡 시정 한-소 「교육협력계획」 합의

윤형섭 교육부 장관은 19일 방한 중인 겐나디 야거딘 소련 국가교육위원회 위원장과 교과서 왜곡부분 시정 착수 등을 내용으로 하는 <92년도 세부사업계획>에 합의했다. 이는 지난 8월 19일 모스크바에서 체결된 「한·소 교육협력에관한 양해각서」에 따른 것이다. 한·소 양국은 이날 합의한 사업계획에서 양국 교육부 산하 주요 정부 및 공공기관 간행물, 국가가 인정하는 초·중등학교 교과서를 무상 배포하고 그 목록을 서로 교환키로 했다. 또 내년 중에 교사, 교과서 집필자, 교육과정 전문가 등이 참여하는 교육과정 세미나를 상호 개최, 초·중등학교 교과서 중 상대국에 대한 기술 등의 문제를 논의키로 했다. 한편 교육부가 소련의 일부 중등학교 교과서의 우리나라 관련 부분을 분석한 결과, 1910년 이전의 항일 의병을 공산주의 사상의 영향을 받은 빨치산으로 기술하고 있으며, 한반도 분단을 미국의 일방적 책임으로 적는가 하면 한국 정부를 꼭두각시 정부로, 북한 정권을 민주적 합법정부로 기술한 것으로 나타났다. 또 6.25 전쟁은 미국의 사주를 받은 남한의 북침전쟁으로 되어 있으며, 지난 72년의 남북공동성명을 북한이 제시·주도한 것으로 적고 있다는 것이다.

※ 자료: 조선일보(1991.11.20)

언론에서는 이때를 추위의 힘으로 버티던 허술한 담벼락이 해빙기에 허물어지듯, 사회 곳곳에서 문제점이 노출된 것으로 묘사하였고,[19] 학생과 시민단체, 근로자들의 시위로 밤과 낮을 지새우던 가로정치(街路政治)의 시대에 비유하였다.[20] 당시 내무부 장관이었던 안응모(1990.3.17-1991.4.27)는 "보통사람의 시대"에 공권력에 대한 권위가 오히려 약화되었음을 지적하였다.[21] 노태우 대통령 역시 재임기의 상황에 대해 "그동안 규제에 묶여 있던 여러 분야가 '민주화'라는 역사적 명제 속에서 일시에 해방됨으로써 용수철처럼 튀어나온 것"이라고 술회하였다.[22]

그러나 1989년 동의대 사건을 계기로 정부가 "불법적인 학원소요에 대하여 강경하게 대응하겠다"라는 방향으로 선회한 후[23] 전면 개각이 단행돼 1990년 12월 27일 노재봉 내각이 출범하였고, 법논리를 앞세운 정국 운영, 이른바 공안정국이 예고되었다.

그림 10 강경대 영정이 걸려 있는 연세대 건물

※ 자료: 경향신문 제공
연세대학교 학생회관 건물에 시위 중 사망한 강경대 군의 영정이 걸려 있다.

3 임명

윤형섭은 한국교총 회장직에 오른 지 20여 일이 지난 1990년 12월 26일 밤에 "교육부 장관으로 내정되었으니 내일 아침 9시 반까지 청와대로 들어오시오"라는 노재봉 국무총리서리의 전화를 받고, 이튿날 "언행일치하는 지성인다운 교수로 남겠다"라는 포부를 안은 채 내각에 입성하였다.[24] 교육부 장관직은 행정 능력과 함께 교육계로부터 두터운 신임과 동의를 받아야 하는 자리이며, 우리나라 대학사회와 교육자의 대표로서 정부에 진입하고 교육계를 대변하는 역할을 한다.[25]

언론에서는 윤형섭 신임 교육부 장관을 두고 의욕이 많아 일을 벌여놓는 스타일이라고 평하였고,[26] 문교부 정책자문위원, 교육개혁심의회 위원 등 교육행정가로서 교육정책에 관여해 온 윤형섭의 경력에 주목하였다. 그가 교육자 26명을 배출한 집안에서 자라고, 대학 강단에 선 교수이며, 회원 30만 명의 교총을 이끌었던 전력을 지녔다면서 실타래와 같이 얽힌 교육계의 난제를 해소할 적임자라는 기대감도 표출하였다.[27] 윤형섭은 장관으로 발탁되기 전에 대통령직속 교육정책자문회의 위

원으로 활동했기 때문에 부처의 업무를 소상히 알고 있었고 그 결과, 통상적으로 1년 정도 소요되는 장관학습 기간을 6개월로 단축하여 교육부에 연착륙할 수 있었다.

윤형섭은 1988년, 노태우 대통령이 한국정치학회 역대 회장들을 청와대 만찬에 초청한 자리에서 대통령에 대한 중간평가 실시 공약의 이행에 대한 의견을 구했을 때, 중간평가는 헌법상 규정된 대통령의 임기와 퇴임 절차를 훼손할 수 있다는 생각을 밝혀 노 대통령의 눈에 띄었던 것 같다고 한다.[28] 1989년 11월경, 노태우 대통령이 조순 부총리, 정원식 문교부 장관, 이연택 교육문화행정수석을 대동해 대한교육연합회(대한교련)에 방문하였을 때, 회장 윤형섭이 교원의 입지 향상을 위한 지원을 요청하며 열변을 토하였는데, 그 모습이 책임감 있는 지도자로서 비춰졌을 것이라고 추측해 볼 수도 있다.

사실 노태우 정부의 가장 큰 관심 중 하나는 학원 안정이었기 때문에 교육계가 정권에 반발하지 않도록 하는 것이 교육부 장관의 핵심 역할 중 하나로 부상하였다.[29] 윤형섭이 1980년대 중반 무렵에 조선일보 칼럼 「아침논단」의 필진으로 참여하였을 때 대학과 정계 간의 화합, 자제가 있는 자율, 대학이 정치 공간이 되어서는 안 된다는 논리, 양극을 거부하는 합리문화 등을 거론하면서 내세운 균형과 합리의 원리가 당시 학원계의 혼란을 해결하는 데 필요한 대안으로 인식되어 장관으로 발탁되었을 것이라 짐작할 수도 있다.[30] 극단주의를 민주정치 발전과정의 최대 적으로 꼽고(1987.9.16),[31] "어느 날 갑자기 식"의 변동과 불안을 타개할 것을 강조하며(1987.12.12),[32] 안정 속의 민주개혁을 새 정부의 국정 방향으로 제안하는(1987.12.17)[33] 윤형섭의 사고가 한국의 민주주의 역량이란 극단주의를 견제할 수 있는 능력이라고 여긴 노태우 대통령의 신념과도 일맥상통하였기 때문이다.

한편 윤형섭은 대한교련 회장으로 재직하며 교육계의 혼란과 위기를 초래할 위험이 있는 교직원 노조의 결성에 원칙적으로 반대 의사를 표명해 왔는데, 이러한 입장이 "일본에서도 일찍이 불법노조가 결성돼 84만여 명의 교사가 징계된 바 있다"라면서 교원노조 불용 방침을 강하게 피력한 노태우 대통령의 생각과 일치해, 그의 장관 발탁으로 이어진 것이라 추론해 봄직도 하다.[34]

재야 교육계에서는 여러 차례 정부 경력을 쌓은 이력을 두고 그를 관변학자라고 비판하였고, 교총 회장이 교육부 장관이 되어 교육부와 교총 간의 밀착이 더욱 심화될 것이라는 우려를 표명하였다.[35] 또한 전교조 교사들의 대량 해직으로 인하여 후유증을 앓고 있는 상황에서 정치 세력화를 위해 교육 민주화 운동을 이용해서는 안 된다는 '교사 3불론'을 어필해 장관 자리에 오른 것이라는 등 "전교조를 딛고 출세한 인물"이라는 비난의 표적이 되기도 하였다.[36] 한편 연세대 안에서는 노태우 정권이 군사독재의 연장이라면서 정부에 영입된 교수는 기존 질서에 봉사하는 것이라는 비판적 분위기가 팽배하였지만, 윤형섭은 입각 당시에 한국교총 회장으로 활동하고 있었기 때문에 그의 장관 취임에 학생들의 보이콧이 일어나지는 않았다고 한다.[37]

4 윤형섭의 민주화

윤형섭은 '하나의 백성'을 뜻하는 일민(一民)이라는 용어가 민주주의를 가르치는 정치학 교수에게 어울린다고 생각해 아호로 택하였을 정도로 민주주의 신봉자를 자처한다.[38] 유신 정권기에는 한국의 정치학 교육이 상황적 구속으로 인해 현실적인 문제의식으로부터 도피하고 있음을 지적하였다. 즉 중세의 교권주의 아래서 정치학이 가장 침체되었듯, 정치권력을 대상으로 하는 정치학이 외면받는 이유가 현실 정치체제에 있다고 진단하였던 것이다.[39]

그는 원색적인 사고방식과 극단적인 행동으로 치닫는 양극문화와는 반대인 중도적 사고방식으로 많은 대안을 모색하고 신축성 있게 대응함으로써 사회를 중간 지향적인 융합으로 유도하는 합의문화의 토양 위에서 비로소 민주주의가 성장할 수 있다는 주장을 펼쳤다.[40] 또한 민주주의적 사고방식과 절차에 의해 심겨진 민주주의만이 뿌리를 내릴 수 있다고 여겼기 때문에 비민주적 사고와 폭력적인 방법은 어떤 이유로도 정당화될 수 없으며, 사회 각계에서 점화된 반정부 활동이 실정법의 한계를 넘어설 경우 묵인할 수 없는 불법으로 간주하였다. 더 나아가 자유롭고 민주적인 사회 건설은 참된 교육에 있다는 신조에 따라 교육의 자율성을 민주주의 발전의 선결 조건으로 꼽았다.[41]

그림 11   정원식 국무총리서리 봉변 사건 관련 국회 질의를 경청하는 윤형섭 장관

※ 자료: 조선일보(1991.6.8)
1991년 6월 7일, 한국외대 총리 폭행 사건을 다룬 국회 교육체육청소년위원회에 출석한 윤형섭 장관이 의원들의 질의를 경청하고 있다. 윤형섭은 이 사례가 우리 사회에서 도덕성이 얼마나 붕괴되었고, 교권이 얼마나 짓밟혀 왔는가를 보여주는 상징적인 사건이라고 밝혔다. 이에 앞서 노태우 대통령은 윤형섭 장관에게 전화를 걸어 "총리서리에게 폭행을 저지른 일은 학생의 본분은 물론 인륜에 비추어서도 용서받을 수 없는 개탄스러운 일"이라면서 유감을 표했다.

   윤형섭은 장관으로 부임하기 전까지 군 장성 출신인 노태우를 필두로 하는 6공화국을 군사정권과 시민정권의 중간체제로 인식하였다고 한다. 하지만 입각 후 지근거리에서 지켜본 노태우 대통령은 권력 행사에 관한 한 상당히 조심스러웠다. 노태우 대통령은 장관의 의사를 곧 부처의 정책으로 간주해 존중하였고, 부처 간의 의견이 일치하지 않으면 국무회의 때 토론의 장을 만들어 합의가 도출될 수 있도록 배려하였다. 또한 정부가 대학 책임자의 인사에까지 간여하는 정부 통제의 관행으로부터 탈피하기 위하여 1988년 3월 4일, 문교부 업무보고 자리에 목포대를 비롯한 4개 대학 학장 임명안이 올라오자 노태우 대통령은 "국공립대 총학장은 해당 대학에서 추천한 인사를 제청하라"라는 지시와 함께 반려하였다.[42] 대학 총장들과 함께하는 오찬 자리에서도 어느 총장이 "정치가 제도권 밖으로 이탈하였기 때문에 학원문제가 발생한 것"이라고 직언하는 자유로운 분위기가 조성되었다.[43] 한 측근은 노태우 대통령이 회의 때 자기 생각을 절대로 미리 이야기하지 않

고, 여러 견해가 자연스럽게 도출되는 것을 묵묵히 지켜보면서 그 견해를 참고해 결단을 내리는 스타일이었다고 증언했다.[44]

윤형섭은 장관 재임 중에 대통령비서실장이나 수석비서관으로부터 어떠한 업무 지시나 압력을 받아본 일이 없었다. 첫 국무회의 석상에서 대학입시 정책에 대하여 의견을 구하는 대통령의 물음에 "대학은 대학에게 돌려줘야 한다", "대학의 자율화가 교육정책의 기본이 되어야 한다"라고 답하였는데, 대통령을 비롯해 서동권 안기부장, 김영준 감사원장 모두 장관의 견해에 동조하는 모습을 보여 이후 자신감을 갖고 '노태우 정부의 대학정책은 자율화와 다양화'라고 선언할 수 있었다.

> "90년 12월 27일 아침 9시 반에 임명장을 받은 후 곧바로 국무회의가 열렸어. 시작하자마자 노태우 대통령이 다짜고짜 '신임 장관은 대학입시 정책에 대해서 어떻게 생각하시오?'라고 묻길래 "대학의 것은 대학으로 돌려줘야 합니다. 신입생 모집부터 교수 채용 등 모든 학사정책 결정에 국가가 관여해서는 안 됩니다. 우리 정부도 그 방향으로 나가야 합니다"라고 대답했더니 노 대통령이 '아, 그 말 맞소!' 이것이 첫 번째 국무회의에서 대통령으로부터 들은 칭찬이었다고." (윤형섭, 2017.7.17 인터뷰)

한국·소련 간 교육 교류 협력, 유아교육 진흥에 관한 아이디어를 가지고 독대하였을 때도 노태우 대통령은 총선이 임박한 상황을 고려해 정치적으로 계산하거나 청와대 참모들의 눈치에 개의치 않고 선뜻 힘을 실어주었다. 윤형섭은 노태우의 수용력과 합리적인 사고방식, 합의 문화를 중시하는 태도야말로 민주화 시대에 어울리는 리더십이라고 평한다.[45]

> "내가 대통령께 드린 이야기 중 거부당한 건 하나도 없었어. 대통령을 독대하는 자리에서 대통령이 '이렇게 하면 좋겠다'고 하면, (내가) '아니올씨다. 그거는 안 됩니다. 이렇게 해야 합니다.' 그러면 (노태우 대통령이) '아, 장관의 이야기를 듣고 보니까 그 말이 맞소. 장관의 소신대로 하시오.' 청와대 수석이나 어떤 사람도 절대로 '왜 이랬느냐'라는 시비성 발언을 하거나 '이렇게 하면 좋겠다'는 말은 한번도 안 했지. 이게 민주화 아니야? 서브 시스템(subsystem)의 오토노미(autonomy)를 존중하는 것. 그래서 (장관 재임기에) 내 마음대로 신나게 일을 했어." (윤형섭, 2017.7.17 인터뷰)

노태우 정부의 모든 정책과 행정의 밑바탕에는 민주화라는 헌법적 가치가 깔려 있었으며, 그 기준에서 벗어나는 경우에는 국무회의에서도 규탄을 받을 수밖에 없었다. 윤형섭은 장관 경험을 통해 노태우 정권이 상당히 민주 지향적 정부라는 확신을 갖게 되었고, '군 출신 대통령의 내각'이라는 편견을 돌이키게 되었다고 한다. 즉 권력은 형성과정과 행사과정에서 정당성이 요구된다는 기본원칙에 입각했을 때, 노태우 정부는 직선제 헌법하에 치러진 선거를 통해 권력을 획득하고, 민주적 의사결정이 이루어지는 정체(polity)였다는 점에서 이전의 박정희, 전두환 정권과는 구별되는 정통성을 수반한 정권이라는 것이다.

5 리더십 전략

윤형섭 장관은 전환기의 소용돌이 속에서 주어진 과업에 자율성이라는 교육 신념을 투영하였고, 일의 본질을 포착하여 합리적인 처리를 꾀하였으며, 조직 내부와 부처 간 협력을 통해 문제를 해결하는 원칙을 구현하고자 노력하였다.

1) 교육신념에 입각한 결단

윤형섭은 일제 강점과 6.25 전쟁의 난국 속에서 어려움을 겪었지만, 선생님 말씀을 100% 수용하는 착실한 학생이었고, 밝고 외향적인 성격 덕분에 국민학교 재학 중에는 학교 운동장의 교단에 올라가 전교생 대표로 연설하는 등 신나는 유년 시절을 보냈다. 또한 그가 '교육 가정의 큰 운명적 덩어리'라고 언급하였듯이, 유독 교육자가 많은 집안 분위기 속에서 정규교육 과정을 완수하면서 교육에 대한 긍정적 태도를 형성하였다. 그는 교육계에서 평생을 사는 것을 운명으로 여겼기 때문에 교수 초년병 시절인 1964년, 대학교 졸업 동기인 이만섭 의원이 청와대로 들어와 함께 박정희 대통령을 돕자고 제안하였을 때 즉석에서 사양했다고 한다.[46]

윤형섭은 대학교수이자 교육행정가로 살면서 교육 신념을 담론화하는 데 주저하지 않았다. 일례로 "유능한 정원사는 결코 모든 나무에게 일제히 같은 시간에 같은 양의 수분과 비료와 광선을 공급하지 않는다"라는 비유로 각자 제멋을 찾아 살아갈 수 있는 능력을 부여하는 교육이야말로 민주사회 건설의 기초작업임을 확신하였다.[47] 또한 "교사는 장사꾼, 막일꾼, 정치꾼이 아니므로 자신의 사회경제적 이익과 정치 세력화를 위하여 교육 민주화 운동을 정략적으로 이용해서는 안 된다"라는 '교사 3불론'을 제안하면서 교육의 중립성을 강조하였고,[48] 어떤 정치상황에서도 교사들이 흔들리지 않아야 교육이 정치로부터 독립할 수 있다면서 교사들의 집단행동을 경계하였다.

윤형섭은 입법권·행정권·사법권과 더불어 교육권을 독립적인 영역에 두는 4권 분립을 주장할 정도로 교육의 자율성을 중요시하였다. 관료행정 만능주의를 교육발전을 저해하는 주범으로 지목하였고, 교육은 오직 미래의 가치창조와 계승을 위하여 존재하므로 정치의 존재양식이나 현실적 이해관계에 좌우되어서는 안 된다는 논리를 펼치기도 하였다.[49] 그는 교육문제가 교육 외적 동기나 힘에 의해 좌지우지되어서는 안 되고, 교육의 자율화가 이루어지기 위하여 정부의 간섭이 배제되어야 한다는 주장을 공표해 왔기 때문에 장관 취임식을 마치자마자 휴직원을 제출하는 대학가의 관행을 따르지 않고 교수직 사퇴서를 제출하였다. 또한 대학에 교육부 직원을 파견할 때마다 교육부의 본분은 대학을 보호·지원하는 데 있음을 명심하고, 대학에서 물 한 모금이라도 얻어 마시지 말 것을 당부하였다. 산하기관장을 선임할 때도 사회정의에 부합하는 정책결정과 뚜렷한 소명의식, 조직 장악력, 대외교섭 능력을 비롯해 청렴결백을 기준으로 삼음으로써 교육행정이 권력에 종속되지 않은 채 자립할 수 있는 자양분을 충당하고자 했다.[50]

윤형섭에 따르면 대학의 자율성은 외적 권위의 부당한 간섭에 대항한다는 개념으로, 교수와 학생 공동체가 주인이 된 대학이 그 소임을 다하게 할 수 있게끔 하는 최후의 안전장치다.[51] 그는 대학별로 각자의 희망에 따라 대학별고사(본고사)를 부활시킬 수 있도록 허용하는 대입제도 개선안을 확정·발표하기에 앞서 정책토론을 4차례 진행하고, 공청회 2회, 의견수렴 회의 2회를 비롯해 교육부직속 중앙교육심의회와 대통령직속 교육정책자문회의를 거침으로써 대학의 선택에 힘을 실어주는 물밑 작업을 수행하는 방식으로 대학의 자율성 신장을 독려하였다. 30년 만에 15개 시도교육위원회가 부활하고, 교육감을 민선으로 선출해 충청북도에서 처음으로 민선 교육감이 탄생하는 등 지방교육자치의 원리가 구현될 수 있는 제도적 틀이 마련된 것도 그의 재임기 때이다.

그림 12 윤형섭의 신문 칼럼 집필

※ 자료: 조선일보(1981.4.2).
"교단 생활 20여 년을 통해서 내 딴에 한결같이 지켜온 신조가 있다면「교육은 결코 선전(宣傳)일 수 없다」는 믿음이 바로 그것이다. 자유당, 민주당, 공화당, 민정당 정권의 변전무상한 세월 속에서 이 신조를 꾸김없이 지킬 수 있었던 것을 나는 하느님께 감사한다. 만약 내가 독일 나치 체제, 일본 군국주의 체제, 북한 공산 독재 체제하에 살았더라면 니의 교육신조는 애조에 용납조차 되지 않았을 것이기 때문이다"라는 생각을 밝히며 교육과 선전의 차이를 강조하였다.

또한 교육과 정치가 올바른 관계를 유지하려면 교육자의 신분보장이 이루어져야 한다는 평소의 지론은 장관으로 부임한 이후에도 이어져, 교육부 장관 재임 중「교원지위향상을위한특별법」이 국회에서 통과되고(1991.5.4) 교원징계재심위원회가 신설되었으며(1991.7.16), 사립학교 교원 퇴직 수당을 전액 국고에서 충당하는 내용의 교원 처우 개선비 예산을 편성함으로써(1991.10.25) 교원 복지 이슈를 거의 다 해결하였다.[52]

교육의 자율성에 대한 확고한 신념은 과업을 정의하는 기본 원칙이 돼, 교육계에 대한 불신이 높아졌을 때도 그는 흐트러진 대학의 분위기는 대학 스스로 바로 잡아야 한다는 기조로 일관하였다. 윤형섭이 장관직에 취임한 직후 건국대 음악과와 서울대 미대의 입시부정이 밝혀진 데 이어 이화여대 무용과 실기시험에서도 비리가 발각돼 사회적 지탄이 거세졌다. 그는 진퇴양난의 상황에서 사퇴를 고민하는 윤후정 총장과의 면담에서 "총장이라면 누구든지 그 정도의 리스크는 안고 간다"라는 말을 건네면서 물러나기보다는 당면한 문제의 해결이 선행되어야 함을 강조하였고, 교육부의 주요 고객인 대학이 여론의 몰매를 맞는 가운데서 스스로 상황을 수습할 수 있게끔 장관이 앞장서 방패막이 되어 주었다.[53]

한국외대에서 발생한 정원식 국무총리서리 폭행사건을 이유로 불려간 국회 상임위원회 석상에서도 대학의 민주화와 자율화 정책은 어떤 상황에서도 중단해서는 안 되는 과업임을 강조하면서[54] 교육부의 대학에 대한 강경 대처는 문제의 근본적 해결책이 되지 못하고, 학원보호는 정부가 아닌 대학의 자율적인 협의체에 의해 이루어져야 한다는 소신을 가감 없이 피력하였다.

> "교육은 내무행정이 아닙니다. 교육은 검찰행정이 아닙니다. 따라서 일반행정을 보는 시각으로 교육을 보지는 말아 주십사 하는 부탁을 드립니다. 우리의 울분과 통분, 성급함으로 말할 것 같으면 당장 손을 대서 수술할 수도 있습니다. 그러나 그것이 교육 현장에 무엇을 가져오는가 하는 것을 생각하면 그렇게는 할 수 없습니다. 이 문제(정원식 국무총리서리 폭행사건)를 접근하는 데 있어 외과적 방법으로는, 수술로는 장기적인 해법을 얻을 수 없습니다. 교육의 특수성을 감안했을 때 우리가 여러 방법으로 몸보신을 하듯이 대학의 몸도 그렇게 보신해 주어야 합니다. 그렇게 함으로써 대학으로 하여금 자율역량을 축적하고 자생력을 양성하도록 하는 것입니다."
> (윤형섭, 1991.6.7)[55]

그러나 교육의 자율성을 안착시키는 과정에서 정치적 보복을 당하기도 하였다. 일례로 건국대학교 분교 설립안을 승인하라는 김영삼 민자당 대표의 요구를 거부해 YS의 눈 밖에 난 이후 김영삼과는 운명적으로 악연을 맺게 되었다.[56] 그가 후기 대학입시 문제지 도난 사건에 대한 책임을 지고 장관직 사표를 제출하였을 때, 노태우 대통령은 제14대 총선을 앞둔 시점에서 YS의 압력에 못 이겨 사표를 수리하였고,[57] 서울신문 사장으로 재임하던 중 김영삼 정부가 출범하자마자 사장직에서 강제로 물러나게 되는 등 건국대 문제에서 파생된 "괘씸죄의 희생양"이 되었던 것이다.[58]

"서울 장안동 캠퍼스의 땅을 팔아서 속초·고성에 캠퍼스를 조성하겠다니!'라며 결재를 거부한 상태에서 결국 당시 집권당인 민자당의 김영삼 대표, 김종호 원내총무, 최정식 의원(속초·고성 지구당위원장)이 회동한 자리에 나를 불러 앉혀놓고 본격적인 압력을 직접적으로 가했다. 순간 "장관직은 오늘로써 끝이구나" 하는 예감이 스쳐갔다. 그러나 나는 그들이 말하는 건국대 제3캠퍼스 설립안을 조목조목 비판하면서 최종적으로 결재 거부 의사를 다시 명백히 밝혔다." (윤형섭, 2020.11.18)[59]

그림 13 　문민정부에서 괘씸죄로 몰려 곤욕을 치른 윤형섭 관련 신문기사

괘씸죄 걸리면 '통치행위' 내세워 "옷벗어라"

윤형섭 전 서울신문사장
6共 교육부장관때
YS청탁 거절 악연
집권하자마자 밀려나

박종철 전 검찰총장
TK정권서 승승장구
현철씨가 경질 의의
6개월만에 도중하차

조순 전 한국은행총재
"韓銀, YS지원"주장
鄭주영후보 고소
허락없이 취하 밉보여

※ 자료: 동아일보(1998.3.8)

자율화가 이루어지기 위한 전제조건인 교육의 중립성 논리는 들끓은 학원 민주화 운동에 대처하는 과정에서 비난의 표적이 되었다. 강경대 사망 직후 교사들의 시국선언 동참 분위기가 일파만파로 확산되자 윤형섭 장관은 "정치할 교사는 교단을 떠나야 한다"라는 강경한 입장을 표명하였는데, 이를 두고 언론에서는 평소에 교권 수호를 외치던 교육부 장관이 이중적 태도를 취하였다면서 "교육부 장관의 두 얼굴"이라고 비난하거나 교육정책의 균형감각을 의심케 하는 행동이라는 비판을 제기하였다.[60]

윤형섭은 교사가 교육의 중립 원칙을 훼손하지 않고 학생들을 정치적으로 선동하지 않는 한, 개인적 차원에서 자신의 정치적 의사를 표출하는 것은 헌법에 보

장된 기본권이라 보았다. 그러나 특정한 정치적 목적 아래 교실에서나 교외에서 집단적으로 정치활동을 전개한다면 이는 진정한 교사가 아닌 정치꾼에 불과하며, 법적으로 보호받을 수도 없다는 강고한 입장을 견지하였다.

2) 일의 본질을 포착하여 합리적으로 접근

윤형섭은 대학의 학생처장을 하던 시절을 "전투경찰대가 군화 소리를 요란하게 내면서 곤봉을 휘두르며 광복관(연세대 정법대 건물) 안으로 진입해도 교수들은 손 놓고 바라볼 수밖에 없었던 수모와 치욕의 시대에 희생과 악역을 감당하여야만 했던 때"로 묘사한다. 그는 학내 보직을 전전하면서 대학 행정가로서 사학(私學)의 전통과 명예를 살리고 사학의 권위를 지키는 데 주력하였고, 특히 유신정권기에 학생들의 신변과 학적에 관여하는 학생처장직을 맡으면서 수십 명의 재학생을 정부의 강압적인 제적 처분의 위기에서 구하고, 사법 처리 대상이 된 운동권 학생들을 구명하였으며, 학내에 정치권력이 투입되는 것을 막기 위해 순간순간 기지를 발휘하였다.[61]

일례로 1977년에 주한 미국 대사관이 청와대 도청 사건을 도발하자 우리 정부가 분개하면서 도청 반대 반미 관제 데모를 조종하였는데, 윤형섭은 반미 시위가 국익을 저해하고, 학교에 초래할 타격을 우려하였다. 당시 중앙정보부가 총학생회장이자 학도호국단 사단장인 한 학생으로 하여금 대강당에서 전교생을 상대로 반미 성명서를 낭독하게끔 하려는 계획을 꾸미고 있다는 정보를 사전에 입수한 윤형섭은 그를 다른 곳으로 빼돌려 성명서 낭독을 막았다.[62] 또한 중앙정보부 기관원들의 프락치가 되어 교내에서 장학 혜택을 누리는 학생들의 부당한 편익을 없애고, 정보기관원이라 할지라도 사전에 학생과장을 통해 면담을 예약하여야만 학생처장과 만날 수 있도록 공식적인 소통 채널을 조성하는 등 학내 개혁을 추진하였다.

"나는 학생처장 시절, 언제나 대학의 존엄과 나의 모교 그리고 제자들을 위해서 십자가를 지고 골고다 산성을 올라가는 심정이었다. 나는 학생처장실에 와서 대기하고 있던 안기부 요원에게 직원 모두가 보는 앞에서 연행당하기도 했고, 보안사령부의 출두 명령을 받기도 했으며 안기부(남산)에 가서 학생 지도와 관련된 각서를 여러 번 쓰기도 했다. 내가 연행되어 행방이 묘연하다는 보고를 받은 이우주 총장께서는 당시 집권당의 유력자였던 이만섭 의원의 자택으로 달려가 야심할 때까지 나의 신상 안전을 호소했는가 하면, 심상치 않은 분위기를 파악한 나의 아내는 나의 무사 귀가를 위해 눈물의 기도로 하나님께 매달렸다." (윤형섭, 2020)[63]

그는 교수 시절, 학내에 정치권력이 투입되는 것을 막는 수호자로서의 역할을 자처하였지만, 이와 동시에 정부 자문위원으로 활동하면서 학자로서의 전문성을 국정에 보태는 입장에 섰고, 정치학 전공자이지만 교육의 정치적 독립을 주장하는 등 중첩된 지위와 역할 속에서 어느 편에 치우치지 않고 합리적으로 문제를 풀고자 애썼다. 특히 유신정권기와 신군부 집권기에 대학 행정가로서 여러 난관을 헤쳐 오면서 권위주의 독재정권하에서는 권력의 틈새를 공략하는 기지를 발휘하는 것이 첩경이라는 교훈을 얻었다.

장관은 한정된 시간 속에서 축약된 실천력을 보여야 하는 숙명을 안고 있기 때문에 주어진 과업의 본질을 파악해 처리하는 선택과 집중 전략을 꾀해야 한다. 윤형섭은 교육부 장관이라는 교육정책의 총책임자로서, 국무위원이라는 공익 수호자로서, 대학교수라는 교육자로서의 중첩된 지위를 보유하고 있었기 때문에 일의 본질을 포착해 합리적으로 처리하는 데 주력하였다. 산업 인력난에 직면한 기업체가 자체적으로 산업기술대를 설립할 수 있도록 허용하려는 건과 관련해 교육부가 협조하지 않는다고 상공부 장관이 국무회의 석상에서 호소하자, 윤형섭은 "대학 설립은 교육법 체계 안에서 이루어져야지 무분별하게 시행해서는 안 되다"라면서 국가 법체계 준수에 대해 단호함을 보이는 한편,[64] 국시(國是)와 상반되는 입장에 선 집단과의 대화의 여지를 남기기 위해 귀추를 살피는 유연성을 발휘하기도 하였다.

강경대 군 사망 직후에는 대학생들에게 자기 발전과 사회 안정을 위하여 남은 일을 정부에 맡기고 강의실로 돌아가라고 당부하면서 "오늘날과 같이 민주화된 정치를 정착시키려는 국민적 여망 속에서 학원가의 폭력시위는 마땅히 근절되어야 한다"라는 내용의 호소문을 발표하였다.[65] 연쇄 분신 정국이 조성되자 외부의 영향력이 있음을 지적하면서 "학생들의 외형적인 시위만을 막는 것이 근본적인 해결책이 되지는 못한다"라는 견해를 밝힘으로써 강경 진압이 만능이 아닐 수 있음을 시사하였다.[66] 또한 정원식 국무총리서리에 대한 한국외대 집단 폭행 건을 두고 국회 상임위원회에 출석해 도덕성 실추, 교권의 실추를 보여주는 상징적인 사건이라는 입장을 소신껏 표명하는 등[67] 다수의 이해관계자 사이에서 첨예한 줄타기를 감행하였다.

> 박석무 의원: 교육방송의 위상에 대하여 독립된 공영방송제도로.. 한국방송공사법을 만든다든가 해 시대에 역행하는 관영방송에서 공영방송제도로 만들어야 합니다. 시대가 어느 때인데 교육부 산하로 관영의 교육방송국을 운영하려고 하십니까?
>
> 윤형섭 장관: 그 문제는 교육방송을 무엇으로 보느냐에 따라 시각이 달라질 수 있습니다. 교육방송을 언론매체로 본다면 박 위원님께서 말씀하신 논리가 즉각적으로 발효돼야 하겠으나 현재 정부는 교육방송을 언론매체가 아닌 원격 교육매체로 보고, 교육방송 그 자체를 교육현장으로 보고 있기 때문에 일반이 생각하는 것과는 다른 입장에 있다는 것을 이해해 주시길 바랍니다.
>
> — 제13대 국회 교육체육청소년위원회(1991.10.21)[68]

강경대 사망 사건이 발생하였을 때 33개 주요 대학 총학장들을 긴급히 소집한 자리에 관계부처 장관인 이종남 법무부 장관과 이상연 내무부 장관을 동석하게끔 하여 문제의 초점을 명확하게 인식하고, 책임을 엄정하게 배분하며, 부처 간 연대를 토대로 문제의 해결을 도모하고자 했다. 또한 한국외대에서 발생한 정원식 국무총리서리 폭행사건 직후 국회 교육위원회에 불려가 "폭행 주체가 좌경 용공세력이냐"라는 질문을 받자 그것은 사직당국에 의해 실체가 파악되어야 하며, 교육부는 그 결과를 기초로 정책을 펼쳐 나갈 것이라는 입장을 분명히 밝힘으로써 부처의 업무 범위에서 벗어난 사안의 책임 추궁에 단호하게 맞섰다.[69]

> "교육부 장관으로서 소요 사태에 대하여 직접적으로 액션을 취하진 않았어. 그 일은 주로 경찰에서 했어. 강경대 사건 때문에 대국민 성명을 발표할 때도 법무부 장관과 내무부 장관이 양쪽에서 선 채 내가 성명서를 낭독했어. 대학에서 일어나는 일은 무조건 교육부 소관이다? 아니지. 그것은 치안에 관계되는 거고. 법률을 위반한 것으로 치자면 법무부 소관이고." (윤형섭, 2017.7.17 인터뷰)

국무회의의 형식적 운영 행태를 꼬집어 "통과회의"라고 폄하하지만, 윤형섭은 국무회의에서도 형식에 매몰돼 불필요한 비용이 발생하는 일을 막고 교육기관의 이익을 수호하기 위한 첨병 역할을 하였다. 일례로 국민대 도서관 설계상 지극히 작은 일부 공간이 그린벨트 구역을 침범하는 오류가 지적되면서 해당 안건이 부결 될 위기에 처하자 작은 실수 때문에 대학에 큰 손실이 초래되는 것은 국익 차원에 서도 바람직하지 않다고 판단하였고, 국무위원들 앞에서 기존의 계획대로 추진되 어야만 한다는 내용의 일장연설을 하면서 분위기를 유도하였다.[70]

자기 부처의 이익에만 매몰되지 않고 다른 부처의 숙원이 성취될 수 있도록 국 무회의를 전력투구의 장으로 활용하는 리더십을 발휘하기도 하였다. 이어령 문화 부 장관이 예술 분야의 영재교육을 위한 한국예술종합학교 설치를 추진하자, 건설 부 장관은 수도권 과밀화를 이유로 불가 입장을 취하고, 체육부는 체육학교, 동력 자원부는 자원에너지 학과, 농림축산식품부는 농림학교를 만들려는 시도가 모두 좌절되었는데 문화부만 특혜를 줄 수 없다면서 반대 의견이 주류를 형성하였다. 윤형섭은 새로운 법을 제정하는 번거로운 절차를 생략하고, 기존의 교육법에 해당 학교의 설립 조항을 삽입한 후 교수임면권을 비롯한 일체의 학사운영권은 문화부 장관에게 위임한다는 명문 규정을 신설하는 간편한 방식을 제안해 반대 의견을 무 마시키는 데 성공하였다.[71] 일이 되게끔 지혜를 발휘한 그의 전략이 한국예술종합 학교 설립의 결정적인 계기가 되었던 것이다.

3) 내부 및 부처 간 협력을 통한 문제 해결

8남매를 정성스럽게 키워낸 부모님의 보살핌 아래에서 성장한 윤형섭은 밝고 구김살 없는 성격 덕분에 어느 집단에서건 제 역할을 충실하게 해내는 사람으로 눈에 띄었다. 또한 그의 온화한 성품과 배려심은 장관으로 부임한 이후 교육부 직 원 및 다른 기관과의 원만한 관계 맺기에 기반이 되었다. 윤형섭은 일찍이 '한사람 의 머리보다 여러 사람의 머리가 우월하다'고 믿는 것이 민주시민의 기본 철학이 며, 우수한 지도자라면 자기 자신의 이상보다 구성원들의 이상을 실현하는 것이 현명하다는 논리를 펼쳤다.[72] 또한 모든 지체는 상호의존적 보완관계에 있으며, 각 지체가 모여서 전체를 이루는 것이니 어느 한 부분도 전체가 되고자 해서는 안 된

다는 이치를 설파하였다.[73]

이러한 사고는 조직운영 및 정책결정 원리의 근간이 되어, 교육부 장관으로 부임한 후 정책은 장관 개인의 기호나 철학에 따라 개발되는 게 아니라 집단에 의해 만들어지는 것이라는 생각으로 이어졌고, 직원들 간의 토론을 장려하는 분위기 조성을 촉진하였다. 즉 통합의 원리가 제대로 구현되지 못하는 관료제 시스템의 한계를 보완하기 위하여 정책결정 과정에서 장시간 토론을 거듭하였고, 베테랑 관료들[74]을 앞세워 교육의 자율성을 현실화하는 정책 설계를 독려하였으며, 부하 직원들이 확신을 가지고 일을 추진할 때 신뢰와 지지를 보태주었다.[75]

"교육부 과장들이 결재서류를 들고 장관실에 들어가면 장관이 직접 빨간 펜으로 고쳐서 되돌려주었기 때문에 진땀을 빼곤 했다. 윤형섭 장관이 제일 먼저 내 서류를 들여다보고 이렇게 묻는 것이 아닌가. "이 과장, 이거 사인해야 돼?" "네, 해야 합니다." 장관이 곧바로 되물었다. "왜 해야 되는데?" "제가 충분히 검토했고, 잘 준비했고, 자신 있습니다." 그럼에도 불구하고 장관은 한 번 더 내게 물었다. "이걸 내가 어떻게 믿고 할 수 있어?" 나는 당당하게 다시 말했다. "걱정 마십시오. 사인하시면 됩니다." 여기서 끝났으면 모르겠는데 내 대답에도 불구하고 장관은 한 번 더 물었다. "그러면 나보고 눈 감고 사인하라는 말이야?" "네, 그렇습니다! 제가 철저하게 했잖습니까." 그때서야 장관은 웃으면서 서류에 사인을 했다." (이기우 전 교육인적자원부 차관, 2020.6.1)[76]

국무위원 상호 간에는 연대책임이 없기 때문에 내각에 무관심과 불간섭주의가 횡행할 여지가 많다. 더욱이 교육부는 타 부처보다 정치력 면에서 열세이고, 교육정책의 복합적 특성상 여러 기관의 틈에서 좌충우돌하거나 사면초가에 놓일 수 있기 때문에 조직 내부에서의 포용과 단합, 다른 부처 장관들과의 정서적 결속 등 핵심행정부 내부에서의 단합이 일을 추진하는 데 긴요하다.

윤형섭은 밤샘 시위가 계속돼 내무부 장관(이상연)이 퇴근하지 못할 때 "의리상" 장관실에 찾아가 공동 철야 근무를 자청하거나 함께 저녁 식사를 하면서 고충을 나누는 등 다른 부처의 장관들과 친소관계를 형성하였다. 이들과의 연대는 위기의 순간에 정부가 갖고 있는 합의기구로서의 강점을 활용할 수 있는 자원이 되었다. 또한 후기 대학입학시험지 도난 직후 차관과 대학정책실장이 사의를 표명하자 이를 반려하고 장관직 사퇴를 결심함으로써 조직을 보호하고 사회적 파장을 진화하는 지도력을 보여주었다.[77] 조직 안팎을 넘나들며 문제 해결의 지름길을 모색하는 윤형섭 특유의 리더십 전략이었던 것이다.

1   윤형섭, 「교육과 宣傳의 차이」(1984.6.12); 윤형섭, 『政治와 敎育』(서울: 박영사, 1988), 255-256쪽에
    서 재인용.

2   윤형섭이 들려주는 이야기에는 부친 윤복영이 자주 등장한다. 윤복영은 일제강점기에 우당 이회
    영의 지시로 독립운동자금 지원, 비밀 아지트 제공 등 위장 독립운동을 펼쳤다고 한다. 청운국민
    학교에 입학한 후 착실하게 공부해 상으로 받은 벚꽃 모양의 배지를 가슴에 단 아들 윤형섭을 바
    라보던 아버지의 착잡한 표정, 매일 밤 9시에 아들 삼형제에게 영추문 건너편의 설렁탕집에 가서
    외상장부에 이름을 달고 오라는 아버지의 분부, 집안 땅문서를 조금씩 빼돌려 어딘가에 가져갔던
    아버지의 모습, 아랫방에 낯선 부인이 들어와 내재봉소를 차리고 기거하던 일 등을 이해할 수 없
    었는데, 해방 후 그 비밀이 풀렸다고 한다. 윤복영은 "충실한 황국신민"이 되어가는 자식의 모습
    이 마음의 고통이었고, 설렁탕집은 독립운동자금 공급기지였으며, 땅문서 사건은 독립운동자금
    으로 보내기 위함이었고, 아랫방 내재봉소의 부인은 우당의 미망인인 이은숙 여사로, 집 안에 은
    닉해 주었던 것이었다. 윤형섭, 「[살며 생각하며 ⑭] 나의 소년기와 아버지의 비밀」(한국대학신
    문, 2021.3.22-3.27), 14면. 훗날 이은숙 여사는 "통인동 윤 교장 댁은 우리 때문에 알거지가 됐
    단다"라는 이야기를 자손에게 남겼다고 한다. 이은숙, 『民族運動家 아내의 手記』(서울: 正音社,
    1975); 윤형섭, 「[살며 생각하며 ⑮] 가엾은 나의 아버지 세대와 국운」(한국대학신문, 2021.4.5-
    4.10), 14면.

3   경복고 2학년에 재학 중이던 1950년에 6.25 전쟁이 터졌고, 1.4 후퇴 이후에 겪은 1년 반 동안의
    가출과 곤욕의 세월을 마치고 가족의 품에 돌아왔을 때 그는 이미 고3 나이였다. 윤형섭이 고2 복
    귀만을 허용하는 학교 방침을 따르기 싫어 학업을 포기하려고 하자 아버지는 '고3으로 편입하되
    우수한 성적을 받을 것'이라는 내용의 각서를 교감 선생님 앞에서 엎드린 채 썼다고 한다. 이 현
    장을 목격한 후 윤형섭은 이를 악물고 공부해 첫 학기에 평균 94점을 받아 116명의 재학생 중 수
    석을 차지하였다. 윤형섭, 「[살며 생각하며] ⑱ 내 인생을 한순간에 바꿔놓은 그 청년은 누구였을
    까」(한국대학신문, 2021.5.17-5.22), 14면.
    윤형섭의 어릴 적 일화에는 부모님의 자식 사랑이 담겨있다. 그의 부모님은 일제의 말살정책이
    한창일 때 딸들을 여자정신대 강제동원에서 빼내기 위하여 경기도 의정부, 충청남도 홍성의 시골
    국민학교 교사로 취직시키는 각고의 노력을 기울였다고 한다. 윤형섭, 「한국현대사의 기점: 내가
    몸으로 겪은 해방 전후의 공간」. 안병환(편), 『우리시대 지성과의 대화(중원원로담론4)』(괴산군:
    중원대학교출판부, 2016(a)), 141쪽.

4   윤형섭은 대전 피란 시절에 만났던 한 청년으로부터 나라를 부강하게 하려면 정치외교학과에
    들어가 외교력을 키우는 데 앞장서야 한다는 이야기를 듣고 정외과 진학을 결심하였다. 윤형섭
    (1991.9.18); 윤형섭, 『한국의 정치문화와 교육 어디로 갈 것인가』(서울: 오름), 2004, 315-316쪽

에서 재인용. 이만섭 전 국회의장과 주성규·강인희 전 농수산부 차관이 연세대 정외과 졸업 동기이며, 한승수 전 국무총리와 안병영 전 교육부 장관, 김원기 전 국회의장, 조부영 전 국회부의장 등이 정외과 후배이다.

5   박정희 군사정권의 민정이양 약속 번복을 비판한 「한국정치의 비논리성」(1963.3), 복지국가 실현과는 양립할 수 없는 군사정부의 한계를 논한 「복지국가와 병영국가」(1963.8), 민주주의 발전에 걸림돌인 경찰의 쇄신을 촉구하는 「경찰·정부·국민—누구를 위한 경찰인가」(1963.9)에 이어 한일회담 반대를 주장하는 데모의 본질을 파헤친 「구호(口號)로 본 3.24 데모의 본질」(1964.5)을 끝으로 『사상계』 집필을 마쳤다. 윤형섭은 정치학자로서의 내적 갈등을 『사상계』에 글로 표현하는 과정에서 상당히 마음의 고통을 겪었는데, 진정으로 괴로웠던 일은 5.16 군사정권과 3공화국 정권이 추진하는 조국 근대화 정책에 대하여 선후배, 동료 학자들이 생각과 행동을 달리 취하는 모습을 목도하는 것이었다고 한다. 한국정치학회(편), 『韓國政治學會五十年史: 1953년-2003년』(서울: 한국정치학회, 2003), 404쪽.

6   1982년, 재학생들이 교련 학점 이수를 위한 집체교육을 받으러 문무대로 가는 버스에 교수들이 탑승해 인솔하라는 정부 방침이 시달되었다. 사회과학대학장이었던 윤형섭은 학군단 장병이 담당하는 학과 출장을 민간인 교수에게 떠넘기는 정부 방침을 "교수 모욕"이라고 여겨 교무위원회에서 "교무처장은 문교부의 메신저냐?"라는 항변과 함께 반대 의견을 개진하였는데, 이를 빌미로 학장직에서 물러나게 되었다. 이후 일본 게이오대학교에서 객원교수로 지내면서 "겉으로는 화려하나 속으로는 시러운 귀양살이"를 하였다.

7   한국일보, 「신임 尹亨燮 교육, 집안 23명 교육자」(1990.12.28), 22면; 새한신문, 「『敎育家族』 보람에 산다」(1979.1.1), 3면.

8   문교부는 소관 사무인 청소년 단체 지도업무를 체육청소년부로, 국어·한글 관련 연구기관의 관리 및 국립중앙도서관 업무 등을 문화부로 이관하고, 학교교육·평생교육·학술에 관한 사무를 관장하는 주무부처로 기능이 조정되면서 교육부로 개편되었다.

9   윤형섭은 노태우 대통령과 독대해 남북한 교류 협력 방안 설계를 위해 우선적으로 소련과 교육교류 협력을 추진하고, 중국과의 교류에 물고를 틀 것을 제안하였다. 그 결과, 한국-소련 간 학자·학생·교육 관계 전문가 교류 등을 골자로 하는 〈교육-학술교류 사업에 관한 합의각서〉가 체결돼 양국 간 공식적인 교육 교류의 토대가 마련되었다. 조선일보, 「韓-蘇, 교육-학술교류 협정」(1991.8.16), 22면.

10 출처 미상.

11 윤형섭, 앞의 책(2004), 316쪽.

12 안병영(2022.12.9 서면 인터뷰).

13 이완범(2017.7.17 담화).

14 이상우, 『권력은 짧고 언론은 영원하다』(서울: 커뮤니케이션북스, 2010), 143-144쪽.

15 강경대 군 사망 사건을 두고 정부가 법치라는 명분으로 학생운동을 무력으로 진압하는 과정에

서 귀결된 참극이라는 여론이 조성되었다. 각계에서는 이 사건을 '6공화국의 폭력적 본질을 드러낸 것'(한국기독교장로회), '노재봉 내각 출범과 함께 공안통치로 선회한 후 탄압 정치를 거듭하는 과정에서 필연적으로 일어날 수밖에 없었던 사건'(신한민주당)으로 규정하는 등 "우연적 치사"가 아니라 정부와 여당이 통치 말기의 권력 누수 현상을 막고 장기 집권 구상을 관철하기 위한 공안 통치에서 비롯된 것이라는 인식이 확산되었다. 국민일보, 「오늘 우리는 누가 누구와 싸우나」(1991.5.2), 1면; 동아일보, 「시위大學生 경찰에 맞아 死亡 大統領사과-內閣총사퇴 촉구」(1991.4.27), 1면; 민주화운동기념사업회 한국민주주의연구소, 『한국민주화운동사3: 서울의 봄부터 문민정부 수립까지』(파주: 돌베개, 2010), 464쪽에서 재인용.

16 1991년 5월 투쟁은 강경대 사망, 청년들의 잇단 분신, 김기설 유서 대필 사건, 정원식 총리서리 폭행 등을 통해 점화·확산·소진된 일련의 사건을 말한다. 강경대 사건이 발생한 4월 26일부터 투쟁 지도부가 명동성당에서 완전히 철수하는 6월 29일까지 대략 60여 일에 걸쳐 저항이 전개되는 과정에서 한진중공업 박창수 노조위원장의 의문사와 성균관대 김귀정의 강경진압에 의한 질식사를 비롯해 학생, 빈민, 노동자 등 11명이 분신하였다. 한겨레신문(1991.6.16); 한겨레신문(1991.6.26); 정해구·김혜진·정상호, 앞의 책(2004), 176-177쪽에서 재인용.

17 진덕규, 「노태우 정부의 권력구조와 정치체제」, 안청시·진덕규(편), 앞의 책(1994), 31쪽.

18 S. P. Huntington, *op. cit.*(1991), p. 206.

19 월간조선, 「한국의 시사만화가」(2001년 5월호), 586쪽.

20 안응모, 『순경에서 장관까지: 海山 安應模 公職記』(서울: 현대기획, 2008), 289쪽.

21 안응모(2014.11.10 구술), 한국학중앙연구원 현대한국구술자료관.

22 노태우, 앞의 책(2011), 460쪽.

23 노태우 대통령은 동의대 사태와 관련해 폭력과 불법을 다스리는 데 태만하거나 책임을 다하지 못하는 공직자에 대하여 지위 고하를 막론하고 문책할 것임을 강조하였다. 또한 자신의 공권력 인내 기간이 종료되었다는 의미에서 "참는 정부" 탈피 선언을 함으로써 법치라는 잣대의 엄정한 적용과 집행을 시사하였다. 노태우, 「폭력 없는 민주주의(부산 동의대학교 참사와 관련하여 국민께 드리는 말씀)」(1989.5.3); 강민, 앞의 책(1990), 37쪽 참고.

24 윤형섭은 노재봉 국무총리서리를 향해 불과 20여 일 전에 초대 교총 회장으로 취임하였기 때문에 갑자기 자리를 떠날 수 없다는 의사를 전하였는데, "교총이 더 큽니까, 대한민국이 더 큽니까?"라는 분노 섞인 답변을 듣고 말문이 막히고 말았다고 한다. 그는 밤새도록 고민해 입각을 결심한 후 새벽에 교총으로 출근해 회장 직무대리를 지명하고 사퇴서를 썼다. 윤형섭, 「[살며 생각하며] ㉑ 교총이 더 큽니까, 대한민국이 더 큽니까? 어느 쪽이 더 중요합니까?」(한국대학신문, 2021.8.2-8.7), 14면.

25 박영식 교육부 장관 진술; 김호균, 앞의 책(2004), 184쪽; 정기오(2013); 유동훈, 앞의 논문(2018), 66쪽에서 재인용.

26 조선일보, 「교육자집안····」(1990.12.28(a)), 4면.

27 한국일보, 「金昌悅칼럼 土曜世評. 尹장관」(1991.3.2), 5면.

28 윤형섭, 「내가 몸으로 겪은 노태우 전 대통령」, 김두년(편), 『우리시대 지성과의 대화(중원원로담론5)』(괴산군: 중원대학교출판부, 2017), 108-109쪽. 당내에서는 여소야대 정국에서 중간평가를 받아 국정운영의 주도권을 되찾자는 중간평가 정면돌파론이 제기돼 중간평가 불가론과 팽팽하게 맞섰다. 그러나 김종필 공화당 총재는 헌법상 보장된 대통령 임기를 물리적으로 조정하려는 처사에 반대한다는 입장을 표명하였고, 김대중 평민당 총재도 중간평가를 국민투표로 하는 것은 헌법 위반인데 대통령이 헌법을 위반해서 되겠냐는 의사를 내비쳤으며, 대한변협에서는 막연한 중간평가를 위한 국민투표가 위헌이라는 성명을 발표하였다. 노태우(조갑제 해설), 앞의 책(2007), 199-203쪽.

29 박남기·임수진, 「교육부 부처 내부를 대상으로 한 교육부장관 리더십 사례 연구」, 『교육행정학연구』 37(1), 2019, 298쪽.

30 윤형섭은 권위주의 정권의 횡행을 지적하는 다수의 비판적 칼럼을 써왔다. 일례로 유신 말엽에 어느 아이 엄마가 보행신호가 얼마 남지 않은 시점에 어린 자녀의 손을 잡고 급하게 건널목을 건너다 아이가 넘어져 길을 건너지 못하게 되자 자녀를 책망하는 모습을 예화로 삼아 '추종을 강요당하는 약자(국민)'와 '권위와 힘을 가진 강권 지배자(위정자)' 간의 부조리한 현실을 꼬집는 사설을 게재하였다. 조선일보, 「一事一言. 어느 母女」(1978.9.2), 5면. 신군부 집권기에는 '교육은 결코 선전(宣傳)일 수 없다'는 명제에 기대어 이데올로기 비판 교육, 국민윤리 교육, 반공 도덕 교육 등을 통해 징지교육을 일삼는 분교부 행태를 우회적으로 비판하였다. 조선일보, 「一事一言. 敎壇 20년의 信條」(1981.4.2), 11면. 또한 손님을 배려하지 않는 택시 기사(정부)를 '기사 양반'으로 받들면서 그의 처분에 따르는 손님(국민)의 모습에 빗대어 권위주의에 대한 굴종적 태도를 꼬집기도 하였다. 조선일보, 「一事一言. "技士 양반"」(1981.4.18), 11면.

31 김영삼, 「미 내셔널 프레스클럽 연설」(1987.9.16).

32 김영삼, 「대통령선거 서울 여의도 유세」(1987.12.12).

33 김영삼, 「제13대 대통령 당선 인사」(1987.12.17).

34 조선일보, 「"敎員노조 결성 반대" 敎聯서 결의대회」(1989.5.21), 15면 참고; 조선일보, 「敎聯기능 활성화 지시」(1989.6.17), 2면 참고.

35 국민일보, 「국민특집-장관 24時 「자율·책임」이 철학···마라톤대회 정평」(1991.9.18), 17-18면.

36 김병옥, 「교장임기제 내건 교총회장이 장관 차지」, 김병옥 기자의 교육부 48년 출입노트(2014.1.28); 국민일보, 앞의 기사(1991.9.18), 17-18면; 윤형섭, 앞의 책(2004), 317쪽.

37 이완범(2017.7.17 담화).

38 윤형섭, 「'우영'하라는 계초의 뜻 이루었으니 이젠 '일민'의 안락을 즐기소서」, 김대중(편), 『신문인 방우영: 미수(米壽) 문집』(파주: 21세기북스, 2016(b)), 304쪽.

39 조선일보, 「政治學—政治學徒의 忌避」(1973.12.9), 5면.

40 조선일보, 「바가지와 고깔」(1984.5.8), 5면.

41 윤형섭, 「교육과 宣傳의 차이」(1984.6.12), 『政治와 教育』(서울: 박영사, 1988), 255-256쪽.

42 노태우(조갑제 해설), 앞의 책(2007), 367쪽.

43 이영규·이배영, 『人間 노태우』(서울: 호암출판사, 1987), 169쪽.

44 월간조선, 앞의 기사(1988년 10월호), 120쪽. 합의 절차에 토대를 둔 의사결정은 노태우 정권기 핵심행정부의 곳곳에서 이루어졌다. 일례로 국무총리비서실에서 근무한 정두언은 6공 초기 내각을 이끈 강영훈 국무총리에 대하여 어떤 회의건 반대 의견이 있으면 납득시키고 여러 사람이 모두 동의해야만 다음으로 넘어가는, 민주적인 의식이 뚜렷한 상관으로 기억하였다. 정두언, 앞의 책(2011), 169쪽.

45 윤형섭, 「물태우도 군사독재도 아니었다」, 노재봉(편), 앞의 책(2011), 289-292쪽.

46 윤형섭, 「내가 몸으로 겪은 젊은 날의 이만섭」, 청강이만섭평전간행위원회(편), 앞의 책(2018), 346쪽.

47 윤형섭, 「한국의 정원과 교육정책」(1985.4.29), 윤형섭, 앞의 책(1988), 251쪽에서 재인용; 윤형섭, 「우리 교육의 당면과제」(1984.2.11), 윤형섭, 앞의 책(1988), 245-247쪽에서 재인용.

48 한국교육신문, 「'교원지위법 제정을 위한 전국 학교분회장 및 시·도, 시·군 대표자대회 (1990.5.22)' 대회사」(1990.6.1), 1면. 이에 앞서 윤형섭은 한국교총 회장 취임 기자회견에서 초·중·고 교원도 대학교수와 마찬가지로 교권의 옹호와 교육문제 해결을 위해 정치적 의사 표현의 자유가 보장되어야 하고, 국회나 지방의회 또는 교육위원으로 진출할 기회가 주어져야 한다면서 교원의 정치적 기본권 향유를 설파하였다. 동아일보, 「初中高교원 政治활동허용 촉구」(1990.3.10), 1면.

49 윤형섭, 「[살며 생각하며] ㉒ 교육의 정치적 독립」(한국대학신문, 2021.8.16-8.21), 14면.

50 윤형섭, 「무지개처럼 화려한 멋과 지성의 노신사」, 양포 김한주 박사 희수기념 논문집 간행위원회(편), 『양포 김한주 박사 희수기념 논문집』(서울: 역사비평사, 2008), 49쪽 참고.

51 윤형섭, 「교수와 대학행정」(1983.7), 윤형섭, 앞의 책(1988), 338-339쪽에서 재인용. 부연하자면 대학의 자율성은 대학이 학내 사태에 대해 스스로 해석하고 평가하며, 대학의 자율적인 의사에 반하는 어떠한 외부 조치도 거부할 수 있고, 총·학장 또는 교수의 인책 여부와 인책 방법이 철저하게 대학의 독자적인 의사결정에 맡겨져야만 확보될 수 있다고 보았다. 조선일보, 「'호사무마(好事無魔)'의 한해로」(1984.1.14), 5면.

52 그러나 교총 회장이었을 때부터 줄기차게 주장해 왔던 교권 향상 조치를 법제화한 것이라면서 "교총회장으로서 교육부 장관으로 파견 나온 거냐"라는 비아냥에 직면하는 등 장관으로 임용되기 이전의 경력이 장관이 된 후 편파적인 정책설계로 이어졌다는 비판을 받기도 하였다. 윤형섭, 앞의 책(2004), 331쪽.

53 윤형섭 장관은 국회 문화체육공보위원회 회의에 출석해 대학입시 부정 사건의 당사자인 학생의 합격을 취소해야 하나 사안이 워낙 다종다양하고 언제까지 소급해야 하는지도 논란의 여지가 있으므로 총장과 학장이 자율적으로 처리하도록 맡기는 것이 바람직하다는 입장을 표명하였다. 조선일보, 「예체능 특수大 설립 검토」(1991.2.2), 2면.

54 대한민국국회, 「교육체육청소년위원회 회의록」(1991.6.7), 46, 50-51쪽 참고.

55 대한민국국회, 앞의 회의록(1991.6.7), 47쪽.

56 윤형섭은 강원도 속초·고성 지역에 동제대학교라는 이름의 건국대 분교를 설립하려는 건에 대하여 적절성을 검토하는 과정에서 교지(校地)가 제대로 확보되지 않았음을 발견하였고, 충주에 분교가 있음에도 제3의 캠퍼스를 짓는 것은 순수한 교육 의도에서 비롯된 것이 아니라고 판단해 YS의 요청을 거부하였다.

57 김영삼이 "교육부 장관을 해임시키지 않으면 입시를 준비하는 학생, 학부모 등의 여론을 고려해 눈앞에 닥친 제14대 총선을 책임지지 못하겠다"라는 의사를 표명하자 노태우 대통령은 윤형섭의 사표를 수리할 수 밖에 없었다고 훗날 고백하였다. 윤형섭, 「[살며 생각하며] ㉓ YS와의 악연, 한 번의 쾌씸죄, 두 번의 보복과 그리고 그 은덕」(한국대학신문, 2021.8.30-9.4), 14면. 노태우 대통령은 조완규 신임 교육부 장관에게 임명장을 수여한 후 "윤형섭 장관이 유능하고 소신 있는 사람이었음에도 시험지 도난이라는 뜻밖의 사건으로 물러나게 되었다"라면서 안타까운 심정을 내비쳤다. 조선일보, 「문제지流出 보강수사 지시」(1992.1.24), 2면.

58 동아일보, 「祕話 文民정부 金泳三정권 5년의 功過(28) 2부 '문민司正'의 허실」(1998.3.8), 7면. 서울신문은 정부의 영향력 범위 안에 있는 기관들이 대주주로 포진해 있어 정부와 여당을 대변하는 관변신문이라는 비판을 받아왔다. 이상우 전 서울신문 전무이사에 따르면 문민정부가 출범하자 공보처는 언관유착 폐해 청산이라는 명목으로 서울신문 임원들에게 일괄 사표를 내라는 지시를 내렸다. 이상우, 앞의 책(2010), 143-144쪽.

59 윤형섭, 「건국대 총장 4년(1994.9-1998.8)의 회고 ① 장관직 내려놓게 했던 대학으로 오리나」(교수신문, 2020.11.18), 11면.

60 한겨레, 「교육부장관의 두얼굴」(1991.5.17), 2면.

61 윤형섭, 「[살며 생각하며] ⑤ 총장님, 그땐 두 번 다 정말 죄송했습니다」(한국대학신문, 2020.11.16-11.21), 14면. 유신체제에 반대하는 대규모 학내 시위가 발생한 직후 시위 참여자 전원을 제적시키라는 문교부의 지시를 받았지만, 40여 명의 이름이 적힌 처벌 대상 명단에 다른 대학의 재학생이 한 명 끼어 있다는 것을 핑계 삼아 명단을 반송하면서 옥신각신하는 사이에 사태가 진정돼 20여 명을 구제하였다. 또한 학도호국단 인문사회계 연대장을 맡은 학생이 새마을연수원 합숙 연수 수료식에서 정부에 대하여 냉혹할 만큼 부정적인 평가를 발표해 문교부의 제적지시가 떨어지자, 윤형섭은 그 학생에게 새마을운동의 장점을 작성하게끔 한 후 그 글을 조간신문에 게재하고, 문교부를 비롯한 여러 기관에 배포해 사태를 무마하였다. 윤형섭, 「[살며 생각하며] ⑪ 죄와 벌-70년대 학생처장의 고뇌」(한국대학신문, 2021.2.8-2.13), 14면.

62 이 일을 빌미로 남산 밑에 있는 세종호텔로 불려가 중앙정보부 학원과장으로부터 협박을 받았는데, 이우주 연세대 총장이 윤형섭과 정외과 동기인 이만섭 의원을 찾아가 구호 활동을 한 덕분에 당일 밤늦게 집으로 돌아올 수 있었다고 한다.

63 윤형섭, 「윤형섭 제8.9.10대원장: 연세대 행정대학원장 6년 회고-대학의 졸업과 신군부의 권위주의」. 연세대학교 행정대학원·연세대학교 행정대학원 총동창회(편), 『연세대학교 행정대학원 50년사』.

64 조선일보, 「상공─교육, 理工大설립舌戰」(1991.9.12), 8면.

65 경향신문, 「姜 군 관련 호소문 발표」(1991.4.29), 1면.

66 서울신문, 「"焚身 선동勢力 철저히 색출": 3部장관·대학총장 간담」(1991.5.9), 1면.

67 윤형섭, 앞의 책(2004), 65-66쪽.

68 대한민국국회, 「교육체육청소년위원회 회의록」(1991.10.21), 126쪽.

69 그러나 윤형섭이 정원식 국무총리서리에 대한 폭행 사건을 사사롭게 여기거나 자신의 책임을 회피한 것은 아니었다. 그는 총리서리 폭행이 학원 내에서 일어난 사건인 만큼 교육부 장관으로서 책임을 통감한다면서 장관직 사표를 제출하였다.

70 정원식 국무총리는 건축을 불허하는 건설부 장관 앞에서 윤형섭 장관에게 다시는 이와 유사한 사안을 국무회의에서 다루지 않겠다고 다짐하게끔 함으로써 국민대 도서관 건축 계획이 무사히 통과되도록 도왔다.

71 이어령 장관은 국무회의를 통해 극적으로 법안이 통과되는 순간을 맞이하였다면서 문화부 업무에 자율성을 부여한 노태우 대통령, 쉽게 일이 해결될 수 있도록 아이디어를 제공한 윤형섭 장관, 제한된 회의 시간에 신속하게 결단을 내린 정원식 국무총리가 예술학교 설립의 숨은 공로자였다고 회고하였다. 한국예술종합학교(편), 앞의 책(2012), 185쪽.

72 연세춘추, 「사설: 학교발전에 부치는 말-백양로 확장과 정문신축설을 듣고」(1968.4.8).

73 조선일보, 「部分과 全體의 調和」(1984.2.7), 5면.

74 윤형섭은 조규향 차관, 모영기 대학정책실장, 송봉섭 대학국장을 교육부 내 탁월한 관료로 꼽았다. 일각에서는 교육부 공무원들이 창의적이지 못하고, 교육행정은 단순 반복적인 일에 익숙한 주사행정에 불과하다고 폄하하지만, 윤형섭은 장관 재임기에 겪은 교육부 관료들이 제자리에서 출중하게 업무를 수행하는 인재들이었다고 평가하였다.

75 그렇다고 윤형섭이 항상 교육부 직원들의 편의에 치우친 결정을 단행한 것은 아니었다. 일례로 고위공무원을 민간부문에서 공채하는 사례가 없었던 시절, 그는 유아교육 전담 장학관제를 신설하면서 신문 광고를 통해 공모하는 방식을 도입해 교육부 내에서 반발이 일어났다.

76 아시아엔, 「[이기우의 행복한 도전⑫] 고졸 출신이 고시 출신보다 승진 빨랐던 이유」(2020.6.1).

77 당시 윤형섭은 특정 대학에서 일어난 도난사건에서 도난물이 입시문제지라는 이유만으로 교육부 실장과 차관을 인책하는 것은 부적절하고, 고급 공무원의 사퇴를 종용하는 것이 국가적으로도 큰 손실이라고 판단해 인책성 인사를 단행하지 않고 장관 자신이 사표를 제출하였다. 윤형섭, 앞의 책(2004), 128쪽.

이명현 장관: 정책에
시대를 담은 비전 제시자

이명현(李明賢)

"역사의 주인이 새로운 의식과 도덕적 용기로 무장되었을 때
비로소 역사의 진보가 현실화될 수 있다."[1]

약력

구분	연도	내용
출생	1942.6.16(양력)	평북 신의주 석상동 출생(실제 1939년 8월 1일 출생)
학력	1954	제주 고산국민학교 졸업·고산중학교 입학
	1956	숭실중학교 3학년 편입
	1957	숭실고등학교 입학
	1959	대입자격검정고시 합격
	1964	서울대학교 문리대 철학과 졸업
	1968	서울대학교 서양철학 석사
	1974	미국 브라운대학교 대학원 철학 박사
경력	1964-1968	공군사관학교 교관, 조교수
	1973.9-1977.2	한국외국어대학교 철학과 조교수
	1977.4-1980.7	서울대학교 철학과 조교수
	1980.7-1984.8	서울대학교 교수 해직
	1982.12-1983.8	독일(서독) 훔볼트재단 초청 트리어대학교 연구교수
	1984-2007.8	서울대학교 철학과 교수
	1989-1993	서울대학교 평의원회 평의원
	1994.2-1996.2	(대통령직속) 교육개혁위원회 상임위원
	1996-1997	서울대학교 평의원회 평의원
	1996.4	철학문화연구소 소장
	1996.4	계간『철학과 현실』편집인
	1997.3-1997.8	미국 하버드대학교 교환교수
	1997.8.6-1998.3.2	제37대 교육부 장관
	2000.6-2001.6	제31대 한국철학회 회장

구분	내용
1997.8.8	제37대 교육부 장관 취임
1997.8.25	EBS 위성방송 개국식 개최
1997.8	〈전문대학원 설립운영 방안〉 발표
1997.9.9	보건복지부와 약대 교육연한 6년으로 연장하기로 합의
1997.9.10	한국-튀니지 교육교류약정 체결
1997.10.14	정원 자율화 대학교 73곳 선정 결과 발표
1997.10.18	한국직업능력개발원 개원
1997.10.23	제29차 유네스코 총회(프랑스 파리) 연설(한국 정부의 아태지역 유네스코 청소년센터 유치 의사 천명)
1997.11.18	「교육기본법」·「초·중등교육법」·「고등교육법」 국회 통과
1997.12.10	대입 성적 비공개 방침 발표
1997.12	〈대학 자율화 및 책무성 제고 방안〉 발표
1997.12.30	제7차 교육과정 고시
1998.3.2	교육부 장관 퇴임

① 생애

이명현은 1939년에 평안북도 신의주에서 부친 이정진(李貞鎭)과 모친 한익순(韓 益淳) 사이의 아홉 남매 중 일곱째로 태어났다.[2] 1947년, 불안한 해방정국 때 어머니를 따라 해주에서 개성을 거쳐 38선 이남으로 내려왔고, 서울 마포 와우산 자락의 적산가옥에 터를 잡았다. 이후 제주 4.3 사건이 터져 서울에서 근무하는 경찰관들을 제주도로 대거 발령을 낼 때 큰형님을 따라 가족 전체가 제주도로 삶의 터전을 옮겼다. 제주군 한경면 고산리에 머물면서 어린 이명현은 고산국민학교 2학년에 편입해 난생 처음으로 학교에 다니게 되었다. 서울이 수복된 후 어머니와 형제들은 먼저 상경하였지만, 그는 혼자 남아 식구들에게 주어지는 배급 쌀에 의지해 살면서 국민학교를 졸업하였고, 고산중학교에 진학해 한 학기를 이수하였다. 당시 고산중 임시교사였던 조문부(後 제주대 총장)가 자취하던 단칸방에서 1년간 한솥밥을 먹으면서 형제처럼 가깝게 지냈다고 한다.[3]

그러나 혈혈단신으로 제주도에 계속 머물 수 없어 괴나리봇짐을 맨 채 목포에서 열차를 타고 서울로 향했다. 가족이 있는 서울 노량진에 정착한 후 숭실중학교에 3학년으로 편입해 1년 만에 졸업하고, 곧장 숭실고등학교에 특대생 자격으로 입학하였다. 하지만 폐결핵을 앓은 데다 정규교육 과정을 이수한다는 것은 꿈도 꾸지 못할 정도로 가난했기 때문에 학교를 그만두고 신문팔이, 전차표팔이, 학교 급사, 공중목욕탕 청소 아르바이트로 생계를 꾸리면서 검정고시를 치러 고교 졸업 자격을 얻었다.[4]

어린 시절부터 품어왔던 '가난한 나라를 어떻게 "밥 잘 먹는 나라", "좋은 나라"로 만들 것인가'라는 고민은 링컨에 대한 존경심으로 이어져 정치가가 되겠다는 꿈을 갖게 되었다.[5] 그는 대학 입학시험을 치르기 위하여 주경야독하던 중 『사상계』에 실린 안병욱 선생과 김형석 선생의 글을 통해 옛 철학자들이 정치에 대해 한마디씩 논하였던 것을 접하게 되면서 철학이야말로 올바른 정치와 올바른 법이 무엇인가를 알 수 있게끔 해주는 가장 근본적인 공부라는 결론에 도달하였고, 서울대학교 입학원서를 쓰던 날 1지망, 2지망, 3지망 모두 철학과를 써내 합격통지서를 손에 쥐었다.[6]

대학 진학 후 철학을 공부하면서 따지는 재미는 있었으나 한국의 현실 문제와는 너무 동떨어진 세계라는 느낌을 지울 수 없어 마음은 방황 그 자체였다. 대학을 졸업할 무렵, 철학을 그만두고 경제학을 공부하면 한국이 처한 가난의 비참함으로부터 벗어나는 데 기여할 수 있지 않을까 하는 생각을 품었다. 그러나 경국(經國)의 문제라면 철학을 연구하면서도 함께 탐구할 수 있다는 스승 김태길의 조언, 공군사관학교에서 4년 4개월간 철학 교관으로 근무하면서 전공 도서를 계속 탐독할 수밖에 없었던 상황에 떠밀려 철학 공부를 계속하였고, 1968년 가을에 단돈 100불을 가지고 미국 유학길에 올랐다. 이명현은 브라운대학에서 박사학위를 취득한 후 1973년에 한국외국어대학교 조교수로 임용되었고,[7] 1977년부터 서울대학교 철학과 교수로 재직하였다.

1970년대의 엄혹한 사회 분위기 속에서 교수권과 학습권이 모두 제약된 상황은 "나라도 불쌍하고 제자들도 불쌍하다"라는 연민으로 이어졌다.[8] 이후 신군부가 '서울의 봄' 시국선언 참여 교수, 1970년대 해직교수협의회 주도 교수, 5.18 항쟁 관련 교수들을 구속하거나 해직시키는 과정에서 학생들을 선동한다는 이유로 학교에서 쫓겨나 4년 1개월 동안 떠돌이 신세가 되었다.[9] 훗날 이명현은 해직돼 "백수건달"로 지낼 때 물가를 맴도는 물고기와 같은 심정이었고, 괜찮은 지식인들이 세상을 너무 짧게 보고 한 숟가락도 안 되는 꿀맛 때문에 멀쩡한 정신으로는 옳지 않다고 생각하는 편에 손을 들어주는 꼴을 목격하는 것이 서글펐다고 회고하였다.[10]

이명현은 해직 후 야당 대표인 김영삼과 본격적으로 교유하면서 어린 시절에 꿈꾸었던 정치에 대한 포부를 되살리게 되었고, 독일에서 머물던 1983년 5월, 김영삼 대표의 단식투쟁 소식을 듣고 귀국한 후 재야학자로서 현실 정치에 참여하였다. 1984년 8월, 가까스로 복직[11]한 후에도 보안사 민간인 사찰 대상자로 지목되었다.[12] 또한 정부 당국의 요주의 인물로 꼽혀 민주화추진협의회(민추협)가 대학교수들을 상대로 개헌 서명을 받을 때 학교 측으로부터 서명에 참여하지 말도록 주의를 받았다.[13] 6월 항쟁 직후에는 '군정종식·단일화 쟁취 국민협의회'의 발기인으로서 분열된 양 김 세력의 단일화를 촉구하였고, 제14대 대선을 앞두고 민자당 김영삼 후보 진영의 선거운동에 참여해 신한국론을 제창하였다. 이때부터 그는 당 외 연설문 작성 필사로 활약하면서 막후에서 YS의 집권 청사진을 준비한 인물로 주목받았다.

이명현은 대학교수 시절부터 한국 교육의 방황과 고민이 철학의 부재에서 비롯되었다고 진단하였고, 우리나라 교육정책이 근본적인 시각에서 채택된 해결책이 아니라는 비판적 시각을 고수하였다.[14] 그런 그는 문민정부 출범 후 제1기 교육개혁위원회 상임위원(1994.2-1996.2)으로 활동하며 5.31 교육개혁의 설계를 주도하였고, 1997년 8월 8일 제37대 교육부 장관으로 임명돼 정권이 막을 내리기까지 7개월 동안 개혁안의 법제화를 완수하였다. 김영삼 정권기에 설계된 교육개혁안을 계기로 국민교육헌장과 기존의 교육법이 폐지되고 교육기본법·초중등교육법·고등교육법을 포괄하는 교육 3법이 새롭게 제정되었으며, 교육재정을 GNP 5%로 확충해 개혁이 추진될 수 있는 토대를 마련하는 등 교육계 전반에 큰 변화가 이루어졌다. 그는 장관직에서 퇴임한 후 서울대로 돌아가 연구와 교육활동을 하고, 계간지 『철학과 현실』의 편집인으로서 사회 각 분야의 지식과 지성인들의 아이디어를 모아 담론화하는 일을 이어갔으며, 각종 채널을 통하여 교육정책의 자문역을 이행하였다.

이명현은 두뇌가 명석하고 당찬 성품을 지녔는데, 때로는 두 가지 기질이 복합돼 당돌한 괴짜로 비춰지기도 하였다. 일례로 신문팔이를 할 때 대금을 지불하지 않고 사라지는 고객이 많자 도망칠 사람을 관상으로 간파한 후 그 사람의 이웃에게 이사 갈 기미가 있는지 알려달라고 부탁해 미리 대처하는 "관상을 통한 독심술"을 적용하였다.[15] 세상에 공짜는 없다는 평소 지론에 따라 '여자를 사귀면 공부에 방해가 된다'면서 47세가 되어서야 늦깎이 결혼을 하였다.[16] 서울대학에 합격하였지만 등록금을 마련하지 못하자 장학생 선발 공고문에 적힌 기부자(박운용 삼화장학회장)의 거처에 무작정 찾아가 도움을 요청하는 담력을 발휘하기도 하였다.

> "내가 일장연설을 했지. '다른 사람들은 여유가 있어서 학교에 다니는데, 나는 혼자 공부해서 서울대학교에 합격하였는데도 입학금을 낼 돈이 없습니다. 나 같은 사람을 도와줘야 하는 거 아닙니까!' 그 영감(박운용 삼화장학회장)이 앉아 있다가 '다음에 와!' 이러더라고. 그곳에 있던 아주머니들이 '됐어, 됐어. 학생, 걱정하지 말고 가. 저 영감이 (장학금을) 주겠다는 얘기야.' 그래서 다음에 찾아가 장학금을 얻었어. 그걸 가지고 입학금을 냈어." (이명현, 2017.7.10 인터뷰)

그의 대학 스승이자 동료 교수인 김태길에 따르면 이명현은 본래 의심이 많고, 두뇌 회전이 빠르며 명석한 추리로 단호한 결론을 내리는 준재였다.[17] 후배 황경식 교수는 그를 언제나 공정하고 공평한 논객으로서 퍼블릭 마인드를 잃지 않는 대형(大兄, Big Brother)에 비유하였다.[18] 전임 교육부 장관인 안병영은 이명현을 두고 경세가 스타일이라면서 교육개혁의 큰 물길을 바꿀 수 있었던 것은 그의 강기와 무관하지 않다고 평하였다.[19] 교육부 고위관료는 "남 앞에서 비비는 짓을 못하는" 당당한 사람이자 교육정책에 관해 다 알고 있는 "준비된 장관"으로 묘사하였다.[20]

이명현이 나의 관심을 끌기 시작한 것은 그가 서울대학교 철학과 2학년 학생으로 내 강의실에 들어왔을 무렵이었다. 학부 2학년 정도의 학생이 교수를 긴장시킬 정도의 예리한 질문을 하는 경우는 극히 드문 법인데, 이 친구가 바로 그 예외적인 경우였다. 키가 작달막하고 좀 마른 듯한 체구를 가진 학생 하나가 앞에 앉아서 가끔 질문을 해대는데, 단순한 질문이라기보다는 비판 내지 반론을 겸한 성질의 것이 많았다. 어쨌든 맹랑한 친구라는 인상이었다. 자연히 관심이 끌리기에 도대체 어느 명문 고등학교 출신인가 궁금했다. 그런데 알고 보니 고등학교는 문턱에도 못 갔었고, 국민학교와 중학교도 다니는 둥 마는 둥 하며 주로 독학을 했다는 이야기였다. 고향은 평북이고 뼈대가 있는 가문에서 출생했으나 6.25 동란 무렵에 쌍방울 한 세트만 달랑 차고 어린 나이에 월남한 그런 학생이라고 들었다. 이를테면 재능이 뛰어난 입지전적인 젊은이라는 말이다.

… 재주가 뛰어난 사람은 이기적이기 쉽고 성장 과정을 가난하게 보낸 사람은 이해 계산에 영악스럽기가 쉽다. 그러나 이명현의 경우 학생 시절이나 유학하고 돌아와서 교수가 된 다음이나 사사로운 이익에 대해서는 오히려 대범한 태도로 일관했다고 나는 생각한다. 호탕한 성격 때문이기도 하겠지만, 굳이 영악스럽게 굴지 않아도 경쟁에서 이길 수 있다는 자신감에서 보인 여유가 아닐까 한다. 어쨌든 재능이 뛰어나고 때로는 다소 독선적이라는 인상을 줌에도 불구하고, 개인적 이해 관계에 집착하기보다는 타인과 사회를 위해서 힘쓰고자 하는 그의 마음가짐에 나는 끌렸다.

자료: 김태길(1993)[21]

② 시대

1990년대 초까지 교육부 업무가 관리에 초점을 두었다면, 점차 변화하는 시대와 국가의 위상에 걸맞은 교육정책에 대한 수요가 꾸준히 증가해 교육문제는 선거의 주요 이슈 중 하나로 부상하였다.[22] 김영삼은 제14대 대선을 앞두고 한국병의 근원적 치유는 교육개혁에서부터 시작되어야 하며, 한국에 혁명이 필요하다면 무엇보다도 교육혁명이라면서 교육재정의 GNP 5% 확충을 공약으로 내걸고, 교육대통령이 될 것임을 표명하였다.[23]

이후 문민정부가 출범하면서 초기 신한국의 양대 마차는 신경제와 신교육이라고 할 정도로 교육개혁은 정권의 핵심과제로 부상해, 청와대 사회문화수석비서관이 교육문화수석비서관으로 직제 변경되고, 교육개혁을 전담하는 대통령직속 교육개혁위원회가 설치되었다. 또한 세계화가 국가발전 전략의 핵심 화두로 부상한 정권 중반기에는 정치·행정·경제·노동·교육 분야에 이르기까지 자율과 경쟁을 모토로 하는 각종 제도적 조치가 이루어졌다. 그 가운데 개인의 인성과 창의가 중시되고, 자유와 자율, 경쟁 원리가 존중되며, 수요자의 선택 폭을 크게 확대하는 방향으로 교육개혁이 설정되었다.[24]

그림 14   5.31 교육개혁안 발표

※ 자료: 한국일보 제공
　김영삼 대통령이 1995년 5월 31일 청와대에서 국무위원 전원이 참석한 가운데 이석희 교육개혁위원장으로부터 교육개혁방안을 보고받고 있다. 왼쪽에서 두 번째가 이명현 상임위원.

다가오는 세계화·정보화 시대에 창의적인 교육이 이루어지지 않으면 미래가 없다는 절박함 속에서 교육개혁위원회가 꾸려졌는데,[25] 이 위원회에서 1995년 5월 31일, '신교육체제 수립을 위한 교육개혁방안', 일명 5.31 교육개혁안을 발표하였다. 그러나 새로운 교육체제의 도입이 가시화되면서 개혁을 주문받은 집단의 우려와 반발이 속출하였고, 한총련 사태를 비롯한 학원 폭력과 공안 이슈가 터지면서 주무부처인 교육부를 향한 대책 마련 촉구가 빗발쳤다. 국회에서는 문민정부가 개혁의 기치를 올리는 분위기 속에서 과거를 부정하고 기존의 가치 질서를 무시한 결과, 학원가의 혼란이 초래되었다는 성토가 잇따랐다.

전임 장관인 안병영이 교육부는 규제 기능을 다 버리고 서비스 제공 기능만을 행사하는 봉사자이자 지원자로서의 역할을 이행한다고 밝히고,[26] 이명현은 교육부의 정책고객(특히 대학)에게 주어진 자율성이 극도로 높다고 언급할 정도로 교육계의 자율 역량은 증대하였다. 결과적으로 문민정부에 들어와 이익집단 간의 격렬한 갈등을 조정하지 않고서는 초등교육에서 대학교육에 이르는 거의 모든 교육정책을 수행하기 어렵게 되어, 교육부 장관은 사회 조정자로서 각계의 의견을 수렴하고 이익을 조율하는 역량을 발휘하여야만 했다.

③ 임명

이명현은 서울대 철학과 재학 시절에 선배 김영삼에 대한 이야기를 종종 들었지만, 1980년 1월 제2차 헌법개정 공청회의 연사로 참여하였을 때 그를 처음으로 마주하였다.[27] 당시 신민당 총재였던 김영삼의 의견과는 달리 이원집정부제 도입을 주장하는 내용의 연설로 좌중의 호응을 얻었는데, 그 모습이 김영삼의 눈에 띄었던 것이다.

> "그 분(김영삼)을 헌법 공청회에서 처음 만났는데 첫인상이 꼭 시골학교 교장 선생님 같았어. 헌법 공청회를 마치고 (신민당) 마포 당사 옆의 가든호텔 제일 꼭대기 층 뷔페에 당료들, 국회의원들이 쭉 도열해 있는데, YS가 왕처럼 걸어 들어가면서 나한테 같이 가자고 했다고. 다른 사람이라면 자기와 반대의 주장을 하는 사람을 식사 자리에 데려가지 않았겠지만 YS는 그러지 않았어. 나를 쓸 만한 놈이라고 생각한 거지." (이명현, 2017.7.10 인터뷰)

"이원집정부제(二元執政府制)는 총통제(總統制) 같은 것"

　　헌법 개정을 앞두고 각계의 폭넓은 의견을 듣기 위해 마련된 신민당의 제2차 공청회에서 김영삼 총재는 『요즘 정부형태에 관해 이원제 운운하는 얘기를 하는 사람들이 있는데, 이런 엉뚱한 생각을 갖고 있는 소수 분자가 있다는 데 대해 분노를 느끼며 이것은 바로 총통제 같은 것』이라고 최근 정가(政街) 일각에서 거론되고 있는 「이원적 집정부제」를 통박, 우뢰와 같은 박수를 받았다.

　　그러나 학계 대표로 뒤이어 등단한 이명현 교수(서울대 인문대)는 『여기 계신 김 총재는 좋은 사람이니까 안 그럴 줄 알지만 다음엔 나쁜 사람이 나올 수 있는 가능성에 대비, 권력을 한곳으로 모아주는 대통령중심제를 피하고, 이원적 집정부제를 택하는 것이 옳다』고 설득력 있게 주장, 그 또한 청중들로부터 뜨거운 박수를 받아 청중들이 어느 쪽을 지지하는지를 박수로 가늠하기는 어려운 실정. 그는 『우는 아기를 달랠 때 어른들은 흔히 「호랑이가 온다」고 하거나 알사탕을 주어 달래는데, 지난 정권이 즐겨 사용한 카드 2장이 바로 그것』이라면서 『호랑이가 온다는 말은 '안보'이고, 알사탕은 '경제'』라고 지적. 그는 안보 문제에 취약점이 있는 게 사실인 만큼 어떠한 경우에도 흔들리지 않는 제도를 택해야 한다고 이원적 집정부제의 장점을 부연 설명.

자료: 조선일보(1980.1.12)

　　1992년 김영삼이 국회에서 대통령 후보로서 출마 의지를 밝히는 연설의 초안 작성을 요청하자 이명현은 '변화와 개혁으로 신한국을 창조하자'라는 제목의 글을 작성하였고, 자연스럽게 김영삼 후보의 선거캠프 지원군으로 뛰었다.[28] 문민정부가 출범하자 그는 'YS의 사람'으로 지목되었고, 김영삼 개혁 시나리오의 한 축인 교육개혁의 선봉으로 추대되었다. 특히 교육개혁위원회의 경우, 위원장이 한 달에 한 번 꼴로 대통령에게 추진 상황을 보고할 뿐 아니라 교육문화수석, 국무총리 행정조정실장, 교육부 차관이 위원회의 간사로 있어 정부 내에서도 실세 위원회로 통했다. 이명현은 5공 때 교수민주화운동으로 해직되었던 전력이 있고, 김영삼이 야당 총재를 하던 시절부터 인연을 맺어온 데다 대통령의 개혁 의지와 청와대 분위기를 위원회에 전달하는 창구 역할을 하였기 때문에 교육개혁위원회 안에서 가장 힘 있는 인물로 주목받았고, 제15대 총선에서는 전국구 후보로도 거론되었다.[29]

　　김영삼 대통령은 이명현에게 문민정권을 마무리하고 차기 대선을 관리하며 새 정부로 국정을 이양하는 작업을 맡기기 위하여 정무장관 자리를 제안하였지만 그가 거절하였고, 얼마 지나지 않은 1997년 8월, 정부는 아무런 고지 없이 이명현이 교육부 장관으로 내정되었다고 발표하였다.[30] 언론에서는 그가 교육개혁의 실무 주역으로 활약해 이미 몇 차례 하마평에 오르내렸다면서 1987년 대선 때부터 친 상도동계 서울대 교수 가운데 한 명으로 꼽혔고, 김영삼 정부 초기 신한국론의 이 론적 기틀을 제공한 "김영삼 대통령의 브레인"이라고 소개하였다.[31] 또한 교육개 혁안을 입안한 주인공이 대통령의 임기 말까지 교육개혁을 성공적으로 마무리하 라는 취지에서 교육부 장관으로 발탁한 것이라고 그의 임명배경을 설명하였다.[32]

교육개혁위원회가 교육개혁의 철학과 방향을 포함하는 기본골격을 만들고, 교 육부가 세부 추진계획을 세우는 구도였기 때문에 교개위 위원에서 교육부 장관으 로의 이동이 이변은 아니었다. 국회의원들 사이에서는 깊은 철학과 해박한 교육 경륜을 가진 이명현이 성공적인 장관 행보를 걷게 될 것(김현욱 의원(자민련))이며,[33] 그의 발탁이 교육 방향에 대하여 제대로 된 좌표를 만들어 가는 계기가 될 것(홍문 종 의원(신한국당))이라는 기대를 걸었다.[34]

"1997년, 하버드 대학에 비지팅으로 가 있을 때 (김영삼 대통령의) 전화를 받았는 데 '와서 좀 일 했으면 좋겠다.' 그때 오퍼하는 자리가 정무장관이었어. 대략 30분간 전화로 옥신각신했지. '난 지금 공부하러 왔다. 다시 들어가서 일할 생각이 없다.' 하 여튼 노(No)를 했는데, 이후 교육부 장관은 나한테 의논도 안 하고 일방적으로 임명 해버렸어." (이명현, 2017.7.10 인터뷰)

그림 15 제37대 교육부 장관 임명장 수여

※ 자료: e영상역사관
　김영삼 대통령은 1997년 8월 8일, 이명현에게 제37대 교육부 장관 임명장을 수여하였다.

4 이명현의 민주화

이명현은 군부의 기세가 서슬 퍼런 시절에도 할 말은 하고야 마는 독설가이자 강경한 민주주의자였다. 그는 비정상적인 방법으로 권력을 거머쥔 정권의 출몰로 점철된 한국 현대사를 향하여 다수의 말과 글을 통해 비판적 레토릭을 쏟아냈다. 4.19를 '독재자에겐 찢어버리고 싶은 한 페이지의 역사'(1980.4.19)에 비유하였고,[35] 유신헌법에 대해서는 '하루 빨리 뜯어고쳐야 하는 으뜸가는 외양간'(1980.5.3)[36]이라 며 날이 선 해석을 거침없이 내뿜었다. 6.29 선언은 자유의 질식 시대인 5공화국의 임종 메시지이자 6공화국의 탄생을 알리는 예고이며, 국민에 대한 항복선언이지만(1989),[37] 이것으로 민주주의가 완수된 것이 아니며, 민주화를 가로막는 온갖 사회적 장치와 법률을 손봐야만 한다(1989.11.21)[38]는 전망도 내놓았다.

또한 6공화국의 주도자들이 어제까지 민주와 이성을 외치던 사람들을 탄압하다 오늘에 와선 민주의 소리를 떠드는 "변신술의 도사들"이라면서[39] 노태우 정권을 군사정부의 연장선에 있는 '민주화의 과도기', '징검다리 정부'라고 칭하였다. 다시 말해 절차적 정의가 충족된 것만으로는 민주화가 달성되었다고 하기 어려우며, 도덕에 의해 담보되지 않은 문명은 하나의 괴물에 불과하기 때문에 도덕원리가 결여된 난세를 극복하기 위하여 새로운 의식과 도덕적 용기의 무장이 필요하다는 논리를 펼친 것이다.[40]

그는 지난 권위주의 정권기를 '40년의 민주의 기근시대'에 비유하면서 문민정권기를 '지나간 역사에서 흐트러졌던 도덕성의 맥(脈)을 바로잡아야 하는 때'라고 진단하였다.[41] 또한 대내적으로는 해방 후 길들여진 권위주의 체제의 실질적 청산, 대외적으로는 전통적 산업사회에서 정보사회로 전환되어 가는 변화에 대처하는 것을 정부의 과제로 꼽으면서 이와 같은 요청의 궁극적 목표를 신한국 건설이라고 명명하였다.[42]

'신한국'은 제14대 대선을 앞둔 1992년 여름, 이명현이 김영삼의 부탁으로 지금이 어떤 시대이고, 이 시대에 걸맞은 비전은 무엇이며, 그 비전을 실현하기 위한 방법은 무엇인지를 고안해 내는 과정에서 만든 용어이다. 그가 신한국 건설을 위한 조치로 제안한 정치개혁, 정부조직 개편, 교육혁명, 과학기술 혁신, 경제정의 실현, 농업혁명, 복지국가 구현 등 사회 변혁 방안의 상당수가 선거공약으로 꼽혔고, 문민정부 출범 후 개혁정책이라는 이름으로 실시되었다.[43] 그런데 신한국은 김영삼 정권기에 일어난 대내외적 변화와 시대적 요청에 반응하면서 국가정책의 정당성을 홍보하는 상징어이자 국정 청사진으로 진화되어 갔다. 즉 신한국은 권위주의 시대에 누적된 폐단을 의미하는 '한국병'을 제거하는 데서 더 나아가, 세계화와 지식정보사회로의 문명적 전환이 이루어지는 시대 조류에 편승해 한국 사회의 제도와 관행을 개선함으로써 선진국으로 도약하려는 전략적 용어로 발전한 것이다.

> "제대로 된 민주공화국. 이것을 신한국이라고 한 거야. 박정희 시대, 유신은 민주공화국이 아니야. 그것이 넘어지고 새로운 나라가 온다고 해서 1980년 헌법개정운동에 참여했어. 그런데 전두환이가 쿠데타를 하고, (3김이) 나왔는데 또 노태우가 되고. 이렇게 된 나라니까 제대로 된 민주공화국이 세워지지 않았다. 이제 확 뒤집어야 한다. '변화와 개혁으로 신한국!' '새로운 나라, 새로운 한국, 제대로 된 나라, 제대로 된 선진국으로 가야 한다!' 민자당에서 만든 선거 구호들을 YS가 싹 치워. 그리고 '변화와 개혁 신한국 창조'라는 캐치프레이즈로 선거 캠페인을 한다고." (이명현, 2017.7.10 인터뷰)

⑤ 리더십 전략

이명현은 사회구조 전체를 바라보는 거시적 시야와 미래를 전망하는 통찰력, 교육문제에 대한 비판적 성찰의 경험, 그리고 개혁 과정에서 직면한 저항을 돌파하는 특유의 담력을 토대로 문민정부 교육개혁의 대미를 장식하였다.

1) 명분에 기초한 총체적 정책 설계

문민정부의 교육개혁은 신한국 이념을 교육이라는 틀에 반영함으로써 사회변혁을 촉진시키려는 국가 전략의 일환이었다. 이명현은 대학교수를 하면서 권위주의 체제와 부조리한 세태를 비판하는 정치 칼럼, 한국 교육제도의 폐단을 지적하는 다수의 글을 썼는데, 이같이 교육과 국가에 대해 오랫동안 숙고하였던 경험은 훗날 새 정부의 국정철학을 고안하고, 교육개혁의 얼개를 만드는 데 큰 도움이 되었다고 한다.[44]

한편 미국에서 유학을 하면서 민주주의 원리가 작동하는 국가 시스템과 교육 자치 현장을 가까이서 목격하고, 해직교수 시절, 독일에 머무는 동안 유럽 각국의 선진 문명을 체험하는 등 여러 나라에 드나들면서 그들의 앞선 제도를 학습함으로써 총체적인 안목을 기를 수 있었다. 이러한 안목은 그에게 교육 이슈는 사회구조와 얽혀 있는 복합적인 문제이므로 교육제도의 개혁은 바로 사회개혁이고, 교육학자들이나 교육부만의 소관사항이 될 수는 없으며, 교육문제의 해법을 다른 사회정책과의 연계성 속에서 찾아야만 한다는 신념 형성의 토대가 되었다. 더 나아가 장관이라면 국가의 미래를 염두에 둔 채 공익을 견지하는 대의(大義)를 실천하여야 한다는 생각에 기초해 '장관 업무란 국정설계의 일환'이라는 해석으로 이어졌다.

이명현은 전체 사회와의 유기적 연관 속에서 교육문제의 해법을 찾고, 세계화·정보화에 부응하는 대안을 모색하는 가운데 '신교육'을 위한 개혁안을 마련하였다. 5.31 교육개혁은 전체 구조에 대한 심도 있는 통찰이 결여된 조령모개식 교육개혁이 관행에서 벗어나 교육의 내용과 틀은 문명의 변천에 상응한다는 관점하에 설계되었다. 이 개혁에서는 종래의 획일적인 교육을 다양화·특성화하고, 교육공급자 중심의 교육활동을 학생·학부모 등 수요자 중심으로 전환하며, 정보화 시대에 필요한 교육 강화 및 교육공급자에 대한 평가를 원칙으로 내세우는 등 기존의 교육형태에 대한 패러다임적 전환이 모색되었다.[45]

교육 전문가들은 5.31이 문민정부의 교육개혁 총론이라는 성격을 넘어 과거 교육정책의 내용, 방식과 궤를 달리하며, 향후 추진될 교육개혁 정책의 기조와 근간을 제시하고, 개혁의 큰 줄기는 차기 정부에 그대로 이어져 한국 교육정책의 큰 틀을 형성하고 있다고 평가하였다.[46] 이 때문에 정책가들 사이에서 이명현은 세계화, 지식정보사회의 격류 속에서 교육을 중심 고리로 하여 국가와 사회를 큰 폭으로 개혁하려는 예지력을 지닌 인물로 묘사되곤 한다.[47]

"저도 군대에 가서 소총 분해를 해보았습니다만, 순서대로 빼놓은 다음에는 역순으로 하나씩 집어넣어야 하는데 그것을 어기면 총기를 다시 결합할 수 없습니다.

교육개혁도 마찬가지입니다. 어떤 순서로 꿰어맞추어 가느냐에 따라서 같은 부속품을 놓고도 본래의 목적을 달성할 수 없을 것입니다. 교육개혁안의 많은 과제는 서로 보완하면서 연결되어 있는데, 하나만 딱 떼어서 자꾸 이야기하고 다루기 때문에 이 원리를 잊어버리게 됩니다." (이명현, 1996.7.26)[48]

그러나 장관이 되어 개혁안의 시행과 법제화 작업을 추진하던 중 입시개혁 등 당장의 시급한 문제 해결에 초점을 맞추려는 다수파의 움직임과 마주하면서, 총체적인 밑그림을 포기하고 전면적 개혁을 단기적 처방으로 선회해야 할 위기에 직면하였다. 교육부에는 다양한 현안이 상존함에도 장관 교체가 빈번하게 이루어져 정책의 단절이 초래되고, 정치적 영향을 받은 교육정책의 변동과 정책의 정치적 수단화로 인해 교육정책에 포괄적인 비전을 반영하기가 어렵다. 더욱이 장관이 장기적인 계획을 가지고 준비작업을 하고 있더라도 곧바로 성과내기를 기대하는 대통령과 대통령실에 의해 무능한 장관으로 낙인찍혀 교체될 가능성이 높아진다.[49]

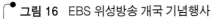

그림 16 EBS 위성방송 개국 기념행사

※ 자료: e영상역사관
  1997년 8월 25일, 박흥수 EBS 원장, 고건 국무총리, 이명현 교육부 장관(왼쪽부터)이 위성방송 전파발사 스위치를 누르고 있다.

이와 같이 개혁안을 정책화하는 과정에서 닥치는 현실적인 어려움 때문에 초기 의도가 유야무야되거나 변질되기 십상이지만, 이명현 장관은 국회에 가서도 교육개혁은 교육부문에 있어서 신한국 창조의 축소판이라는 명분을 내세운 채 여야 구분 없이 개혁에 협조해 줄 것을 당부하였다. 또한 한 번 신임한 각료에게는 모든 것을 믿고 맡기는 김영삼의 스타일을 잘 알고 있었기에 대통령을 직접 독대해 정권 말엽에 당면한 시급한 과제에 밀리지 않고 총체적 처방이라는 본래 교육개혁의 취지가 퇴색되지 않도록 힘을 실어줄 것을 요청하였다.

2) 축적된 전문성의 활용

이명현의 주변에서는 그의 카리스마에서 오는 호연지기가 때로는 지나쳐 완고한 독선으로 비추어지기도 하였지만, 우악한 고집에 사심이 없다고 믿었기에 그의 도발과 전횡을 이해하고 수용하는 편이었다고 한다.[50] 더욱이 두주불사의 음주 실력에 유머가 넘치면서도 소탈한 성격 덕분에 각계에 격의 없이 지내는 사람들이 많았다.

이명현은 학문 세계에서 맹종처럼 반학문적인 것은 없다는 지론을 가지고 비판적 지식의 쓸모를 높이 평가하였던 만큼, 해직교수 시절에는 YMCA가 주관하는 시민강연에 참여해 철학의 대중화에 앞장서는 등 '현실 철학자'를 자처하였다. 선배나 전통의 권위에 얽매어 자율적이고 비판적인 사고가 자유롭지 못한 폐단을 지적하는 '선배 발로차기 운동', 과거 선현들의 철학을 외워서 그대로 읊조리는 앵무새 철학을 일컫는 '가라사대 철학'에 대한 질타가 이명현의 대표적인 어록에 해당한다.[51] 한편 그는 상아탑 속의 귀공자로서 입을 다물고 지내기엔 지식인에 대한 기대의 눈초리가 따갑다는 이유로 시국을 비판하는 다수의 글을 발표하면서 사회 현실에 토대를 둔 학문의 길을 모색하였다.[52] 이같이 철학자로서 갖는 인간과 사회에 대한 이해는 자연스럽게 교육에 대한 관심과 비판으로 이어졌다.

그가 쓴 철학 에세이를 비롯해 권위주의 체제와 부조리한 세태를 비판하는 정치 칼럼, 한국 교육제도의 병폐를 지적하는 글에 담긴 사고와 철학은 문민정부 교육개혁안의 기본이념과 상당 부분 중첩된다. 예컨대 그동안 일제의 군국주의 교육을 받은 사회의 주도 세력이 획일적인 질서, '나 아니면 안된다'는 사고방식을 심는 데 상당히 큰 영향을 주었다는 진단,[53] 그리고 다양한 것이 다양하게 존재하도록 동일하게 대접하는 것이야말로 참된 민주적 이상이라는 생각[54]은 개인의 자유와 다양성을 내세운 교육개혁의 큰 줄기와 일치한다. 또한 국민의 가치관 변화와 사회구조의 변화가 교육제도 틀의 변화를 유발하고, 교육의 내용과 골격은 문명의 변천에 상응해 변화하여야 한다는 지론[55]은 세계화·정보화 시대의 도래라는 문명사적 전환의 징후를 포착해 교육개혁의 방향을 설정하는 지혜로 이어졌다.

이명현은 교육학자들 틈새에서 수능 도입과 같은 교육제도의 전환을 모색하는 학술활동과 TV 토론회에 참여하는 등 교육정책의 자문역으로 나섰다. 교육에 평등 개념이 잘못 적용됨으로써 초·중등학교에서는 '옆으로 나란히'(획일주의)가 지배하고, 대학에서는 철저한 서열주의에 입각한 '앞으로 나란히'가 지배한다면서 교육철학이 빈곤해 정책이 일관성 없이 시행되는 현실에 대하여 성토하는 등[56] 교육 이념과 현장 간의 괴리에 대하여 날카롭게 지적하는 논객으로 등장하기도 했다.

그림 17   이명현의 교육정책 비판 신문 칼럼

※ 자료: 조선일보(1991.11.1)
  이명현은 교육과정연구위원회가 마련한 교육과정개정 시안을 두고 교육과정의 선택권이 학생에게 주어져 있지 않다는 것, 과목을 세분화하여 칸막이 안의 교육으로 전락할 수 있다는 점을 지적하였다.

일각에서는 교육행정을 단순하고 고지식한 업무 행태를 일컫는 '주사행정'이라고 폄하해 왔다. 또한 일부 고위관료들이 장관의 개혁을 저지하기 위해 장관 흔들기를 일삼으며, 장관은 관료들이 만든 빡빡한 업무 일정을 소화하느라 주요 정책을 심사숙고할 기회를 잃게 되는 '뺑뺑이'의 희생자가 돼 "결정은 국장들이 내리고 장관은 발표만 하는" 결과가 초래된다면서 교육부의 배타적 관료주의를 지적하기도 했다.[57] 이명현도 교육개혁위원회 상임위원일 때 기존의 교육제도는 물론 이를 관리하는 교육부에 대하여도 불신과 회의가 컸기 때문에 교육부 본부와는 의도적으로 거리를 두었다고 한다.[58]

그러나 그는 교육개혁안의 설계자로서 교육부 정책을 꿰뚫고 있었고, 개혁안 설계에 직·간접적으로 참여하였던 전문가들이 교육부와 청와대, 교원단체에 포진하고 있었기 때문에 장관 취임 후 관료조직에 연착륙할 수 있었다. 교육부 고위관료들에 의하면 문민정부의 막차 입각 티켓을 쥔 이명현은 '준비된 장관', '정책을 이미 다 만들어 놓은 장관'이었다.[59]

장관은 정책공동체에 편입함으로써 정책현장에서 상당한 전문성을 요하는데, 이때 전문성에는 정책에 대한 이해뿐만 아니라 집행의 효율성을 확보할 수 있는 조직 장악력과 여론을 주도하는 감각도 포함된다. 장관의 권한을 일차적으로 견제하는 곳이 대통령실 수석비서관인데, 이명현은 대통령실과 호흡이 잘 맞는 관계를 유지하였다. 특히 박세일은 교육개혁위원회 무임소 운영위원을 거쳐 청와대 정책기획 수석, 사회복지 수석으로 일하였기 때문에 개혁 의지를 공유할 수 있는 동업자이자 장관의 의사를 대통령에게 충실하게 보고하는 연락병으로서 조력하였다.[60] 안병영 교육부 장관에 따르면 5.31 교육개혁의 주역인 이명현, 박세일, 안병영 간에는 나라사랑과 개혁의지, 그리고 상호신뢰의 깊은 연대감이 있었다고 한다.[61]

3) 승부수를 건 전략적 선택

이명현이 자신을 "근세 한국 역사의 골짜기를 거의 다 넘나든 역사의 행운아"[62]라고 묘사하듯, 해방 후 가산을 버리고 무작정 월남한 후 겪은 유년기의 빈곤, 기개와 배짱으로 생계와 학업을 이어가는 과정에서 맞닥뜨린 시련과 도전, 초근목피의 조국을 뒤로하고 유학길에 올라 선진국의 제도와 문화를 체험하면서 형성한 통찰력, 그리고 군부의 탄압으로 대학에서 해직되는 풍파 속에서 싹튼 정의감 등 그가 삶의 여정에서 만난 수많은 경험은 용기와 담력을 키우는 실마리가 되었다. 또한 대통령과의 근접성이 곧 권력으로 간주되는 대통령제하에서 김영삼과의 오랜 친분과 대선캠프에서의 지원 활약은 대통령의 신뢰와 지지를 끌어내기에 충분한 조건이 되었다.

그림 18 교육개혁 보고 후 기념 촬영

청와대 98. 1. 23

※ 자료: 이명현의 별장 우죽헌(愚竹軒)에서 촬영(2024.11.18)
　이명현 교육부 장관은 1998년 1월 23일, 김영삼 대통령에게 문민정부의 교육개혁에 대하여 최종 보고한 후 청와대에서 기념 촬영을 하였다.

그는 장기 플랜(교육개혁안)이 이미 마련된 상태에서 장관직에 임명되었기 때문에 문민정부의 폐막을 불과 7개월 앞둔 시점이었음에도 주어진 역할의 범위는 명확하였다. 훌륭한 결정임에도 효율적으로 집행되지 않아 실패하는 경우가 비일비재한 정책 현장에서 이명현은 120여 개에 이르는 각종 개혁안이 함께 달성되어야 교육개혁이 실현된다는 확신을 가지고 "아무런 통증을 동반하지 않는 개혁이나 치유는 없다"라는 정면돌파 방식을 택해 법제화에 매진하였다.

김한길 의원: "아무래도 과도기니까 어느 정도의 통증이 있을 수 있다는 말씀을 주셨는데, 제 생각에 그 통증은 교사나 정책입안자 혹은 저희 같은 사람들이 질 통

증이지 결코 학생들이 당하게 해서는 안 되겠다. 과도기라고 해서 그 정책이 정착되는 과정에서 선의의 학생들이 정당한 평가를 받지 못해 입는 손해는 가능하면 완전히 없앨 수 있으면 좋겠다는 게 제 생각입니다. 이 제도(종합생활기록부 도입)로 인한 학생들의 피해를 최소화하기 위해 당분간 시범 실시 기간을 좀 더 갖고 교사들에 대한 계도나 교육, 처우개선 등이 어느 정도 이루어질 때까지 한시적으로라도 시행을 유보하는 것이 낫겠다는 생각을 하지는 않으십니까?"

이명현: "저는 그런 생각은 없습니다. 한꺼번에 모든 것을 할 수는 없습니다만, 100% 실현을 할 수는 없습니다만, 첫 숟가락에 배는 안 부르지만, 첫 숟가락을 떼면서 배를 불려가는 방식으로 나가야 하지 않겠느냐, 저는 그렇게 생각합니다."

- 제15대 국회 교육위원회 회의(1996.7.26)[63]

그러나 법제화 과정에서 야당의 난타, 각 부처의 이기주의와 보신주의, 이해관계집단의 로비와 반발, 방해공작뿐 아니라 내부저항에 직면하는 등 안팎으로 시달렸다. 국회에서는 교육개혁이 문민정권이 갖고 있는 과시성, 전시효과에 대한 기대 때문에 엄청난 혼란을 만들어내는 것이 아니냐는 공방이 일었다.[64] 로스쿨 제도 도입 건을 두고 법원과 법제처 공무원들의 필사적인 반대와 압박에 휘말리고, 시행령 제정 과정에서는 세부 내용에 대하여 민감하게 반응하는 이익주체들과 맞닥뜨리게 되는 등 국민의 90% 이상이 교육개혁을 지지하였음에도 개혁의 '총론'은 찬성하되 '각론'은 반대하는 양상이 전개되었던 것이다.

자신의 이익을 수호하려는 각계의 정치액터들이 등장함에 따라 이해와 가치의 결을 달리하는 집단 간의 갈등을 조정하지 않고서 정책을 수행하기 어렵게 된 교육부 장관에게는 여러 정부기관과 이익주체의 협조를 끌어내는 조정자로서의 역량이 요구되었고, 무엇보다 결단력과 용기가 필요하였다. 이명현은 내부의 반발이 예상됨에도 교육부 공무원이 한국교육과정평가원에서 시험 문제를 출제하던 관행을 폐지하고 외부 전문가를 초빙하는 방식을 도입해 교육부가 누리던 특혜를 철폐하였다. 또한 경제부처가 중심이 되어 경제위기를 빌미로 'GNP 대비 교육예산 5% 확보'에 회의적인 입장을 보이자 "대통령이 대담한 발상으로 문제를 해결해주길 바란다"라는 성명을 발표해 대통령의 정치적 결단을 촉구하였고, 대통령과 독대한 자리에서 설득한 끝에 결국 교육예산 5% 확보라는 목표를 달성하였다.[65] 이명현은 정권 말엽의 권력누수와 여러 이익집단이 빚어낸 혼란에도 흔들리지 않고 뚝심을 발휘해 정권이 막을 내릴 무렵까지 교육개혁안의 120여 개 과제 중 73%에 해당하는 87개 과제를 집행 단계로 옮기는 데 성공했다.

"김영삼 정부의 마지막 장관직을 맡으며 실질적으로 교육개혁의 마지막 설거지까지 마쳤습니다. 가장 어려웠던 점은 GNP 대비 교육예산의 비율을 5%로 늘리는 것이었습니다. 국무총리를 비롯해 예산 부처 등이 교육예산에 힘을 실어주지 않았기 때문입니다. 교육개혁은 예산이 마련되지 않으면 단순 서류뭉치에 불과합니다. 모든 정책이 그대로 휴지통으로 들어가게 되는 것입니다. 당시 예산을 확보하지 못하면 자체 해산하겠다고 언론에 발표하며 배수진을 쳤습니다. 비밀리에 김영삼 대통령을 직접 만나 설득한 끝에 가까스로 교육개혁을 위한 예산을 확보할 수 있었습니다." (이명현, 2014.6.16)[66]

1　이명현, 「사회발전과 세대의식」, 『보통사람을 위한 철학: 에세이』(서울: 까치, 1986), 37쪽에서 재
　인용.

2　실제 출생일자는 1939년 8월 1일인데, 제주도 고산국민학교에 2학년으로 입학하였을 때 동급생
　들이 1942년생이어서 그때부터 1942년생으로 기재하였다.

3　훗날 조문부는 "이명현이 홀로 제주에 남아 있으면서도 친구들과 잘 어울리는 등 명랑하고 학구
　열도 남달리 강했다"라고 회고하였다. 중앙일보, 「이명현 교육부장관, 조문부 제주대총장 취임
　축하」(1997.9.20).

4　학교 사환으로 일할 때 낮에는 학교에서 심부름을 하고 밤에 혼자서 중학교 과정 교과서를 공부하
　였는데, 시험 문제지를 등사하면서 정답을 중얼거리고 있으면 담당 교사가 "너 어떻게 아느냐?"
　고 묻곤 해 혼자 공부해서 안다고 답하였다. 이 일을 계기로 갑자기 중학교 3학년에 편입하게 돼
　1년간 교실에서 수업받고 밤에 숙직하는 행운을 얻었다고 한다. 이명현, 「한국철학회 50년과 나
　의 삶」, 한국철학회 기념사업편찬위원회(편), 『한국철학회 50년: 역대 회장의 회고와 전망』(서
　울: 철학과 현실사, 2003), 195쪽.

5　가난한 조국에 대한 한탄, 조국을 가난에서 벗어나게 할 방안과 포부를 피력하는 지식인들의 글
　이 1950~60년대에 『사상계』와 같은 잡지에 실리면서 지식인들과 대중에게 소개되었다. 조영
　재·김택호·손동유, 앞의 책(2020), 68쪽. 가난이 오랫동안 한국 사회의 표상으로 고착되면서 빈
　곤은 정부의 국가건설과 정책설계에 영향을 미쳤고, 개인이 진로를 결정하거나 꿈을 키우는 계기
　로 작용하기도 하였다.

6　이명현, 『돌짝밭에서 진달래꽃이 피다: 현우 이명현 자서전』(파주: 21세기북스, 2024), 82쪽. 이
　와 더불어 '인간과 사회, 자연의 움직임이라는 존재의 본성과 운행의 사정이 무엇인가'라는 고민
　을 품었던 사춘기에, 그 의문에 응수하는 책들에 대부분 '철학'이라는 딱지가 붙어있음을 발견하
　면서 철학의 세계에 입문하였다. 이명현, 『理性과 言語: 現代哲學의 地平을 찾아서』(서울: 문학
　과지성사, 1982).

7　이명현이 한국외대에서 근무할 때 동료 교수였던 안병영은 1975년에 연세대학교로 자리를 옮겼
　고, 문민정부에서 제36대 교육부 장관으로 임명되었다. 이명현은 교육개혁위원회 상임위원을 하
　면서 5.31 교육개혁안을 설계하고, 안병영 교육부 장관이 이 개혁안의 입법화를 추진하였으며,
　안병영의 후임으로 장관이 된 이명현이 시행령을 제정해 신교육의 기본틀이 자리 잡게 되었다.

8　이명현은 대학에 입학한 지 불과 한 달이 조금 지났을 무렵 4.19를 겪고, 그로부터 얼마 안 돼
　5.16 군사 쿠데타가 터져 대학 생활의 대부분을 데모의 와중에서 보냈으나 신임 교수로서 대학에
　자리 잡은 후 유신체제에서 겪은 학생 데모에 비하면 60년대의 사건은 오히려 "신사적"이었다고
　한다. 이명현, 앞의 책(2003), 297쪽.

9 사실 이명현은 학생들의 시위를 저지하려고 했다. 당시 보안사가 군부의 재집권을 기획하고 있다 는 소문이 떠돌았기 때문에 이 시점에 학생들이 데모를 하면 그것이 군부 재집권의 빌미가 될 수 있다고 판단하였던 것이다. 이에 가두시위는 절대 금물이라는 생각을 공유하는 30여 명의 젊은 서울대 교수들이 학생들을 만류하려고 했는데, 미처 이들의 진출을 막지 못하였다. 이명현, 앞의 책(2003), 301쪽.

10 이명현, 앞의 책(2003), 301-302쪽. 서울대에서는 이명현을 포함해 변형윤·김진균·한완상 교수 가 해임되었고, 한양대 리영희, 연세대 김동길, 고려대 강만길·이문영, 성균관대 이우성·장을병, 이화여대 이효재 교수 등이 강단을 떠나야 했다. '지식인 134인 시국선언' 준비위원으로 활동하 다가 해직된 변형윤에 따르면 학교를 떠난 후 친하게 지낸 이들 중에도 남이 보는 자리에서 만나 기를 꺼려하는 사람이 있었고, 자신이 쓴 글이 다른 사람의 이름으로 실리는 수모를 겪기도 하였 다. 변형윤, 『냉철한 머리 따뜻한 마음』(파주: 지식산업사, 1986), 11쪽. 이만열은 군부 통치하의 공포 분위기 속에서 마치 국사범이라도 되는 양 주변의 곱지 않은 눈길을 의식하여야만 했다면 서, 해직을 '인간관계를 철저하게 파괴한 사건'으로 해석하였다. 이만열, 『한 시골뜨기가 눈떠가 는 이야기: 이만열 교수의 삶과 생각』(서울: 두레시대, 1996), 42, 45쪽.

11 1983년 12월 5일, 문교부가 해직 교수 86명의 복직에 관한 처리 지침을 마련해 1984년 신학기부 터 임용을 허용할 것을 결정하면서 해직 교수들은 원래 근무하던 대학을 제외한 다른 대학으로 갈 수 있는 길이 열렸다. 그러나 원적 대학 복직 고수파들이 중심이 돼 해직교수협의회를 결성하 였고, 이명현도 본교 복직을 위한 활동에 나섰다. 결국 1984년 3월 13일, 문교부가 국회 문화공보 위원회에 86명의 해직 교수 명단을 제출하면서 그 해 8월에 이명현을 비롯한 다수의 교수가 본교 로 복직하게 되었다.

12 조선일보, 「動向파악 대상자 명단」(1990.10.6), 3면.

13 조선일보, 「「署名」관련 敎授 4명 서울大서 「주의」통고」(1986.3.29), 11면. 그러나 이명현은 1987 년 5월 1일, 헌법 개정을 촉구하는 서울대 교수 112명의 시국성명에 동참하였다.

14 이명현, 「철학이 없는 오늘의 교육」, 이명현, 앞의 책(1986), 280, 287쪽에서 재인용.

15 이명현, 앞의 책(2003), 295쪽.

16 서울대 철학과 77학번 제자에 따르면 총각인 이명현 교수가 수업을 마친 후 주로 여학생들과 점 심 식사를 하는 게 눈에 띄어 아예 결혼을 하시라고 핀잔을 주었더니 그가 정색을 하면서 "철 학사를 뒤져보면 결혼한 철학자는 거의 없다"라고 답하였다고 한다. 이명현의 77학번 제자 (2017.9.6 담화).

17 김태길, 『체험과 사색. 하권: 생각하며 살아온 이야기』(서울: 철학과 현실사, 1993), 134-135쪽.

18 황경식, 「哲學界의 大兄! 玄愚 李明賢 선생의 퇴임에 부쳐」, 『철학논구』 35, 2007, 1쪽.

19 동아일보, 「[초대석] 교육개혁 다시 필요.. 이념-정파 초월한 기구로 사회적 합의를」(2015.6.1), 28면; 안병영·하연섭, 『5·31 교육개혁 그리고 20년(한국교육 패러다임 전환)』(서울: 다산출판 사, 2015).

20 교육부 고위관료(2013.8.16 인터뷰); 김경은, 앞의 논문(2014), 108쪽.

21 김태길, 앞의 책(1993), 304-305쪽.

22 김영삼 정부 이전에도 교육개혁에 관한 논의는 꾸준히 이어졌지만, 변화하는 사회상과 다양성을 충분히 반영하지 못하였다. 예컨대 노태우 정부에서는 교육부문 개혁 전담기구인 교육혁신위원회를 설치해 교육개혁안을 마련하고, 교육부 장관 직속 중앙교육심의회와 대통령 직속 자문기구인 교육정책자문회의의 심의를 거쳐 정책을 수립하였지만, 이전 정부와 다름없이 여전히 공교육의 원리에 입각한 평등 지향적 교육정책을 고수하였다. 김용일, 「5.31교육개혁의 정당화논리 탐색」, 『교양논총』 5, 1997, 60쪽 참고.

23 김영삼, 「제159회 국회 대표연설문」(1992.10.13).

24 김영삼, 「대통령의 세계화구상(세계화추진위원과의 간담회)」(1995.1.25). 세계화는 경쟁력 강화 전략과 결합돼 1997년부터 영어를 초등학교 정규교과로 편성하는 방침이 만들어지고, 해외유학 전면 자유화가 발표되며, 서울대를 비롯한 주요 대학의 교수 평가제 및 강의평가제 도입이 확정되는 등 교육부문에 큰 변화가 유발되었다.

25 시사오늘, 「[時代散策] 박세일, "YS의 변화·개혁은 아직 끝나지 않았다"」(2015.12.21-2016.1.19, 174호), 14면.

26 대한민국국회, 「교육위원회 회의록」(1996.8.22), 32쪽.

27 국회에서는 1979년 11월 26일에 여야 각 14인으로 구성된 헌법개정심의특별위원회를 구성해 1980년 1월, 국민의 기본권 수호, 대통령 직선제, 국회의 권한 강화를 의제로 하는 개헌 공청회를 개최하였다. 이 공청회에 이명현을 비롯해 신봉식 전경련 이사, 이병용 변호사, 김헌규 조선대 교수, 박실 한국일보 정치부 차장, 김규동 시인, 문동환 목사 등 12명의 인사가 연사로 초청되었다. 경향신문, 「초청연사 12명 결정 신민개헌 공청회」(1980.1.8), 1면. 학계 대표로 참석한 이명현은 대통령과 국무총리의 권한을 나누는 이원집정부제를 주장하고 나서 눈길을 끌었다. 그 밖에 언론·출판·신체의 자유는 어떠한 명분으로도 규제될 수 없고, 국민의 저항권은 제대로 인정되어야 하며, 대법원장은 법관 자격을 가지고 있는 전법조인단의 선거로 선출하여야 한다는 의견을 개진하였다. 조선일보, 「大統領 緊急權 축소 言論자유-勞動 3權 철저 보장을」(1980.1.12), 1면.

28 이명현, 앞의 책(2024), 93-94쪽.

29 조선일보, 「敎改委 「개혁안」 누가만드나」(1994.6.15), 30면; 조선일보, 「"전국區도 票" 「스타군단」 포진 득표戰과 연계」(1996.2.21), 4면.

30 정무장관직은 홍사덕 의원에게 돌아갔다. 홍사덕은 1997년 7월 말엽, 김영삼 대통령이 전화를 걸어 "곧 대통령 선거가 있는데 날 좀 도와줘야겠어"라고 말해 정무장관으로 입각하라는 뜻임을 직감하였다고 한다. 자신이 무소속 의원이었기 때문에 공정한 선거를 염두에 두는 대통령이 정무장관으로 발탁한 것이라고 생각했던 것이다. 홍사덕(2011.1.23 구술), 한국학중앙연구원 현대한국구술자료관.

31 조선일보, 「임기말 개각 뒷얘기」(1997.8.6), 3면; 한겨레, 「YS 브레인... 독선 지적도, 이명현 교육」(1997.8.6), 4면.

32 매일경제, 「8.5 개각 뒷얘기: 인선자료도 못챙긴 마지막 깜짝인사」(1997.8.6), 3면. 정무장관직을 고사하고 5~6일 정도 지났을 무렵, 박세일 사회복지수석이 전화를 걸어 다른 자리를 고려하고 있으니 비행기표를 준비하라고 하였다. 이틀 후 교육부 총무과 직원이 교육부 장관으로 발령이 났다는 소식을 전하였고, 결국 보스턴에 방문한 한국 정부 직원의 안내로 귀국길에 올랐다. 이명현, 앞의 책(2024), 113-114쪽.

33 대한민국국회, 「교육위원회 회의록」(1997.9.23), 36쪽.

34 대한민국국회, 「교육위원회 회의록」(1997.9.26), 12-13쪽.

35 조선일보, 「4·19는 民主土着 위한 저항운동」(1980.4.19), 2면.

36 조선일보, 「외양간과 政治」(1980.5.3), 4면. 특히 유신정권에 대한 논박의 강도는 유난히 높았다. 이명현은 유신정권기를 한국 현대사에서 발생한 "정치적 종기"에 빗대었고, 유신정권의 행태를 "7년간의 광란", 박정희를 "유신교의 교주"이자 "유신 두목"이라 칭하였다. 이명현, 「길 아닌 것이 길이다」(서울: 철학과 현실사, 1990), 114, 233쪽.

37 이명현, 「열린마음 열린세상: 李明賢칼럼」(서울: 철학과 현실사, 1989), 131쪽.

38 조선일보, 「東歐변혁의 교훈」(1989.11.21), 5면.

39 이명현, 앞의 책(1990), 117, 242쪽.

40 이명현, 앞의 책(1990), 24쪽; 이명현, 「사회발전과 세대의식」(1980), 이명현, 앞의 책(1986), 27, 84쪽에서 재인용.

41 이명현, 앞의 책(1989), 107-108쪽; 동아일보, 「신한국(新韓國) 어디로, 김영삼 정부 6개월 평가와 과제(1) "개혁 「제도적 프로그램」 시급"」(1993.8.23), 3면.

42 국민일보, 「李明賢 「新韓國」 자문(金泳三개혁/브레인에 듣는다)」(1992.12.26), 3면 참고. 김영삼은 당선 직후 당 정책위원과 순수민간 인사를 중심으로 신한국건설위원회를 구성해 국정개혁의 구체적인 청사진을 마련할 것으로 알려졌다. 그러나 신한국건설위원회가 정권에 과도한 영향력을 행사할 것을 우려한 주변 사람들의 만류로 인해 실제로 만들지는 못하였다. 일각에서는 중립내각하에서 치른 대선 이후 새 정부가 출범하면서 여당이 당정관계 복원을 위한 발판으로 신한국건설위원회 설치를 촉구하였는데, 기존의 정권과는 차별화된 정체성을 지향하는 신정부에서 이와 같은 정치적 속셈은 바람직하지 않다는 의견이 나와 설치하지 않았다고 전해진다. 한겨레, 「정권인수 구체 논의」(1992.12.22), 1면; 동아일보, 「3黨 體制정비 본격화」(1992.12.21), 1면.

43 이명현은 김영삼의 부탁을 받고 각 분야의 개혁 방안을 담은 「김영삼2000新韓國」이란 책을 저술하였다. 그는 이 책을 저술하였던 일화를 다음과 같이 회고하였다.

"'2000 신한국'을 보면 정치, 국가, 행정 모든 분야에 대한 개혁안이 다 들어있어. 농업은 어떻게 하고, 경제는 어떻게 하고.. 철학교수인 내가 그 책을 3개월 만에 다 썼어. YS가 써달라고 해서 여름방학 때 3개월간 하루도 쉬지 않고 쓰고, 그 글을 복사해서 친구가 운영하는 출판사에 보내고. 그 일이 딱 3개월 걸렸어." 이명현(2017.7.10 인터뷰).

44 이명현(2013.6.15 인터뷰); 김경은, 앞의 논문(2014), 108-109쪽.

45 김재섭, 「한국 교육개혁 정책의 이념적 성격: 1980·90년대를 중심으로」, 『한국교육사학』 24(2), 2002, 67쪽.

46 신현석, 「대학 구조조정의 정치학(1)-역사적 분석을 통한 신제도주의적 특성을 중심으로」, 한국 교육정치학회 학술대회논문집, 2004, 99쪽 참고. 일례로 초·중등교육의 경우, 학교운영위원회 설치, 본고사 폐지, 종합생활기록부 및 논술시험의 도입과 같은 각종 개혁적 조치가 취해지고, 유치원 공교육화, 만 5세 아동 취학 등의 논의가 점화되었다. 열린교육, 대학의 다양성, 자율적 학교운영, 평생교육과 IT교육 강화 등 교육전문가들이 표방하는 각종 슬로건도 모두 이 개혁으로부터 파생된 것이었다. 시사오늘, 앞의 기사(2015.12.21-2016.1.19), 14쪽. 안병영 장관은 5.31 개혁에 대하여 한국 교육사의 분수령이라면서 교육개혁안의 법제화를 추진하였던 일을 두 차례 장관직을 수행하는 과정에서 겪은 가장 보람된 경험으로 꼽았고, 이돈희 장관도 이 개혁을 통하여 더 이상 화려한 구상이 필요 없을 정도로 많은 과제가 개발되었다고 호평하였다. 안병영(2013.7.20서면인터뷰); 김경은, 앞의 논문(2014); 월간조선, 「4년간 교육부 장관 7명 취재기」 (2002년 6월호), 478쪽. 박세일 수석에 의하면 당시 OECD 평가단이 와서 내용을 검토한 후 '어떻게 이렇게 개혁적인 안을 추진하는가'라며 크게 감탄하고 갔다고 한다. 시사오늘, 앞의 기사(2015.12.21-2016.1.19), 14쪽.

47 안병영·하연섭, 앞의 책(2015), 133-135쪽.

48 대한민국국회, 「교육위원회 회의록」(1996.7.26), 15쪽.

49 박남기·임수진, 「대통령의 내각운영 유형과 장관 임명 배경에 따른 교육부장관 리더십 사례 연구」, 『교육행정학연구』 36(3), 2018, 219쪽.

50 황경식, 앞의 글(2007), 1쪽.

51 황경식, 앞의 글(2007), 2쪽.

52 이명현, 앞의 글(1990) 참고.

53 조선일보, 「歷史는 順理로 흘러야한다」(1980.1.1), 11면.

54 이명현, 앞의 책(1990), 57쪽. 하버드대 교환교수로 있을 때 집필한 신문 칼럼에는 "'다른 것이 아름답다', 이것은 21세기 신문법의 아주 중요한 한 대목이 될 것이라고 나는 생각합니다. 차이, 다름이 더 이상 갈등과 대립, 투쟁의 근거가 될 수 없는 세상으로 우리는 다가가고 있습니다. 차이와 다름은 오히려 진정한 통합의 근거가 될 것입니다"라는 대목이 나온다. 조선일보, 「「작은 것」에 집착말자」(1997.7.30), 5면.

55 이명현, 앞의 책(1990), 52쪽; 이명현, 「21세기를 위한 한국의 교육 개혁」, 『교원교육』 10(1), 1994, 14쪽.

56 조선일보, 「'高校教育正常化-선발기능우선' 큰 시각差」(1990.3.4), 16면.

57 김병옥, 「대한민국 교육부 장관 불쌍하다!」, 김병옥 기자의 교육부 48년 출입노트(2003.12.8).

58 국무총리실 비서관을 지낸 정두언에 따르면 문민정부에서는 과거 군부독재에 충성해 왔던 관료들을 어떻게 믿고 국가 대사에 대하여 논할 수 있겠냐는 사고가 팽배해 관료조직에 대한 불신과 거리감이 컸고, 결국 관계기관대책회의와 같은 의사결정 수단이 제대로 작동하지 않았다. 정두언, 앞의 책(2011), 52쪽.

59 김경은, 앞의 논문(2014), 108쪽. 교육부 대학정책실에서 근무한 관료는 곁에서 지켜본 이명현 장관을 이렇게 묘사한다. "이명현 장관은 아주 뚜렷한 사람입니다. 준비된 장관이었습니다. 교육부에 단기필마로 혼자 들어왔습니다." 교육부 고위관료(2013.8.16 인터뷰); 김경은, 앞의 논문(2014), 108쪽.

60 이명현이 문민정부 전반기를 장악한 '신한국' 개념을 만들고, 박세일은 정권 중반기에 접어들면서 '세계화'를 국가 비전의 중심축으로 세우는 일을 주도하였기 때문에 이 두 사람을 김영삼 정부의 핵심 참모라고 일컫는다. 안병영은 이명현과 박세일이 각각 철학과 법경제학을 전공하였지만, 문명사회적 관점에서 시대를 통찰하고, 전체로서의 한국 사회의 개혁을 추구한 경세가형 인물이자 참여적 지식인이었다고 평하였다. 안병영·하연섭, 앞의 책(2015), 135쪽.

61 안병영(2022.12.9 서면 인터뷰).

62 이명현, 앞의 책(2003), 290쪽.

63 대한민국국회, 앞의 회의록(1996.7.26), 29-30쪽.

64 설훈 의원(새정치국민회의); 대한민국국회, 앞의 회의록」(1996.7.26), 47쪽.

65 조선일보, 『교육예산 「5% 논쟁」』(1995.5.25), 2면. 교육재정 GNP 5% 달성을 개혁안에 담는 과정에서 재경원은 교육 외 다른 부문의 예산편성이 곤란해진다는 이유를 내세우고, 내무부는 재원 마련을 위하여 세금을 대폭 인상할 경우 조세저항에 직면하게 된다면서 난색을 표하는 등 개혁안 마련 전부터 주요 부처의 반대가 심했다. 당시 교육개혁위원회 상임위원이었던 이명현은 재정이 확충되지 않으면 심각하게 대처할 것이라고 엄포를 놓으면서 교육예산 목표치를 개혁안에 반영하였다.

66 한국대학신문, 「〈특별기획〉 5·31교육개혁 20년, 새로운 20년 열자 ③ 전문가 좌담」(2014.6.16), 5면.

진념 장관: 난세를 종횡무진한 경제 전문가

진념(陳稔)

"경제라는 것은 살아 움직이는 생물과 같아서 그때그때 상황에 따라서 탄력성 있게 적응해야 합니다."[1]

약력

구분	연도	내용
출생	1940.12.2(양력)	전북 부안군 줄포면 출생
학력	1952	전주사범학교부속보통학교 졸업
	1955	전주북중학교 졸업
	1958	전주고등학교 졸업
	1963	서울대학교 경제학과 졸업
	1968	워싱턴대학교 경제학 석사
	1988	한양대학교 경제학 박사
	1994	스탠퍼드대 MBA 과정 수학
경력	1962	제14회 고등고시 행정과 합격
	1963	경제기획원 경제계획관보
	1966-1968	워싱턴대학교 유학
	1968	경제기획원 경제기획국 자금계획과, 예산국 사무관
	1071	경제기획원 예산국 예산총괄과 과장
	1973	경제기획원 물가정책국 과장
	1974	경제기획원 경제기획국 자금계획과 과장
	1976	경제기획원 경제기획관
	1977.5-1980.6	주영국 한국대사관 참사관
	1980-1983	경제기획원 물가정책관, 물가정책국장, 공정거래실장
	1983.8.29-1988.3.4	제14대 경제기획원 차관보
	1988.3.4-1990.1.31	제7대 해운항만청장
	1990.1.31-1991.2.19	제37대 재무부 차관
	1991.2.19-1991.5.26	제19대 경제기획원 차관
	1991.5.27-1993.2.25	제11대 동력자원부 장관
	1994	스탠포드대학교 초빙교수
	1994.9-1995.7	전북대학교 초빙교수

구분	연도	내용
	1995.2 - 1995.5	국가경영전략연구원 원장
	1995.5 - 1995.8	한국보건사회연구원 이사장
	1995.5.24 - 1997.8.5	제13대 노동부 장관
	1997.11 - 1998.3	기아자동차 회장(법정관리인)
	1998.3.2 - 1999.5.24	초대 기획예산위원회 위원장(장관급)
	1999.5.24 - 2000.8.6	초대 기획예산처 장관
	2000.8.7 - 2001.1.29	제4대 재정경제부 장관
	2001.1.29 - 2002.4.15	경제부총리 겸 재정경제부 장관

동력자원부 장관 재임기 주요일지

구분	내용
1991.5.27	제11대 동력자원부 장관 취임
1991.6.1	전기요금 구조조정(평균 4.9% 인상)
1991.7.25	전기소비절약 가두캠페인 전국 실시
1991.9.1	주유소 가격표시제 시행
1991.11.4	「석유사업법시행령」 개정으로 주유소 거리 제한 완화, 민간 비축 실시
1991.11.28	새만금간척사업 기공식
1991.12.14	「집단에너지사업법」 제정
1991.12.30	울진군민 1천여 명, 핵폐기물 처리 반대 시위
1992.1.6	동력자원부 및 산하기관 자가용 10부제 및 함께타기 실시
1992.1.7	안면도 주민 7천여 명, 방사성폐기물 처리장 설치 반대 궐기대회 개최
1992.1.18 - 1.22	'한국 - 베트남 간 경제협력 및 자원협력 증진방안 등에 관한 양해각서' 서명
1992.2.1	정부기관 승용차 10부제 실시 전기요금 구조조정(평균 6.0% 인상)
1992.2.6	〈전력분야 연구개발자금 확대방안(1992-2001)〉 수립
1992.3.14	1991년 한국의 자동차 생산량 세계 9위 기록

구분	내용
1992.3.17	〈제7차 5개년 계획〉 중 에너지·자원부문 계획 수립(에너지 자원의 안정공급기반 확립 및 효율화 제고)
1992.3.23	〈1992년 대형건물 전기절약 추진대책〉 수립
1992.3.29	에너지절약형 시설의 세제 감면
1992.4.30	〈에너지소비절약 종합대책〉 수립 추진
1992.4.30-5.4	국무총리, 각 부 장관 등 국무위원급 인사의 42개 집무실에 절수장치 설치
1992.5.22	'한국-러시아 자원협력각서' 및 '자원협력안 의정서' 서명
1992.5.26	공공부문의 여름철 전기절약 솔선수범 추진의 일환으로 대통령 와이셔츠 간소복 착용
1992.5.27	'한국-몽골 자원협력각서' 서명 및 자원협력위원회 설치
1992.5.27	〈탄광지역진흥 5개년 계획〉 수립
1992.9.1	냉장고 및 승용차 대상 에너지소비절약기준 및 등급표시제 시행
1992.9.5	'러시아 연방 야쿠트 가스전 개발에 관한 정부간 합의서' 서명
1992.9.16	'한국-캐나다 에너지광물자원분야 협력에 관한 시행협정' 체결
1992.9.22-9.24	한국-인도네시아 자원협력위원회 개최
1992.11.1	월성 원전 3·4호기 건설계획 확정
1992.11.17	서인천 복합화력발전소 준공
1992.11.20	러시아 옐친 대통령 방한시 '사하공화국(야쿠티아) 내 천연가스공동개발 관련 사항에 관한 의정서' 서명
1993.2.25	제11대 동력자원부 장관 퇴임

노동부 장관 재임기 주요일지

구분	내용
1995.5.24	제13대 노동부 장관 취임
1995.6.5	PC통신 천리안에 〈노동부소식〉 개설
1995.6.18	기아자동차 노조 전면 파업
1995.6.22	건설업체 재해율 발표
1995.7.1	고용보험제 시행

구분	내용
1995.8.4	「장애인고용촉진 등에 관한 법률」 개정(장애인 직업재활 연계 고용제, 장애인 고용보조금 지급제도 도입)
1995.10.9	취업알선시스템용 파일 서버 설치
1995.10.11	제36회 국제기능올림픽(2001년) 서울시 개최 확정
1996.4.24	김영삼 대통령, 〈신노사관계 구상〉 발표
1996.5.9	대통령직속 노사관계개혁위원회 발족
1996.5	〈장애인고용촉진 5개년 투자계획〉 수립 시행
1996.6	한국, ILO 이사국으로 선출
1996.7	실업급여 지급 개시
1996.12.10	국무회의에서 1997년부터 상급단체의 복수노조 허용 등 노동관계법안 의결
1996.12.12	OECD 회원국 가입(세계 29번째)
1996.12.26	신한국당 단독으로 노동관계법 개정안 등 11개 법안 처리
1997.1.15	한국노총과 민주노총의 공동파업
1997.1.16	이홍구 신한국당 대표, 노동법 기습처리 대국민 사과
1997.3.13	노동관계법 개정
1997.3.27	직업교육훈련 3법 및 노동관계법 시행령 제정
1997.6.6	노동부, 〈노동시장 효율화를 통한 고용안정 대책〉 대통령 보고
1997.8.5	제13대 노동부 장관 퇴임

1 생애

진념은 1940년, 전라북도 부안군 줄포면 줄포리 교하동에서 아버지 진세홍(陳世洪)과 어머니 김순(金順)의 5남 1녀 중 넷째로 태어났다. 당시 줄포는 제물포, 목포, 군산과 함께 물류가 번성한 항구로 이름나 있었는데, 새우양식업을 가업으로 하는 집안에서 자란 진념은 유복한 유년기를 보냈다. 또한 또래보다 특출나게 영리해 줄포국민학교에서 급장과 부급장을 도맡았다고 한다.[2] 그의 부친은 50여 척의 선박을 이용해 새우잡이를 하면서 중국과 하와이로 수출할 정도로 승승장구한 데다 줄포수산조합장도 지냈는데, 자녀들을 좀 더 큰 곳에서 공부시키기 위하여 온 가족을 데리고 전주로 이사하였다. 어린 진념은 4학년 2학기 때 전주사범학교 부속보통학교로 전학갔지만, 얼마 안 돼 6.25 전쟁이 발발하면서 100리 길을 걸어 부안과 전주에 있는 집을 오가는 피란기를 보내야만 하였다.[3]

전라도에서 명문으로 꼽히는 전주북중학교에 입학한 후에도 성적은 늘 상위권이어서 '키 작은 똘똘이'라는 별명을 얻었다. 그러나 잘나가던 양식업이 연이은 장마로 큰 위기를 겪으면서 가계가 급속히 몰락하였고, 이후 학교에 도시락을 싸가지 못해 물로 허기를 채우는 날이 많았다. 진념은 전주고등학교에 진학한 후에도 수업료를 못 내는 일이 다반사일 정도로 가난하였지만, 신익희, 조병옥 선생의 유세 현장을 쫓아다니면서 민주화된 사회를 꿈꾸었고, 문예반에서 활동하면서 교지와 학보, 『원시림』이라는 이름의 동인지에 자작시를 발표하는 등 열정과 감성이 충만한 소년기를 보냈다. 특히 글쓰기에 대한 열의가 남달라 대학교에 진학한 후에도 상과대 문학동아리인 문우회에서 시와 수필을 썼고, 방학이 되면 전주로 내려와 시 낭송회에 참여하곤 했다.

진념은 1년간 서울 돈암동에 있는 작은 아버지댁에서 숙식하면서 재수한 끝에 1959년, 서울대학교 경제학과에 입학하였다.[4] 서울의 부잣집 자제들에게 공부를 가르치면서 혈혈단신으로 고학한 그는 장교가 되려는 꿈을 안고 ROTC 1기 생도가 되어 교육을 받았지만, 국민학교 4학년 무렵 소식이 끊긴 큰형의 월북이 빌미가 돼 임관에 실패한 후 한동안 방황하였다.[5] 결국 나랏일 하는 사람을 애국자로 여기던 시류에 따라 공직 입문을 목표로 삼은 후 5개월간 고시 공부에 전력하였고, 4학년에 재학 중이던 1962년, 제14회 고등고시 행정과에 최연소로 합격해 "최단기 준비 최연소 합격" 사례의 주인공이 되었다.

진념은 상과대 재학시절, 도서관에 비치된 『경제기획원 조사 월보』라는 잡지를 통해 경제기획원 공무원들이 유엔 산하의 아시아극동경제위원회(ECAFE)에 오가면서 정리한 외국의 경제발전 계획 관련 자료를 탐독하였는데, 이 일을 계기로 경제기획원을 1지망으로 택하였다고 한다.[6] 그는 2차 대전 후 서독의 경제부흥을 꾀하여 라인강의 기적을 일군 에르하르트(Ludwig Erhard) 수상을 모델로 삼아 국가 빈곤을 해결하는 데 일조하겠다는 포부를 안은 채 1963년 8월 26일, 경제기획원

경제계획관보로 공직에 입문하였다.[7]

1966년, AID 자금을 받아 미국 워싱턴 대학교로 유학을 떠났고, 1년 반 동안 국가재정과 개발경제학 등을 공부하면서 거시적인 시각에서 경제개발 전략을 구상해 내는 역량을 길렀다. 1971년에는 과장으로 승진해 물가총괄·자금계획·종합기획 관련 부서에서 일하였고, 1976년에 경제기획관으로 승진하였다. 이듬해 주(駐)영국 한국대사관 경제협력관을 거쳐 1980년에는 물가정책관, 1981년에는 물가정책국장을 지내면서 경제기획원의 터줏대감이 되었다. 1982년, 공정거래실장으로 근무할 때 기업들의 불공정행위를 엄격하게 조사해 업계 사람들로부터 포도대장이라는 별명을 얻었다.[8]

1983년 8월, 제14대 경제기획원 차관보로 발탁돼 1988년 3월에 이임하기까지 5년여간 한자리를 지켜 최장수 차관보를 기록하였다. 그는 어린 시절에 가난을 뼈저리게 경험하면서 개인과 국가의 빈곤을 해결하겠다는 집념을 품었기 때문에 1986년 흑자경제 시대를 맞았을 때의 감회는 남달랐다고 한다. 경제부처 차관으로의 승진을 기대하던 중 "변방 수령"이라 불리는 해운항만청장으로 발령돼 낙심하였지만, 해운항만청장을 하면서 사무실 책상에서 벗어나 야전 사령관으로서 현장을 맞닥뜨려 문제를 해결하는 노하우를 습득할 수 있었다.[9] 어디에서든 환영받는 상관이었던 그는 1990년 1월, 재무부 차관으로 입각한 후에도 보수적이고 배타적이기로 유명한 재무부 직원들로부터 큰 인기를 얻었다.[10]

1991년 2월에는 경제기획원 차관이 되어 친정에 복귀하였고, 같은 해 5월에 제11대 동력자원부 장관으로 임명돼 에너지 절약 사업 및 석탄 합리화 정책의 추진을 비롯해 북방외교 기류에 편승한 자원외교를 펼쳤다. 문민정부가 중반기에 접어든 1995년 5월 24일, 제13대 노동부 장관으로 임명돼 실타래처럼 얽힌 노사 간 갈등 해소를 위한 대안을 모색하였고, 1996년 하반기 여당의 노동법 날치기로 빚어진 사회적 파문에 직면해 노동개혁을 밀어붙이기 위해 고군분투하였다. 그러나 여론과 노동계의 뭇매를 맞음과 동시에 정치권의 계산과 당리의 벽에 부딪히는 진퇴양난의 처지에 놓였으며, 3당 합의에 따라 노동법 개정안이 다시 통과된 후 후속조치를 마무리하고 퇴임하였다.[11]

노동부 장관직에서 물러난 지 불과 세 달이 지난 1997년 11월, 진념은 부도유예협약 대상이었던 기아자동차의 회장으로 취임해 이듬해 3월까지 기업의 재기를 도모하였다. 김대중 정부가 출범하면서 초대 기획예산위원회 위원장(1998.3.2-1999.5.24)으로 임명돼 공공개혁을 지휘하였고, 기획예산위원회가 예산청과 통합해 기획예산처로 개편된 후 기획예산처 장관(1999.5.24-2000.8.6)을 역임하였다. 또한 2000년 8월 7일, 제4대 재정경제부 장관으로 취임한 데 이어 2001년 1월 29일부터 부총리를 겸하게 되면서 노태우-김영삼-김대중 정부의 경제를 잇는 거의 유일한 각료로 기록되었다.

진념은 업무분석 및 추진력, 조정력, 친화력이라는 3박자를 고루 갖춘 대표적인 경제관료로서 경제 현안에 대한 정확하고 명쾌한 분석과 막힘없는 답변, 특유의 사교성 덕분에 중간급 간부 시절부터 그의 사무실은 출입기자들이 즐겨 찾는 방이었다.[12] 2002년에는 외환위기를 극복하고 경제를 회복시킨 공로를 인정받아 아시아머니(Asiamoney)가 뽑은 '올해의 재무부 장관'으로 선정되었다. 진념은 주요 경제부처를 종횡무진하면서 정무직 경력을 쌓아 "직업이 장관"인 인물로 알려졌고, 역대 장관 중 가장 존경받은 인물로 여러 차례 거론되었다.[13] 또한 경제기획원, 재무부, 동력자원부, 노동부 등 여러 부처를 거치면서 각 조직의 현안과 애로사항을 직접 목격히었기 때문에 연도주의아 할거주의가 팽배하다고 알려진 경제부처 간의 갈등을 조정하는 능력이 탁월하였고, 이러한 이유에서 세간에서는 그를 '해결사', 못 하는 일이 없다는 의미에서 '올라운드 플레이어(all round player)'라고 칭하였다.[14]

2 시대

동력자원부 장관 취임을 필두로 본격적으로 장관 행보를 걷게 된 진념은 기획원 관료 시절의 환경과는 사뭇 다른, 민주화가 국시로 부상한 시대를 마주하였다. 개발연대기에는 경제논리가 모든 것에 우선하였지만, 1987년을 기하여 경제논리는 하루아침에 정치논리 앞에 사그러지는 상황으로 뒤바뀌었다.[15] 청와대 경제전문가들에 따르면 당시의 경제는 정치목표에 의해 철저하게 종속되었고(박영철 5공 경제수석),[16] 다원화된 목소리로 인하여 정치·사회적인 제약이 많아진 상황에서 정책 수립에 신중할 수밖에 없는 상황이 조성(김종인 6공 경제수석)되었다.[17] 노태우 정부가 출범한 직후 해운항만청장으로 임명된 진념은 민주화 과정에서 각계각층이 자기 직분을 넘는 몫을 주장하는 바람에 산업경쟁력 약화와 같은 경제위기 상황에 직면하였으며, 과거청산에 관한 논란으로 국력이 제대로 결집되지 못하고 계층 간 갈등이 심해져 경제안정 성장의 기반이 흔들리는 결과가 초래되었다고 진단하였다.[18]

한편 6공 정권기에 들어와 형평과 분배를 중시하는 경제 정의가 화두로 등장하면서 경제 민주화라는 이름으로 경제정책의 방향이 설정되었다. 노태우 정권 초기의 중요한 개혁과제의 한 축은 지나친 경제력과 부의 집중 완화, 그동안 소외되었던 경제사회집단의 이익에 대한 국가의 적극적인 보호였으며, 경제력 집중과 같은 정치경제적 문제를 야기한 근본 원인이 정책결정 과정상의 편향성에 있었던 만큼 정치 민주화에 발맞추어 경제정책 결정과정을 민주화하는 일이었다.[19] 강영훈 국무총리는 경제 민주화가 6공화국 경제정책의 기조이며, 기존의 성장 위주의 경제정책에서 복지사회 건설이라는 목표로의 전환이 경제 민주화의 청사진이라고 언급하였다.[20] 노태우 대통령도 취임사에서 그동안 이룩한 고도성장의 열매가 골고루 미치는 정직하고 정의로운 분배를 실현하기 위하여 정부와 모든 계층의 국민이 합심하여야 한다고 강조하였다.[21]

경제 정의는 차기 정권에서 개혁 방향의 한 축으로 이어졌다. 김영삼은 제14대 대선을 앞두고 노동정책의 시각 전환이 필요하다면서 경제성장의 시각에서 사회복지의 시각으로, 실적 위주의 도구적 시각에서 인간주의적 시각으로, 인력 수요의 시각에서 인력 공급의 시각으로의 전환을 강조하였고,[22] 노동법 개정을 공약으로 내세웠다. 특히 문민정부 초기의 노동부 장관들은 노사관계에 관하여 진일보한 입장을 취해 노동계의 관심과 기대를 불러일으켰고, 실제로 노사관계의 중립성, 합법적인 노사활동의 보장 등 전향적인 노사정책이 펼쳐졌다.[23]

그러나 현대계열사 노동자들의 파업이 장기화되고, 각종 경제지표의 부진이 지속되는 가운데 미국 상공회의소와 EU 상공회의소로부터 노사관계 규범의 모순을 수시로 지적받았기 때문에 정부는 외국인 투자 유치를 위하여 이들이 한국에 진출하는 데 당면하는 애로점을 해소하여야 했고, 노동 민주화에 대한 국제사회의 압력에도 대응하여야만 했다.[24] 더욱이 노·사·정이 공감할 수 있는 참여적·협조적 노사관계 구도의 확립을 요구하는 국회의 목소리가 커지자[25] 결국 정부는 OECD와 ILO가 요구하는 노동 글로벌 스탠다드를 충족시키고자 노동 거버넌스 개혁을 추진하였다.

청와대 노동비서관을 지낸 김원배에 따르면 세계화·개방화·민주화라는 거대한 물결 속에서 국가경쟁력 강화가 절실하였고, 정부는 노사문제의 근원적 해결 없이는 지속적인 경제발전과 사회 안정을 이룰 수 없다는 인식을 갖게 되었다.[26] 결국 문민정부 출범 후 추진된 각종 개혁정책은 1996년에 들어서 노사관계 부문으로 확대돼, 대립과 갈등의 소모적 노사관계를 청산하고 참여와 협력을 통해 새로운 노사관계를 정립하여야 한다는 취지를 담은 〈신노사관계 구상〉이 발표되었고,[27] 노사 단체와 정부, 공익대표가 참여하는 노사관계개혁위원회가 출범하였다.[28]

진념은 노동부 장관 재임 중 현승종 전 국무총리를 노사관계개혁위원회 위원장으로 모시면서 문민정부의 마지막 과제가 노사관계 개혁이라고 확신하였고, 이 위원회를 통해 블루칼라, 화이트칼라를 거쳐 골드칼라가 등장하는 시대에 걸맞은 노사관계의 청사진을 그릴 수 있을 것이라 기대하였다. 또한 노사관계에 관한 패러다임의 변화 없이는 노동자와 사용자가 공멸할 수도 있다는 위기감을 가지고 노사개혁에 착수하면서 개혁이 제대로 이루어지지 못할 경우, 주무장관으로서 책임지겠다는 각오로 전력투구하였다.

사실 문민정부 말엽의 노동법 개정은 1996년 4.11 총선에서 압승한 직후 국정운영의 자신감을 되찾은 김영삼 대통령이 정부의 마지막 개혁과제로 설정해 국민에게 연내 개정을 약속한 사안이었다.[29] 그러나 1996년 12월 26일, 노동법 개정안이 '상급단체 복수노조 허용 3년 유예'라는 내용으로 수정돼 여당의 단독 표결로 통과되자 노동계가 전면 총파업에 돌입하면서 파장이 확산되었다.[30] 이만섭 전 국회의장은 노동법 날치기 처리가 김영삼 대통령의 가장 큰 실책이며 이때부터 문민정부는 깊은 수렁에 빠져들었다고 언급하였다.[31] 당시 노동부 고위관료였던 한 인사는 진념 장관이 노동부 공무원들과 함께 글로벌 스탠다드에 부합하는 노동개혁을 추진하려고 하였는데, 청와대 경제팀이 노동시장의 유연성에 방점을 두는 보수적 인물(이석채 경제수석)로 교체된 후 '복수노조 허용 3년 유예'를 허용하는 데 동참함으로써 노동부가 기대하던 개혁이 좌절되었다고 진술하였다.[32]

1990년대 들어와 국민소득이 5천 달러를 넘어서고, 생활수준이 전반적으로 향상되면서 자원 소비가 급증해 한국의 자원소비 증가율은 세계 1위를 기록하였다. 또한 공산체제의 붕괴와 개방경제의 확대로 에너지 수급망의 조정이 불가피해지고, 1990년 8월에 걸프전이 발발함에 따라 유가에 대한 불안감이 증폭된 데다 채탄비용 증가를 이유로 탄광을 순차적으로 폐광시키는 석탄합리화 사업이 추진되면서 특단의 에너지 수급 전략이 요구되었다.

이에 물가안정 차원에서 에너지 저가정책을 취하였던 정부는 전력 공급량의 부족을 이유로 1990년 여름부터 시간제 송전을 추진함으로써 총수요를 억제하고, 전력 요금 인상을 단행하며, 발전시설 확충 및 대체 에너지 개발에 박차를 가하였다. 발전소 건설 재원을 마련하기 위해 전력요금을 15% 인상하는 정책 시행을 앞두고 김종인 경제수석이 TV에 출연해 "10시간 정도 단전된다면 고층아파트 위층에 사는 사람이 어떻게 될지 생각해 보십시오"라면서 요금 인상에 동참해 줄 것을 호소하는 등 정부는 에너지전에 온 힘을 기울였다.[33]

진념은 1차 오일쇼크 때 경제기획원 물가과장으로서 위기를 넘고, 2차 오일쇼크 직후에는 물가국장으로서 험난한 가격 조정을 단행하였기 때문에 에너지난에 합리적으로 대응할 수 있는 적임자로 꼽혔다. 1991년 5월 27일, 노태우 대통령은 진념에게 장기적인 안목으로 에너지 안정공급을 추진하라는 당부와 함께 동력자원부 장관 임명장을 수여하였다. 일부 언론에서는 호남 지역 배려 방침에 따라 정부내 차관 서열 1위인 진념 경제기획원 차관이 입각 시드를 배정받은 것이라고 보도하였다.[34] 동자부 내에서는 경제기획원의 예산 뒷받침과 같은 협조가 필수적인 상황에서 기획원 차관으로서 최각규 경제부총리와 호흡을 맞춰 온 진념의 업무 솜씨가 발휘될 것이라고 기대하였다.[35] 진념은 장관 취임 후 맞이한 첫 국정감사에서 비OPEC 국가로서 당면한 석유의 장기적인 수급 불안정을 전망하면서 에너지 절약을 위한 수요관리, 이용 효율을 높이기 위한 기술개발, 해외자원 개발 참여 등 에너지 환경에 능동적으로 대처하겠다는 의지를 피력하였다.[36]

그림 19 제11대 동력자원부 장관 임명장 수여식

※ 자료: 연합뉴스; 이코노미톡뉴스(2021.10.5)
노태우 대통령은 1991년 5월 27일, 진념에게 제11대 동력자원부 장관 임명장을 수여하였다.

그림 20 제 11대 동력자원부 장관 이임식

※ 자료: 한국일보 제공
오일쇼크로 인해 자원 및 에너지 정책의 중요성이 부각되는 가운데 1977년 12월 16일, 국내 에너지 공급과 수요를 총괄하고 자원외교를 담당하는 동력자원부가 신설되었다. 신설된 지 15년 만에 상공부와 통합이 예정된 동력자원부는 1993년 2월 26일, 신임 장관의 취임식 없이 진념 장관(중앙 왼쪽)의 이임식을 치렀다.

한편 문민정부에 들어와 노사분규는 1993년 144건에서 1994년 121건, 1995년 88건, 1996년 85건으로 점차 감소하였다. 그러나 1996년의 노사분규 참가자 수는 전년 대비 58% 증가한 79,000명을 기록하였고, 노동 손실 일수는 127%(893,000일), 생산 차질액은 67%(1,800억 원), 수출 차질액은 93%(38,600만 달러)로 급증하였으며, 경직적인 노동법제, 대립과 투쟁 위주의 노사관계, 집단이기주의로 점철된 노동운동, 권위주의적·폐쇄적 경영문화 등의 문제가 노동 현장에서 여전히 해결되지 못한 과제로 남아 있었다.[37]

진념은 동력자원부 장관으로 재임하던 중 동자부 폐지안이 불거졌을 때 에너지 문제는 경제의 한 축이자 국가안보와도 직결되는 사안이라면서 동자부를 상공자원부로 통합하려는 차기 정부의 계획에 강력하게 반대하였기 때문에 문민정부에서 등용될 것이라는 기대는 일찌감치 접었다.[38] 그러나 통신시장 개방과 통신산업의 구조조정을 앞둔 상황에서 한국통신 노동조합이 새로운 집행부를 구성한 데다 공공부문노조대표자회의가 창설되는 등 통신업계 노조의 변화 조짐이 일고,[39] 현대자동차의 노동쟁의가 확대되는 시점에 제13대 노동부 장관으로 입각하였다.

사실 6.29 이후 노사분규가 매년 사회적 이슈로 제기되면서 노사관계의 안정이 경제성장 달성의 상시 변수로 부각되었고, 노동부의 경제적 역할보다 노사관계 안정이라는 사회적 역할이 강조되었다. 문민정부 전반기에 노동부 장관을 지낸 남재희(1993.12.22-1994.12.23)는 노사 간 조정 역할의 마지막 다리와 같은 역할을 하는 곳이 노동부라고 하였고,[40] 제14대 국회 환경노동위원회 위원장을 맡은 홍사덕은 사회가 요구하는 정의 편에 굳건하게 서서 효율을 강조하는 다른 부처들과 힘 겨루기하는 것을 노동부의 본분으로 내다봤다.[41]

문민정부에서 노동정책은 핵심과제임에도 국정 어젠다의 상위에 있지 않았던 만큼 노동부 장관 개인의 역량이 중요했다. 특히 1980년대 민주화 이후 노동법 개정 요구가 지속된 데다 21세기를 목전에 두고 새로운 산업체계와 노사관계 수립을 위한 노동개혁이 절실하였기 때문에 어느 때보다 노동부 장관의 역할이 주목받았다. 언론에서는 진념 신임 장관이 정통 경제관료 출신인 만큼 노동문제를 경제라는 큰 틀 속에서 풀어나가 국가경쟁력을 강화하려는 기존의 정책기조가 유지될 것이라고 전망하였다.[42] 이수성 국무총리는 "진념이가 노동부 장관을 하면 노동개혁을 밀어줘야 한다"라면서 진념의 입각을 환영하였다. 그러나 공직사회에서는 경제부처에서 평생을 지낸 사람이 노동부 장관으로 온다는 소문에 우려 섞인 말이

돌았고, 노동계에서도 경제 마인드로 무장된 사람의 장관 발탁에 정서적 반발이
일었다.[43] 진념은 '장관을 하기 위하여 내가 여기 있는 것이 아니라 어떤 역할을 할
수 있는 노동부 장관이 되어야 할 것인가'라는 고민을 안은 채 노사 간의 신뢰를
바탕으로 현안을 풀어나가겠다는 의지를 밝히면서 노동부 장관으로 취임하였다.[44]

그림 21　제13대 노동부 장관 임명장 수여식

※ 자료: e영상역사관
　김영삼 대통령은 1995년 5월 25일, 진념에게 제13대 노동부 장관 임명장을 수여하였다.

4　진념의 민주화

　공직생활을 하면서 그 시대의 트렌드를 제대로 읽고 무슨 일을 하는 것이 나라
에 도움이 될 것인가를 고민해 왔던 진념은 장관과 대통령 간의 관계를 철저히 계
약 관계로 해석하였다. 그에 따르면 장관은 대통령과 일(mission)을 매개로 형성되
는, 일명 미션 스테이트먼트(mission statement)에 기반을 둔 계약 관계를 형성한다.
또한 대통령은 당면한 과업의 처리와 문제 해결을 선도하는 장관의 협력적 파트너
이며, 일(목표)을 완수하면 둘 간의 계약도 해소된다. 또한 조직 내부의 공무원들은
장관과 팀워크를 형성해 공동의 목표를 향해 협력하는 동반자이고, 조직 밖의 이
해관계자들 역시 목표를 공유하며 '현장에서의 대화'를 통해 최적의 대안을 산출

해내는 정책참여자인 것이다.

진념은 한쪽에서 일방적으로 결정한 후 나중에 정리하려고 하면 비용이 더 커지게 마련인 반면, 같은 생각을 공유하는 사람이 많을 때 정부 정책에 탄력이 붙는 사례를 수차례 겪었기 때문에 정책에 관여하는 동참자를 많이 만들어야 한다는 생각을 장관 업무에 적용하였다. 또한 정치적 격변기를 지나오면서 의사결정 과정에 법과 질서가 제대로 작동하여야만 민주주의와 시장경제가 원활하게 돌아간다는 지론을 고수하게 되었다. 즉 정책과정에 다수의 참여가 보장되고, 법치가 이루어지는 시스템하에서 최적의 결과가 도출된다는 것이다.

이와 같이 진념은 민주화를 효율적인 국가운영의 차원에서 정의한다. 따라서 권위주의 정권기에 공직생활을 하면서 겪은 국가 지도자들에 대하여 그들의 리더십이 결코 독단적이거나 일방적이지 않았고, 오히려 관료의 전문성을 존중함으로써 원활하게 국정이 이루어졌다고 판단하였다.[45] 또한 장관이 된 후에도 조직 안팎으로 중지를 모아 대안을 도출하는 합의제 방식을 통해 문제를 해결하거나 갈등을 관리하였다. 경제부총리 때는 여소야대의 정국 속에서 야당 대표를 찾아가 여·야·정 정책포럼을 제안하였고, 여야 정치계와 정부 인사들의 합숙 토론 끝에 기업 구조조정, 재정 건전화, 부동산 세제 개편 등 경제와 민생 안정을 위한 합의점을 도출하였다. 결국 진념에게 민주화란 주어진 목표를 달성하기 위하여 경주하는 과정이 게임의 규칙에 따라 제대로 이루어지는 여건으로, 달리 말하자면 수평적·수직적으로 토론과 협의가 이루어짐으로써 민주적 의사결정이 보장되는 체제를 의미한다.

"경제부총리로 재직할 때 여·야·정 정책포럼을 개최하였습니다. 당시 한나라당이 야당이었지만 과반이었기 때문에 일이 진행되지 않았습니다. 이회창 총재를 찾아가 '나라 안팎의 경제 상황이 어려운데, 경제나 민생만큼은 여야가 어디 따로 있겠습니까? 함께 해주셔야 합니다. 여·야 정책의장단과 정부가 경제 상황에 대해 난상토론을 벌이겠습니다'라고 이야기했습니다. 결국 2001년 5월, 천안에 있는 통신연구원에서 이틀간 합숙하면서 '우리 경제 상황은 어떠한가', '위기를 어떻게 돌파할 것인가'에 대하여 논의한 끝에 야당은 정부의 법률 개정안에 동의하고, 정부는 야당이 요구하는 정책 대안을 수용하기로 합의했습니다. 그해 8월에는 과천에 있는 공무원연수원에서 또 이틀간 합숙하면서 있는 그대로의 정치 실상에 대하여 설명하고 서로 따질 건 따졌습니다. 야당의 1차 목적은 정부를 견제하는 것이지만, 그것을 뛰어넘어 법률 개정안과 관련 시책을 시행하는 데 합의했어요. 나는 이것이 민주화 시대 경제정책의 가장 핵심이라고 봅니다." (진념, 2024.12.13 메모)

⑤ 리더십 전략

진념은 경제관료로서 오랜 기간에 걸쳐 축적한 전문성, 합의제 의사결정 방식을 통한 정책의 정당성 확보와 책임의 공유, 원칙을 중시하되 상황에 따라 유연하게 대처하는 기술을 바탕으로 위기를 극복하고 갈등 해소를 도모하였다.

1) 경제관료 경력에 기반을 둔 전문성 발휘

진념은 관계(官界)에서는 술 잘하고 똑똑하고 매너 좋고 업무능력도 뛰어나다고 정평이 났다.[46] 그와 함께 경제기획원의 "잘 나가는 2인방"으로 불렸던 이진설 건설부 장관(1991.2.18-1991.12.19)에 따르면 기획국에서는 진념을 '똘똘이'라고 불렀다. 김학렬 경제부총리는 진념이 브리핑을 워낙 잘하고, 보고서를 일목요연하게 잘 만들어 국·과장급 공무원들을 모아놓은 자리에서 그를 칭찬하였고, 경제기획원의 3대 천재로 이진설, 최수병(한국전력 사장)과 함께 진념을 꼽았다. 박정희 대통령도 "나는 이렇게 머리 좋은 공무원은 처음 봤다"라면서 그의 명철함을 눈여겨보았다.[47]

특히 기획력만큼은 월등히 뛰어났는데, 경제기획원 기획국장을 지낸 이기호 노동부 장관에 의하면 진념은 미래를 보는 눈이 뛰어나 연간 운용계획이나 5개년 계획 같은 장단기 계획의 수립에 탁월한 능력을 보유하였고, 경제 현상만을 고려하는 것이 아니라 사회, 정치 요인까지 함께 고려하는 등 시야가 넓어 비경제적 상황이 경제에 미치는 영향을 분석하는 데에도 발군의 실력을 보였다.[48] 관료들 사이에서도 국내 환경뿐만 아니라 대외 동향에 따라 시시때때로 좌충우돌하는 경제문제를 다루는 가운데 부하들에게 필요한 일만 정확하게 지시하고 현실성 있는 업무

를 주문한 상관으로 기억되고 있다.[49]

　박정희 정권기에는 경제기획원의 기획력, 재무부의 자원 동원력, 상공부의 수출시장 개척과 현장 지휘력이라는 3인방의 역할이 조화를 이루면서 경제개발계획이 추진되는 가운데 경제기획원은 명실공히 경제 총괄조정기관으로서의 위상을 갖춘 수퍼 미니스트리(super ministry)가 되었다.[50] 진념은 1963년, 경제기획원에서 공직생활을 시작하면서 경제관료는 나라의 역군이자 근대화의 동력이라는 자부심을 가지고 장·차관들이 원활하게 업무를 수행할 수 있도록 지원하는 데 매진하였고, 유능하고 애국심이 투철한 선배 공무원들의 가르침과 지지 속에서 '경제기획원 맨'으로 성장하였다. 그는 소신과 강직함, 조직보호의 열정, 한 팀이 공유하는 전문성을 중요하게 여겼던 신현확 부총리를 공직생활의 사표로 삼았고,[51] "젊은 사자는 썩은 고기를 먹지 않는다"라면서 부정부패에 연루되지 말고 깨끗하게 살 것을 당부한 김학렬 부총리를 든든한 후원자로 꼽았다.[52]

　　"열린 세계를 보고 자유롭게 접근한 사람들이 경제기획원 사람들이었습니다. 그때는 경제기획원 출신들이 제일 많이 외국에, 주로 미국에 나가 공부했습니다. 당시만 해도 AID 자금이 있고 콜롬보 계획도 있었으니까요. 그때 재무부에서는 자신의 자리를 잃게 될까봐 어지간한 사무관은 외국에 나가지 않았습니다. 경제기획원이란 곳은 예산권을 빼고는 실질적으로 권한이 없는 곳이었기 때문에 권한에 대하여 크게 신경 쓰지 않았습니다. 주로 미국에서 공부한 사람들이어서 사고가 자유로웠고 상하 간에 소통이 잘 이루어졌습니다." (진념, 2010.10.25)[53]

　경제기획원은 다른 부처와는 달리 정책고객이 없기 때문에 사부문에 포획되지 않은 채 공정하고 객관적인 입장에서 정책을 분석하고, 장기적인 국가발전 전략의 수립과 시행이 가능하였다. 진념은 기획국 사무관을 하던 시절, 적은 월급에 파워 없는 부서의 일꾼으로서 배고픈 나날을 보냈지만 밤낮으로 나라경제에 대하여 토론하였다. 또한 산업화에 박차를 가하던 1960~70년대에 기획·예산·대외협력 등 핵심 경제영역을 종횡무진하면서 국가경제 전반에 대한 안목과 미래 경제에 대한 혜안을 기르고,[54] 과장 자리에 오른 1970년대 초반 이후에는 경제개발 5개년 계획을 성공적으로 추진하였다. 훌륭한 경제정책이란 '오늘에 근거하여 내일을 보여줄 수 있는 청사진'이라는 나름의 정의를 내릴 수 있을 정도로 경제정책에 대한 사유의 깊이도 더하였다.

"그분들이 회의(경제부총리와 은행장들이 참석한 회의)를 마치고 가면 우리 과장하고 나는 터덜터덜 나와서 버스를 잡는다고. 재무부 과장도 은행에서 대접한 차를 타고 다니는데, 우리는 그 아우성 속에서 버스 타고 다니고, 그러면서도 보람을 가졌지. (경제기획원 내 다른 부서와는 달리) 우리 기획국은 숫자만 가지고 계획을 짜니까 별로 재미가 없다(힘이 약하고 떡국물도 없다). 그러나 경제기획원에서 주류는 기획이다! 그래서 우리는 비록 막걸리집에서 빈대떡 먹고 있지만 기는 안 죽었다고. 그런 것이 내 일생을 관리하는 데 큰 도움이 된 거 같아." (진념, 2019.11.24)[55]

┌● **그림 22** 제14회 고등고시 행정과 합격자

※ 자료: 석학들의 서재(전북 부안군 소재)에서 촬영(2022.12.14).
 가운뎃줄 오른쪽에서 네 번째가 진념이다.

경제기획원에서의 공직생활은 경제를 사회구조와 국가운영의 원리라는 큰 틀에서 바라보는 혜안을 기르는 토양이 되었다. 진념은 일의 줄거리와 맥을 신속하게 잡아내 미리 대처하는 기민함과 기회를 포착해 내는 감각을 지녀 별명이 '꾀돌이'였는데, 끊임없는 호기심과 공부 습관이야말로 호기를 잡는 원동력이었다. 특히 차관보로 있을 때 '명(名) 기획원 차관보'라는 말을 들을 정도로 경제 운용에 탁

월한 솜씨를 보였다. 일례로 경제부처관계장관회의에서 한 대기업 총수가 중동 건설에 투입된 건설장비를 무관세로 국내에 반입하려는 건에 대해 심의하였는데, 진념은 이미 타국에 장비를 매도한 다른 기업의 사례에 비춰볼 때 이를 허용하는 것은 공정하지 못하다는 판단이 서자, 때마침 건설장비에 관심을 보이던 전두환 대통령에게 미리 준비한 장비 사진을 보여주면서 무관세 반입을 막아냈다.

> "내 친구가 삼성중공업 사장이었어. 그 친구한테 '요즘 새로운, 현대적인 건설장비 사진이 있으면 하나 줘라.' 그 사진을 가지고 관계장관회의에 간 거야. 아니나 다를까 전두환 대통령이 '중동 건설장비가 뭐지?' 그때 내가 찬스를 잡은 거야. 사진을 쫙 펴서 보여드렸다고. '아, 내가 군에 있을 때, 사단장 할 때 본 것보다 훨씬 더 크네!' 여기서부터 내가 분위기를 잡은 거지. 한참 이야기를 하는데 이분이 물어보는 거야. '그거 관세 없이 들여오면 어떻게 되지?' 사실대로 얘기했지. H회사는 처분하지 않고 지금까지 중동 현지에서 가지고 있는데, 어떤 회사는 싱가포르 세컨더리 마켓에 이미 팔았습니다. 대통령이 '그럼 무관세 혜택을 주지 마라!' (이렇게 지시해서) 다른 부처 장관들이 더 이상 할 말이 없게 되었어." (진념, 2017.12.15 인터뷰)

한편 그는 수많은 경제정책의 입안과 시행에 참여하고, 개혁을 추진하면서 새로운 시스템으로 전환되지 않는 한 일과성 변혁에 불과하다는 교훈을 얻은 후 시스템 개혁론자가 되기로 다짐하였다. 이에 해운항만청장 재임 시에는 광양항 개발을 추진하면서 발등에 떨어진 문제를 다그쳐 해결하기보다 거시적 안목으로 큰 틀을 짤 수 있도록 기존의 관례와는 반대로 항만 운영 부서에서 기본계획을 수립하고, 개발국이 기본계획에 따라 구체적이고 전문성을 요하는 실시설계를 담당하게끔 지시하였다.[56]

장관이 되어서도 정책의 유효성이 지속될 수 있도록 중장기적인 계획과 단기적 대안을 동시에 집행하였다. 동력자원부 장관 시절에는 에너지 행정이란 국민의 기본적인 생활 및 산업발전과 직결되고, 21세기 국가경영의 근간이 된다는 생각에 기초해 거시적인 안목과 실질적인 차원에서 정책을 구상하였다. 일례로 노태우 대통령의 공약 사항이었던 주택 200만 호 건설계획에 따라 입주가 진행되면서 가구당 에너지 소비가 늘어나자, 에너지 소비를 줄이면서 효율을 높이는 방안을 생활화하고, 꾸준히 추진할 수 있는 시책으로 전환하기 위하여 신축빌딩의 가스 냉방을 의무화하는 규제와 가스료 대폭 인하라는 지원을 병행하는 방식으로 냉방용 전력을 가스로 대체해 여름철 전력수요 감축을 유도하였다. 에너지 수요가 급증할 2000년대를 대비하는 차원에서 외국 기업과 컨소시엄을 구성해 소련 사할린 가스전 개발 추진 계획을 세움으로써 북방진출의 활로를 개척하고, 동아시아 에너지 공동체를 조성하려는 비전을 제시하기도 하였다.[57]

그림 23 강원도 태백시 장성광업소 갱내의 진념 동자부 장관

※ 자료: 국민일보(1991.9.4)

진념은 노동부 장관 재임기에도 노동정책이 전체 사회구조의 질서와 변화의 흐름 속에서 운용되어야 한다는 관점에 입각해, 사회 각 부문의 고비용 저효율 구조를 타파하고 자유로운 경쟁시장 질서를 조성하려는 당시 국정운영의 큰 틀 안에서 노동개혁을 추진하였다. 그 결과, 노동계의 저항에 직면하고, 노동부 내부에서 빈축을 사기도 하였지만, 갈등과 반목이 깊은 노동현장에서 2년 4개월간 장관으로 재임해 오인환 공보처 장관에 이어 문민정부에서 두 번째로 장수한 장관이라는 타이틀을 얻었다.

2) 토론을 통한 의사결정

경제기획원은 1961년, 재무부의 예산국, 내무부의 통계국, 건설부의 종합계획국을 이관하여 종합기획국, 예산국, 물동계획국, 통계국의 체제로 구축되었다. 경제기획원에서 잔뼈가 굵은 이희일 장관(농수산부 1978.12.22-1979.12.13, 동자부 1990.3.19-1991.5.26)에 따르면 경제기획원은 효과적인 경제개발을 위하여 만든 강력한 중앙행정 기구로서 우수한 경제관료의 대부분을 배출하였다.[58] 즉 경제기획원은 관료사회 엘리트들이 총집결한 경제사관학교와 같은 곳으로, 이곳을 거친 관료는 다른 경제부처의 장·차관으로 발탁되는 경우가 흔했다.

경제기획원 출신의 장·차관급 인사들은 관료조직에서는 보기 드문 자유로운 소통의 문화가 강점이었다고 입을 모은다. 강경식 장관은 경제기획원이 전혀 관청 냄새가 나지 않는 기관이라면서 함께 일하는 동료들과 다툰 일이 헤아릴 수 없이 많았다고 술회하였다.[59] 김대영 건설부 차관(1990.3.19-1991.2.18)에 따르면 경제기획원에서는 수평 관계뿐만 아니라 상하 관계에서도 자유로운 의사 교환이 가능한 민주적인 분위기가 조성돼 자동적으로 인재가 양성되는 메커니즘이 형성되었다.[60] 즉 사무관이나 과장이 차관과 논쟁하려면 자기 분야만큼은 차관보다 더 많이 알고 있어야 하기 때문에 기획원 사람들은 부단히 자기 능력을 개발해야만 하는 조직 풍토 속에서 일반 행정가로서의 자질과 경제전문가로서의 역량을 동시에 증진시킬 수 있었다는 것이다.

이와 유사한 맥락에서 강봉균 장관(정보통신부 1996.8.8-1998.3.2, 재경부 1999.5.24-2000.1.14)은 경제기획원에 처음부터 우수한 사람이 선발돼 들어오는 것이 아니라 이곳에서 일하다 보면 자기도 모르게 똑똑한 사람으로 변화된다고 한다.[61] 김인호 경제수석은 특정 클라이언트를 갖지 않는 거의 유일한 경제부처에서 종합조정 기능을 수행하면서 관료의 벽을 뛰어넘는 사고와 행보에 자연스럽게 익숙해졌다고 회고하였고,[62] 경제기획원에서 초기 관료 경험을 쌓은 노준형 정보통신부 장관은 이곳에서의 훈련이 창의적인 업무를 수행하는 데 도움이 되었다고 고백하였다.[63]

진념은 '호남 출신의 신출내기'로서 때때로 자기 주장을 펼쳤음에도 그것이 승진의 걸림돌이 되지 않았던 것은 자유로운 토론문화를 가진 경제기획원의 풍토 때문이었으며, 이때 토론은 단순히 대안을 탐색하는 데 머무는 것이 아니라 문제의식을 도출하는 것에서 출발하는 컨센서스 빌딩(consensus building)이었다고 한다. 예컨대 매월 대통령을 모시고 개최한 월례경제동향보고는 경제기획원 관료들의 아이디어와 기획이 대통령의 조정을 거쳐 정책으로 진화하는, 일종의 상향적 정책 회의(policy elevation council)였으며, 이 회의에서 관료들이 제안한 내용은 국가경제 운용의 밑그림이 되었다. '성장', '효율', '형평' 기조를 토대로 한 사회개발 및 사회 안전망 확충을 골자로 하는 제4차 5개년 계획을 만들어 낸 경제관료들의 "겁 없는 반란"도 기획원만의 토론문화 덕분에 가능하였다.

조직 내 토론문화에 익숙한 데다 리더 몇 사람이 개혁적인 정신을 갖고 뛰어다녀 봐야 목표를 달성할 수 없다는 것을 터득하면서 진념은 상하 구분 없이 자유롭게 토론하고, 자기 소신을 마음껏 털어놓을 수 있는 환경을 만들어 주는 것을 리더의 역할로 상정하였다. 이 때문에 장관이 되어서도 조직의 허리에 해당하는 사무관들과 자유롭게 의사소통하는 기회를 의도적으로 만들었다. 이기호 기획국장(後 노동부 장관)에 따르면 진념은 지시보다는 토론을 통해 업무의 향방을 정하고 자신의 의견을 설득하는 방식으로 정책과정을 이끌어 부하 직원들에게 인기가 많은 상관이었다.[64]

"기획원에서 제4차 5개년 계획을 만들 때 강봉균 전 장관이 사무관이고 내가 과장이었습니다. 우리가 이제 사회개발과 형평 개념을 단계적으로 도입해야 한다는 것을 국장에게 건의했습니다. 국장이 차관께 보고하니 아직은 배가 고프니 안 된다고 하였습니다. 직접 차관실로 가서 이틀 동안 설득했더니 정 그렇거든 부총리를 만나라고 하였습니다. 부총리가 박정희 대통령께 보고하니 무릎을 탁 치며 '바로 이거다. 우리가 지금부터 전체 국민을 아우르는 대책을 만들어야 한다'고 말했습니다" (진념, 2008.7.11)[65]

협의와 토론을 중요시하고, 부하들로 하여금 아무런 제약 없이 자기 의사를 개진하게끔 하며, 그들이 내놓은 최선의 생각을 수용하는 데 인색하지 않은 그의 태도는 민주적 리더십의 일면을 보여준다. 진념은 재무부 차관 재임 중 과장들에게 관련 부처 과장들과 협의한 후 보고하게끔 함으로써 실무자 수준의 상설적 협력체계를 구축하였으며,[66] 부처 할거주의를 극복하고, 정책에 대한 책임을 강화하게끔 하는 등 토론의 강점을 정책현장에서 활용하였다. 정책 이슈가 있을 때는 여·야 정책 위원장에게 분임 토의를 제안하고, 티타임을 활용해 관계 부처 장관들과 논의하였다. 또한 여론을 반영하는 언론의 입장을 중요하게 여겨 아주 예민한 문제를 들고 기자실을 찾아가 언론인들의 의견을 듣곤 했다. 특정 현안에 관한 대안을 탐색하는 과정에서 함께 고민하도록 유도함으로써 문제를 공유하는 일명 '공범(共犯) 전략'을 취하였던 것이다.[67] 그에게 토론은 정책내용의 최적화를 이루기 위한 절차이며, 정책 전 과정에서 정당성을 확보하기 위한 수단이자 일종의 정책 세일즈였다.

토론과 협의에 방점을 두는 그의 전략은 정부 안에서 공감을 확대하기 위한 노력으로 이어졌다. 동력자원부 장관으로 재직하던 중 수도권 유류비축기지 조성 문제를 두고 용인군 주민들의 반발이 심하자 환경처, 건설부, 경기도와 함께 주민 의견을 수렴해 정책조정을 단행할 것임을 시사하였다.[68] 할거주의가 팽배한 관료사회에서 부처 간 협력을 갈등관리의 주요 해법으로 내세운 보기 드문 전략이었다. 에너지 절약 실천을 선도하기 위하여 각 부처 간부들의 차량 등급을 하향 조정하겠다는 방침을 정한 후 권력부처인 법무부의 김기춘 장관을 찾아가 관용차량 등급을 낮춰 이용하도록 하였고, 이 소문이 공직사회에 퍼지자 각 부처에 해당 지침을 시달함으로써 에너지 절약 캠페인이 전 부처로 확대되게끔 유도하였다.[69] 이후 정책 과정에 대통령도 동참하여야 한다고 판단해 대통령의 복장 간소화를 제안하였고, 노태우 대통령이 이를 수락해 진념은 한때 "대통령의 옷을 벗긴 남자"로 불렸다.

"91년 여름, 노태우 대통령께 말씀드렸습니다. '지금 여름 전력량이 심상치 않습니다. 대통령님부터 청와대에서는 노타이(no tie)를 하십시오. 과천의 공무원들이 전부 넥타이를 매고 있는데 이거 고쳐야 합니다.' 그리고 '노타이로 국무회의를 주재하면 아주 신선할 겁니다'고 제안했습니다. 이것이 최초의 노타이 국무회의였습니다." (진념, 2017.12.15 인터뷰)

그림 24 노타이 복장의 진념 동자부 장관

※ 자료: KBS뉴스(1991.7.21)
  진념 동자부 장관은 1991년 7월 21일, 넥타이를 매지 않은 복장으로 KBS 프로그램 '오늘의 문제'에 출연해 동력자원 수급 계획에 대하여 설명하였다.

그림 25 노태우 대통령 주재 국무회의

※ 자료: 한국일보 제공
  노태우 대통령과 국무위원들은 1991년 9월 2일, 넥타이를 매지 않은 채 국무회의에 참석하였다.

노동부 장관이 되어서도 5인 미만 사업장의 산재보험 적용안을 두고 보건복지부와 함께 관계 부처 간 협의를 추진하고, 중소기업 근로자의 생활안정과 재산형성 촉진을 위한 구체적인 계획을 마련하기 위하여 재경원과 협의할 것임을 밝히는 등 유관 기관과 문제를 공유하는 것을 해결책 모색의 시발점으로 삼았다.[70] 장관 퇴임 후 강경식 경제부총리와 김인호 경제수석의 강권으로 기아그룹의 회장 자리에 앉게 되었던 것도 전방위적으로 뛰어다니면서 문제 해법을 도모하는 그의 리더십이 시장문제의 해결을 위한 적실한 역량으로 비춰졌기 때문이었다.[71]

그런데 어느 조직에서건 토론이 활성화되고 토론 결과가 실질적인 변화로 나타나기 위해서는 그 과정에 간여하는 참여자 간의 소통과 신뢰가 전제되어야 한다. 진념은 고집이 세고 강인해 보이는 겉모습과는 달리, 실제로는 서민적인 면모와 소탈한 성격을 지니고 있어 조직 안팎에서 지위고하를 막론하고 누구에게나 격의 없이 대하였다. 상급자에게는 깍듯하고 부하 직원에게는 온화해 적이 없는 고매한 인품을 가진 사람이라 불렸고, 주위에 따르는 사람도 많았다.[72] 해운항만청장 때 부두 근로자들과 마음을 터놓고 술을 마시면서 파업을 막았던 일화는 장관으로 부임할 때마다 회자되곤 하였다.

> "진념 장관께서 당시 민주당 정책위원장이었던 이해찬 의원하고도 허리띠 풀은 채 정종 대병 갖다 놓고 설득을 하셨죠. 산별 대표자들이 진 장관께서 뭘 하시면 적극적으로 협조하는 쪽으로 변화가 있었다고 하는데 알고 보니까 산별 위원장들을 다 만나고 다니면서 밤새 술 마시고 설득도 하고 진정성을 보이셨다고 하더라고요." (이정식 노사발전재단 사무총장, 2017.10.20)[73]

진념은 공직에 있으면서 노(勞)와 사(使)가 경영의 성과와 책임을 함께 나누는 기업이 잘 굴러간다는 확신을 얻었기 때문에 노동부 장관으로 입각하면서 노사관계를 대립의 시각이 아니라 인간관계라는 관점으로 바라보았고, 함께 고민하고 대화하면 해결하지 못할 일이 없다고 호언하였으며, 노·사와의 스킨십을 늘리기 위한 현장 행보를 강행하였다.[74]

> "1백여 명의 종업원을 두고 중소기업을 운영하는 친구를 만나서 얘기하다 보면, 실제 경영을 하면 종업원들의 가족 사항까지 다 알게 된다고 합니다. 자녀의 취미에 대해 물어볼 정도로 관심을 보이면 그런 사업장은 노사문제를 걱정할 필요가 없다고 얘기해 줍디다. 그리고 회사경영 실적을 낱낱이 공개하기는 어렵지만 적절한 수

준에서 공개하고 종업원의 동의를 구하면 어느 중소기업이라도 잘 굴러 간다는 겁니다." (진념, 1996)[75]

부하 직원들이나 임명권자에게 책임을 떠넘기지 않고 조직을 옹호하는 태도야말로 신뢰를 얻는 비결 중 하나였다. IMF 위국의 시기에 기획예산위원회 위원장이 되어 공공개혁을 주도할 당시, '욕 먹는 일은 내가, 공(功)은 남에게'라는 모토를 내세워 급여 삭감, 인력감축 계획은 기획예산위가 발표하고, 공기업의 외자유치 실적은 관련 부처가 발표하도록 함으로써 정책공동체 안에서 결속을 다졌다.[76] 이는 주어진 미션을 달성하기 위해 정부 전체가 움직여야 한다는 판단에 기반을 둔 대승적 결단이었다.

이와 같이 관계를 중시한 관리 스타일은 비공식적인 '우군 네트워크' 형성이라는 결과로 이어졌다. 진념은 기자들을 맞상대하는 공보관을 유능한 부하 중에서 세우고, 인사 발령 때 주요 국장 자리로 전보시키는 등 우대하여 출입기자들로부터 환영받았고, 때로는 이들이 그의 업무와 신변에 도움이 되는 든든한 후원자가 되기도 하였다.[77]

3) 원칙에 기반을 둔 유연성

전주고 교사였던 송영상에 따르면 진념은 선배에게 다소곳이 경어를 쓰는 예의 바른 학생이었다.[78] 그러나 옳다고 믿는 바에 대해선 어른이나 상관 앞에서라도 할 말을 똑 부러지게 하는 고집 센 스타일이었다. 이러한 성격 때문에 물가국 과장으로 재직할 때 물가대책 관계장관회의 석상에서 1차 오일쇼크를 빌미로 시멘트 가격을 상향하려는 상공부 장관의 요청을 일목요연하게 반박해 눈 밖에 난 후 불과 2주 만에 자금기획과로 좌천되었다.[79] 차관으로 일찍 승진하지 못하고 후배들에게 '똥차'라는 소리를 들어가면서 5년 여간 차관보 자리에 머물렀던 이유도 소신을 굽히지 않는 고집 때문이었던 것 같다고 한다.

진념은 4차례나 장관으로 임명되면서 '일복이 터진 사람', '관운이 좋은 공직자'로 불려 왔다. 일각에서는 그를 박정희-전두환-노태우 정권으로 이어진 군사독재 정권에서 그야말로 "잘나가는" 공직생활을 하면서 사회 각계의 기득권층과 깊은 친분을 맺어온 권력 관료라고 폄하하고, 아이디어는 많지만 자기 손은 더럽히지 않은 채 문제를 현실 미봉적으로 풀려는 성향이 강한 게 아니냐며 힐난하기도 하였다. 인화형·화합형 리더지만 "되는 일도 없고 안 되는 일도 없는" 사람으로, 결정하는 일이 없고 개혁 성향이 부족하다는 소문도 돌았다.[80]

그러나 진념은 어느 조직에서건, 어떤 위기 앞에서건 실패하지 않았다. 외환위기의 도화선이 된 기아그룹의 회장직 제의가 들어오자 정부로부터 기아를 매각하지 않고 긴급운영자금을 지원하겠다는 약속을 미리 받아내는 사전 포석을 깔아놓은 후 회장직에 취임하였고, 재경부 장관 때는 부실기업으로 꼽히는 하이닉스 반도체를 처리하는 과정에서 회사채 신속인수제라는 희대의 비방을 마련해 적체된 문제를 해결하는 기민함을 발휘하였다.[81] 그는 업무에 관한 한 치밀하게 계산하고 철저하게 준비하는 용의주도한 사람이었다.

경제부처 사람들은 그의 장수 비결에 대하여 제각기 의견을 제시한다. 배영식 재경부 기획관리실장은 지역 차별을 하지 않는 불편부당, 능력 위주의 발탁, 아랫사람을 편하게 해주는 관리기법을 연이은 장관 발탁의 요인으로 꼽았다.[82] 노동부 고위관료들은 진념 장관을 '상당히 영리하고 순간적인 대처 능력이 뛰어난 장관', '샤프한 머리에 부지런히 일하는 데다 좋은 인품까지 갖춘 덕장'에 비유한다.[83] 김진표 재경부 차관은 국민의 정부 시절, 거시경제에 대한 업무파악 능력, 경제부처를 이끄는 리더십, 재벌 및 노조와의 관계, 야당 및 언론과의 관계, 대외관계 등을 종합적으로 평가하였을 때 진념만큼 경제부총리로 적합한 인물은 없다고 단언했다.[84]

진념이 정권과 부처를 불문하고 유망한 장관감으로 꼽혔던 것은 원칙을 중시하되 유연하게 대처하는 상황 적응력 때문이었다. 그는 경제에는 여야가 없으며 개혁에는 임기가 없다는 소신을 공개적으로 이야기하곤 했다. 또한 총론에 있어서는 모든 국민이 지지하지만, 각론에 들어가면 이해집단의 저항이 발생하면서 내부 충돌이 생기기 마련이므로 개혁의 선두에 섰을 때 국민의 지지에 지나치게 의존하여서는 안 된다는 것을 철칙으로 세웠다. 그렇기 때문에 외환위기 수습기에 경제부총리로 임명된 후 우리 경제가 정치권과 이익단체 등 외부 압력에 밀려 '외나무다리에서 당나귀를 짊어지고 가는 꼴'이 되어서는 안 된다고 강조하였고, 경제 현안을 정치논리가 아닌 경제논리로 투명하고 일관성 있게 추진함으로써 시장의 신뢰를 얻고자 했다.

노동부 장관 재임기에는 합법적인 노조의 활동은 보호하되, 불법적인 행동에 대해서는 단호하게 대처한다는 노동행정의 방향을 고수하였다. 국정감사 석상에서 의원의 충고를 완곡하게 거절하면서 주관을 뚜렷하게 밝히는 화법으로 자기만의 스탠스를 잃지 않았다. 일례로 노사분규 혐의로 구속된 자에 대한 특별석방을 대통령에게 건의할 것을 요청받자, 그는 실정법을 위반해 사법조치를 받은 사람들에 대한 조처는 정당하며, 국제노동기구나 다른 나라가 이를 간섭하는 것은 주권국가로서 수용할 수 없다는 입장을 분명히 밝혔다.[85] 국가마다 각기 다른 경제발전 단계에 진입해 있고, 문화와 전통, 가치관이 모두 다른데, 이러한 사정을 고려하지 않은 채 OECD 가입을 위하여 노동법 개정을 추진하려는 시도는 바람직하지 않다는 소신 발언도 서슴지 않았다.[86] 그는 노동법 날치기 파문이 일어났을 당시, 대선을 의식한 여권이 기존 안의 철회와 유보 입장으로 돌아섰음에도 강행의 의사를 피력하면서 대응할 것을 주문한 원칙주의자였다.[87]

> **그림 26** 개정 노동법 백지화를 요구하는 노동계

※ 자료: llabor.or.kr; 한국일보(2019.12.26)
  노동단체들이 1996년 12월 30일, 서울 명동성당 앞에서 개정 노동법의 백지화를 요구하고 있다.

그림 27　노동관계법 개정에 관한 대국민 합동담화문을 발표하는 관련 부처 장관들

※ 자료: 경향신문 제공
　한승수 부총리를 비롯한 관련 부처 장관들이 1996년 12월 27일, 노동관계법 개정에 관한 합동담
화문을 발표하였다. 이 담화문을 통해 근로자 지원을 위한 특단의 대책을 강구하겠다고 밝힌 가운
데, 진념 노동부 장관은 '중소기업 특별대책 등 노동관계법 후속 방안을 조만간 발표할 예정'이라
면서 경제계도 노동계의 사기 진작을 위해 노력할 것을 당부하였다.
　왼쪽부터 안우만 법무부 장관, 김우석 내무부 장관, 한승수 부총리 겸 재경원 장관, 안광구 통상
산업부 장관, 진념 노동부 장관.

　　그러나 항상 원칙을 앞세워 정책환경을 가변성을 간과한 것은 아니었다. 진념
이 성격이 다른 정권에서 연이어 장관직에 오를 수 있었던 것은 정치 색깔을 뛰어
넘는 탈 정치적 경제정책의 운영과 그만의 친화력을 비롯해 상황에 따라 유연하게
대처하는 기술 덕분이라고 한다. 진념은 경제를 살아 움직이는 생물에 비유하면서
경제 분야의 정책가라면 그때그때 상황에 따라 탄력 있게 적응해야 한다고 여겼
다. 또한 쟁점이 되는 사안에 대하여 마음을 열고 이야기 하되, 명분을 완화시키면
서 원칙을 지켜나가는 태도야말로 문제해결의 첩경이라는 지혜를 적용하였다.[88]

　　그가 해운항만청장으로 임명되었을 때 우리나라의 해운업이 만성 적자에 허덕
이고 있었고, 동력자원부 장관직을 맡았을 때는 걸프전을 비롯한 대내외적 요인에
의한 심각한 에너지난에 봉착했다. 또한 노동법 개정을 둘러싸고 각각의 이익주체
가 첨예하게 대립하던 시기에 노동부 장관으로 임명되고, 외환위기 수습기에 기획
예산처 장관에 이어 부총리 겸 재경부 장관으로 발탁돼 구조조정의 총대를 매는
등 위기의 순간마다 리더십을 요구받았다. 그는 당면한 상황을 주도면밀하게 파악
하고 종합적으로 판단해 최적의 결과를 산출할 수 있는 합리적인 방안을 모색하였
고, 융통성 있게 업무를 처리함으로써 정권이 당면한 난제를 돌파해 내는 지도력
을 발휘하였다.

1 진념, 「재정경제부 장관 취임 기자간담회」(2000.8.7), 진념, 『(IMF 위기를 넘어)가치 한국 실현: 진념 부총리 겸 재정경제부 장관 연설문집』(과천: 재정경제부, 2002), 5쪽.

2 진념은 전주에서 국민학교를 졸업하였지만, 줄포국민학교를 졸업한 고향 친구들과 어울리면서 줄포초교 36회 졸업생 신분으로 동문 활동에 참여하였다. 줄포는 한때 부안읍과는 비교되지 않을 정도로 번성한 곳이었지만, 토사의 매립으로 1960년대 초반에 폐항된 후 쇠락하였다. 줄포면 종합청사 안에는 '석학들의 서재'라는 이름의 진념 기념관이 마련돼 있다.

3 더욱이 그의 아버지가 좌익 사상계로 몰려 집안이 풍비박산 났다고 한다. 진념과 줄포국민학교에서 같은 학년으로 재학하였던 사촌 진영우에 따르면 교내에서 사촌동생인 진념과 아는 척하면서 지내기 어려울 정도로 분위기가 흉흉하였다고 한다. 진영우(2022.12.14 담화).

4 진념은 일제강점기 때 독립투사를 위하여 무료 변론을 해 주었던 법조인 상을 그리면서 법과대학 진학을 꿈꿨다. 그러나 고등학교 2학년 때 형님들이 연루된 집안의 송사를 처리하기 위해 만난 변호사로부터 완전 장사꾼 같은 인상을 받아 실망한 후 법조인이 될 바에는 차라리 배고픔 문제를 해결하는 데 적격인 경제학과에 진학해 진로를 모색하는 것이 낫겠다고 판단하였다. 국사편찬위원회, 「1960~70년대 경제 고위관료에게 듣는 한국경제정책의 수립과 집행」(2009), 17쪽.

5 당시 ROTC 교관이 장군 세 명의 추천서를 받아오면 임관을 고려해 보겠다고 했지만, 아무 빽이 없는 "촌놈"으로서 뾰족한 방책이 없어 엄청난 절망감을 안은 채 ROTC를 자퇴할 수밖에 없었다. 국사편찬위원회, 앞의 글(2009), 18쪽.

6 또한 고등고시 수험생활을 할 때 인도네시아, 태국과 같은 신생국이 경제자립을 위해 개발계획을 추진하는 사례를 언론보도를 통해 접하면서 우리나라도 자유당, 민주당 시대에 경제계획을 세웠음에도 제대로 집행하지 못하고 유야무야된 것에 대한 아쉬움이 컸다고 한다. 국사편찬위원회, 앞의 글(2009), 19쪽.

7 루트비히 에르하르트는 1949년부터 1963년까지 서독의 경제부 장관을 하면서 라인강의 기적을 일구어냈고, 1963년부터 1966년까지 3년간 총리를 지냈다. 그는 1964년, 박정희 대통령이 독일을 방문하였을 때 산이 많은 한국의 지리적 특성을 고려해 고속도로를 건설하고, 고속도로의 활용도를 제고할 수 있는 자동차 산업의 육성이 필요하다고 조언하였다. 또한 자동차 생산을 위한 제철공업의 가동, 그리고 자동차 원료를 비롯해 나일론, 플라스틱 공업 개발을 위한 정유공장 건설, 독일의 마이스터 제도와 같은 전문 기술 인력의 양성, 경제안정을 위한 중산층 강화 방안으로서 중소기업의 육성을 제안하였고, 이것은 한국 경제발전 과정에서 상당 부분 수용되었다. 정도영, 「제4장 1960년대 대외경제협력 정책과 독일의 역할」, 정도영·정진아·김영선·이숙화·안태윤·윤정란·임성욱·김명훈, 『구술로 보는 한국 경제 성장의 역사』(서울: 선인, 2020), 127-128쪽.

8 박종인, 『DJ정부의 경제실세 25인: 그들의 경제관과 학·인맥』(서울: 다락원, 1998), 130쪽.

9 진념, 『경제 살리기 나라 살리기』(서울: 에디터, 2002), 64-65쪽. 진념은 2년간 해양항만청장을 하면서 한국컨테이너부두공단을 설립하고, 광양항 개발, 한·중 카페리 항로 개설, 국제해사기구(IMO) 파견관 제도 도입 등의 족적을 남겼다.

10 매일경제신문 정치부, 앞의 책(1998), 134쪽.

11 노동법 개정안이 통과된 직후 사의를 표하였지만, 개정법이 자리잡도록 기초를 닦아달라는 김영삼 대통령의 제안을 수용해 노동법 개정안 정착을 위한 작업을 이행한 후 퇴임하였다. 노사공포럼, 「원로에게 듣는다: 포용과 상생의 노사관계 구축할 절호의 기회 왔다」(2017년 43호).

12 주간동아, 「경제팀 총수 진념, 개혁성 시비 잠재울까」(2000.10.12, 254호), 36-37쪽.

13 2002년에 고위공무원들을 대상으로 실시한 조사에서 행정능력, 청렴성, 추진력을 갖춘 최고의 관료 중 한 명으로 선정되었고, 2011년에는 행정학자가 뽑은 성공한 경제 장관 중 1위로 꼽혔다. 매일경제, 앞의 기사(2002.3.19); 원희복, 앞의 책(2011), 276-277쪽.

14 박종인, 앞의 책(1998), 135-136쪽.

15 이장규, 『경제는 당신이 대통령이야: 전두환시대 경제비사 개정증보판』(서울: 올림, 2008), 338쪽.

16 김흥기, 『(경제기획원 33년)영욕의 한국경제』(서울: 매일경제신문사, 1999), 349-350쪽.

17 김흥기, 앞의 책(1999), 349-350쪽.

18 진념, 「黑字基調 속에서 90년대 海運産業 政策方向을 확정지은 뜻깊은 한해」(1989.12.30), 동력자원부, 『21世紀를 준비하는 에너지 政策: 진념長官 講演.對談등 모음집』(과천: 동력자원부, 1993), 384, 386쪽; 진념, 「政治民主化에 수업료 지불하는 우리經濟」(1992.4.2), 동력자원부, 앞의 책(1993), 421쪽.

19 최병선, 「제4장 경제민주화의 도전과 좌절」, 김석준(편), 『經濟民主化의 政治經濟』(파주: 법문사, 1994), 79쪽. 경제 민주주의란 경제력의 통제와 경제적 의사결정에 대한 참여라는 두 줄기로 이루어진다. 이때 '결과로서의 경제 민주화'가 소유 집중의 완화를 쟁점으로 삼는다면, '과정으로서의 경제 민주화'는 경제정책 결정과정에 다수가 참여하는 것을 의미한다. 그러나 경제 민주주의는 일반적으로 경제활동과 부의 분배에서 형평성을 유지해 구성원 간에 소득, 재산, 생활수준 등의 격차가 최소화되는 것을 의미하는 개념으로, 분배의 차원에서 논의되며, 최근에는 경제부문에서의 공평성, 복지의 확대를 정당화하는 정치 어젠다로 부각되고 있다. 일각에서는 경제 민주화가 궁극적으로 정치사회의 민주화를 지향하는 것이며, 비민주적인 역사적 전통과 제도적 유산의 청산이 핵심 목표이기 때문에 정권의 변동과 긴밀한 관련성을 갖는다고 한다. 이은진, 「제2장 경제민주주의의 현대이론」, 김석준(편), 『經濟民主化의 政治經濟』(파주: 법문사, 1994), 22쪽; 최병선, 앞의 책(1994), 75-76쪽 참고. 1987년 10월 27일 국민투표로 확정된 새 헌법 개정안에 자유경제체제의 원리를 근간으로 한 소득균등분배가 반영되었고, 9차 개헌 헌법에서 경제의 민주화를 명문화하였다.

20 강영훈, 「통일을 향한 새 정치문화」, 관훈토론회(1990.10.31).

21 노태우, 앞의 연설(1988.2.25).

22 김영삼, 앞의 책(1992), 167쪽.

23 문민정부의 초대 노동부 장관으로 입각한 이인제는 무노동 부분임금제 도입을 비롯해 전향적인 조치를 시도하였고, 현대그룹이 파업하였을 때 이전의 장관들과는 달리 노동자들과 적극적으로 대화하려는 모습을 보여 '이인제 신 노동정책'이라는 말이 돌았다. 이어서 부임한 남재희 장관은 복수노조를 인정하는 것이 올바른 방향이며 상위 연합체의 복수노조는 당장 인정해야 한다고 주장하였고, 노조의 쟁의행위에 대한 긴급조정권 발동은 불가하다는 입장을 고수해 자율의 원리가 노동행정의 한복판에 자리잡는 계기를 마련한 장관이라는 평가를 받았다. 남재희, 『일하는 사람들과 정책: 문민정부 노동부 장관 시절의 기록들』(서울: 비룡소, 1994), 91쪽; 강정구, 「김영삼 정권의 민족사적 평가」, 『한국사회학』 34(4), 2000, 844쪽 참고.

24 OECD 산하 경제개발검토위원회(EDRC)의 위원장인 버나드 몰리터(Bernard Molitor)는 민주국가라면 근로자의 단체행동권, 정치참여 등을 허용하여야 하며, 회원국 중에는 이 문제에 관해 매우 강경한 입장을 가진 나라들이 있음을 밝혔다. 폴 크루그먼(외), 『세계가 진단하는 한국경제』(서울: 한뜻, 1997), 331쪽. ILO는 제3자 개입금지, 교원노조·공무원의 단결권 및 정치활동 금지 등 노동시장의 자율성을 억압하는 한국 정부의 규제를 철폐할 것을 요구하였으며, 미국노동총연맹(AFL-CIO)과 중소기업진흥공단, 유럽의 노동조합연합회도 한국의 노동관계법 개정을 촉구하였다. 김말용 의원(민주당); 대한민국국회, 「1995년도 국정감사 환경노동위원회 회의록」(1995.10.12), 11쪽 참고.

25 정장현 의원(민자당); 대한민국국회, 「1995년도 국정감사 동력자원위원회 회의록」(1995.10.12), 58쪽.

26 김원배, 「노사관계정책」, 이원덕(편), 『한국의 노동 1987-2002』(서울: 한국노동연구원, 2003), 160-161쪽.

27 〈신노사관계 구상〉에서 제시한 핵심 원칙 중 하나인 '제도와 의식의 세계화'는 국제기준과 관행에 부합하도록 노동 관련 법과 제도를 개선하겠다는 것을 내용으로 한다. 한편 이 구상을 통해 노사문제를 노사가 서로 책임지고 자율적으로 해결하는 풍토를 만들기 위하여 정부는 과도한 개입이나 규제를 지양하고 공정한 중재자로서의 역할을 이행하며, 노사관계 개혁의 방향에 대한 국민적 합의를 도출해 내기 위하여 노사개혁위원회의 설치를 예고하였다. 김영삼, 「新노사관계로 세계일류국가 건설」(1996.4.24) 참고.

28 노사개혁위원회는 노사 간의 타협도 중요하지만 공익을 중시하는 방향으로 타협이 이루어져야 한다는 원칙 아래 노동계 5명, 재계 5명을 포함하는 10명의 공익 대표와 10명의 학계 대표로 구성되었다. 특히 노동계 대표로서 한국노총 계열 3명, 민주노총 계열 2명이 위촉됨으로써 법외노조로서 민주노총의 실체를 인정하는 계기가 되었다. 김원배, 앞의 책(2003), 167쪽.

29 월간조선, 「인물연구: 고립무원의 이석채 청와대 경제수석」(1997년 3월호), 182쪽.

30 1997년 총파업은 1987년의 노동자 대투쟁 이후 가장 격렬하고 가장 대규모인 전국적인 사회적 항의운동이었다. 당시 민주노총을 비롯해 한국노총도 총파업에 합류하였고, 정리해고의 1차 대상이 될 것을 우려한 화이트칼라 계층과 문민정권에 대항하던 보수 세력, 재야 세력 및 종교계 인사 등 각계각층의 사람들이 총체적으로 결합해 반YS투쟁을 펼치기 시작하였다. 천주교 정의구현전국사제단은 시국성명서를 통해 날치기 통과를 비판하면서 총파업에 대한 지지 의사를 표명하였고, 각계의 지도급 인사 1997인의 시국선언과 대학교수들의 시국선언이 잇따랐다. 또한 OECD와 ILO가 한국의 노동법 개정에 따른 대규모 파업에 우려를 표명하고, 미국 정부도 노동관계법의 재검토를 포함한 시국 수습의 필요성을 언급하는 등 국제사회의 여론이 정부를 궁지로 몰아넣었다. 야당 의원들은 법률안 심의·표결의 권한 침해를 이유로 헌법재판소에 국회의장을 상대로 권한쟁의심판을 제기하여 인용 결정(96헌라2 '국회의원과국회의장간의권한쟁의')을 받았다. 결국 정부가 새로운 개정안을 제시함으로써 노동법 파문이 일단락되었는데, 개정된 노동법에는 복수노조 설립 허용, 정치활동 금지 조항 삭제 등 노조활동을 보장하는 집단적 노사관계법 개정과 함께 변형근로시간제, 선택적근로시간제, 단시간근로제 도입 등 노동시장의 유연성을 높이는 제도의 개선, 그리고 노사관계의 현안이었던 전임자 임금 지급 금지, 무노동 무임금의 법제화가 이루어졌다. 임혁백, 앞의 책(2011), 242쪽; 월간조선, 앞의 기사(1997년 3월호), 184쪽; 이성희, 「노사관계 개관: '87년 이후 15년 동안 노사관계의 변화」, 이원덕(편), 『한국의 노동 1987-2002』(서울: 한국노동연구원, 2003), 34쪽 참고.

31 이만섭, 『나의 정치인생 반세기: 이승만에서 노무현까지-파란만장의 가시밭길 헤치며 50년』(서울: 문학사상사, 2004), 434쪽.

32 노동부 고위관료(2013.8.16 인터뷰); 김경은, 앞의 논문(2014), 208쪽.

33 노태우(조갑제 해설), 앞의 책(2007), 303-304쪽 참고.

34 조선일보, 「鄭총리"미룰것 없다"에 日曜단행」(1991.5.27), 3면.

35 조선일보, 「닻올린 鄭내각…「法질서-所信」강조」(1991.5.28), 3면.

36 대한민국국회, 「1991년도 국정감사 동력자원위원회 회의록」(1991.9.16), 1-2쪽.

37 한국노동연구원, 『1997년 KLI 노동통계』, 198, 202쪽; 박기덕, 「한국 국가의 성격과 능력」, 박기덕(편), 『한국 민주주의 10년』(성남: 세종연구소, 1998), 26쪽; 김원배, 앞의 책(2003), 165쪽 참고.

38 제14대 대선캠프에서 정무보좌역을 맡은 김중위는 김영삼 대통령 당선자에게 "새 집으로 이사 가려면 집수리를 해야 하는 게 아닙니까?"라고 운을 띄우면서 각료를 임명하기 전에 정부조직을 개편할 것을 건의하였다. 조직 통폐합설이 나돌자 동자부에서는 에너지 정책의 중요성을 강조하면서 간부는 물론이고 일반 직원까지 통합에 반대하는 로비를 강력하게 벌였음에도 에너지 정책이 중요하다는 사실과 그것이 부서로 존속되어야 할 만큼 업무가 많느냐 하는 문제는 별개의 사안이라는 논리에 따라 정부조직법 개정안이 통과되었다. 김중위, 「골 때리는 장관」, 박관용(편), 앞의 책(2001), 32-33쪽.

39 1994년 5월을 기점으로 한국통신 노조가 공기업 임금 가이드라인의 철폐, 통신시장 개방 반대, 대기업 위주의 통신산업 민영화 중지 등을 내걸면서 정부와 갈등이 빚어졌다. 이듬해 사측에서 노조위원장을 비롯해 노조 간부들을 고소·고발하면서 중징계 방침을 결정한 데다 김영삼 대통령이 '파업은 국가전복 사유'라면서 엄중 처리 방침을 밝히자 본격적으로 노동쟁의가 발발하였다. 당시 야당에서는 노사교섭이 상당한 난항을 겪고 있는 때, 난데없이 대통령이 껴들어 외압과 이데올로기 공세를 펼침으로써 노사정책을 원점으로 되돌리는 우를 범하였다고 성토하였다. 신계륜 의원(새정치국민회의); 대한민국국회, 「1995년도 국정감사 환경노동위원회 회의록」 (1995.10.13), 27쪽. 진념 노동부 장관은 국정감사 석상에서 대통령의 발언을 문제삼는 김말용 의원(민주당)의 질의에 대하여, 직선제에 의한 한국통신 노조 발족 이후에 빚어진 일련의 사태가 통신대란을 가져올 것으로 판단한 대통령의 조치였다고 해명하였다. 대한민국국회, 앞의 회의록 (1995.10.13), 80-81쪽.

40 남재희, 앞의 책(1994), 94쪽.

41 대한민국국회, 앞의 회의록(1995.10.13), 88쪽.

42 KBS뉴스, 「진념 신임 노동부 장관, "인간관계 최우선"」(1995.5.24).

43 노사공포럼, 앞의 글(2017).

44 MBC뉴스, 「진념 신임장관, 노사간 상호신뢰 바탕으로 문제해결 당부」(1996.5.24). 전임 장관이 수뢰 혐의로 사퇴하면서 일사천리로 장관 이임이 이루어졌기 때문에 평소 청렴을 실천해 온 진념의 모습이 징관 발탁의 계기가 되었을 것이라는 수문이 돌기도 하였다.

45 진념은 박정희―전두환―노태우―김영삼으로 이어지는 이른바 "경상도 정권"에서 잘나가는 관료 중 보기 드물게 호남 출신이었다. 그는 여러 정권에 걸쳐 공직에 복무한 경력이 있는 만큼 역대 대통령의 면면을 자신의 경험에 비추어 묘사하였다. 진념에 따르면 전두환 대통령은 부처가 제시하는 방향을 인정하고, 특히 중간책임자의 이야기에 귀를 기울일 줄 아는 '열린 대통령'이었기 때문에 물가정책국장으로서 업무보고를 할 때 대통령의 견해에 "아닙니다"라고 직언하여도 무방할 정도의 소통 분위기가 조성되었다. 5공화국에서 농수산부 장관과 내무부 장관을 지낸 고건 전 총리도 전두환 대통령은 논리적으로 이야기하고 설득하면 수용하는 스타일이었다고 한다. 고건, 앞의 책(2017), 297쪽. 한편 노태우 대통령은 강압적인 면모가 전혀 없고, 부처의 시책에 기꺼이 동참하는 탈권위주의적 지도자였다. 김영삼 대통령은 '정치 9단'이라고 불리는 정치 전략가로 통하지만 순수한 면도 굉장히 두드러졌다. 또한 긴급 현안에 대하여 직접 나서서 챙기는 세심함이 있어, 1996년 말에 노동파업이 발생했을 때 일주일에 3~4차례 전화를 걸어 일의 추이를 확인하곤 하였다. 김대중 대통령은 능력 위주로 사람을 골라 쓰고, 과거 정부에 대한 비난을 자제할 줄 알며, 남의 말에 귀 기울이고, 일단 검증된 인물이라면 권한을 주되 책임을 묻는 실용적인 리더였다. 진념(2017.12.15 인터뷰, 2024.12.18 메모); 단비뉴스, 「여소야대, 소통 노력 없으면 경제 퇴보」(2016.4.15).

46 박종인, 앞의 책(1998), 13쪽.

47 월간조선, 「인물연구-장관만 여섯 번째, 직업이 장관인 陳稔 경제부총리」(2002년 4월호), 207쪽; 중앙일보, 「[새 각료 프로필] 진념 예산처」(1999.5.25), 9면. 경제기획원의 똑똑한 인재로 진념, 이진설, 최수병이 전 삼총사였다면, 후 삼총사는 김인호(청와대 경제수석), 김영태(산업은행 총재), 박유광(경제기획원 차관보)이었다.

48 이코노미스트, 「인물탐구-진념 동자부 장관」(1992.5.5, 제196호) 100쪽; 동력자원부, 앞의 책(1993). 456쪽.

49 진념, 앞의 책(2002(a)), 61쪽.

50 정덕구, 앞의 책(2003), 169-170쪽; 김인호, 앞의 책(2019), 695쪽. 1963년부터 경제기획원 장관이 부총리를 겸임하게 되면서 경제기획원은 여러 경제부처 가운데 공식적인 우두머리가 되었다. 특히 경제개발기에는 예산, 기획, 외자도입, 심사평가 등의 핵심 권한을 기획원에 몰아줬기 때문에 국무총리보다 더 큰 영향력을 발휘하였다. 또한 박정희 대통령이 경제부총리에게 경제부처 장관들에 대한 통솔권과 인사권을 부여하였기 때문에 경제기획원의 파워는 막강하였다. 이장규, 앞의 책(2012), 139쪽.

51 신현확 부총리는 '일이 되게끔 해야 한다'는 소신을 가지고 옳다고 믿는 바를 굳세게 밀고 나가는 강직함이 있었다고 한다. 그는 6.25 전쟁이 한창이던 상공부 공정과장 시절, 전시행정요원 강제 징집에 맞서 부하 직원들을 무사히 구출해 낸 조직보호의 열정이 있었고, 직원들에게 '공무원 공부'를 시켜 전문성을 갖게끔 하였다. 신철식, 『신현확의 증언: 아버지가 말하고 아들이 기록한 현대사의 결정적 순간들』(서울: 메디치, 2017), 130-133쪽. 김만제 부총리에 따르면 신현확은 시장경제와 민간경제에 대한 집념이 상당이 강하며, 일관된 시각을 지닌 매우 우수한 관료로서 빠른 두뇌 회전과 밀어붙이는 힘이 관료사회에서 인기를 얻는 요인이었다. 김만제 진술(2010.10.25); 시장경제연구원, 『경제원로들이 보는 한국의 시장경제: 「시장경제적 관점에서 보는 한국경제의 발전경험 평가와 정책제언」 연구를 위한 심층인터뷰 내용』(서울: 시장경제연구원, 2012), 69쪽. 고병우 건설부 장관은 공직에 처음 입문해 경제과학심의회 전문위원으로서 훈련받을 때 신현확으로부터 '공무원은 나라의 최후 보루'라는 가르침을 받았는데, 이후 공직생활을 하는 과정에서 위기가 닥쳤을 때마다 이 교훈을 되새기면서 극복하였다고 한다. 고병우, 『혼(魂)이 있는 경제 각료, 고병우(高炳佑) 전 건설부장관의 회고』(발행지·발행처·발행년 미상), 30쪽.

52 단비뉴스, 앞의 뉴스(2016.4.15).

53 진념 진술(2010.10.25); 시장경제연구원, 앞의 책(2012), 301-302쪽.

54 진념은 월급이 너무 적어 술집과 빈대떡집에서 외상을 하기 일쑤였다. 서울 광화문 뒷골목의 '사직골 대머리집'이라는 이름의 막걸리 가게에서 1950년대 말부터 1962년까지 빼곡히 적은 외상장부에는 탤런트 최불암과 오지명, 미술평론가 이구열, 손세일 전 국회의원을 비롯해 진념의 이름이 올라가 있어 눈길을 끌었다. 한국일보, 「서울역사박물관 '사직골 대머리집' 외상장부 공개…」

(2009.7.29), 29면. 진념은 사무관 시절에 부족한 월급을 메꾸기 위해 몇 달간 가정교사를 하였는데, 학생의 아버지가 세무서 주사보인 것을 알게 된 후 눈치를 주고 관두었다. 또한 경제기획원 국장과 차관보의 기고문을 대신 써주면서 잡지사로부터 원고료를 챙기는 등 단발구문산을 먹어 가면서 밤새워 대필하는 일로 부수입을 얻었다. 국사편찬위원회, 앞의 글(2009), 22-23쪽.

55 국사편찬위원회, 앞의 글(2009), 20-22쪽.

56 김종길 해운항만청 운영국장 진술; 김종길, 『되돌아 본 해운계(海運界)의 사실(史實)들』(서울: 동재, 2005), 120, 122쪽.

57 KBS뉴스, 「진념 동력자원부 장관, KBS 오늘의 문제 출연」(1991.7.21); 나라경제, 「산업화 시대 '경륜'과 민주화 시대 '열정'을 아울러라」(2008년 8월호), 41쪽 참고

58 이희일(2011.5.11 구술), 한국학중앙연구원 현대한국구술자료관.

59 강경식, 앞의 책(1992), 13쪽; 강경식, 『국가가 해야 할 일, 하지 말아야 할 일』(파주: 김영사, 2010), 8쪽. 전두환 정부 초기에 경제기획원 핵심 과장들과 주요 경제부처 간부들이 MBC가 기획한 TV 정책토론에 대거 출연하였는데, 이에 앞서 강경식 기획차관보는 "어떤 사람이 토론에 나와도 좋다", "경제기획원 과장들은 누구와도 논리 싸움을 할 수 있다"라면서 흔쾌히 섭외에 응하였다. 재경회·예우회, 『한국의 재정 60년: 건전 재정의 길』(서울: 매경출판, 2011), 149쪽.

60 김흥기, 앞의 책(1999), 109쪽.

61 강봉균, 『초등학교 교사에서 재경부 장관까지』(서울: 미래M&B, 2000).

62 심인호, 앞의 책(2019(a)), 694쪽.

63 행정부공무원노동조합 정책연구소, 앞의 책(2016), 671쪽.

64 이코노미스트, 앞의 기사(1992.5.2).

65 나라경제, 앞의 글(2008년 8월호), 41쪽.

66 대부분의 정부 정책이 중앙부처의 과 단위에서 제기되며, 과장들은 그런 정책을 입안하는 실무 책임자다. 과장은 실무 그룹의 가장 꼭대기, 그리고 주요한 의사결정 그룹의 맨 아래쪽에 위치해 하의상달과 상의하달의 입장을 동시에 가지는 전략적 위치에 입지한 만큼 과장으로서 성공하면 공직사회에서 출세가도가 보장된다. 월간조선, 「『野戰의 지휘자들』, 사명감과 현실 속에서 흔들린다」(1995년 1월호), 170쪽 참고.

67 김광웅 외, 앞의 책(2007), 28쪽. 진념은 정책결정에 직간접적으로 관여하는 이들과 함께 어떤 사안을 고민하기 위하여 문제 제기하는 것을 "애드벌룬(ad balloon)을 띄운다"라고 표현한다.

68 대한민국국회, 「1991년도 국정감사 동력자원위원회 회의록」(1991.10.4(a)), 20쪽.

69 그러나 타 부처와의 협력구도 조성이 항상 성공으로 귀결되지는 않았다. 1992년 4월, 유류 절약 방안의 하나로 휘발유 가격의 인상을 제안하였을 때 경제기획원이 휘발유 소비량 문제는 자가용 승용차의 증가세 때문이라면서 강력하게 반발해 포기하였고, 10부제 참여 차량에 대한 보험료 10% 인하, 2인 이하 탑승 차량의 고속도로 통행료 100% 할증 부과 방안, 1,500cc 이하 승용차 보

급 확대를 위한 할부판매 유인책도 관계부처의 반대에 부딪혀 백지화되었다. 최택만, 『문민경제
의 개혁: 6공 경제를 해부한다』(서울: 선동회계법인 출판사업국, 1993), 196-197쪽.

70 대한민국국회, 「1996년도 국정감사 환경노동위원회 회의록」(1996.10.18(b)), 77쪽; 대한민국국
    회, 「1996년도 국정감사 환경노동위원회 회의록」(1996.10.18), 82쪽.

71 재계 8위, 자산 14조 6,000억 원의 기아그룹은 국내 3대·세계 17위의 자동차 메이커로, 협력업체
    가 1만 7,000여개이며, 종업원은 130만 명에 달하였다. 진념은 기아그룹 회장직(법정관리인)을
    제의받았을 때 기업에 진출하는 것이 비교우위가 크지 않을 거라 판단한 데다 기업체 경영에 대
    한 거부감과 후배 관료들에게 부탁할 일이 많아질 거 같은 우려에 거절하였다. 그러나 기아는 소
    유와 경영이 분리된 모델이자 한국경제를 상징하는 기업이므로 국가 경제를 위한 일로 받아들이
    라는 주변의 조언을 듣고 기아그룹의 회생에 뛰어들었다. 한국일보, 「진념 기아그룹 회장/"기아
    3자인수는 없습니다」(1997.11.15), 7면. 강경식 부총리는 당시 진념의 발탁에 대하여 김영삼 대
    통령이 매우 만족해한다는 이야기를 김용태 비서실장을 통해 들었다고 한다. 강경식, 『강경식의
    환란일기』(서울: 문예당, 1999), 251쪽.

72 김광웅 외, 앞의 책(2007), 71쪽.

73 노사공포럼, 앞의 글(2017).

74 KBS뉴스, 앞의 뉴스(1995.5.24). 진념은 부도 위기에 처한 기아그룹의 회장으로 취임한 후 창업
    주 김철호의 묘소에 들러 참배하고, 김선홍 전임 회장을 '봉고 신화를 일으킨 자동차 기술의 대
    가'라고 치켜세우며, 기아의 장래는 채권단이나 정부가 아닌 기아 스스로에게 있다고 강조하면서
    기아맨이 되어 협심할 것을 주문하는 등 직원들과의 거리좁히기를 시도하였다. 또한 부임한 첫
    날부터 그룹 임원들을 대할 때 대뜸 존칭을 생략한 채 지시를 내리고, 기아를 사랑하지 않는 직
    원은 당장 떠나라면서 군기를 잡는 방식으로 조직을 확실하게 휘어잡아 17년 동안 그룹을 통수
    하던 김선홍 회장의 지휘권을 저항 없이 넘겨받았다. 한국일보, 앞의 기사(1997.11.15), 7면; 월
    간조선, 「뉴스의 인물. 진념 신임 기아그룹 회장」(1997년 12월호), 82쪽.

75 월간조선, 「진념 노동부 장관-백지상태에서 새 틀을 짜보자」(1996년 6월호), 174쪽.

76 부총리 겸 재경부 장관으로 취임할 때도 '가까이 있는 자를 기쁘게 하고 멀리 있는 자를 오게 한
    다'는 의미의 사자성어 근열원래(近悅遠來)를 언급하면서 다른 부처와의 관계에서 이기려는 자
    세를 버리고, 그 부처가 역사적 소명의식을 가지고 맡은 바 소임을 다 할 수 있도록 도와주려는
    자세로 협력할 것을 당부하였다.

77 일례로 경제기획원 차관보로 있을 때 윗선에 밉보여 한직(IMF 비정규 이사)으로 발령이 날 상
    황에 처하였는데, 기획원 출입기자들이 부총리와 청와대 수석을 찾아가 구명해 준 덕분에 보직
    을 유지할 수 있었다.

78 새전북신문, 「[시가 있는 이야기] 어느 깃발 아래서」(2002.1.1), 14면.

79 국사편찬위원회, 앞의 글(2009), 39-40쪽.

80 주간동아, 앞의 기사(2000.10.12), 36-37쪽; 진념, 앞의 글(2000.11.30), 190쪽; 월간조선, 앞의 기사(2002년 4월호), 210쪽; 조선비즈, 「조용히, 바늘로 찌르듯 개혁」(2000.8.14).

81 월간조선, 「특집-IMF 시대, 위기냐 기회냐」(1998년 1월호(b)), 310쪽; 월간조선, 앞의 기사(2002년 4월호), 210쪽.

82 월간조선, 앞의 기사(2002년 4월호), 211쪽.

83 노동부 고위관료(2013.5.31 인터뷰); 김경은, 앞의 논문(2014), 196-197쪽.

84 월간조선, 앞의 기사(2002년 4월호), 208쪽.

85 대한민국국회, 앞의 회의록(1996.10.18(b)), 76쪽.

86 대한민국국회, 「1996년도 국정감사 환경노동위원회 회의록」(1996.10.1), 110쪽.

87 진념은 여당이 단독으로 노동법 개정안을 통과시킨 다음날 "노사 당사자가 냉험한 경제 현실을 고려해 경쟁력 향상에 함께 노력하는 것이 우리 경제를 살리고 21세기에도 번영을 유지해 나가는 길"이라고 주장하였고, 이듬해 1월에는 내무부, 법무부 장관과 함께 담화문을 발표해 불법 파업에 대하여 단호하게 대처하겠다고 선언하였다. 또한 여당인 신한국당 내 온건파들을 비판하면서 이홍구 당 대표를 향해 정정당당한 선택의 정치 표본이라는 생각을 갖고 사태에 대응해 줄 것을 요구하였다. 매일노동뉴스(1996.12.27); 한국노동연구원, 『한국의 노동법 개정과 노사관계: '87년 이후 노동법 개정사를 중심으로』, 2000, 317-318쪽에서 재인용.

88 진념, 앞의 글(2000.11.30), 227쪽.

강경식 장관:
위험시대의 이상주의자

강경식(姜慶植)

> "가난은 잠재력을 살리는 일, 꿈을 실현하는 일을 어렵게 할 뿐 아니라
> 자유를 제약한다. 경제 발전은 사람답게 살면서 제각기 지닌 잠재력을 살리고
> 꿈을 좀 더 손쉽게 실현시키게 한다."[1]

약력

구분	연도	내용
출생	1936.5.10(양력)	경상북도 영주군 풍기면 성내동 출생
학력	1949	풍기공립국민학교 졸업
	1952	풍기중학교 졸업
	1955	부산고등학교 졸업(8회)
	1961	서울대학교 법과대학 법학과 졸업
	1963	시라큐스대학교 맥스웰행정대학원 석사
	1994	세종대학교 명예경제학 박사
경력	1960	제12회 고등고시 행정과 합격
	1961.3	한국은행 입행
	1961.11-1964.4	재무부 국고국 사무관
	1964	경제기획원 예산국 사무관
	1969.7-1973.2	경제기획원 예산국 예산총괄과장
	1073.2-1974 11	경제기획원 물가정책국장
	1974.11 1076.3	경제기획원 기획국장
	1976.3-1977.12	경제기획원 예산국장
	1977.12.23-1981.11.2	경제기획원 기획차관보
	1981.11.2-1982.1.5	경제기획원 차관보
	1982.1.5-1982.6.24	재무부 차관
	1982.6.24-1983.10.15	제24대 재무부 장관
	1983.10.15-1985.1.21	대통령비서실장
	1985.4-1988.5	제12대 국회의원(민정당, 전국구)
	1987.11-1996	부산발전시스템연구소 이사장
	1989.1-1990.3	한국산업은행 이사장
	1991.11-현재	국가경영전략연구원 이사장
	1993.4.24-1996.5.29	제14대 국회의원(민자당, 부산 동래갑, 보궐)

구분	연도	내용
	1996.5.30 - 2000.5.29	제15대 국회의원(신한국당, 부산 동래을) ※ 1997.8.12 탈당
	1997.3.5 - 1997.11.19	경제부총리 겸 제4대 재정경제원 장관

재정경제원 장관 재임기 주요일지

구 분	내 용
1997.3.5	제4대 재정경제원 장관 취임 외환보유액 298억 달러로 20개월 만에 최저 기록
1997.3.18	환율 달러당 883원(10년 7개월 만에 최고치 기록)
1997.3.19	삼미그룹(재계 26위) 부도
1997.4.1	금융연구원, 국가위험도 우려 수준 도달 발표 여야 총재회담, 경제대책협의체 구성 합의
1997.4.4-4.7	강경식 부총리, 아태경제협력체(APEC) 재무장관회의 참석
1997.4.7	한보 청문회 시작
1997.5	강경식 부총리, 아시아개발은행(ADB) 총회 및 경제협력개발기구(OPEC) 각료 이사회 참석
1997.4.21	부도유예(방지) 협약 발효 ※ 진로그룹(재계 19위), 부도방지협약 첫 적용대상
1997.5.15	삼립식품 3개 계열사 부도
1997.5.19	대농그룹(재계 34위), 부도방지협약 적용
1997.5.31	한신공영 부도
1997.6.4-6.12	강경식 부총리·박성용 금융개혁위원회 위원장·이경식 한국은행 총재·김인호 경제수석, 금융개혁안 합의
1997.6.14	김영삼 대통령, 금융개혁안 재가
1997.6.28	금강피혁 부도
1997.7.15	기아그룹(재계 8위), 부도방지협약 적용
1997.7.19	기아 관련 실무대책위원회(위원장: 재경원 차관) 1차 회의 개최
1997.7.22	기아그룹채권은행단, 긴급운영자금 1,600억 원 지원 결정
1997.8.12	강경식 부총리 신한국당 탈당
1997.8.25	〈금융시장 안정 및 대외신인도 제고 대책〉 발표

구 분	내 용
1997.8.27	무역관련 자본자유화 확대조치 시행
1997.8.30	〈증시 안정대책〉 발표
1997.9.9	진로·진로건설·진로종합식품 부도
1997.9.10	기아의 부도유예협약 연장 불허 결정
1997.9.18-9.24	강경식 부총리, 아시아유럽 정상회의(ASEM) 재무장관 회의 및 IMF/World Bank 연차총회 참석
1997.9.19	광주 화니백화점 부도
1997.9.26	기아 노조 전면파업 결의
1997.10.13	〈증권시장 선진화 방안〉 발표
1997.10.15	쌍방울·쌍방울개발 부도 IMF조사단 한국 방문해 한국이 위기상황은 아니라고 평가
1997.10.18	외국환 관리규정 전면 개정안 발표(외자유입 관련 자유화 조치)
1997.10.22	기아자동차 법정관리 신청 최종 결정
1997.10.23	동남아 금융 위기 심화, 홍콩 증시 폭락
1997.10.29	〈금융시장 안정대책〉 발표(채권시장 개방, 현금차관 허용 대상 확대, 금융기관 및 공기업의 해외차입 확대, 부실기업 인수시 출자총액제한 예외 인정)
1997.10.30	〈환율 억제대책〉 발표
1997.11.1	해태그룹(재계 24위) 부도
1997.11.3	진념 전 노동부 장관, 기아자동차 회장 취임
1997.11.4	뉴코아 그룹(재계 25위) 부도
1997.11.7	김영삼 대통령, 신한국당 탈당
1997.11.10	국내 환율 사상 첫 달러당 1,000원 돌파 두산그룹, 미국 코카콜라사에 OB맥주 음료사업 매각
1997.11.14	IMF 지원 요청 최종 결정
1997.11.16	캉드쉬 IMF 총재 극비 방한해 강경식 부총리와 구제금융 합의
1997.11.18	한국은행 및 3개 감독기관 직원 2,000명, 종묘공원에서 '금융감독 기구 강제 통합 저지를 위한 금융인 총궐기대회' 개최 13개 금융개혁법안 처리 무산
1997.11.19	경제부총리 겸 제4대 재정경제원 장관 퇴임

　　강경식(姜慶植)은 1936년, 경상북도 영주 풍기면 성내동에서 아버지 강춘명(姜春明), 어머니 김옥분(金玉紛)의 3남 5녀 중 여섯째로 태어났다. 농사짓는 집안 사정상 경제적 형편이 여의치 않아 고학으로 학업을 이어가던 중 6.25 전쟁이 터졌고, 이후 피란지 부산에서 고교 시절을 보냈다. 부산고등학교를 수석으로 졸업할 정도로 성적이 우수하였으며, 특히 음악과 미술 과목에서도 모두 만점을 받을 만큼 예능 감각이 뛰어났고, 문예반 활동에 심취하기도 하였다.[2] 대학교 진학을 앞두고 소설가가 될 요량으로 독문과나 국문과에 지원하고자 하였지만, "아무 것도 없는 가난한 사람은 법과대학에 가야 한다"라는 친형의 조언에 따라 진로를 변경해 서울대학교 법과대학에 진학하였다. 대학교 3학년 때인 1957년에 군대 영장이 나오자 고시 합격 후 법무관으로 가라는 주변의 만류를 뿌리친 채 경기도 연천군 대광리 전방에서 현역으로 복무하였다.

　　대학 졸업을 앞둔 1961년 초에 그는 한국은행 입행 시험과 제12회 고등고시 행정과에 연이어 합격하였다. 하늘의 별 따기와 같았던 한국은행 시험을 통과했을 때, 높은 급료의 안정된 직장을 확보하였다는 만족감으로 고등고시 합격 통지가 시큰둥하게 여겨졌다고 한다.[3] 그러나 미련 없이 선택한 직장임에도 얼마 지나지 않아 5.16이 발발해 군사정부가 들어선 후 월급이 삭감된 데다 은행 업무에 흥미를 느끼지 못하고, 정책의 본산에서 일하고 싶은 마음도 들어 1961년, 재무부 국고국의 사무관으로 공직에 입문하였다. 재무부에서 근무한 지 6개월이 되던 무렵, AID 자금으로 미국에서 연수할 수 있는 기회가 주어지는 시험에 합격해 시라큐스대학교에서 행정학 공부를 하였다. 귀국 후 1964년에 최각규 투자예산과장의 추천으로 경제기획원 예산국으로 옮겨 근무하게 되었고, 예산총괄과장, 물가정책국장, 기획국장, 예산국장에 이어 기획차관보에 이르기까지 경제기획원의 요직을 두루 거쳤다.[4]

　　기획차관보 시절(1977.12.23-1981.11.2), 신현확 부총리를 필두로 하는 경제팀에서 김재익 경제수석과 함께 일하면서 국가 주도의 경제정책과 성장 기조를 완전히 뒤엎는 내용의 경제안정화 시책을 입안해 대내외적 경제환경의 변화에 시장이 능동적으로 대응할 수 있는 토양을 마련하는 데 일조하였다. 세간에서는 안정화 시책을 코페르니쿠스적 전환에 비유하였고, 박정희 경제에 앞장섰던 경제관료들이 새로운 처방을 시도하였다는 의미에서 이들을 '박정희 키즈 반란의 주역'이라 불렀다.[5]

1982년 6월 24일, 장영자·이철희 사건이 터진 직후에 단행된 개각에서 재무부 장관(1982.6.24-1983.10.15)으로 임명되었는데,[6] 장관 재임기에 집요한 반대를 무릅쓰면서 금융실명제를 강하게 밀어붙여 "강경식(强硬式)"이라는 별명을 얻었고, 그는 우리나라 금융실명제의 원조가 되었다.[7] 아웅산 테러 직후 전두환 대통령으로부터 경제부총리를 맡을 것을 제의받았으나 국가비상 상황에는 좀 더 연륜이 있는 중후한 인사가 부총리를 맡는 것이 좋겠다는 생각에 고사하였다.[8] 이후 1983년 10월 15일에 대통령비서실장으로 발탁되어 대통령을 보좌하였다.[9]

강경식은 1985년 4월, 제12대 민정당 전국구 국회의원으로 정계에 입문하였고, 김영삼 정권기에 부산 지역구를 관할하는 제14대(1993.4-1996.5), 제15대 국회의원(1996.5-2000.5)으로 활동하였다.[10] 한편 한보그룹 부도에 따른 검찰 수사와 금융대란설로 인해 어수선하던 1997년 3월 5일에 부총리 겸 재정경제원 장관으로 임명돼 경제위기의 전야에서 금융개혁 및 구조개혁을 추진하였고, 대기업의 연쇄부도 사태에 직면해 '시장경제의 자율 존중'과 '정부 개입을 통한 시장 조정'이라는 양단의 갈림길에서 첨예한 줄타기를 삼행하였다. 그러나 최적의 처빙으로 내세운 금융개혁 법안의 국회 통과가 무산된 직후 사의를 표명해 IMF 구제금융 요청 발표를 이틀 앞둔 1997년 11월 19일에 물러났고,[11] 한동안 경제 환란 책임론의 한가운데 서게 되었다.[12]

강경식은 1980년대 물가안정과 흑자경제의 시대를 연 최고의 경제기획가 중한 명으로 꼽힌다. 자기 신념을 굽히지 않는 성격에, 결심한 바를 이루어내는 과정에서 사심 없이 일 처리를 하기 때문에 언론에서는 그에 대하여 처신이 깨끗하고 소신이 뚜렷하다는 촌평을 냈다.[13] 기획원 내에서는 그의 개혁 성향을 두고 "조광조가 다시 살아온 것 같다"(정재석 차관)라고 이야기하였다.[14] 40여년간 공직에 있으면서 한국 경제의 산전수전을 겪었다는 의미에서 '한국의 고도성장을 경영한 사람'[15]에 비유되기도 한다.

노태우 정권 말엽인 1992년의 1인당 GNP는 7,000달러를 기록해 꾸준한 성장세를 보였다. 그러나 무역수지는 1991년 97억 달러의 적자에 이어 1992년에는 49억 달러 적자를 기록하였고, 경제성장률도 전년도 9.1%에 비해 급강한 5.1%로 집계돼 1980년 이후 가장 낮게 나타났다. 또한 신흥공업국가 중 국가경쟁력이 전년도 3위보다 떨어진 5위를 차지한 데다 금융 분야에서는 8위를 기록하는 등 경제 부문의 비효율성과 누적된 적폐가 가시화되었다.[16] 김영삼은 제14대 대선을 앞두고 당시의 경제 침체 상황을 "달려가는 한국인"에서 "쫓기는 한국인"으로 바뀐 모습에 비유하였고, 경제 활력을 되찾기 위해 '규제와 보호 중심의 경제성장 지도 원리'가 '자율과 경쟁이 경제를 움직이는 원리'로 전환되어야 함을 강조하였다.[17] 대선이 끝난 후 대학교수들을 대상으로 한 설문조사에서도 차기 정부의 가장 중요한 과제로 경제성장(32%), 정치 안정(18%), 사회질서 확립(12.5%)이 상위 3개 과제로 선정될 정도로 경제에 대한 위기감이 팽배하였다.[18]

취약한 경제지표를 안고 출범한 김영삼 정부는 향후 5년간 추진할 개혁의 교두보를 마련하기 위하여 경제부총리의 주도하에 각 부처의 아이디어를 총동원해 경제 활성화와 경제행정 규제 완화를 골자로 하는 〈신경제 100일 계획〉을 만들고, 매월 청와대에서 신경제추진회의를 열었다. 또한 개발연대의 상징인 '경제개발 5개년 계획'이라는 명칭을 폐지하고, 재정·금융·행정규제·경제의식 분야의 개혁과제를 포함하는 〈신경제 5개년 계획〉을 마련하였다.[19]

문민정부의 초대 경제수석인 박재윤(1993.2.25-1994.10.5)에 의하면 김영삼 시대는 정치 이데올로기의 대결이 퇴조하면서 경제적 실리주의가 세계 각국의 대외정책을 지배하고, 안으로도 경제발전의 원동력이 정부의 계획과 통제로부터 국민의 참여와 창의로 바뀌는 전환의 시대였다.[20] WTO 체제의 출범과 OECD 회원국으로의 등극은 시장경제 논리를 정당화하는 강력한 기제가 되었고, 그 여파로 국내 제도와 정책, 행동양식을 국제규범과 관행에 맞추기 위한 작업이 경제부처의 핵심 추진과제로 선정되었다. 또한 정부는 '국가경쟁력 10% 높이기'를 국정 화두로 띄어 사회 각 부문의 고비용 저효율 구조를 타파하고, 공정하고 자유로운 경쟁시장 질서를 조성하겠다는 의지를 피력하였다.

그러나 각종 경제지표는 노태우 정부 말엽을 능가할 정도로 불안정하였다. 1996년에는 경상수지 적자가 237억 달러에 달하여 사상 최대 수준을 기록하였고, 1995년에 1만 불을 넘어선 1인당 GNP가 1997년에 들어와 9,511달러로 추락하였다. 또한 1997년 1/4분기 실업자는 64만 6천 명으로 전년 동기 대비 42% 증가하였고, 실업률은 3.1%를 기록해 실업자 수는 10년 만에, 그리고 실업률은 4년 만에 최고 수준이 되었다.[21] 1997년 한해에만 30대 재벌 중 7개 기업이 무너지는 부도의 도미노 현상이 속출하고, 1997년 3월 말 외채는 1994년 말의 두 배 수준인 1,103억 달러에 달하였다.

스위스 국제경영개발원(IMD)의 발표에 따르면 우리나라의 국가경쟁력은 47개국가 중 1995년 26위, 1996년 27위에 이어 1997년에는 30위를 기록하였고,[22] 미국 와튼경제연구소가 OECD에 가입된 36개국을 대상으로 한 조사에서 한국의 금융안정성은 34위, 외환시장 안정성은 35위, 정치위험도와 기업활동 의욕은 36위로 취하위 수준을 나타냈다.[23] 또한 아시아의 기업경영자를 대상으로 한 조사에서는 아시아 국가 중 1997년에 가장 투자하고 싶지 않은 나라로 한국이 1위(38.8%)를 차지하였고, 정치 불안이 가장 심할 것으로 예상되는 나라로 인도네시아(29.2%)에 이어 2위를 기록하였으며, 사회불안이 가장 심할 것으로 예상되는 나라 1위(35.3%)로 꼽혔다.[24]

그 와중에 1996년 말의 노동법 개정 파동과 1997년 초에 닥친 한보 부도 사태를 비롯해 금융개혁의 지연, 기아사태의 장기화 등 총체적인 리더십 결여와 대외신뢰도 저하가 불거져 '행동은 없고 논의만 무성한 나라(many words, without deeds)'라는 빈축을 샀다.[25] OECD는 금융과 기업이 여러 형태의 암묵적 지원이라는 고리로 정부와 연결된 "한국주식회사(Korea Inc.)"로부터 위기가 도래한 것이라 지적하였고,[26] 외신에서는 경제적 신탁통치를 유발시킨 총체적 책임은 솔직하지 못한 한국 정부에 있다면서 한강의 기적은 '기적(miracle)'이 아니라 '신기루(mirage)'에 불과하다고 질타하였다.[27]

우리나라 국회에서도 여야를 불문하고 당시의 상황을 '경제가 위기를 넘어 파탄 직전인 비상시국'(정세균 의원(새정치국민회의)),[28] '실물 및 금융시장이 전무후무한 심리적 공황위기에 처해 있는 태풍전야'(박명환 의원(신한국당))[29]에 비유하였고, 우리 경제를 '난파선'(김범명 의원(자민련)),[30] '극심한 위기의 체감경제'(김정수 의원(신한국당)),[31] '골병이 든 상태'(이중재 의원(민주당))[32]에 빗대면서 자조와 자성의 목소리를 높였다.

> 1997년 11월 13일 밤 부총리(강경식), 한국은행 총재(이경식), 경제수석(김인호) 그리고 주요 실무자가 모두 모여 논의한 결과 IMF로 갈 수밖에 없다는 상황 인식에 합의했다. 다음날 이른 아침 비서실장과 한은 총재 그리고 경제수석이 배석한 가운데 강경식 부총리는 그 동안 발전시켜온 금융시장의 안정 및 금융산업 구조조정에 관한 대책과 더불어 우리의 논의 결과인 IMF행의 불가피성에 대해 김영삼 대통령에게 보고했다. IMF행을 택한다는 것은 경제에 관한 모든 중요한 것을 IMF와 협의해야 한다는 뜻으로, 단순한 경제 이상의 국가적 문제라고 이 문제의 중요성에 대해서도 충분히 설명했다. 또한 문민정부는 그간의 모든 치적에도 불구하고 IMF로 가는 것으로 모든 것을 마감하게 될 것이라는 매우 하기 어려운 이야기도 했다. 너무 중요한 결정이므로 대통령이 모든 것을 충분히 고려한 후 결단을 내려야 한다고 생각했기 때문이다. 당시 김영삼 대통령은 모든 보고를 충분히 받고 IMF행을 최종적으로 재가했다.
>
> 자료: 김인호(2001)[33]

특히 IMF 구제금융 사태의 원인을 둘러싸고 갑론을박이 일었다. 학계에서는 발전국가 체제의 효율성이 소진하면서 새로운 체제로 전환하지 못한 구조적 한계에서 비롯된 난국으로 해석하였다.[34] 민주주의와 경제발전이 병립할 수 있는 새로운 모델을 창출하지 못한 상태에서 외부의 경제적 충격과 정부의 미숙한 정책적 대응이 복합적으로 작용한 결과라고 풀이하기도 했다.[35]

공직 경력자들은 IMF행의 원인을 구체적인 정책 또는 사건과 연계하여 설명하였다. 오인환 공보처 장관은 1996년 말에 닥친 노동법 파동 이후 정리해고제를 2년간 유예시킴으로써 경직된 노동시장에 유연성을 부여하지 못한 것이 IMF 외환위기를 초래한 원인 중 하나라고 지적하였다.[36] 이헌재 초대 금융감독위원장(1998.3.1-2000.1.12)은 기업 부채에서 비롯된 위기를 두고 재정의 긴축을 권고함으로써 정작 퇴출해야 할 기업을 죽이지 못하고 살려야 할 기업을 고사시키는 결과가 초래되었다고 했다.[37] 김종인 전 경제수석은 금융실명제 실시로 사채시장에 의

존했던 중소기업의 자금줄이 막히면서 부도사태가 연발하였고, 그 여파가 경제위기로 이어졌다고 진단하였다.[38] 한편 국회에서는 경제기획원과 재무부가 분리되어 있었다면 외환위기 전야에 경제현황을 정확하게 진단하고 경제운용 대책을 수립해 발빠르게 대처하였을 거라며, 재정경제원으로 통합함으로써 실기를 자초하였다는 이야기가 돌았다.[39]

◖ 그림 28　문민정부의 신경제추진회의

※ 자료: 한국조사기자회(1994)
　김영삼 대통령, 황인성 국무총리 등 정부 주요 인사가 1993년 10월 5일 오전 청와대에서 신경제추진회의를 갖기 앞서 국민의례를 하고 있다.

3　임명

강경식은 1997년 3월 4일 오전 7시 25분, "경제부총리직을 맡아서 수고해주시오"라는 김영삼 대통령의 전화를 받고, 다음날인 3월 5일에 부총리 겸 재정경제원 장관으로 입각하였다. 한보 부도 사태로 인해 흐트러진 민심을 수습하기 위하여 '이수성 총리-한승주 경제부총리팀'이 퇴장하고 '고건 총리-강경식 경제부총리팀'이 새롭게 기용돼 전열을 정비한 것이다.

당시 김인호 경제수석도 시장경제를 신봉하는 대표적인 경제관료 출신으로서 문제를 바라보는 시각이나 해결 방향에 있어 큰 이견이 있지 않을 것으로 비춰졌기 때문에 언론에서는 강경식-김인호 팀을 '환상적 콤비'라고 불렀다.[40] 국회에서도 강경식에 대하여 '경제기획원 시절부터 소신을 가지고 설계한 정책을 뱃심 좋게 주장해 경제를 발전시킨 공로자'(이중재 의원(민주당)),[41] '소신파이자 이론과 실무에 밝은 전문가'(김범명 의원(자민련)),[42] '틀림없이 강한 경제를 심어주고 나갈 장관'(김인영 의원(신한국당)),[43] '상당히 강직하고 합리적인 사람'(이상수 의원(새정치국민회의))[44]이라는 평과 함께 경제난국 돌파에 기대를 걸었다. 그러나 한편에서는 강경식 부총리를 필두로 하는 경제팀이 새로운 프로젝트를 시작하고 추진하는 데는 독창적인 능력을 발휘할 수 있을지 모르지만, 경제가 위기로 치달을 때는 그것을 관리할 수 있는 능력이 상대적으로 적다고 우려를 표명하였다.[45]

김영삼 대통령은 해박한 경제 논리와 개혁 성향, 추진력을 갖춘 강경식을 경제수장감으로 추천하는 사람들이 많은 데다 1970년대 초에 터진 1차 석유파동 때 남덕우 경제부총리 밑에서 기획국장으로 일하고, 1979년 2차 석유파동 시기에는 신현확 경제부총리의 휘하에서 기획차관보로 일하였던 그의 경력에 비추어 경제난을 해결하는 최상급 소방수로서의 역할을 할 것이라 기대하였다.[46] 강경식은 대통령의 임기가 1년이 채 남지 않았고, 경제 환란이라고 불릴 만큼 각종 경제지표가 취약하였기 때문에 처음에는 대통령의 부총리직 제의를 고사하였다. 그러나 김영삼 대통령이 "아무리 생각해도 달리 길이 없는 것 같다"라면서 수락을 요청하고, 신현확 전 총리도 입각을 권유한 데다 '잘 할 수 있다'는 자신감이 있었기 때문에 불이 나면 불부터 끄는 것이 도리라는 생각을 안고 경제사령탑의 총대를 메기로 결심하였다.

사실 강경식은 5공 시절 재무부 장관을 하면서 소신을 밀어붙이는 강골로 통했기 때문에 모든 정책에서 개혁을 화두로 삼은 문민정부가 들어서자 핵심 경제부처의 장관 영입 대상으로 거론되어 왔다. 또한 80년대부터 금융실명제 도입을 고집하였던 전력이 있었기 때문에 김영삼 대통령이 긴급명령권을 발동해 실시한 금융실명제가 언급될 때마다 그의 이름이 등장하곤 했다. 박관용 비서실장을 비롯해 정권의 실세들이 초대 재경원 장관으로 강경식을 추천하였지만, "청산하여야 할 대상인 과거"와 연루된 5공의 대통령비서실장을 내각으로 부르기에는 부담이 너무 커 미루다 정권 말엽에야 경제수장으로 지명함으로써 강경식은 "정권을 초월한 장관"이라는 타이틀을 얻게 된 것이다.[47]

재경원 장관으로 내정되었을 당시 강경식은 한국이 국가 부도의 위기를 맞고 있음을 직감하였고, 장관 취임식을 하기 전부터 밑바닥에 접근하는 외환보유고를 늘이기 위한 방안이 무엇인지 고민하였다고 한다. 그는 취임사에서 "정치에는 임기가 있으나 경제에는 없다"라면서 정권 말기라는 시간적 한계에 구애됨 없이 강도 높게 개혁을 추진하겠다고 선언하였다. 또한 최근의 경제난은 고비용 저효율 구조에서 기인한 경쟁력 약화에서 비롯되었다면서 경제팀의 세 가지 정책방향으로 한보사태로 인해 불안정한 금융시장의 안정을 이룩하고, 외화도입 촉진과 함께 국제수지 개선을 정책의 최우선 순위를 두며, 우리 경제의 고질적인 구조 문제를 바로 잡아가는 것을 꼽았다.[48] 김영삼 대통령도 새 내각을 조각한 후 첫 국무회의를 맞이해 위기관리 차원에서 국정을 운영할 것을 내각에 촉구하였고, 모든 국무위원은 경제장관이라고 생각하면서 경제살리기에 많은 노력을 기울일 것을 당부하였다.[49]

"97년도에 재경원 장관으로 들어갈 때는 YS 인기가 바닥이었을 때였고, 대통령의 임기도 일 년 밖에 남지 않았고요. 그래서 주변에서는 전부 다 말렸어요. 한보사태를 비롯해 온갖 골치 아픈 문제가 쏟아져 나왔고. 그런데 나는 그때 우리 경제가 굉장히 위기라고 생각하였기 때문에.. 평생 경제를 위해서 일했는데, 지금 경제가 위기상황인데 여러 이유를 들어서 안 가는 거는 도리가 아니다. 최선을 다해 경제를 제대로 챙기고, 올바르게 가도록 만드는 것이 내가 하여야 할 도리다. 신현확 전 총리께 '어떻게 하면 좋겠습니까?'라고 여쭤보니 그분도 두말없이 가서 일하는 것이 도리다, 그렇게 말씀하셨어요." (강경식, 2018.7.4 인터뷰)

그림 29 김영삼 대통령과 신임 장관급 인사들

※ 자료: 국제신문(2007.3.4)
강경식 경제부총리를 비롯한 신임 장관급 인사들이 1997년 3월 6일 오전 청와대에서 임명장을 받은 후 김영삼 대통령의 발언을 듣고 있다. 오른쪽에서 세 번째가 강경식 부총리.

4 강경식의 민주화

강경식은 1970년대 말, 기획차관보를 하면서 시장경제를 확실하게 뿌리내리게끔 하는 것이 자유민주주의를 가장 확실하게 창달하는 길이라는 확신을 가지고 안정화 시책 도입에 박차를 가하였다. 신군부가 집권한 직후에는 시장경제체제가 발전하면 독재가 지속될 수 없다면서 경제가 시장에 의해 움직이게끔 하는 것이 민주주의의 보루라는 신념을 몇몇 동료들과 공유하였다.[50] 경제운영에 정치적 개입의 여지가 줄어들 때 정치적 민주화를 이룩하기 훨씬 쉽고, 분권화와 자치권 강화도 더욱 진척된다는 논리다. 그는 시장경제 체제를 구축하는 길이야말로 민주화의 첩경이라고 여겼기 때문에 6.29 선언이 단행될 때 자율경제 조성을 위한 그간의 개혁 노력이 이제야 정치 민주화라는 결과로 나타나기 시작했다면서 감회를 읊었다고 한다.[51]

"자유민주주의와 시장경제는 동전의 양면과 같아서 함께 이루어져 가는 것입니다. 그동안 시장경제로의 전환을 위해 노력한 결과, 자유민주주의를 이룰 터전도 함께 만들어진 것입니다. 그러나 이런 평가는 일절 없었습니다. 전두환 대통령은 집권한 후에 시장경제 구축과 함께 실제로 자유민주주의로 가는 인프라를 만드는 데 전력투구하였음에도 동전의 다른 측면에 대한 평가는 고사하고 그 반대로 몰리고 있는 것이 우리의 현실입니다." (강경식, 2023.5.23)[52]

강경식에 따르면 자유민주주의의 핵심은 자치(self-governing)이며, 민주주의는 경제가 자율적으로 운영될 수 있도록 지원해주는 발전 지향적·생산 촉진적 장치가 되어야 한다. 또한 때때마다 정치 구호로 등장하는 경제 민주화에 대하며 기업이 스스로 결정하는 자율경제의 상태, 즉 민간자율과 기업자치의 보장이라고 정의하고, 정부나 정치권이 기업의 경제활동에 대한 개입을 줄이고 규제를 최소화하는 것이 경제 민주화의 첫걸음이라고 여겼다. 그렇기 때문에 그는 "기업을 위해 무엇을 해 줄 것인가 보다는 기업이 힘껏 뛸 수 없게 하는 것이 무엇인가를 찾아야 한다",[53] "풀어주면 모든 게 잘된다"라면서 불필요한 규제를 철폐할 것을 누누이 강조해 왔다.[54]

강경식은 하루 24시간 내내 어떻게 돈을 벌 수 있을지 궁리하는 장사꾼처럼 민간에서는 경제문제를 지신의 생사가 걸린 일로 여기며 사활을 거는 네 반해, 월급쟁이 관료들은 정책목표를 달성하기 위해 하루종일 고민하지는 않는다면서 정부에 속한 사람과 시장에 속한 사람들의 성향 차이가 극명하다고 보았다. 더욱이 정부의 의사결정 체제인 정치는 근본적으로 불완전한 선택을 전제하기 때문에 정부가 성장동력을 마련한다는 말은 어불성설이라고 주장했다. 그는 정부의 역할은 경제 생태계를 위해 인프라를 구축하고 장애를 제거하는 데에 한정되어야 하며, 대통령 역시 경제 전문가들이 제대로 일할 수 있도록 정치적으로 튼튼히 뒷받침해야 한다고 강조하였다.[55]

또한 시장경제의 핵심은 탈정치화이고, 민주화가 진척됨에 따라 정치가 경제를 좌지우지하던 시대에서 정치와 경제가 각각 독자 영역을 확보하는 분권화 시대로 전환된다고 믿었기 때문에 재경원 장관으로 취임하면서 정치와 경제를 구분해 초당적으로 대응할 것을 다짐하였다. 사정개혁이라는 정치적 목표 달성의 일환으로 추진된 금융실명제를 세제 차원에서 개혁해 경제적 효율성을 높이겠다는 포부도 밝혔다. 시장경제에 대한 확고한 신념이 있었기 때문에 그는 정권 말엽임에도 민간경영 모델을 공기업의 구조조정에 적용하고, 금융구조의 개혁을 강행하였다. 또한 급진적인 시도에 대한 세간의 질타에 맞서 금융제도의 개선은 정치적 판단이 아닌 경제논리에 따라 추진하는 것이 바람직하므로 대통령 임기에 맞추어야 할 필요성이 크지 않다는 입장을 고수하였다.

5 리더십 전략

강경식은 시장경제의 가치와 효용에 대한 확고한 신념을 토대로 경제문제에 관하여 근본적인 처방을 내리는 결단을 감행함으로써 위기를 돌파하고자 하였다.

1) 시장경제의 이상향 고수

강경식은 정부 주도 개발이 경제정책의 교리였던 70년대에도 시장개방과 규제완화를 부르짖은 개혁론자이자 이상 추구자였다.[56] 대학 시절에는 법학도였지만, 공직생활을 시작한 지 1년이 채 안 된 시점에 해외 연수를 떠나 시라큐스 대학에서 행정학을 공부하였고, 기획국장 시절에는 미국에서 공무원 연수를 받고 귀국한 강봉균 사무관으로부터 5개년 계획에 관한 개인 교습을 받았다.[57]

1972년, 8.3 경제조치(「경제의안정과성장에관한긴급명령」 제15호)가 시행될 때 시장가격을 조정하는 일을 하면서 국가의 시장 개입으로 인한 기업의 정부 의존성 증대라는 모순이 야기되는 실상을 겪었다.[58] 또한 1978년, WHO 연차 총회에 한국 대표단의 일원이 되어 소련을 방문하였을 때 계획경제의 참상을 목격하면서 자유시장경제에 입각한 개혁의 필요성을 절감하였다. 이같은 일련의 경험을 통해 그는 경제의 자유와 공정한 경쟁이야말로 경제문제 해결을 위한 최적의 열쇠이며, 시장경제가 모든 경제정책의 근간이 되어야 한다는 신념을 갖게 되었다.

"1978년 소련의 알마아타에서 세계보건기구 총회가 열려 우리나라 대표단의 한 사람으로 약 2주간 모스크바 타슈켄트 등지를 방문한 적이 있었고, 그때 처음으로 계획경제의 실상을 직접 체험하고 목격할 수 있었다. 소비재의 경우 우리가 상상도 하지 못할 정도로 물자가 부족하고 품질도 조악하며 고객에 대한 서비스는 존재하지도 않았다. 그런 걸 보면서 소련 경제가 한계에 부딪쳤다는 것과 계획경제 방식에서 시장경제 방식으로의 근본적인 전환이 없는 한 소련 국민들의 욕구는 결코 만족될 수 없고, 소련이 강대국으로의 지위도 유지할 수 없다고 느꼈다." (강경식, 1989)[59]

우리 경제를 시장경제 구조로 바꾸겠다는 다짐은 그의 손을 거친 다수의 정책에서 직·간접적으로 구현되었다. 특히 기획차관보 시절에 밀어붙인 안정화 시책은 한국 경제 진로의 획기적 전환을 유발시켰다. 1970년대 후반에 통화팽창과 경기과열을 비롯한 구조적 문제가 부상하자 강경식은 경제부처 실무자들과 KDI 연구원들로 구성된 특별연구팀을 만들어 성장보다는 안정, 규제보다는 자율, 봉쇄보다는 개방으로 경제운용 방향을 바꿔야 한다는 대안을 도출하였고, 이를 참고해 정책 입안을 준비하였다.[60] 그러나 상공부는 정책안에 담긴 수입 자유화와 수출금융의 축소에 반대하고, 재무부는 금융 자율화에 난색을 표명하였으며, 농수산부는 농촌 보호라는 명분을 내세워 반대 입장에 섰다. 관계부처의 협조 없이는 목표 달성이 불가능하다고 판단한 강경식은 김용환 재무부 장관과 최각규 상공부 장관을 상대로 설득하였음에도 호응을 얻지 못하였고, 직속상관인 서석준 차관조차 이견을 밝힌 데다 남덕우 부총리마저 개혁안을 청와대로 전달하지 않아 좌절을 목전에 두게 되었다.

우군이 없는 처지에서 강경식은 1978년 소련 출장 시 동행한 신현확 보사부 장관에게 체류 기간 내내 경제정책 전환에 관한 내용의 안정화 시책에 대하여 설명하였다. 때마침 그해 12월, 신현확이 경제부총리로 임명된 후 정책안을 청와대에 제출하면서 경제의 장기적 성장을 위해서는 안정기조의 정착이 선결과제이며, 정부의 역할보다 시장경제의 기능을 강조하여야 한다는 철학에 기반을 둔 〈4.17 경제안정화 종합시책〉으로 정부의 정책 방향이 전환되었다.[61]

※ 자료: 조선일보(1981. 8. 23)
경제개발 5개년계획의 실무책임자가 된 강경식 기획차관보는 '개발'을 '발전'이란 용어로 바꿔 제
5차 경제사회발전계획(1982-1986)을 기획하였다. 정부의 경제정책에 사회복지 개념이 도입되
고, 목표 달성 위주의 계획에서 기업의 자율을 전제로 하는 유도계획으로 전환하는 계기였다.

"키스트에 영빈관이 있는데 그곳에 KDI 박사들과 주요 부처의 과장들을 합숙
시키면서 '이제까지 하던 게 뭐든 구애되지 말고, 그야말로 백지상태에서 우리나라
경제의 문제가 무엇이고, 어떻게 대처하여야 하는지 토론해 봐라.' 며칠 후에 보니
까 결론이 뭔가 하면, 중화학공업을 턱없이, 우리의 능력 이상으로, 뒷감당할 수 없
을 정도로 하고 있고. 그리고 예를 들어 식량 같은 것, 수입을 막아놓았는데 개방해
서 경쟁시키는 게 훨씬 낫고. 지금까지 해 오던 정부 주도의 방식으로는 더 이상 지
속하기 어렵다. 이제까지 하던 방식을 180도 바꿔야 할 단계로 우리 경제가 발전했
다고 결론을 내렸습니다." (강경식, 2018.7.4 인터뷰)

그의 시장경제에 대한 이상향은 재무부 장관(1982.6.24-1983.10.15)으로 발탁됨
과 동시에 파격적인 금리인하 조치(6.28 조치)로 진일보하였다. 금융실명제 실시 논
란이 일자 금융실명제는 공평과세를 위하여 꼭 갖춰야 하는 제도임을 강조하면서
"지하경제에 대해서는 모든 정책수단을 동원해 박멸하겠다"라고 호언하였다.[62] 청
와대 회의에서 허화평 정무수석, 허삼수 사정수석, 노태우 내무부 장관 등 대통령
의 최측근 실세들로부터 집중적인 공격을 당하였을 때도 "당신들이 마치 주인인

것처럼 행세하는데 당신들 말을 잘 듣는 사람으로 재무장관을 바꾸면 될 것 아닌가"라면서 강하게 맞대응하였다.[63] 이렇듯 시장경제에 대한 신념을 정책세계에서 구현하기 위하여 각개격파의 태세를 취하였기 때문에 강경식은 옳다고 판단한 일에는 반대편의 세력과 규모를 따지지 않고 밀고 나가는, 자타가 공인하는 '불도저와 같은 추진력을 갖춘 인물'로 알려지게 되었다.

강경식은 국회에 입성한 후에도 국내시장의 개방을 불가피한 일로 받아들여야 하고, 모든 영역에서 기회균등과 경쟁의 원리를 도입해 각 경제주체가 능력을 발휘하게끔 하여야 하며,[64] 고비용-저효율 경제구조의 처방으로 시장의 기능을 회복시켜야 한다고 주장하는 등[65] 시장 우위의 정책을 펼쳐야 한다는 소신을 꾸준히, 공개적으로 발언하였다. 그렇기 때문에 1997년 3월, 재경원 장관이 되어 내각에 입성하는 것은 강력한 개혁의 예고였다. 강경식은 장관으로 부임한 직후 세계적인 변화에 제대로 적응하지 못해 경제문제가 발생하였다면서 금융실명제의 법제화, 공기업의 민영화, 금융개혁의 추진을 시사하였다. 언론에서는 대기업 문제가 터지면 항상 정부가 주도해 해결 방안을 만든다는 원칙을 처음으로 깬 사람이 강경식 부총리라면서 분개입을 원칙으로 삼는 그의 스타일에 주목하였다.[66]

그러나 한보사태의 파장이 확산되는 가운데 기아그룹의 부도 위기까지 겹치면서 시장의 자율성과 정부개입 사이에서 어떤 입장을 취해야 할지 선택의 기로에 직면했다. 그는 부실기업 문제를 공권력으로 해결할 경우 사안의 본질이 흐려질 염려가 있다고 판단했으나 1997년에 들어와 삼미그룹(3.19), 삼립식품(5.15), 한신공영(5.31), 금강피혁(6.28) 등 여러 대기업이 연쇄적으로 몰락하자 "부도의 사건화"를 우려한 김영삼 대통령이 "부도 불가"를 거듭 지시하였기 때문에 대통령의 지시를 어기지 않으면서도 실제로는 부도를 처리해 나가는 길을 찾아야만 했다.[67]

그는 정부의 역할은 어디까지나 시장 기능이 제대로 작동하도록 대책을 세우고 노력하는 데 있다는 생각을 공공연하게 이야기하였다. 부도유예 처리된 기아그룹으로 하여금 채권금융기관과의 협의하에 정상화 방안을 강구하도록 하면서 정부는 개별 기업을 직접적으로 지원하거나 부도처리 여부에 대한 의사를 표명하지 않을 것이라는 입장도 공개적으로 밝혔다. 그러나 이상과 현실의 벽 사이에서 고립에 처하기를 거듭하였다. 항간에서는 "강경식이 삼성과 한패가 되어 삼성이 기아를 인수하게끔 하려 한다"라는 소문이 돌았고,[68] 시장논리를 적용한다면서 부실기업은 정리하지 않는 말과 실천의 괴리가 국제사회의 불신을 초래하였다는 의미에서 "말만 하고 행동은 하지 않는 행태(No Action Talking Only)"로 치부되기도 하였다.[69] 강경식은 당시 김선홍 기아 회장이 갖는 정치계·언론계의 우군들, 그리고 장치산업의 선봉이자 국민기업이라는 기아의 이미지 때문에 부실을 처리하는 데 고충이 극심해 마치 '다윗'인 관(官)이 '골리앗'인 기아를 상대하는 심정이었다고 한다.[70]

> "가급적 부도나지 않도록 하고 싶다는 것과 정부가 개입해 부도내지 말도록 금융기관들에게 지시하고 종용한다는 것은 천양지차가 있습니다. 금융에 대한 정부의 개입은 바로 정경유착의 근원이 됩니다. 대출금을 약속한 때에 갚지 못하고 있는 기업에게 돈을 더 빌려주라는 지시를 할 수는 없는 것입니다." (강경식, 1998)[71]

국회에서는 '경제문제는 경제로 해결한다'는 소신에 따른 장관의 처방이 눈앞의 위기에 대응하는 타이밍을 놓치는 실책으로 이어졌다는 질타가 일었다. 국회 재정경제위원회에서는 "정부와 경제기구들이 동맥경화증에 걸렸다"라면서 경제 파국을 목전에 두고도 시장에 어떻게 개입하고, 어떻게 문제를 해결할 것이냐에 대한 원칙이 없는 재경원의 태도를 지적하였다(이상수 의원(새정치국민회의), 제정구 의원(민주당)).[72] '집에 불이 나면 집에 손상이 가더라도 우선 불을 꺼야한다'(나오연 의원(신한국당))[73]는 충고와 함께, 원칙에 얽매여 국가의 후견적 관여를 배제하지 말 것을 경고하고(이상수 의원(새정치국민회의)),[74] 도산 위기의 기업에 발 빠른 수혈을 주문하기도 했다(정세균 의원(새정치국민회의, 박명환 의원(신한국당)).[75] 고전적인 시장경제이론에 집착하는 강경식의 독단적인 처신에 문제가 있으며(나오연 의원(신한국당)),[76]과도적인 준비 없이 자유시장경제 원칙을 내세우면서 기업의 자율에 의한 구조조정을 기대한다(노승우 의원(신한국당))는 비판도 제기되었다.[77]

반면 강경식은 "부도 노이로제"에 걸린 김영삼 대통령과 그 측근이 국내 시각을 의식해 기아 문제를 제때 처리하지 못하고, 금융개혁도 미뤄져 국제사회의 불신이 초래되었다고 항변하였다.[78] 이러한 취지에서 항간에서는 부도유예협약의 발효가 민간기업 부채에 대해 정부가 정치적으로 간섭하고 있는 것으로 비춰져 국제 신인도에 악영향을 끼쳤다는 분석이 제기되었다. 이는 한국에서 외환이 빠져나가는 주된 구실이 되었을 뿐만 아니라 편법적으로 대기업의 부도를 연장함으로써 기아 사태 등이 장기화되고, 결과적으로 우리나라의 대외 신인도는 회복하기 힘든 타격을 입었다는 비판으로 이어졌다.[79] 김인호 경제수석도 기업의 부실과 이를 처리하는 과정에서 나타난 정치·사회 지도자들의 행태가 외환위기의 가장 중요한 직접적인 배경이 되었다고 밝혔으며,[80] 박세일 수석은 경제 분야의 개혁 부진이 결국 IMF 자금지원 사태를 불러온 근본 원인으로 작용했다고 진단하였다.[81]

"정부는 현재 우리 경제가 겪고 있는 어려움이 경제의 한 부분에서 발생하고 있는 것이 아니라 과거 오랜 기간 누적된 고비용 저효율의 구조적 취약성이 분명하게 나타나면서 발생하는 경제 전체의 문제라는 점을 인식하고 있습니다. 또한 대기업의 지나친 선단식 경영, 차입 위주 경영이 한계에 이르고, 금융 분야의 낙후성이 우리 경제의 어려움을 더욱 가중시키고 있다고 봅니다. 결국 이러한 상황은 단기적인 정부의 시장개입이나 지원으로 해결될 성질이 아니고, 경제의 틀을 보다 시장경제 틀에 맞도록 해 나가는 경제구조의 개혁을 통해서만 타개할 수 있습니다. 따라서 정부는 보다 근본적으로 금융개혁을 비롯해 시장경제의 기초 위에 우리 경제의 체질을 튼튼하게 고쳐 나가기 위한 구조전환의 노력을 더욱 가속화해 나가고 있습니다." (강경식, 1997.8.26)[82]

2) 미래를 전망하는 기획력

강경식은 '운이 좋다'는 말을 많이 들으며 살아왔지만, 사실 늘 공부하면서 끊임없이 노력을 게을리하지 않았고 매사에 적극적이었다. 경제기획원 안에서도 핵심 부서인 경제기획국, 물가정책국, 예산국 국장을 두루 맡아 밤낮없이 일에 파묻혀 지냈기 때문에 동료나 후배들로부터 '일벌레'라는 말을 많이 들었다. 정부 중앙청사에서 쪽잠을 자면서 일하던 시절, 어린 자녀들이 어쩌다 집에서 아버지를 마주치면 "엄마, 저분이 누구세요"라면서 무안하게 했고, 몇 차례 이사를 다니면서 늘 이사하기 전 집에서 출근한 뒤 퇴근 후 새로 이사간 집을 찾아가는 일을 반복했다는 일화도 전해진다.[83]

관심사가 광범위하고 아이디어가 많아 언론에서는 그를 새로운 아이디어를 토대로 현실을 타파하려는 이상주의자이자 무협지에서 대중소설까지 닥치는 대로 읽는 독서광에 비유하였다.[84] 외신에서는 그가 첼로를 연주하고 탐욕스러울 정도로 책을 많이 읽으며, 컴퓨터와 첨단기술에 파고드는 집요함을 지녔다면서 "관료의 옷을 입은 르네상스 맨"으로 묘사하고, 폭넓은 사고의 소유자이자 최고의 경제기획가라는 찬사를 보냈다.[85]

그의 창의적인 성향은 정부 안에서 일을 효율적으로 수행하는 데 필요한 아이디어를 개발해 활용하는 도전으로 이어졌다. 미국 시라큐스 대학에서 연수를 받을 때 대학의 행정업무가 전산화되어 처리되는 것을 목격하였던 강경식은 1970년대 초반, 예산총괄과장을 하면서 과거의 경험을 살려 컴퓨터를 이용한 예산업무의 전산화를 처음으로 제안하였고, 결국 예산 집행과 결산 등의 재정 상태를 한눈에 파악할 수 있는 예산시스템이 구축되었다.[86]

강경식의 도전은 그가 자리를 옮길 때마다 정부 업무 전반으로 확산되었다. 기획차관보를 하던 1970년대 말에는 지방행정 업무의 전산화를 꾀하였고, 1980년대 초 대통령비서실장 재직 시 초대 국가기간전산망 조정위원회 위원장이 되어 〈국가기간전산망 추진계획〉을 수립해 행정 전산망 업무를 총괄하는 등 그의 행보는 행정의 전산화와 전자정부 구현의 발원지가 되었다.[87] 재무부 장관 때 금융실명제 성공을 호언장담할 수 있었던 이유도 연간 5,000만 건 정도의 데이터를 처리할 수 있는 역량과 기술적 대응력을 갖추고 있다는 것을 예산업무 전산화 작업을 통해 이미 인지하고 있었기 때문이었다.[88]

> "예산총괄과장으로 일할 때 재원의 효율적 배분, 향후 예산규모의 확대와 복잡화에 대비하기 위하여 예산의 조직화와 체계화가 시급하다고 느꼈고, 이에 컴퓨터를 이용한 예산업무의 전산화 추진을 결심하였다. 다행히 프로그램 문제는 KIST의 성기수 박사와 의논한 끝에 안문석 씨(後 고려대 교수)에게 개발을 의뢰했다. 하지만 전산화를 위한 예산과목의 재분류 작업은 그 누구에게도 대신 맡길 수 없어 결국 내가 직접 추진해야만 했다. 전산화를 위해 그때까지의 기능별, 성질별, 조직별 구분이 뒤섞인 예산과목들을 당시 미국에서 새로이 시도되었던 PPBS 방식으로 재분류해야만 하였는데, 그 업무는 예산편성 과정을 꿰뚫고 있는 사람이 아니면 불가능했기 때문이다." (강경식, 1992)[89]

정부를 떠나 국회에 입성한 후에도 관행에 매이지 않는 그의 성향은 여전하였다. 초선의원 시절인 1987년에는 부산의 발전 문제를 다루는 사고방식을 체계화하려는 시도의 일환으로 부산발전시스템연구소를 설립하고, 이곳을 정부 정책 당국자와 지역경제인 간의 창구로 활용하였다. 제15대 국회에서는 보스와 정쟁, 당원과 당사가 없는 정당으로서 활발한 정책토론이 이루어질 수 있는 가상정당을 구상한 끝에 사이버 파티(Cyber Party)를 창당하였다. 정·관계에서 은퇴한 이후에도 청소년 대상의 경제교육 단체인 JA Korea(Junior Achievement Korea)를 만들고, 노사 문제를 다룬 연극 제작에 참여하는 등[90] 독자적인 아이디어를 협력과정을 거쳐 가시적인 결과물로 일궈냈다.

강경식은 새 아이디어를 정책화하는 과정에서 숱하게 성공과 실패를 경험하였다. 그가 제안한 일들은 대체로 현실 상황과는 너무 동떨어진 급진적인 것이어서 공감대를 형성하기 어렵고, 실제 정책으로 구현해 내는 순간마다 난관에 부딪히기 일쑤였다. 그는 각고의 노력 끝에 도출한 구상을 정책 무대에 올린 후 정부 안팎의 동조와 지지를 확보하기 위해 동분서주하였고, 때로는 거센 저항에 맞서 강경하게 대처하는 경험을 겪으면서 웬만한 곤란 앞에 좌절하지 않는 배포를 단련하였다. 그렇기 때문에 외환위기 상황의 파고 속에서 금융개혁을 비롯한 구조 개혁을 흔들림 없이 밀어붙이는 강행군을 단행하였던 것이다.

3) 변화와 개혁을 위한 근본적 처방

강경식은 기획차관보 재임 중 '공직생활을 차관보로 끝내리라'는 결심을 한 채 기존의 정부 주도 경제정책을 뒤엎는 안정시책을 제안함으로써 박정희 대통령의 역린을 건드린 이단아로 불렸다.[91] 개혁은 손익의 문제가 아니라 기본과 원칙의 문제라는 일념을 가지고 단발성 처방이 아닌 구조적 해결책을 도모하였기 때문에 외신에서는 그를 스스로 근본적인 사안이라고 여긴 이슈에 대해 고집부릴 줄 아는 인물이라고 소개하였다.[92] 경제기획원 후배인 김인호는 강경식에 대하여 '좋게 말하면 소신이고 나쁘게 말하면 거만'이라고 할 수 있는 다소 독선적인 행태와 자기중심적 사고체계를 지닌 사람으로 묘사하였다.[93]

강경식은 개방 압력은 거론되지 않았을 뿐더러 국제수지는 적자에 허덕이던 5공화국 때 '기존의 산업구조와 체질을 근본적으로 뜯어고치겠다'면서 관세제도의 개혁을 통한 개방을 주장하는 등 경제문제에 관한 구조적인 처방을 내렸다. 이러한 전략은 문제해결을 위한 시스템만 갖춰져 있으면 시장의 실패란 있을 수 없다는 확신에서 기인한다. 즉 시장 기능은 시행착오를 겪을 수는 있지만 결국 자율조정 기능을 통해 최적의 해법을 도출해내므로 정부가 시스템만 만들어 주면 제 역할을 다한다는 것이다.

"1980년대 초반의 물가안정은 온갖 반대를 무릅쓰고 인기 없는 '안된다'로 일관함으로써 이룰 수 있었다. 욕을 얻어먹는 것을 개의치 않고 줄기차게 밀고 나가 겨우 달성한 것이다. 당하는 고통은 구체적으로 일일이 드러나는 데 반해, 물가안정 효과는 눈에 확 띄게 나타나지 않고 시간을 두고 잘 느낄 수도 없는 모습으로 자리 잡아 갔다." (강경식, 1991)[94]

강경식은 단기적 성과에 집착하면 얻는 것보다 잃는 것이 더 많다는 일념을 가지고 불안정한 금융시장의 안정, 외화도입의 촉진 및 국제수지 개선과 더불어 우리 경제의 고질적인 구조문제를 바로잡아 가는 것에 방점을 두고 1997년 3월, 부총리 겸 재경원 장관 업무를 개시하였다. 그는 취임 직전에 발생한 한보 부도 사태와 대기업들의 몰락이 과다한 외부 차입에 의존한 방만한 기업 확장과 금융감독 기능의 비효율성에서 비롯되었다고 판단했기 때문에 경제문제 타개를 위한 근본적인 대안으로 금융시장의 자율성과 효율성을 골자로 하는 금융개혁을 내걸었다.[95] 특히 김인호 경제수석, 이경식 한국은행 총재와 "마지막 공직이라고 생각하고 해야 할 일은 반드시 하고 그만두자"라고 결의를 다지면서 금융개혁 관련 입법, 금융산업 구조조정, IMF 자금지원을 패키지로 묶은 종합대책인 일명 '그랜드 디자인'을 구상하였다.[96]

사실 김영삼은 대통령으로 당선되기 전부터 관치금융 체제 아래서 금융통화위원회는 "금융통과위원회", 한국은행은 "재무부 남대문 출장소"라는 별명으로 불린다면서 재무부로부터 한국은행과 금융통화위원회를 독립시키고, 정부가 민간 금융기관의 경영과 인사에 간여하지 않는 금융 자율화를 내걸었다.[97] 한국을 방문한

IMF 평가단 역시 1997년 10월 15일, 금융개혁의 지속적 추진이 구조조정에 필수적이라면서 규제 완화, 산업 구조조정, 기업 지배구조 개혁 등 시장원리에 바탕을 둔 구조조정 노력을 적극 지지한다고 밝혔다.[98] 그러나 일각에서는 금융개혁법안이 경제가 안정적으로 유지될 때나 필요한 것이라며 그 실효성에 의구심을 제기하였다. 또한 한국은행과 3개 감독기관 노조는 국회 재경위에서 금융개혁법안이 통과되는 즉시 총파업에 돌입하겠다고 선언하는 강수를 두었다.[99] 이에 맞서 강경식은 개방체제로 전환되는 경제환경을 맞이해 한국은행이 통화신용 정책을 독립적으로 수행하고, 금융감독 기능은 정부로 이관해 일괄적으로 담당해야 한다고 여겼고, 금융개혁의 입법화야말로 경제위기를 막기 위한 마지막 희망이자 위험 탈출구라고 장담하였다. 기아자동차 사태가 부실기업에 대한 정부의 정책 의지를 가늠해주는 척도였다면, 금융개혁법안의 국회 통과는 금융기관에 대한 구조개혁 의지와 실천력에 관한 평가의 출발점이었다.[100]

강경식 장관은 금융개혁안이야말로 정권과 관계없는 초당적인 과제라는 것을 여야 정당, 언론, 학계를 비롯한 사회 각계를 상대로 설명하였다. 국회의원들 앞에서는 대기업의 연세부도가 1만 불 소득을 달성한 선진국 대열에 합류하였음에도 과거 고도성장기의 시스템을 답습함으로써 유발되는 폐단의 하나이며, 이러한 문제를 극복하기 위해 구조개혁이 수반되어야 함을 피력하였다. 국제통화기금·세계은행(IMF·World Bank) 연차총회 참석차 방문한 홍콩에서도 외신기자들에게 한국 정부는 경제제도를 국제적인 수준으로 제고하기 위하여 구조조정을 추진하고 있으며, 특히 금융개혁은 향후 한국 금융산업의 모습을 크게 바꾸어 놓을 것이라고 강조하였다.[101] 해외 공조 네트워크 구성에 대한 고심을 안은 채 8개월 남짓한 재임기간 중 공식 국제회의에 6차례 참석하였고, 해외 순회대사와 재정경제금융관들에게 각국의 주요 인사들을 대상으로 한국의 경제분야 개혁에 대한 홍보에 주력할 것을 당부하기도 하였다.

> "정부가 추진하는 경제구조조정 노력은 우리 경제 모든 부문에 경쟁의 원리를 도입하고 개방화, 정보화 등 세계적인 조류에 걸맞게 각종 제도와 관행을 개편함으로써 경제의 근본적인 활력을 키우고자 하는 것입니다. 구조조정은 우리 경제계가 현재의 어려움을 극복하고 재도약하기 위한 근본적이고 유일한 방법으로서 아무리

어렵고 고통스럽더라도 일관성 있게 추진되어야 하고 또 그럴 수밖에 없는 상황임을 이해해 주시기를 바랍니다." (강경식, 1997.5.23, 1997.10.17)[102]

그러나 금융감독 기능의 분리에 대하여 한국은행 노조가 반발하였고, 대통령의 임기가 몇 개월 밖에 남지 않은 정권교체가 임박한 시점에서의 법 개정은 졸속으로 이어질 수 있다는 우려도 뒤따랐다. 더욱이 제15대 대선 유력 후보자들 간의 막상막하 대결구도 속에서 금융노조의 반발을 무시한 채 개혁안에 동조할 정치세력(정당)을 기대하기란 불가능했다. 이러한 진퇴양난의 처지에서 결국 그의 재임기 중 정기국회에서의 법안 처리가 무산되고 말았다.[103]

> **그림 31 금융개혁위원회 보고회의**

※ 자료: e영상역사관
　김영삼 대통령은 1997년 4월 14일, 대통령직속 금융개혁위원회 보고회의에서 금융개혁이 조속히 실행에 옮겨질 수 있도록 입법화 등 모든 필요한 조처를 취하라고 지시하였다. 오른쪽에서 두 번째가 강경식 경제부총리.

강경식이 구조조정을 통한 경제난 극복을 피력할 때마다 후폭풍이 거세게 밀려왔다. 강경식의 근본주의적 문제해결 방식이 결국 정책선택의 타이밍을 놓친 꼴을 초래하였다는 비난이 일었다. 정치력이 제약되는 조건을 무시한 채 금융개혁을 꼭 실현하겠다는 경제 수장의 무리한 의지가 결국 위기를 불러일으켰다는 성토도 나왔다. 강경식 부총리가 외환위기를 볼모로 국회를 협박해 금융개혁을 추진한 것은 국익보다는 법안이 통과되지 않았을 때 입게 될 개인의 체면 손상을 더 중시하였기 때문이라는 소문이 돌기도 했다.[104] 일각에서는 그가 국제금융시장의 생리를 모른 채 금융개혁법에 매달려 외환 업무를 담당하는 핵심 인력들까지 동원하는 바람에 외환위기 관리에 집중하기 어려웠던 점을 위기의 원인으로 지목하였다.[105] 언론에서는 개혁 드라이브가 가해지기 유리한 정권 초반에 필요한 선발투수를 정권 말엽의 9회 말 구원 투수로 내세운 격에 빗대어 대통령의 인사 실패를 지적하였다.[106]

훗날 강경식은 경제가 워낙 어렵고, 그 해법은 어느 정당이 집권하더라도 크게 달라질 것이 없다고 판단했기 때문에 정치와 경제를 구분해 초당적으로 대응하는 것이 가능할 것이라 오판했다고 회고하였다. 또한 문제의 저변을 이루는 구조와 처방을 위한 기본제도가 부재한 상태에서 세계질서의 변화는 읽었지만, 한국 사회가 변하지 않았다는 점을 읽지 못해 IMF 위기를 막아내기 어려웠다고 하였다.[107] 그러나 그가 퇴임한지 1개월 남짓 지난 1997년 12월 29일에 금융개혁법안이 국회에서 통과되고, 그가 재임기에 마련한 각종 경제정책안이 차기 정부에서 구조조정의 일환으로 실현되면서 시장경제의 원리에 기반을 둔 근본적 처방의 유효성이 입증되었다.[108]

"나도 정부에서 일했지만, 정부는 자기 이해하고 직결되지 않는 것, 그러니까 공공적인 것을 해야 합니다. 정부가 자기 이해와 직결되는 쪽에 들어가면 엉망이 되어버려. 그리고 정부에서는 몇몇 엘리트들이 모여 있어. 반면 시장이라는 데는 온갖 사람들이 다 하는 거야. 많은 사람이 생각하는 게 좋은 거예요. 그래서 앞으로도 시장입니다." (강경식, 2010.3.11)[109]

1   강경식, 앞의 책(2010), 698쪽.

2   서석재 전 총무처 장관(1994.12.24-1995.8.3)이 부산고 동기다. 고교 재학 시절, 작곡가 윤이상 과 이상근이 음악 선생님으로 재직하였다고 한다.

3   박승 전 한국은행 총재와 이경재 전 중소기업은행장이 1961년 한국은행에 함께 입사한 입행 동 기다.

4   강경식이 경제기획원에서 국장, 차관보를 지낼 때 진념(동자부·노동부·기획예산처·재경부 장 관), 강현욱(환경부 장관), 강봉균(재경부 장관), 김인호(경제수석) 등이 경제정책 수립의 실무 를 담당한, 일명 '강경식 사단'의 멤버였다. 연합뉴스, 「〈焦點〉姜부총리의 성장과정과 경제철 학」(1997.3.5).

5   이장규, 앞의 책(2012), 211쪽.

6   재무부는 정부가 경제정책을 펼치는 데 필수적인 금융과 세제를 맡는 등 가장 많은 정책수단을 보유하기 때문에 재무부 장관은 가장 강력한 파워를 지녔다. 재무부·상공부·부총리 겸 경제기 획원 장관을 역임한 나웅배는 "경제부총리는 명예롭고, 상공부는 화려하며, 재무부는 강하다" 라고 언급하였다. 월간조선, 「경제 총리론-신현확과 김만제」(1989년 6월호), 387쪽.

7   1982년 장영자·이철희 어음 사기 사건이 터지면서 〈사채양성화와 관련한 실명거래 실시와 종 합 소득세제개편 방안〉이라고 불리는 일명 7.3 조치가 발표되었다. 강경식은 과세 사각지대인 지하경제가 심화되었다고 지적하면서 금융실명제의 도입을 제안하였다. 그러나 반대를 최소화 하기 위해 기존의 차명거래에 대한 면책 범위를 넓혔음에도 거센 저항 때문에 「금융실명거래에 관한 법률」에서 대통령령이 정하는 날부터 시행하기로 정부에 위임하였고, 결국 도입이 무기한 유보되었다. 강경식은 훗날 "실명제는 마치 혁명을 일으키듯 기습적으로 해치워야 하는데, 민주 적으로 한다면서 토론에 붙인 것이 반대를 불러왔다"라고 회고하였다. 이후 노태우 정부는 대선 공약이었던 금융실명제를 실시할 것이라고 예고하였지만, 물가 불안과 경기위축, 자금의 해외 도피 가능성, 부동산 투기 재현, 증권시장의 파탄 등을 이유로 시행을 유보하였다.

8   1983년 10월 9일에 발생한 아웅산 사건 직후 귀국한 전두환 대통령은 청와대로 직행해 새벽 5시 에 국무회의를 개최하였고, 회의가 종료되자마자 강경식에게 경제부총리를 맡아달라고 요청하 였다. 강경식은 17명의 최고위 인사들이 한꺼번에 변을 당한 상황에서 민심을 안정시키는 개각 이 되어야 한다고 판단하였고, 50세도 안 된 자기보다는 신병현 전 부총리를 기용하는 것이 올 바른 선택이라고 대통령에게 건의하였다. 또한 김재익 경제수석을 대신할 인사로 사공일 한국 산업경제기술연구원 원장을 천거하였고, 김동휘 상공부 장관과 서상철 동자부 장관의 후임으로 각 부처의 차관을 장관으로 발탁할 것을 건의하였다. 강경식, 「경제개발5개년계획 수립 60주년 기념 국제컨퍼런스 기조연설」(2023.5.23).

9   그러나 대통령의 가족이 정치에 관여하는 일에 대하여 불만을 표시하고, 군 출신 인사의 청와
    대 비서관 영입에 반대하면서 대통령의 눈 밖에 나 1년 4개월 만에 그만두게 되었다. 연합뉴스,
    「〈焦點〉姜부총리의 성장과정과 경제철학」(1997.3.5). 강경식은 비서실장을 할 때 자신의 전문
    분야인 경제정책에 대하여 의견을 제시했다가 전두환 대통령으로부터 "비서실장 일이나 하라"
    라는 말을 듣게 돼, 이후 경제문제에 관한 전권을 경제수석에게 일임한 채 대통령을 보좌하는
    일에 전념하였다고 한다. 함성득, 앞의 책(2002), 157, 177쪽.

10 신한국당 내 관계·재계·학계 출신 재선 의원들의 친목회인 한백회의 일원이 되어 경제 분야
    의 현안에 대하여 입장을 표명하는 등 비판적 정치인으로서의 역할을 자처하였다. 그러나 국회
    에 입성해 의욕적으로 추진하였던 일들이 번번이 좌절되면서 국회는 국가기관 중 가장 생산성
    이 낮은 곳이라는 인식을 갖게 되었다. 역대 장관들도 재임기간 중 겪은 국회와의 부정적인 경
    험에 대하여 제각기 진술하였다. 김만제 경제부총리(1986.1.8-1987.5.26)는 '한국에서 앞서가
    는 분야가 경제계라면 정치계는 아직도 많이 뒤져있다'는 의견을 밝혔고, 김정례 보건사회부 장
    관(1982.5.21-1985.2.19)은 '국회는 인기를 의식하는 쇼맨들의 드라마장 같다'고 언급하였다. 그
    밖에 전문성이 떨어지고 겸손함도 없으며 공사를 분명하게 가리는 판단력이 약하다고 비판하거
    나 국회의원은 지역구 관리인에 불과하고 자기 위상 관리에 치중하는 등 국정을 뒷전에 두는 이
    기주의적 집단에 비유한다. 월간조선, 앞의 기사(1995년 2월호), 149-150쪽.

11 김인호 경제수석은 경제팀에 대한 대통령의 신임을 확인할 필요가 있다고 판단해 1997년 10월
    28일, 강경식 부총리에게 사식원늘 세출아사고 하였지만, 강경식은 국회이 예산 심의가 한창이
    기 때문에 예산업무가 끝나는 정기국회 종료일에 사표를 내겠다고 답하였다. 김인호, 『明과 暗
    50년: 한국경제와 함께: 2. 외환위기의 중심에 서다』(서울: 기파랑, 2019(b)), 34쪽.

12 IMF 경제위기에 대한 책임 공방이 이루어지면서 강경식 전 부총리와 김인호 전 경제수석이 직
    무유기 혐의로 재판에 회부되었다. 재판부는 강경식이 한국은행의 외환위기 사전 경고를 무시
    하고 대통령에게 경제 실상을 제때 보고하지 않았다는 검찰의 주장에 대하여, 김영삼 대통령
    이 그로부터 외환위기 실상을 보고받았다고 답하였고, 한국은행이 발간한 보고서는 위기 시 대
    응 방안을 여러 갈래로 제시한 것으로, 이것이 외환위기를 사전에 진단하는 근거가 될 수는 없
    다고 판시하였다. 또한 검찰은 강경식이 IMF 구제금융 요청을 가능한 한 회피하려는 태도를
    보였다고 주장하지만, 경제정책의 책임자라면 누구라도 국가 경제에 엄청난 충격을 주는 조치
    를 가능한 한 피하고 다른 방책이 있는지 모색할 것이며, 그의 회피 의도 발언도 확인된 바 없다
    고 판단하였다. 강경식이 IMF 지원요청을 후임자인 임창열 부총리에게 인계하지 않았다는 검
    찰의 주장도 장관 교체시 업무 인수·인계는 부하 직원들이 후임자에게 보고하는 방식으로 이
    루어진다는 점을 근거로 받아들이지 않았다. 1심 공판기록(사건 98고합504 직무유기 등); 강경
    식, 『강경식의 환란일기』(서울: 문예당, 1999), 383-391쪽; 이코노미스트, 「[1997년을 기억하는
    스무가지 방식④ 외환위기 책임론] 희생양이 필요했던 비이성적 소극(笑劇)」(2017.3.27, 제1377

호), 34-37쪽. 김영삼 대통령은 검찰 질의에 대한 서면 답변에서 "본인이 그들(강경식, 김인호)을 1997년 11월 19일에 해직한 것은 경제사정이 어려워지고, 금융개혁 입법이 국회에서 통과되지 않은 것에 대한 민심수습용 문책과 IMF 협상에 더 적절한 금융전문가로 교체하기 위한 목적이었을 뿐이었지, 결코 그들에게 IMF와 관련한 보고 태만이나 직무유기의 책임을 물은 것은 아니다"라고 진술하였다. 김인호, 앞의 책(2019(b)), 94쪽.

13 조선일보, 「참신성 최대 추구…「所信派」가 큰 줄기」(1993.2.23), 5면.

14 강경식, 앞의 책(2010), 699쪽.

15 강경식(2009.12.10 구술), 한국학중앙연구원 현대한국구술자료관.

16 최택만, 앞의 책(1993), 56쪽; 강명세, 「민주화 10년, 노동시장과 정치시장의 교환?」, 박기덕(편), 앞의 책(1998), 94쪽.

17 김영삼, 「제159회 국회 대표연설문」(1992.10.13).

18 세계일보, 「「교수신문」 전화설문조사」(1992.12.30), 21면.

19 김영삼 대통령 취임 후 1년간 대통령 연설문에 사용된 언어를 분석한 결과, 가장 많이 등장한 단어는 '신경제'로 44회를 기록하였고, 그 뒤를 이어 '신한국' 35회, '문민'은 28회인 것으로 나타났다. 월간 조선, 앞의 기사(1995년 6월호), 488-489쪽.

20 월간조선, 「임기초에 과감한 경제·행정·의식개혁」(1993년 1월호(b)), 178-179쪽.

21 매일경제(1998.3.18); 한국경제(1998.8.28); 박기덕, 『한국 민주주의 10년: 변화와 지속』(서울: 세종연구소, 1998), 31쪽에서 재인용; 재정경제원·한국개발연구원, 『(열린 시장경제로 가기 위한)국가과제: 21세기 새로운 도약을 위한 준비』(서울: 한국개발연구원, 1997), 151쪽.

22 Stephane, Garelli, *World Competitiveness Yearbook 1999*, Lausanne: International Institute for Management Development, June 1, 1999.

23 박명환 의원(신한국당); 대한민국국회, 「1997년도 국정감사 재정경제위원회 회의록」(1997.10.17), 2-3쪽.

24 폴 크루그먼(외), 앞의 책(1997), 99-100쪽.

25 부즈 앨런 & 해밀턴, 『한국보고서: 21세기를 향한 한국경제의 재도약(Revitalizing the Korean Economy toward the 21st Century)』(서울: 매일경제신문사, 1998); 강만수, 『(실전경제학)현장에서 본 한국경제 30년: 부가세에서 IMF 사태까지』(서울: 삼성경제연구소, 2005), 575쪽.

26 OECD, *OECD Economic Survey: Korea 1997-1998*, 한국개발연구원·재정경제부(역), 『OECD 한국경제보고서 1997-1998』(서울: 한국개발연구원, 1999), 11쪽.

27 박태견, 『관료 망국론과 재벌신화의 붕괴』(서울: 살림출판사, 1997), 6쪽.

28 대한민국국회, 「1997년도 재정경제위원회 회의록」(1997.7.24), 24쪽.

29 대한민국국회, 「1997년도 국정감사 재정경제위원회 회의록」(1997.10.1), 32쪽.

30 대한민국국회, 「1997년도 재정경제위원회 회의록」(1997.5.22), 17쪽.

31 대한민국국회, 앞의 회의록(1997.10.1), 22쪽.

32 대한민국국회, 앞의 회의록(1997.10.1), 30쪽.

33 김인호, 「끝나지 않은 외환 위기」, 박관용(편), 앞의 책(2001), 192-193쪽.

34 임혁백, 앞의 책(2011), 247쪽.

35 최장집, 「한 어려운 조합, 민주주의와 시장경제」, 한국행정학회 Conference, 1998, 190쪽; 최장집, 「한국 민주주의의 취약한 사회경제적 기반」, 최장집(편), 앞의 책(2005), 17쪽.

36 오인환, 앞의 책(2019), 536쪽.

37 김인호, 앞의 책(2001), 210쪽.

38 노태우(조갑제 해설), 앞의 책(2007), 274쪽.

39 이상만 의원(자민련); 대한민국국회, 「1997년도 재정경제위원회 회의록」(1997.8.26), 32쪽. 정부는 세계화 추진이라는 명분하에 1994년 12월 3일, 재정경제원·건설교통부·통상산업부·정보통신부·환경부·보건복지부를 통합 신설하는 정부조직 개편을 단행하였다. 그런데 금융·재정·예산권을 모두 갖춘 재경원의 등장으로 정책의 일관성과 유효성은 향상되었지만, 정책조정권이 막강해짐에 따라 개별 부처의 권한과 역할이 위축되고, 재경원 내부 조직에 대한 통제 능력의 상실과 지나친 관료화가 초래되었다. 최성욱, 「스키마관점과 상징을 활용한 조직문화 충돌의 해석: 통합재정경제원의 사례를 중심으로」, 고려대학교 행정학과 박사학위논문(2001), 69쪽; 정덕구, 앞의 책(2003), 221쪽. 김인호 경제수석에 의하면 항상 현안 업무가 있기 마련인 재무부의 일과 장기 구상을 필요로 하는 경제기획원 일을 부총리가 동시에 다루게 되니 자연스럽게 미래를 내다보고 해야 할 일이 뒤로 밀리고 현안 업무 해결을 주로 하는 부처로 변질되었다고 한다. 김인호, 앞의 책(2019(a)), 697-698쪽. 강경식도 경제기획원의 토양에서 관료학습을 한 초기 경험에 상당한 자긍심을 가지고 있었기 때문에 국정 전반과 연계해 장기적인 관점에서 문제에 접근하는 훈련이 돼 있는 경제기획원을 개혁의 중추적 기구로 활용하여야 한다는 견해를 문민정부 출범 직전에 제시하였는데, 결국 부처가 통폐합됨으로써 미래지향적으로 정책 비전을 제안하고, 정책구상 단계부터 활발한 토론을 거쳐 최적의 대안을 만들어내는 기획원의 문화가 상실되었다고 한다. 월간조선, 「강경식 전 대통령비서실장이 제시한 국정개혁 24개항」(1993년 2월호(c)), 454쪽 참고.

40 강경식, 앞의 책(1999), 41쪽; 김인호, 앞의 책(2019(a)), 405쪽. 강경식과 김인호는 1970년대 초, 경제기획원 예산국 총괄과장과 사무관, 1980년대 초반에는 차관보와 물가총괄과장으로 함께 일하였다.

41 대한민국국회, 「1997년도 재정경제위원회 회의록」(1997.3.7), 16쪽.

42 대한민국국회, 앞의 회의록(1997.3.7), 35쪽; 대한민국국회, 「1997년도 재정경제위원회 회의록」(1997.11.14), 7쪽.

43 대한민국국회, 「1997년도 재정경제위원회 회의록」(1997.3.11), 9쪽.

44 대한민국국회, 앞의 회의록(1997.3.7), 49쪽.

45 강경식 재임기에 기획관리실장을 지낸 정덕구(後 산업자원부 장관)의 진술이다. 정덕구, 앞의 책(2003), 14쪽.

46 김영삼, 『김영삼 회고록. 하』(서울: 조선일보사, 2001), 296-297, 546-547쪽. 그러나 일각에서는 항상 합리를 논하면서 이론이 많은 데다 보스 앞에서 손 비비는 시늉을 하지 않는 강경식의 스타일을 김영삼 대통령이 좋아하지 않았기 때문에 그의 입각이 항상 "설"에 그치고 말았다고 한다. 김인호, 앞의 책(2019(b)), 141-142쪽.

47 행정부공무원노동조합 정책연구소, 앞의 책(2016), 625쪽.

48 강경식, 앞의 책(1999), 368쪽.

49 박병윤(편), 『경제를 살리자』(서울: 서울經濟新聞, 1997), 15쪽.

50 이장규, 앞의 책(2008), 255-256쪽.

51 강경식, 「금융실명제와 안정화 시책」, 김재익·남덕우(편), 『(80년대 경제개혁과)김재익 수석: 20 週忌 추모 기념집』(서울: 삼성경제연구소, 2003), 112-113쪽. 서구의 학자들도 한국의 1960·70년대 경제발전이 1980년대에 들어와 민주화의 추진력을 제공하였다고 한다. 사실 민주주의와 경제발전의 관계는 정치학, 특히 근대화 이론에서 주요 화두 중 하나다. 헌팅턴(S. Huntington)은 경제발전이 사회구조와 가치의 변화를 촉진하고, 그 결과 민주화가 조장된다면서 각종 사회·경제·정치적 현상 중 경제발전 수준과 민주주의의 관계만큼 강력한 관계는 없다고 하였다. 플러스 성장을 경험하는 국가는 마이너스 성장을 하는 국가보다 민주주의 공고화의 기회를 더 많이 갖는다는 주장, 그리고 민주주의가 자유시장 경제를 번창시키는 데 필수적이라는 민주주의 번영론(demoprosperity)도 이와 같은 맥락이다. 도위치(K. W. Deutsch), 러너(D. Lerner), 립셋(S. M. Lipset), 커트라이트(P. Cutright) 등의 근대화 이론가들 역시 산업화와 경제발전이 민주주의 발달과 성숙에 꼭 필요한 전제조건을 제공한다고 주장하였고, 쉐보르스키(A. Przeworski)는 지속가능한 민주주의의 조직적·사회적·문화적 전제조건은 상당 부분 경제발전 수준의 문제라는 견해를 제시하였다. 임현진·송호근(편), 앞의 책(1995), 48-49쪽; S. P. Huntington, op. cit. (1991), p. 59, 68; Juan J. Linz & Alfred Stepan, op. cit. (1996), p. 108, 112; A. Przeworski, Sustainable Democracy, Cambridge, England; New York: Cambridge University Press, 1995, p. 62 참고.

52 강경식, 앞의 연설(2023.5.23).

53 월간조선, 「「國産品 애용式」으론 나라 망한다」(1991년 11월호), 125쪽.

54 중앙경제신문, 「[月曜칼럼] 「불필요한 規制」부터 추방을」(1991.1.14), 3면.

55 시장경제연구원·월간조선, 앞의 토론문(2002.8.28), 5쪽.

56 주태산, 『경제 못 살리면 감방간대이: 한국의 경제부총리 그 인물과 정책』(서울: 중앙M&B, 1998), 335쪽.

57   강경식(2009.12.10 구술), 한국학중앙연구원 현대한국구술자료관.

58   그는 훗날 공직자로서 절대 해서는 안 되는 부끄러운 일에 가담한 경험이었다고 고백하였다. 반
      면 수출주도형 정책을 통한 대외 개방체제로의 전환을 박정희 대통령의 가장 성공적인 정책으
      로 꼽았다. 강경식(2009.12.4 구술), 한국학중앙연구원 현대한국 구술자료관.

59   부산 2020, 「강경식 에세이: 철의 밥그릇과 경제 민주화」(1989년 6-7월호), 154쪽; 강경식, 앞의
      책(1993), 112쪽.

60   1970년에서 1978년까지 평균 9.98%이던 경제성장률은 1979년에 6.4%로 떨어졌고, 1980년에는
      -6.2%로 급감해 최초로 마이너스 성장을 기록하였다. 이때 국내 소비자물가도 28.7% 상승하였
      고, 무역적자는 1978년 17억 8천만 달러에서 1980년에는 44억 달러로 뛰어올랐으며, 1981년 해
      외 부채는 1978년의 3배 규모인 320억 달러를 기록해 멕시코와 브라질 다음의 세 번째 채무국이
      되었다. 마인섭, 「제4장 자본주의적 발전과 민주화」, 임현진·송호근(편), 앞의 책(1995), 176-
      177쪽. 이러한 악재 속에서 강경식 기획차관보는 성장우선 대신 물가안정을 최우선 과제로 세
      우고, 정부 주도의 경제를 시장 기능으로 과감하게 대체하며, 무역정책도 억제 일변도의 수입을
      자유화하는 방향으로 전환하여야 한다고 주장하였다. 또한 통화정책의 경우 돈줄을 강력히 조
      이고 인상률을 낮추며 정책금융도 대폭 줄여야 한다는 의견을 내놓는 등 당시 아무도 입에 담지
      못했던 아이디어를 마구 쏟아냈다. 이장규, 앞의 책(2012), 205쪽.

61   안정화 시책은 과도한 국가 개입에 의한 자원 배분의 왜곡을 시정하고 시장에 의한 자율적 자원
      배분 능력을 강화시키는 시장 순응적 정책을 기반으로 하는 박아으로, 경제자유화, 대외개방화,
      탈규제화 정책으로 이어졌고, 이후 노태우, 김영삼 정부의 경제정책의 근간이 되었다. 임혁백,
      앞의 책(2011), 26쪽.

62   이장규, 앞의 책(2008), 243쪽.

63   강경식, 앞의 책(2003), 91쪽. 금융실명제 강행을 정치적 계산의 산물로 바라보기도 한다. 김병
      주 서강대 경제학과 교수에 따르면 당시 구본호 한양대 교수, 박영철 고려대 교수와 함께 강경
      식 장관의 집무실에서 금융실명제에 관하여 상의하였는데, 금융실명제를 실시하면 야당의 자금
      이 투명하게 보이기 때문에 야당이 제 역할을 할 수 없게 될 것이라 우려돼 독재정권의 강력한
      무기가 될 수 있는 실명제 실시를 반대하였다고 한다. 시장경제연구원, 앞의 책(2012), 91쪽.

64   월간조선, 「인터뷰-최초의 금융실명제 추진주역 강경식 의원」(1993년 9월호(a)), 105-107쪽.

65   대한민국국회, 앞의 회의록(1996.10.1), 51쪽.

66   월간조선, 「경제초점. 기아 사태에 대한 정부의 불개입 정책」(1997년 9월호), 307쪽.

67   강경식, 앞의 책(2010), 86-87쪽. 김영삼 대통령은 경제문제에 관한 한 경제부총리와 경제수
      석에게 대체로 위임하는 스타일이었고, 기본적으로 정치인이기 때문에 경제 현안이 잘 처리
      되지 않아 사회문제나 정치문제로 번져나가는 것을 가장 경계하였다고 한다. 김인호, 앞의 책
      (2019(a)), 403쪽.

68 강경식이 삼성물산 회장을 지낸 신현확 전 총리와 인척 관계라서 삼성의 기아 인수 로비에 개입하였다는 소문이 돌았다. 또한 그가 부산시 동래구 국회의원이었던 시절, 부산시 삼성자동차범시민유치위원장을 하였다는 의혹을 받으면서 기아를 삼성으로 넘기기 위해 삼성과 사전협약을 맺고 기아의 회생에 소극적으로 대처하였다는 음모에 시달렸다. 강경식은 국회에 출석해 부산시 삼성자동차범시민유치위원장을 하였다는 언론의 보도가 오보임을 밝히고, 삼성이 기아 인수를 위하여 정부와 공조체제를 구축한다는 문구가 삽입된 삼성 내부 보고서에 대하여 아는 바가 없으며, 정부가 개별 기업과 공조체제를 유지한다는 것은 있을 수 없는 일이라고 못박았다. 대한민국국회, 앞의 회의록(1997.8.26), 46, 62쪽.

69 월간조선, 「IMF 사태의 내막 下「국내 의사 말 안듣다가 IMF 의사에 의해 수술받고 있는 상황」」(1998년 4월호), 113쪽.

70 강경식(2010.3.11 구술), 한국학중앙연구원 현대한국구술자료관.

71 월간조선, 앞의 기사(1998년 4월호), 110쪽. 대기업의 부도로 하청업체와 관련 중소기업이 연쇄적으로 도산함에 따라 1997년 1월에서 4월까지의 부도업체 수는 전년도 같은 기간보다 40% 증가한 4,761개에 달하였는데, 이는 1982년 장영자 어음 사기 사건 때와 같은 수준이었다. 결국 1997년 4월 21일, 부도유예협약('부실 징후 기업의 정상화 촉진과 부실채권의 효율적 정리를 위한 금융기관 협약')이 발효되면서 진로그룹(재계 19위)이 첫 적용 대상으로 선정되었다. 이 협약은 부도 위기에 봉착했으나 회생이 가능한 기업에 대하여 정상화할 수 있는 기회를 부여하는 조처이자 중소기업의 연쇄 부도, 금융기관의 부실화 등 국민경제 전반에 큰 영향을 미치는 건에 예외적으로 적용되는 긴급피난적 제도였다. 그러나 여신 자력이 2,500억 원 이상인 기업을 대상으로 하였기 때문에 차입 규모가 작은 중소기업과의 형평성 문제가 제기되었고, 정상 기업들이 사용해야 할 금융자산이 부실기업의 회생에 전용되는 모순을 지녀 정의 원칙이나 시장경제원리에 반하는 부도덕한 처방이라는 비판이 일었다. 또한 일시적인 자금난을 해소해 주는 처방이 오히려 부실기업의 구조조정과 같은 자구 노력을 지연시키고 금융 흐름을 경색시키는 부작용을 야기한다는 지적이 잇따랐다.

72 대한민국국회, 앞의 회의록(1997.7.24), 18-19쪽.

73 대한민국국회, 앞의 회의록(1997.10.17), 8쪽.

74 대한민국국회, 앞의 회의록(1997.8.26), 57쪽.

75 대한민국국회, 앞의 회의록(1997.7.24), 17쪽.

76 대한민국국회, 앞의 회의록(1997.10.1), 52쪽.

77 대한민국국회, 앞의 회의록(1997.10.1), 35쪽. 훗날 김영삼 대통령은 "경제에는 임기가 없다"라면서 개혁의 지속을 강조한 강경식의 태도는 마치 초대 내각의 경제 수장의 처신과 같이 비춰졌고, 부처 업무의 마무리 작업에 전력을 기울여야 했던 다른 장관들에게도 현실과 동떨어지는 듯한 괴리감을 주었다고 회고하였다. 김영삼, 『김영삼 대통령 회고록(하)』(서울: 조선일보사, 2001), 548-549쪽.

78 월간조선, 앞의 기사(1998년 4월호), 109-110쪽.

79 오인환, 앞의 책(2021), 549쪽; 박태견, 앞의 책(1997), 72쪽.

80 김인호, 앞의 책(2019(a)), 415쪽.

81 한겨레(1998.2.20); 강정구, 앞의 논문(2000), 835쪽에서 재인용.

82 대한민국국회, 앞의 회의록(1997.8.26), 59쪽.

83 중앙일보(강남통신), 「부인 조삼진 명예교수가 말하는 강경식 전 경제부총리 가족」(2013.3.27).

84 연합뉴스, 앞의 기사(1997.3.5).

85 *Asian Wall Street Journal*, "Key Korean Official Is a Leading Voice of Liberalism"(June 8-9, 1984), p. 1, 3.

86 당시 강경식은 '컴퓨터의 활용'이라는 15분 분량의 영화를 만들어 1970년 연두 업무보고 때 박정희 대통령 앞에서 상영하였다.

87 강경식은 국가정보화의 맹아를 일군 공로를 인정받아 2017년, '전자정부를 빛낸 인물' 중 한 명으로 선정되었다.

88 행정안전부, 앞의 책(2017), 18쪽. 1982년, 노태우 내무부 장관(1982.4.28-1983.7.6)은 실명제를 실시하려면 토지거래 전산망을 전국적으로 구축해야 하는데, 전산망 준비가 전혀 안 된 상황이었고, 이 업무가 내무부 소관임에도 협조 요청을 받은 바 없었기 때문에 무리한 정책 강행이 이루어지지 않도록 금융실명제를 반대하였다고 한다. 노태우(조갑제 해설), 앞의 책(2007), 276쪽.

89 강경식, 앞의 책(1992), 19-20쪽.

90 2004년 4월, 강경식이 이사장으로 있는 국가경영전략연구원이 주최하고, 김태준 전 특허청장, 최승부 전 노동부 차관 등이 제작에 참여해 극중 노사관계에 대하여 토론을 벌이는 '잘 해봅시다!'라는 제목의 연극을 연출하였다.

91 이장규, 앞의 책(2012), 330쪽 참고.

92 *Asian Wall Street Journal*, *op. cit.* (1984.6.8-6.9), p. 3.

93 김인호, 앞의 책(2019(b)), 162쪽.

94 월간조선, 「강경식의 경제개혁론」(1991년 4월호(b)); 강경식, 앞의 책(1993), 155쪽.

95 경제학자 폴 크루그먼(Paul Krugman)은 생산성을 앞지르는 임금인상, 과도한 국내소비와 이로 인한 국제수지 적자 폭의 확대 등을 한국경제의 병인으로 지적하면서 총체적 수술이 필요하다고 진단하였다. 경향신문, 「한국경제 총체적 수술 필요」(1997.8.6), 7면. 특히 외국의 경제전문가들은 가장 시급한 과제로 금융개혁을 들었다. 일례로 미국 국제경제연구원(IIE)의 마커스 놀란드(Marcus Noland) 박사는 전경련 초청 강연에서 한국의 금융시장에 대한 강력한 규제가 금융시스템의 순기능을 방해하고, 비금융권의 경쟁력 강화에 악영향을 미치며, 정치 부패로 연결되었다면서 구조적 병폐를 쇄신할 만한 획기적인 처방으로 금융개혁을 꼽았다. 루디 돈부시(Rudi Dornbusch) MIT 교수는 한국 정부가 지나치게 오랫동안 경제의 보모 역할을 맡아왔다

면서 금융기관들이 원래의 기능을 회복하도록 대대적인 개선이 필요하고, 금융개혁을 연기한다면 다수의 개발도상국이 보여줬듯 장래에 훨씬 더 많은 피해를 입게 될 것이라 경고하였다. 휴 패트릭(Hugh Patrick) 컬럼비아대 교수 역시 금융개혁이 지연될수록 금융부실 문제를 고치는 비용은 커질 것이라고 우려하였다. 폴 크루그먼(외), 앞의 책(1997), 110, 112, 202쪽; 조선일보, 「금융개혁의 교훈」(1997.1.20), 5면.

96 김인호, 앞의 책(2019(a)), 408쪽.

97 김영삼, 앞의 책(1992), 129쪽 참고. 그러나 문민정부 초기에 경제기획원 차관보를 지낸 강봉균은 신경제계획을 만들라는 청와대의 주문을 받은 후 시장경제로의 전환은 금융개혁을 통한 관치금융의 철폐가 관건이며, 금융개혁이 없는 신경제계획은 만들 필요가 없다는 주장을 했다가 대외경제조정실장으로 밀려나는 수모를 겪게 되었다고 회고한 바 있다. 강봉균, 앞의 책(2000), 23-24쪽.

98 강경식, 앞의 책(2010), 99쪽.

99 강경식, 앞의 책(2010), 133쪽.

100 강경식, 앞의 책(1999), 259쪽. 금융개혁안에는 국무총리 직속 금융감독위원회를 신설해 인가·검사·제재권을 부여하고, 한국은행에는 은행 감독 기능을 떼어내고 건전성 규제와 검사요구권, 합동검사권만 남기는 등 금융감독 기능을 대폭 조정하는 내용이 담겼다. 중앙은행제도와 금융감독체계는 금융구조와 관행을 결정하는 가장 기초적인 토대이기 때문에 두 제도의 개편에 박차를 가하였던 것이다. 사실 금융개혁은 강경식이 980년대 초반에 재무부 장관을 하면서 "장관을 계속하게 해주면 못다 이룬 중앙은행제도 개편을 비롯해 금융개혁을 추진하겠다"라고 호언하였음에도 대통령비서실장으로 발령이 나 완성하지 못하였던 숙원과제였다.

101 강경식, 「강경식 부총리 홍콩 외신기자클럽 연설」(1997.9.21). 강경식은 언제라도 국제사회로부터 대규모 금융지원을 받지 않으면 안 되는 사태가 발생할 수 있다고 생각했기 때문에 여러 채널을 확보하고자 외신 기자, 서울 주재 미국상공회의소 및 유럽상공회의소, 일본의 한국 주재원 등을 수시로 만나 경제 현황과 정책 방향에 대해 설명하고 토론하는 기회를 가졌다고 한다. 강경식, 앞의 책(2010), 37쪽.

102 대한민국국회, 「1997년도 재정경제위원회 회의록」(1997.5.23), 18쪽; 대한민국국회, 앞의 회의록(1997.10.17), 38쪽.

103 김인호 경제수석은 김영삼 대통령이 김대중 총재로 하여금 야당 의원들을 설득해 금융개혁안이 국회에서 통과되게끔 하는 것을 마지막 카드로 내걸었지만, 이러한 기대는 속절없이 무너졌다. 김영삼은 퇴임 후 사석에서 "김 수석은 정치를 안 해 봐서 모른다. 정치인은 선거 때가 되면 표밖에 안 보인다. 그때 대통령 선거가 임박했고 노조가 그래 쌓는데 내가 그런다고 DJ가 듣겠나"라면서 야당의 협조를 끌어내지 못한 정황을 설명하였다. 김인호, 앞의 책(2019(b)), 437-438쪽.

104 박태견, 앞의 책(1997), 74쪽.

105 홍재형 재경원 장관 진술; 오인환, 앞의 책(2019), 554-555쪽.

106 시사저널, 「'소신 장관'의 공로와 과오」(1997.11.20, 제421호), 88쪽.

107 강경식, 앞의 책(2010), 194쪽.

108 결국 강경식 경제팀이 임창열 경제팀으로 교체된 직후인 1997년 12월 29일에 이르러 15개 주요 금융개혁 관련 법안이 국회에서 통과되었다. 일각에서는 금융개혁이 적절한 때를 놓침으로써 개혁의 효과가 정상적으로 발휘되지 못하였다면서 1997년 중반에만 개혁안이 통과되었더라도 외국자본의 철수가 그렇게 급격하게 진행되지 않았을 것이며, 외환위기가 실제 벌어졌던 상황과 같이 벼랑 끝까지 몰리지는 않았을 거라 진단하였다. 장훈, 「외환시장 개방과 금융개혁: 개혁의 부조화와 때를 놓친 개혁」, 모종린·전홍택·이수희(편), 『한국 경제개혁 사례연구』(서울: 오름, 2002), 287-288쪽.

105 강경식(2010.3.11 구술), 한국학중앙연구원 현대한국구술자료관.

최병렬 장관:
시대를 읽은 통치기술자

최병렬(崔秉烈)

"저는 6공 정부에서 장관으로, 문민정부에서 서울시장으로 근무한 것에
대해 과거의 때묻은 일에 관계된 것은 아닌가 하는 의식은 조금도 없습니다.
저는 그렇게 국가에 봉직한 것을 자랑스럽게 생각하고 있습니다."[1]

약력

구분	연도	내용
출생	1938.6.19(음력)	경상남도 산청군 시천면 동당리 출생
학력	1951	진주중안국민학교 졸업
	1954	진주중학교 졸업
	1957	부산고등학교 졸업(10회)
	1964	서울대학교 법과대학 졸업
	1973	미국 남가주대학교 신문학 석사
경력	1959.8	한국일보 기자(견습 10기)
	1963.8.26	조선일보 편집부 기자
	1965.4.1	조선일보 편집부 차장
	1967.3	조선일보 정치부 기자
	1970.2.21	조선일보 정치부 차장
	1974.6.13-1974.8.26	조선일보 정치부장석
	1974.8.26-1978.7.4	조선일보 정치부 부장
	1979.1.10-1980.3.6	조선일보 사회부 부장
	1980.3.6-1980.11.20	조선일보 편집부국장
	1980.11.20-1985.1.16	조선일보 편집국장
	1983.2.26-1985.1.16	조선일보 이사
	1985.1-1987.2	민정당 국책연구소 부소장 겸 정세분석실장
	1985.4.11-1988.5.29	제12대 국회의원(민정당, 전국구)
	1985.9-1987.2	민정당 국책조정위원회 간사
	1988.2.25-1988.12.5	대통령 정무수석비서관
	1988.12.5-1990.1.2	제12대 문화공보부 장관
	1990.1.3-1990.12.26	초대 공보처 장관
	1990.12.27-1992.6.25	제8대 노동부 장관
	1992.5.30-1996.5.29	제14대 국회의원(민자당, 전국구)
	1992.10-1992.12	민자당 선거대책위원회 기획위원회 위원장

구분	연도	내용
	1992.12 - 1993.2	대통령 취임준비위원회 위원
	1994.11.3 - 1995.6.30	제29대 서울특별시 시장
	1996.5.30 - 2000.5.29	제15대 국회의원(신한국당, 서울서초갑)
	2000.5.30 - 2004.5.29	제16대 국회의원(한나라당, 서울강남갑)
	2000.6 - 2002	한나라당 부총재
	2003.6.26 - 2004.3	한나라당 대표

문화공보부·공보처 장관 재임기 주요 일지

구분	내용
1988.12.5	최병렬, 제12대 문화공보부 장관 취임
1988.12.10	국민일보 창간
1989.1.6	문공부, 영화 〈오! 꿈의 나라〉 무허가 상영 이유로 고발
1989.1.11	보안사령부 자료 통해 1980년 강제 해직된 언론인 770명의 숙정사유 공개
1989.2.4	문공부, 특집 다큐멘터리 〈어머니 노래〉 관련해 MBC 사장에게 방송의 객관성과 공정성 유지 촉구
1989.2.20 - 2.24	문공부, 서울·부산·대구·광주에서 국정운영·민주화 진전·정국안정·남북관계에 관한 여론조사 실시
1989.2.25	노태우 정권 수립 1주년 맞아 전국에서 정권 규탄 범국민대회 개최
1989.3.20	황석영 작가 입북
1989.3.25	문익환 목사 평양 방문
1989.4.3	공안합동수사본부 설치
1989.4.11 - 4.14	공안합동수사본부, 이부영 구속(국가보안법·노동쟁의조정법 등 위반 혐의)·문익환 목사 구속(국가보안법 위반 혐의)·리영희 교수 구속(국가보안법 위반 혐의)
1989.4.22	언론학 교수 47명, 〈최근 언론사태에 대한 언론학 교수들의 입장〉 성명 발표
1989.5.30 - 6.4	국제언론노조연맹(IFJ), 〈한국 언론투쟁 지지 결의문〉 채택
1989.5	방송제도연구위원회 설립
1989.5.10	조선대 이철규, 변사체로 발견
1989.5.28	전국교직원노동조합(전교조) 결성

구분	내용
1989.6.5	노태우 대통령, 주례 라디오 국정연설 개시 문공부, 조선대 이철규 사망 사건 관련 책자 10만 부 배포
1989.6.8	북한 원전 판매 출판사 '도서출판오월' 대표 구속(국가보안법 위반 혐의)
1989.6.19	공안합동수사본부 해체
1989.6.27	서경원 의원 밀입북 사실 공개
1989.6.30	전대협 대표 임수경, 평양청년학생축전 참가 위해 평양 도착
1989.7.1	문공부, 「전민련신문」, 「언론노보」, 「전교조신문」, 「통불협신문」, 「예술정보」 등록 미필로 고발
1989.7.21	최병렬 장관, 〈문화발전10개년계획〉 추진 표명
1989.8.7	동양경제신문 폐간
1989.8.17	신학철 화백, 작품 〈모내기〉 관련 구속(국가보안법 위반 혐의)
1989.9.6-9.8	KBS 노조 문공부 보안감사 관련 항의 성명 발표·MBC 노조 전면 파업(편성 보도 국장에 대한 평가제 요구)
1989.9.23	서울신문 파업(편집국장 선출방법, 사원지주제 도입 관련)
1989.11.30	미국 UIP 직배영화 상영극장에 뱀 투입한 영화감독 정지영 등에게 집행유예 판결
1990.1.3	최병렬 초대 공보처 장관 취임
1990.3.11	미국 UIP 직배반대 범영화인총궐기대회
1990.4.12	KBS 노조, 서기원 사장 퇴진을 요구하며 무기한 제작거부 결의
1990.4.15	평화방송(PBC) 개국
1990.4.23	내무부·법무부·노동부·공보처 장관의 공동담화 발표 통해 KBS 사태에 대한 강경대응 시사
1990.4.30	종합유선방송추진위원회 구성 경찰, 1천여 명의 병력을 KBS에 투입해 333명 연행
1990.5.1	불교방송 개국
1990.5.7	노태우 대통령, 연내 정치·경제적 안정 이룩하겠다는 내용의 시국담화문 발표
1990.5.10	내무부·법무부·문교부·노동부 장관 및 검찰총장·치안본부장, 〈민생치안 및 사회안정질서 확립 대책〉 발표
1990.6.5	노태우 대통령, 샌프란시스코에서 고르바초프 대통령과 제1차 한·소 정상회담
1990.6.11	교통방송(TBS) 개국

구분	내용
1990.9.1	개정 「방송법」 공포
1990.10.31	새 민영방송 지배주주로 ㈜태영 선정
1990.11.1	청주MBC·강릉MBC가 제기한 MBC 본사 상대 주식인도 소송에서 '보안사의 강압에 의한 주식 인도는 무효'라는 원고 승소 판결
1990.11.26	중앙일보, 국가와 KBS 상대로 동양방송(TBC) 원상회복 관련 부동산 소유권 이전 등기 말소 및 손해배상 청구소송 제기
1990.12.26	최병렬, 초대 공보처 장관 퇴임

노동부 장관 재임기 주요일지

구분	내용
1990.12.27	최병렬, 제8대 노동부 장관 취임
1991.1.1	「장애인고용촉진등에관한법률」 시행
1991.1.14	「직업훈련기본법」, 「기능장려법」, 「기능대학법」, 「산업인력관리공단법」, 「노동복지공사법」 개정
1991.2.27	최병렬 장관, 부족한 광부 보충 위해 외국인 근로자 수입 허용 적극 검토 발언
1991.3.19	노태우 대통령, '산업평화와 경제재도약을 위한 사회적 합의 대토론회' 주재
1991.3.22	국민경제사회협의회(경사협), 노사공동선언문 채택
1991.3.25	노동부 내 장애인고용과 신설
1991.3.27-6.30	장·차관 주요 공업지역 노사간담회 개최
1991.4.21	인천·서울지역 학생 및 노동차 1천여 명, 대우자동차 노조간부 구속과 휴업사태에 대한 항의 시위
1991.6.13	노동법 개정 추진방침 발표
1991.7.12	총액임금제 실시 방침 발표
1991.9.13	산업인력수급대책긴급회의에서 해외인력수입 확대 및 공단 내 탁아소 설립 논의
1991.11.6	노동법 개정 백지화
1991.12.9	ILO 가입(152번째 회원국)
1991.12.31	「고령자고용촉진법」 제정
1992.1.14	현대자동차 노조 파업 결의

구분	내용
1992.1.30	한국산업안전공단 산하 산업보건연구원 개원
1992.2.19	500인 이상 기업의 1992년 임금인상폭 총액기준 5% 이내 억제방침 발표
1992.2.27	노·사·정 대표가 참여하는 국제노동협의회 설치
1992.3.27	노동단체, 정부의 '총액임금제·임금인상률 5% 억제' 방침에 반발해 대책위 구성 및 공동투쟁 선언
1992.4.10	현대중공업 노조 등 426개 노조 대표자, '총액임금제 저지를 위한 전국노동조합 대책위원회' 결성
1992.4.24	노동관계법연구위원회 발족
1992.5.24	태평양화학 파업
1992.6.25	최병렬, 제8대 노동부 장관 퇴임

1 생애

최병렬(崔秉烈)은 1938년, 경상남도 산청군 시천면에서 아버지 최구홍(崔根洪)과 어머니 김복임(金福任)의 2남 1녀 중 장남으로 태어났다. 1945년에 부모님을 따라 대처(大處)인 진주로 이사해 진주중안국민학교에 다녔다. 6.25 전쟁이 일어난 이듬해, 6학년에 재학 중이던 최병렬은 아버지를 여의고 끼니를 잇기 어려울 만큼 가난에 내몰렸지만, 전국 학력고사에서 3위를 차지해 명문학교로 이름난 진주중학교에 입학하였다.[2] 이후 아들이 입신양명해 집안을 일으켜 세우는 길은 교육밖에 없다고 확신한 어머니와 제자의 장래를 생각하는 담임선생님의 권유로 부산고등학교에 진학하였다.

부산고 재학 시절, 초량동에 위치한 학교 근처에서 친구 정구영(後 검찰총장)과 하숙 생활을 하였고, 본가에 가지 못하는 주말이면 전차를 타고 부산 서면에 사는 급우 안상영(後 부산시장)의 집에 가 주린 배를 채웠다.[3] 최병렬이 "고등학생 때 실력과 의리 있는 친구들을 만나 사귄 것은 평생의 축복"이었다고 언급한 바와 같이, 청소년기에 동고동락한 동료들은 평생지기가 되었고, 국가 핵심 권력의 무대에서 선택과 결정의 순간에 직면할 때마다 고언과 후원을 아끼지 않는 인연으로 이어졌다.

최병렬은 집안 형편을 고려해 공짜로 공부시켜 주고, 옷도 주며, 재워주고 먹여주는 육군사관학교 진학을 염두에 두었고, 친구 김진영, 허삼수와 육사에 가기로 합심해 물리, 화학 등 수험과목을 공부하였다. 그러나 전쟁의 참상을 겪은 어머니가 군사학교 응시를 완강하게 반대해 포기하였고, 결국 서울대 법과대학에 지원해 합격하였다. 서울대에 진학한 후 최영한이라는 예명으로 연극 활동을 하고, 법대 산악반(한오름회)에 참여하기도 하였다.

대학교 1학년을 마칠 무렵, 친하게 지내던 동기들이 모여 "우리가 왜 분단된 나라에서 관리를 하느냐. 고시하지 말자"라면서 뜻을 같이해 고시에는 손도 대지 않았고, 일찌감치 먹고사는 문제를 해결하기 위하여 3학년에 재학 중이던 1959년, 한국일보 견습 10기 시험을 치른 후 곧장 직업 전선에 뛰어들었다.[4] 학업을 완수하여야 했기 때문에 취재기자로 뛰고 싶은 바람을 접고 편집부 기자로 새 출발을 한 후 낮에는 생업에 종사하고, 밤에는 공부하는 주경야독의 시간을 보냈다. 한국일보 사장을 지낸 장기영에 따르면 견습기자 공채 후 성적순으로 편집부에 배치하였는데, 그들의 발랄한 재기와 젊은 언어감각이 한국일보를 신선한 감각의 신문으로 만들었다고 한다.[5]

한국일보 재직 중에 학보병으로 입대해 2년간의 복무를 마친 후 복귀한지 얼마 지나지 않은 1963년, 제2의 도약기라고 부를 만큼 사세 확장을 꾀하던 조선일보로 일터를 옮겼고, 21년 5개월간 근속하였다.[6] 그는 신문사에서 근무하던 때를 직업인으로서 가장 열심히 일한 시절로 꼽는다. 최병렬은 편집부 차장으로 일하다 1967년에 정치부로 자리를 옮기면서 당시 40대 젊은 나이로 활약 중이던 신민당 김영삼 의원을 전담 취재하였다.[7] 이후 정치부장, 사회부장, 편집부국장을 거쳤고, 신군부가 들어선 1980년에는 인생의 꽃이라고 자평해 왔던 편집국장 자리에 올랐다. 편집국장을 하면서 시의성 있는 기획물을 만들어 내기 위하여 피도 눈물도 없다는 원성을 들을 만큼 혹독하게 편집국을 몰아붙여 '최틀러'라는 별명을 얻었다.

그림 32 김영삼 의원과 대화하는 최병렬

※ 자료: 박홍식 제공
최병렬 조선일보 정치부장(좌)이 김영삼 신민당 의원(우)과 대화하고 있다.

1985년 1월, 주요 언론사 편집국장을 여당의 전국구 국회의원 후보 명단에 올리는 관행에 따라 제12대 총신의 민정당 전국구 후보로 낙점되었다. 최병렬은 정치에 뜻이 없는 데다 언론인으로서 자부심이 강했기 때문에 정계 진출을 꺼렸지만, 윤주영 전 문공부 장관의 조언과 당시 법무부 검찰국장을 하던 친구 정구영의 설득으로 국회에 입성하면서 정치가의 길을 걷게 되었다.[8] 국회의원 최병렬은 민정당 내 국책연구소 부소장 겸 정세분석 실장, 그리고 국책조정위원회 간사로 일하면서 당 대표였던 노태우와 가까워졌다.[9] 제13대 대선에서 '노태우 대통령 만들기'에 앞장서 대권 쟁취에 승리한 직후 대통령취임준비위원회[10]에 영입돼 정부 이양 작업에 참여하였고, 민주화합추진위원회를 결성해 활동하면서 5공화국 청산에 앞장섰다.

최병렬은 6공화국 출범과 함께 초대 정무수석으로 청와대에 입성하였고, 1988년 12월 5일, 제12대 문화공보부 장관으로 입각하였다. 그는 민주화 열기 속에서 자유언론의 시대를 개막하는 임무를 안은 채 과거 5공 정권기에 자행된 언론탄압 사건의 해결을 주문 받았다. 또한 연이어 터진 공안사건에 직면해 언론의 자유와 법치 사이에서 확고한 소신을 정립하여야만 했다. 이후 문공부가 문화부와 공보처로 분리되면서 1990년 1월 3일, 초대 공보처 장관으로 수평 이동하였다. 그는 공보행정 책임자로서 6공 최대의 스캔들로 꼽히는 민영방송 사업자 선정을 단행해 공·민영방송 공존의 토대를 마련하였고, 종합유선방송, 위성방송 등 뉴미디어 도입을 통해 방송구조를 개편함으로써 방송혁명을 일군 공로자로 인정받았다. 그러나 KBS 사태가 발발하였을 때 경찰력 투입을 강행해 방송 탄압의 주동자로 몰리는 양극단적 평가의 대상이 되었다.

최병렬은 법과 원칙에 입각해 문제를 처리하는 단호한 결단력을 높이 평가받아 1990년 12월 27일, 제8대 노동부 장관으로 임명되었다. 그는 우리나라 노동체제를 선진국형으로 전환시키겠다는 포부를 안은 채 노동시장 유연화와 국가경쟁력 강화를 골자로 하는 노동법 개정을 추진하였고, 노·사 간 격심한 갈등 구도하에서 무노동 무임금제 정착, 총액임금제 도입, 여성인력의 활용, 해외 인력 수입 등 갖가지 정책을 집행하는 데 행정력을 발휘하였다.

제13대 대선에서 발군의 실력을 발휘한 그는 제14대 대선을 앞두고 민자당 김영삼 후보의 선거대책위원회 기획위원장으로서 후보자의 일거수 일투족을 연출하고, 선거 전략과 전술을 수립·집행하는 등 선거 기획을 총지휘하였다.[11] 김영삼이 대통령으로 당선된 직후 대통령직인수위원회 정무분과위원회 위원으로 위촉되어 '2승 무패의 승부사'로 이름을 날렸다. 이후 문민정부 때 성수대교가 붕괴되자 사고 2주 만인 1994년 11월 3일에 제29대 서울시장으로 임명되었고, 소방관을 자처하면서 사고 수습에 나섰다. 7개월이라는 짧은 기간 동안 시장으로 일하였음에도 소신과 종합적인 업무처리 능력이 뛰어나다는 평과 함께 '역대 공무원 베스트 10' 중 한 명으로 꼽혔다.[12] 이후 한나라당 부총재를 거쳐 2003년에는 당 대표로 선출되었다.

정치성은 있지만 할 말은 하는 스타일이기 때문에 사람들은 그를 '매파(hawks)'로 분류한다. 조선일보 사장을 지낸 방우영은 최병렬에 대하여 다부지고 빈틈없는 차돌과 같고, 담백한 성격이라면서 만사에 의욕적이고 활력이 넘치는 돌격형 지휘관으로 묘사한다.[13] 후배 기자에 따르면 그는 치밀하고 냉철하며 이지적인 인물이자 임기응변에 능한 지도자이고, 권력과 권위에 잘 굴하지 않는 강골이며, 기사가 조금이라도 마음에 들지 않으면 결코 지나치는 법이 없는 혹독한 교사였다.[14]

노동부 국장급 이상의 고위공무원들은 최병렬을 강력한 리더십과 저돌적인 업무추진력, 탁월한 부처 장악 능력을 지닌 훌륭한 장관으로 언급하였다.[15] 총액임금제를 관철시키는 모습을 가까이에서 지켜본 노동부 전 노정과장은 그를 두고 역대 노동부 장관 중 추진력만큼은 알아줘야 하는, 상당히 파워가 강한 장관이었다고 회상한다.[16] 노태우 정부 출범 후 친인척 인사 배제를 내세운 최병렬에 대하여 노골적으로 불편한 심기를 드러냈던 박철언도 훗날 회고록에서 그를 '매사에 적극적이고 소신 있는 성실한 인물'로 묘사하였다.[17]

친구들 사이에서는 서울대 법대를 졸업하고 기자생활을 시작으로 청와대 수석, 장관, 서울시장, 국회의원, 정당 대표 등 보통 사람이라면 하나만 하여도 일생의 영광인 것을 여러 개나 거머쥔 특별한 인재로 통한다.[18] 최병렬도 시골의 가난한 집에서 태어나 중요한 국사(國事)에 두루 관여한 자신의 삶을 '지리산 천왕봉 자락의 두메산골 출신이 아프리카 르완다에서 뉴욕의 맨해튼까지 온 격'[19]에 비유하였다.

그러나 남의 이야기를 들어주기도 하고, 못마땅하여도 모른 체 넘어가기도 하는 것을 못해 아집이 너무 강하다는 흠집을 잡히곤 했다.[20] 어느 조선일보 임원은 최병렬이 비상한 머리와 치밀한 논리에 바탕을 둔 시시비비를 잘하는 능력 때문에 오히려 정치적 손해를 본다고 평하였고, 부산고 동기인 정구영은 호불호가 강한 그의 성격을 대중 정치인으로서의 약점으로 꼽았다.[21] 최병렬 자신도 속에 없는 얘기로 다른 사람의 비위에 맞추거나 인기에 영합하려는 행동은 성격상 도저히 안 된다고 고백하곤 했다.[22]

2 시대

6.29 선언에서 천명한 언론의 자유화[23]는 5공화국에서 일삼은 각종 언론통제 정책의 와해를 격발시켜 「언론기본법」이 삭제되고, 언론사를 감독한 문화공보부 내 홍보정책실도 폐지되었다. 제13대 대선에 출마한 입후보자들은 모두 언론의 민주화, 언론의 자유 보장, 언로의 활성화, 언론의 탈정치화, 언론매체의 다양화를 공약으로 내세웠다. 이후 6공화국 정부가 출범하면서 자율언론과 경쟁언론이 언

론정책의 기본방향으로 설정됨에 따라 정부 발행 보도증 제도 폐지, 주재기자제도의 부활, 신문지면·구독료의 정부인가 대상 제외, 정기간행물 및 출판사 등록의 개방, 방송금지 가요 해제, 언론사 노조 결성의 보편화, 민영방송 신설 등이 이루어졌다. 제13대 국회 정대철 문화공보위원회 위원장은 신군부에 의한 언론탄압과 관련된 청문회에서 '6.29 민주화 이후'를 귀가 있어도 듣지 못하게 하고, 입이 있어도 말하지 못하게 하며, 눈이 있어도 보지 못하게 하는 언론의 불모지에서 '언론의 봄을 향한 대장정'을 시작한 시기로 묘사하였다.[24]

당시 언론사는 권력으로부터의 해방, 독과점 체제에서 자유경쟁 체제로의 전환, 사내 민주화 운동이라는 변화를 맞게 되어, 부산일보, 문화방송, 서울신문, 경향신문, 제주신문, 경인일보 사장들이 언론노조의 활동 때문에 물러났고, 기자들이 직선으로 선출한 편집국장과 기자들의 추천에 의해 임명된 편집국장이 등장하였다. 이러한 변화를 두고 노조가 회사의 경영구조 개편에까지 영향력을 행사한다는 우려가 보고되었지만, 여론조사에서 신문은 6.29 선언 이전의 37.4%에서 45.4%로, 텔레비전은 23.4%에서 25%로 신뢰한다는 응답이 높아졌고, 아무 매체도 믿지 않는다는 응답은 23.2%에서 13.8%로 반감되는 등[25] 언론에 대한 신뢰가 높아졌다.

그러나 청와대와 안기부에서 의도적으로 흘린 기사가 신문에 대서특필되고, 특정 정보의 집중 보도와 특정 사안의 공개 시점 조작을 통해 정부가 여론을 통제하며, 언론재판에 의해 혐의가 기정 사실화되는 기현상이 일어는 등 외형적인 강압적 통제가 사라졌을 뿐 간접적이고 우회적인 방식으로 언론을 통제하는 고단수 전략을 구사함으로써 언론의 자유 보장을 약속했던 6.29 정신이 근본적으로 퇴색하였다는 비판이 제기되었다.[26] 또한 편집권 독립을 요구하면서 파업으로 맞선 경향신문 노조에 대하여 책임을 물어 5명의 기자가 해고된 사태를 비롯해 노태우 정권하에서 강제 해직된 언론인만 62명으로 집계되었다. 더욱이 공안합동수사본부를 구성해 국가보안법 위반 혐의를 이유로 지식인들을 연행하고, 정권에 대하여 비판적인 언론을 사찰하거나 세무조사를 실시하는 방식이 과거 권위주의 시절과 마찬가지라는 지적도 있었다.

언론을 담당하는 문공부가 교원노조를 좌경용공 세력으로 비화하는 비디오를 제작해 전국 시·도에 배포하고, 조선대 이철규 군 변사사건과 관련해 〈조선대생 이철규 군 실족사건 전모〉라는 기록물과 유관책자 10만 부를 전국의 기관과 국공 기업체에 대량 배포해 문공부가 검찰 수사를 돕는 검찰의 부속기관이냐는 질타를 받았다. 과거 언론을 제약하던 홍보조정실이 폐지된 후 해당 실 소속 공무원들이 문공부 내 출판1과로 이동해 업무를 그대로 담당하고 있는 실상이 지적되면서[27] 군사정권이 민주화라는 간판만 내걸었을 뿐 기본세력은 5공과 같은 맥을 이루고 있기 때문에 구습으로부터 벗어나지 못하고 있다는 비판도 받았다. 야당 의원들 사이에서는 자유민주주의란 홍보를 통해 수호되는 것이 아니라 정치나 행정을 자유민주주의답게 하면 그 이상 더 큰 홍보는 없으며(박석무 의원(평민당)),[28] 언론 창달과 민족문화 진흥이라는 본연의 일은 제쳐놓고 여전히 언론의 자유를 침해하고 각종 문화 활동을 규제한다는 인상을 지울 수 없다(최훈 의원(평민당))는 지적이 제기되었다.[29]

더욱이 1989년에 들어와 작가 황석영의 북한 체류에 이어 문익환 목사가 평양에 방문하고, 서경원 의원의 밀입북 사실과 임수경 방북이 공개되면서 파장이 일었으며, 이적 표현물에 대한 논란도 그치지 않았다. 노태우는 언론은 간섭하지 않고 놔두는 게 가장 좋은 방법이라는 소신에 따라 대통령 재임기에 6.29 선언에 명시된 언론 조항을 충실하게 지켰지만, 반대급부로 언론으로부터 크게 비판을 받았다고 회고하였다.[30]

한편 민주화 초기에 "정부와 기업은 공동의 가해자요, 노동자와 서민은 피해자"[31]라는 여론이 형성되었고, "노동자는 용감했고, 기업가는 대책이 없으며, 정부는 무책임하다"[32]라는 세평도 나왔다. 강력한 노동조합이야말로 민주주의 발전을 재촉하고, 노동조합의 정치적 세력 확장이 민주주의의 진전과 일치한다는 것을 서구 여러 나라의 사례를 통하여 확인할 수 있다면서 활발한 노조 활동이 민주주의의 보편적 척도라는 주장[33]도 등장하였다.

이러한 분위기에서 노동계의 조직화와 노동운동의 양적 성장이 두드러졌다. 1986년 말에는 단위노동조합이 2,658개, 조합원 수는 104만 명, 조직률은 15.5%에 불과하였는데, 1990년 말에는 단위조합이 7,676개로 2.9배 증가하고, 조합원 수는 189만 명으로 1.8배가 되었으며, 조직률도 21.7%로 크게 높아졌다. 또한

1987년에만 3,748건의 노사분규가 발생해 전년도보다 14배 가까이 증가하였으며, 분규 형태가 장기화·대형화하고 그룹별·업종별 연대투쟁으로 변모되는 가운데 1988년에 1,873건, 1989년에는 1,616건을 기록하였다.[34] 더욱이 1989년에 들어와 전국농민운동연합, 전국교직원노동조합, 전국빈민연합이 차례로 결성된 데 이어 1990년 1월에는 전국 770여 개 단위노조에 속한 약 20만 명의 노동자들이 참여하는 전국노동조합협의회가 출범하면서 노동단체 결속의 강화와 노동운동 규모의 확대가 예고되었다.

정부는 때늦게 노동행정의 중요성을 인식해 과장급(정무2수석실) 한 명이 담당하는 노동문제를 경제수석실로 옮겨 국장급 노동담당 비서관에게 맡겼다. 또한 노사분규에 가급적 개입하지 않는다는 방침을 세움으로써 박정희, 전두환 시대에 이어왔던 탄압('누르기') 일변도의 노동정책은 노태우 시대에 와서 종말을 고하게 되었다.[35] 그러나 분규를 통해 얻은 과실이 노동비용의 급속한 상승을 초래해 재계에서는 '급진 노동세력의 무리하고 부당한 요구', '세계에서 가장 높은 임금상승률', '경쟁국 중 최고를 기록한 노동비용 상승'을 지목하면서 경제위기의 원인 중 하나로 과도한 임금인상을 꼽았다.[36] 노태우 대통령 역시 정치가 경제의 발목을 잡는 일이 빈번했던 때로 당시의 분위기를 설명하였다.[37] 그러나 한편에서는 기업의 안일한 대처를 문제삼아, 김종인 경제수석은 현명한 기업가라면 정치 민주화가 기업문화에 어떤 영향을 끼칠 것인가에 대해 대비책을 세웠어야 하는데, 우리 기업들은 노사문제만큼은 정부가 공권력으로 해결해 주는 것이라고만 생각해 대비하지 않았다고 지적하였다.[38]

결국 노사관계에 관한 진지한 접근 없이는 경제문제에 대한 해법을 강구할 수 없다는 것을 명확히 인식하게 된 노태우 대통령은 1991년에 노·사·정 관계자들이 모인 '산업평화와 경제재도약을 위한 사회적 합의 대토론회'를 직접 주재하면서 경제성장을 위한 노사안정 대책에 관하여 토의하였다. 한편 ILO 가입을 전후해 민주화 사회에 걸맞은 노동권 보장을 위하여 노동자와 사용자, 정부와 노조 간 관계의 민주적 제도화 및 노동법 개정에 대한 논의가 본격화되는 가운데 정부는 노동시장 유연화를 포함하는 산업구조조정의 압력과 노동기본권 신장을 골자로 하는 ILO의 압력을 동시에 받게 되었다.

3 임명

민정당 대선캠프에서의 활약으로 '대통령 제조기(president maker)', '킹메이커'라는 별명을 얻는 최병렬은 6공화국의 초대 정무수석으로 낙점돼 청와대에 입성하였다. 노태우 정부 초반, 대통령에게 행사하는 영향력의 강도를 순서대로 나열했을 때 '머리' 역할을 하는 박철언 정책보좌관, '손발' 역할을 하는 이병기 의전수석, '심장' 역할을 하는 최병렬 정무수석 순이라는 이야기가 도는 등 그는 정권의 실세로 통했다.[39]

그림 33 6공화국 대통령취임준비위원회

※ 자료: 박홍식 제공
대통령취임준비위원회 위원장 및 위원들이 삼청동 금융연수원 마당에서 대통령 당선자와 기념촬영을 하였다. 앞줄 가운데가 노태우 대통령 당선자, 뒷줄 왼쪽부터 현홍주(외교·안보), 이진(일반행정), 강용식(총무·의전), 이춘구(위원장), 김중위(사회·문화), 김종인(경제), 최병렬(정치·홍보 담당).

그러나 5공 청산의 일환으로 추진된 전두환 전 대통령의 백담사 행에 대한 책임을 지고 청와대를 떠나 내각에 입성하였다.[40] 그는 1988년 12월 5일, 제12대 문화공보부 장관으로 입각하였고, 문공부가 공보처로 새롭게 발족한 1990년 1월 3일에 초대 공보처 장관으로 수평 이동해 만 2년간 언론 자유화라는 시대정신의 구현과 정보화 사회에의 대응에 방점을 두고 공보 조직을 이끌었다. 한편 장관 최병렬에 대한 호불호가 뚜렷이 갈려 '누구보다도 의지가 강한 장관'(권달수 의원(민자당))[41]이라는 기대를 받는 동시에, '강성 장관이자 정부의 실세'(손주항 의원(평민당))[42]로서 '6공 정권 안정을 위한 첨병'이라는 비판의 표적이 되었다.

최병렬은 재임기간 내내 체제 수호와 정책 홍보라는 문공부 고유 업무와 관련된 각종 사건·사고로 인해 국정 이슈의 전면에 등장하는 일이 빈번하였다. 하지만 외국영화 직배를 통한 문화산업의 개방, 민영방송 주주 선정과 방송법 체계의 정비, 남양주 종합촬영소 착공, 〈문화발전 10개년 계획〉 및 〈일산 신도시 대규모 출판단지 조성 계획〉(이후 파주로 변경) 수립 기반의 마련 등 문화와 예술, 방송 분야의 인프라를 조성하는 여러 굵직한 사업이 그의 재임기에 이루어졌다.[43]

● **그림 34 공보처 국정감사**

※ 자료: 박홍식 제공
  1990년 11월경, 최병렬 공보처 장관이 국정감사 발언을 준비하고 있다. 왼쪽부터 이덕주 매체국장, 최병렬 장관, 강용식 차관, 임인규 국회의원

한편 노재봉 대통령비서실장이 국무총리로 낙점되고, 법무부 장관을 지낸 정해창이 비서실장, 김영일 민정수석이 사정수석에 오르는 전면 개각이 단행되면서 최병렬은 1990년 12월 27일, 제8대 노동부 장관으로 직함을 갈아탔다. 애초에 노태우 대통령은 권위주의적인 통치형태로 회귀하지 않고, 근로자들의 누적된 시정 욕구를 충족시키기 위해 얼마간 노사관계를 인내로써 수용하여 자율적인 조화가 이루어지도록 하는 것이 올바른 정책적 결정이라고 여겼다고 한다.[44] 그러나 현대

중공업 노조의 파업을 겪으면서 과격한 노동운동이 정치와 경제에 총체적 위기를 촉발한다는 판단이 서자 경찰력을 동원해 KBS 사태[45]를 무마한 최병렬 공보처 장관을 노사갈등 해결의 적임자로 여겨 내정한 것이라는 소문이 돌았다. 일각에서는 1989년 여소야대 국회에서 통과된 노동관계법 개정안을 제자리로 돌리기 위한 작업을 추진하는 데 적합한 인물로 꼽혀 임명하였다는 분석도 내놓았다.[46]

공보처에서는 장관의 전출을 두고 "공보처는 창이 많아 외풍이 많은데.."라며 아쉬워했고, 노동부 내부에서는 새 장관이 바람막이 역할을 잘 해 줄 것이라는 기대감과 함께 "최틀러라는 사람이 온다", "초강성 인사라더라", "노동계를 때려잡는다"라는 소문이 퍼졌다.[47] 노동계에서는 민주노총 합법화를 연기시키는 데 동참하였던 국회 이력을 문제삼아 최병렬의 내정에 반발하였고,[48] 그의 노동부 입각은 노동운동을 더욱 강력하게 봉쇄하겠다는 정부의 의지 표명이자, 전임 장관 때 이슈가 되었던 노동시장의 유연화를 향한 노동법 개정이 본격적으로 시작되었음을 예고하는 것으로 받아들였다.[49]

최병렬에 의하면 당시 노동계는 한마디로 전쟁터라고 표현해도 지나치지 않을 만큼 과격한 분규와 파업이 연일 계속되는 상황이었기 때문에 장관 취임을 앞두고 아수라장 같은 노동 상황에 맞서야 할 일이 아득하게 느껴졌다고 한다. 그는 첫 국정감사에서 새 시대에 부합하는 노사관계 정립을 위한 노동법 개정에 주력하고, 산업평화가 국가발전의 전제조건이라는 범국민적인 공감대를 바탕으로 근로자 복지증진 대책을 추진하겠다는 의지를 표명하였다.

최병렬의 민주화

최병렬은 40대 초반에 조선일보 편집국장으로 취임하면서 "이 나라를 지키고 나라다운 나라를 건설하는 데 조선일보 사원들이 앞장서서 일해야 한다"라는 소감을 밝혔다.[50] 국회, 청와대, 내각을 거쳐 서울시장이 되었을 때는 권력투쟁에 몰입하는 폴리티션(politician)보다 국익에 앞장서는 스테이츠맨(statesman)이 부족한 현실을 두고 자성하였다.[51] '소신', '추진력', '강성', '보수' 등 그의 정체성을 지칭하는 용어는 매우 많지만, 한마디로 말하자면 최병렬은 국익과 법치를 중시한 국가주의자였다.

최병렬에게 민주화란 법치가 철저하게 작동하는 체제다. 그렇기 때문에 민주주의 과도기에 두 차례 장관직을 하면서 맞닥뜨린 극렬한 사회적 갈등과 반목 앞에서 그는 현실을 다루는 행정에 있어 유일한 준칙은 법밖에 없다는 논리로 대응하였다. 최병렬은 민주화와 자율화가 추진되고 있는 상황을 악용해 우리나라가 채택한 자유민주주의 체제에 문제를 제기하거나 폭력을 행사하는 사람들이 민주화를 위해 투쟁하는 것처럼 미화되고 있다고 지적하면서 법치주의에 의해 국정이 운영되어야 함을 강조하였던 것이다.[52] 또한 노태우 정권기의 공보행정이 체제안정을 도모하는 데 전념하고 있으며 공보처는 정권의 첨병에 불과해 5공과 다를 바 없다는 비판적 논평에 맞서, 6.29 선언은 철저하게 이행되고 있으며 언론의 자유에 대한 정부의 소신은 어떤 경우에도 흔들리지 않는다는 것을 공공연하게 표명하였다.[53]

> "권위주의 청산이 우리 사회 권위의 와해를 초래하고 있습니다. 교육 현장에서는 스승의 권위가 땅에 떨어지고 거리 질서를 단속하는 경찰에게 대드는 일에서부터 시작해 실정법을 공공연하게 어기는 집단들이 그것을 합법화해 달라고 요구하는 사태에 이르기까지 법과 상식이 전도되고 혼동되어 이제는 우리 국민이 무엇이 옳고 그른 것인지조차 휩쓸리는 사태가 일어나고 있는 것입니다." (최병렬, 1989.9.23)[54]

그는 오랜 기간 기자생활을 하면서 많은 사람들이 이권을 다루다 말과 행동을 달리할 때 결국 정권과 개인에게 큰 오점이 남는다는 것을 여러 차례 목격하였기 때문에 공직생활을 하면서 부정한 돈을 탐하지 않고, 어떤 부당한 압력에도 굴복하지 않겠다는 결의를 다졌다. 강직한 성품인 데다 작은 이익을 경계하려는 노력은 법규에 대한 신뢰감으로 이어졌다. 그가 내세우는 법 우위의 사고는 형식적 법치주의의 답습에 불과하다며 비난의 표적이 되기도 하였지만, 장관이 돼 국가의 중대 정책을 추진하면서 절차적 합리성을 지향하는 행정 기술의 근간이 되었다.

"6공 최대의 이권 사업", "황금알 낳는 거위" 등의 수식어가 붙은 민영방송 사업자 선정을 추진할 때 민방 설립은 정부의 방송장악 의도에서 비롯된 것이자 향후 선거에서 민자당의 집권 연장을 위한 수단으로서 탄생이 예고된 것이라는 갖가지 소문이 항간에 나돌았다. 이에 최병렬 장관은 민간자문위원회를 구성하고, 이 승윤 경제부총리를 위원장으로 하는 민방설립추진위원회를 만들어 청문회 방식으로 사업자를 검토하게끔 하였으며, 공보처 차관을 단장으로 하는 민방설립실무추진기획단을 발족하는 등 민·관을 아우르는 위원회를 겹겹이 설치함으로써 공정성 시비를 차단하고자 했다. 또한 장관의 의중을 실무자에게 살짝 흘려 장관의 의도대로 일이 진행되게끔 유도하는 간접적 개입도 배제하였다. 최병렬에게 민주화란 법치가 철저하게 작동하는 체제 안에서 민주적 정책결정 과정이 구현되는 것을 의미하였다.

> "행정재량 행위를 보다 합리적으로 하기 위하여 저 혼자하는 것보다 민간인들의 의견을 듣고, 우리 정부 안의 실무 국장들의 의견도 듣고, 최종적으로는 부총리를 중심으로 관련 장관님들을 모시고 충분히 의견을 들은 후 공보처 장관이 추천권을 행사하는 것이 저에게 주어진 행정재량권을 합리적으로 공익에 부합되게 하는 방안이라고 생각했습니다." (최병렬, 1990.11.28)[55]

5 리더십 전략

최병렬은 강력한 추진력과 조직력을 동원해 시대정신과 장래의 비전이 담긴 정책목표를 법치의 울타리 안에서 달성하고자 했다.

1) 시대적 사명을 담는 실천 전략 구상

과거 권위주의 정권기의 통제적 언론정책으로 인해 신문제작상 편법으로 택했던 대안은 '읽을거리의 강화'였다. 1980년 11월, 마흔 두 살에 조선일보 편집국장으로 승진한 최병렬은 기자 실명제를 실시하고, 기발한 제목과 독특한 카피, 독자의 욕구를 파고드는 내용으로 획기적인 편집을 일구어 냈다.[56]

조선일보 방우영 사장에 따르면 최병렬은 신문사 생활을 편집기자로 시작하였기 때문에 취재와 편집을 두루 알아 편집국장에 오른 뒤 지면을 활기차게 꾸려갔고, 당시 편집국 부장 회의는 설전과 토론이 난무하는 아주 역동적인 분위기를 형성해 신문 지면을 펄펄 끓게 만들었다.[57] 진성호 전 조선일보 기자는 최병렬 국장이 신문사가 자의적으로 신문을 만들던 관행에서 벗어나 독자들이 알고 싶어 하는 뉴스를 전면에 배치하는 방식으로 신문 제작의 혁신을 일으키고, 눈에 띄지 않는 소재를 사회면 톱(top)으로 키워 국가 어젠다가 될 수 있게 만드는 편집의 귀재였다고 한다.[58]

"지금까지 지내 온 자리 중에서 가장 신나게 일한 때는 조선일보 편집국장 시절이었습니다. 신문사 편집국은 매일 전쟁이고 승부를 보는 곳이잖아요. 아침에 눈을 뜨면서부터 오늘 신문은 무엇으로 만들고, 오늘의 승부처는 뭐고, 용병은 어떻게 하고... 이게 바로 전쟁이에요. 스릴있잖아요. 반응도 곧바로 있고요. 남자 직업으로는 할 만한 거라고 생각합니다." (최병렬, 1995)[59]

그림 35 조선일보 편집국장 시절의 최병렬

※ 자료: 박홍식 제공
최병렬 조선일보 편집국장(오른쪽 끝)이 방우영 사장(가운데 착석)과 부장들 앞에서 브리핑하고 있다.

상황을 적확하게 읽는 기자적 감각은 대선캠프에서 성공 전략을 짜내는 발군의 실력 발휘로 이어져, 그는 제13대 대선캠프의 참모로서 정세 분석과 유세 이론의 개발, 선거 전략 수립 등 선거전의 중추적 역할을 담당하였다. 또한 1970년대 초반, 미국 남가주대학에서 여론조사 방법론을 공부하였던 과거의 경험을 토대로 경찰과 정보기관에서 취합한 보고서에 의존해 여론 동향을 파악하던 과거의 관행을 탈피해 우리나라 선거에서 최초로 여론조사를 실시하였고, 조사를 통해 얻은 일반 국민의 생각을 선거 전략의 설계와 후보 연설문 작성에 적용시키는 과학적 선거운동을 시도하였다.

　대통령 선거에서 당락을 가르는 충분조건은 결국 잔재주와 정치 공학적 계산이 아닌, 당대의 시대정신에 얼마나 부합하고 충실할 수 있느냐의 여부다.[60] 최병렬은 노태우 후보의 솔직·정직·성실·신뢰·결단력과 같은 개인적 성품을 부각시켜야 할 이미지로 강조하고, 권위주의 청산과 5공화국의 과오 인정, 민주개혁 의지를 앞세워 5공과는 차별화된 인물임을 내세우는 전략을 구사하였다.[61] 그 과정에서 1980년에 흥행한 미국 영화 '보통 사람들(Ordinary People)'에서 동명의 캐치프레이즈를 따와 '위대한 보통 사람들의 시대'라는 컨셉을 만들어냈다. 언론에서는 기자 출신 최병렬의 언론플레이와 이미지 창출 능력 덕분에 야권의 전유물이었던 민주화 열차에 노태우가 무임승차하게 되었다는 성공담을 보도하였다.[62]

　청와대 정무수석 재임기에는 민주화 시대를 개막한 새 정권을 성공적으로 안착시키는 것이 역사적 책임이라는 신조를 바탕으로 노태우 정부는 5.5공화국이 될 수 없다면서 5공 청산과 전두환 전 대통령의 백담사 행을 추진하는 데 앞장섰다. 제13대 총선을 앞두고 호남 민심을 달래기 위하여 광주사태에 대한 대책을 논의한 수석비서관 회의 석상에서도 노태우 대통령을 향하여 "솔직하고 당당하게 사과해야 한다"라면서 결단을 주문하였고, 청와대 비서진의 아웅산 사태 5주기 추념식 참석 여부가 이슈화되자 "우리는 5공과 무관한데 굳이 대통령비서실장이 참석할 필요가 있습니까?"라는 예상을 뒤엎는 의견을 개진하였다.[63] 5공의 아킬레스건인 광주항쟁의 진상 조사와 정부 대응책을 논의하기 위한 민주화합추진위원회[64]의 발족도 최병렬의 아이디어에서 비롯된 것이라고 알려졌다. 그는 시대정신을 자신의 역할과 접목시키는 데 능수능란한 전략가이자 눈치보기와는 거리가 먼 돌격형 지휘자였다.

　문공부 장관으로 취임한 후에는 민주국가에 걸맞은 조치를 언론정책 현장에서 단행하였다. 문공부 관료들에 따르면 최병렬은 출입 기자들에게 정부 정책을 설명할 수 있도록 각 부처마다 브리핑룸을 만들게 지시하는 등 체제홍보 중심의 공보행정을 정부 정책의 대민홍보로 전환시키고자 하였다.[65] 6.29 이후 인쇄매체는 완전히 개방된 데 반해 방송매체는 여전히 공영방송에 머물고 있는 상황에 대하여 문제의식을 느낀 후 KBS, MBC 양사가 독과점한 방송 여건을 탈피함으로써 경쟁체제를 조성하고, 글로벌 경쟁력을 갖춘 방송 체계를 마련하려는 목적하에 민영방송 개설을 추진하였다. 여기에 더해 케이블 TV와 위성방송 실시를 위한 준비 작업에 착수함으로써 공·민영 혼합 방송체제와 다채널·다매체로의 전환이 가능한 방송환경을 조성하였다.

> "당시에 KBS, MBC 노조가 막강했고, 경영도 방만하다고 보았습니다. 대부분의 사람들이 '내버려 두고 경쟁시켜라. 과점이니까 광고는 들어오고 아무런 도전 욕구도 없어진 것이다'는 의견이었지요. 우리도 선진국처럼 방송 채널 선택권을 넓혀 주어야겠다고 결심했습니다. 결국 뜯어고쳐서 지금 보고 있는 케이블 텔레비전, 인공위성 발사까지 결정했습니다. 위성방송 시대까지 전부 세트로 만들어서 방송개혁안을 만든 겁니다." (최병렬, 1995)[66]

한편 최병렬은 노동부 장관으로 일하면서 우리나라 노동체계를 선진국형으로 전환시키겠다는 목표를 가지고 불법에 대한 단호한 대처와 미래지향적 노사관계를 위한 시스템 구축이라는 두 가지 과제에 몰입하였다. 최병렬은 임금인상으로 인한 충격을 줄이기 위한 방책으로 무노동 무임금(no work no pay)[67]과 총액임금제를 내세웠으며, 특히 총액임금제의 도입을 연공제에서 성과급제로 임금체계를 재편하는 계기로 삼고자 하였다.

그러나 노동법 개정의 방향과 내용을 전폭적으로 지지한다는 입장의 재계와는 달리, 한국노총과 민주노조 모두 개혁안을 '개악'이라고 규정하며 궐기하였고, 노동부 장관의 즉각 퇴진과 노동법 개정 철회를 극렬하게 주장하였다. 최병렬은 노동계의 반발을 사고 있는 단체협약 유효기간의 연장을 철회하고, 상급노동단체의 하급노동단체에 대한 업무감독권을 수용하는 타협안을 제시하였음에도 노동계의 반발이 격렬해지자 노동법 개정 계획을 전면 철회하였지만 총액임금제만큼은 포기하지 않았다. 그는 3개월을 고민한 끝에 사표를 주머니에 넣은 채 부총리에게 총액임금제 도입을 고수하겠다는 의사를 보고하였고, 이를 시작으로 모두가 불가능하다고 여기는 상황에서 정부 관계 부처, 사용자, 노동자 대표를 직접 만나 설득해 제도의 도입을 관철하였다. 일각에서 총액임금제 관철을 위한 장관 주도의 법 개정 논의가 형식과 주체 면에서 일방적이라고 비판하였지만, 최병렬은 코 앞에 닥친 제14대 총선을 의식해 여당 의원들조차 소극적이었던 사안을 불퇴전의 투지 로써 달성해 낸 본보기로 오르내리게 되었다.

그림 36 대통령 주재 노사정 토론회 개최

※ 자료: 조선일보(1991.3.20)
1991년 3월 19일, 청와대에서 노태우 대통령이 주재하는 '산업평화와 경제재도약을 위한 사회적 합의 대토론회'가 개최되었다.

"내가 겪은 최틀러는 히틀러가 아닙니다. 옆에서 보니까 굉장히 합리적이고 조 직적인 사람이야. 어떤 정책결정을 하기 위해 무던히 고민해요. 그분은 국회의원을 네 번이나 하고 정당에서 출발한 사람이기 때문에 어떤 정책을 세울 때 후폭풍이 뭔지를 제일 먼저 생각해요. 어떤 폭풍, 어떤 부작용이 올 것인가. 그런 부작용을 없 애기 위해 정책결정시 부단히 자기 나름대로 연구해요. 예를 들어 이렇게 하면 정 권, 시장이 어떻게 될 것이냐, 야당은 어떻게 나올 것이냐. 이런 것을 쭉 따지면서 적어도 일주일 이상 주위 의견을 듣고 혼자 고민해서 결단을 내린 다음에는 좌우를 보지 않습니다. 그대로 돌진해요. 그냥 즉흥적으로 하는 게 아니라 상당한 합리적 근거를 가지고 밀어 붙인다고요." (이덕주, 2019.3.8 인터뷰)

2) 법과 제도의 잣대로 문제 해결

최병렬은 심사숙고하여 결정한 일에 대해서는 좌고우면하거나 몸을 사리거나 눈치를 보는 법이 없었다. 장관으로 일할 때는 장고의 과정을 거쳐 결정한 일에 대하여 대통령 재가가 불발될 것을 염두에 두고 미리 사직서를 준비해 놓곤 해 '사표를 자주 쓰는 장관'이라는 별명을 얻었다. 최병렬도 자신을 일단 입지하면 전력투구하는 스타일로 설명하였다.[68] 그런데 그가 의사결정 과정에서 가장 우선순위에 둔 원칙은 현행 법규였으며, 이것은 그의 공적 판단과 행위를 정당화하는 잣대이자 무기였다. 그렇기 때문에 최병렬은 '법은 만인에게 평등하다', '나쁜 법은 고쳐야 하지만 고칠 때까지는 지켜야 한다'는 소신을 가진 원칙주의자로 통했다.[69] 공보처 매체국장을 지낸 이덕주에 따르면 그가 법학을 전공한 만큼 법의 준수에 대하여 매우 철저하였다고 한다.

> "최병렬 씨는 서울대학교 법과대학을 나왔기 때문에 법의 원칙에 대해서는 꿩장히 철저한 분입니다. KBS, MBC에 경찰을 투입했죠. 우리나라 역사상 최초로 언론계에 말입니다. 장관의 지시로 경찰을 투입하라고 전화한 건 나예요. 최병렬 장관은 불법이라는 거에 대해서는 용서하지 않습니다. 파업은 노동법에 다 보장되어 있지만 순서를 지켜야 합니다. 또 파업의 이유가 근로조건의 개선이 아니라 다른 이유 때문이라면 인정해서는 안 됩니다. 노조가 사장을 임명하지 못하게끔 하는 건 인사권 개입이에요. 그건 불법입니다. 최병렬 씨가 교육을 그렇게 받았고, 학교도 그렇게 나왔기 때문에 그 원칙은 양보하지 않습니다. 그때 KBS 노조하고 직접 담판을 했습니다. 결국 결렬되자 박차고 나왔는데, 절대 나긋나긋하게 눈 감을 사람은 아니라는 겁니다." (이덕주, 2019.3.8 인터뷰)

최병렬은 여소야대 분점정부의 장관이었지만, 기가 죽거나 해야 할 일을 미루는 안이함으로 대처하지 않았다. 문공부 장관 재임기인 1989년, 문익환 목사의 방북 이후 언론인, 지식인들의 연이은 연행과 구속을 두고 "재야세력에 대한 전면 탄압", "정부 비판적 언론에 대해 철퇴를 가하려는 의도"라는 비난이 쇄도할 때, 그는 현행법을 어긴 개인의 문제를 언론에 대한 제재나 제약으로 받아들여서는 안 된다고 강조하였다. 또한 북한과 접촉한 언론인의 구속, 좌경 출판물에 대한 단속은 국가보안법이라는 현행법 위반 혐의에 따른 정당한 조치이며, 예술인들(영화인들)이 국내 산업 보호를 명분으로 내세우면서 법과 사회상규에 반하는 과격한 행동에 하였을 경우에 법적 조치를 당하는 것은 마땅하다고 판단하였다.

그는 KBS 사장을 이사회의 제청으로 대통령이 임명하는 엄연한 절차가 있음에도 노조가 정부의 정당한 인사권 행사에 저항하는 것은 명백한 월권이라는 확신이 있었기 때문에 분규 현장에 전경 3,000여 명의 투입을 강행하는 초유의 결단을 내렸다.[70] 파업을 비롯한 노동쟁의는 법규에 의거해 할 수 있으며, 언론계라고 치외법권 지대에 놓인 것은 아니라는 법치 중심의 사고가 의사결정의 밑바탕에 있었기 때문이다. 6공 때 공공질서나 법질서를 엄격히 적용하였더라면 국가 질서가 완전히 무너지는 상황이 전개되었을 것이라면서 뻔히 위법인 줄 알면서도 범법 행위자를 잡아넣지 못하는 것이 현실이었다는 노태우 대통령의 증언에 비춰볼 때,[71] 최병렬이 고수한 법치행정이 얼마나 큰 위험과 반발을 딛고 이루어진 것이었는지 가늠해볼 수 있다.

"언론 각 사에서 내부적으로 북한취재를 기획하는 것은 편집권의 자유에 속하는 문제입니다. 설혹 제가 오늘 이 상황에서 민론에 몸을 담고 있다 하더라도 그런 기획은 해봄직하다고 생각합니다. 또 분단된 조국에서 살고 있는 기자들이라면 그런 생각을 갖는 것은 어떤 의미에서는 당연하다고 생각합니다. 언론 주무장관으로서 언론자유에 대해서는 제 자리를 걸고 분명하게 말씀드립니다. 이 나라를 위해 언론자유는 절대로 필요하다는 것이 제 소신입니다. 다만 이번 문제(한겨레신문 방북취재 추진)는 우리와 전혀 협의 없이 구체적으로 북한에 메시지가 가고, 또 그 메시지의 회답이 오는 과정에서 사법적인 문제가 발생한 것입니다." (최병렬, 1989.4.20)[72]

그러나 법치행정이 반드시 민주적 행정과 일치하는 것은 아니며, 민주주의 이념에 부합하지도 않는다면서 최병렬의 논리는 '법치주의의 모순'에 불과하다는 비판이 일었다. 특히 야당 의원들은 최병렬의 법 집행이 과거 독재정권 시절에 각종 죄명과 법령을 끌어와 '실정법 위반'이라는 명목으로 언론에 제제를 가하고 탄압하였던 사례와 별반 다를 것 없는 조치를 취한 것에 불과하고(박석무 의원(평민당)),[73] 5공과 6공 언론정책의 상이점을 발견할 수 없으며(강삼재 의원(통일민주당)),[74] 국민의 일반여론을 무시한 채 정부가 자의적으로 법 적용을 강행할 경우 엄청난 저항에 직면하게 될 것임(최협 의원(평민당))을 경고하였다.[75]

그림 37 KBS 본사 앞을 행진하는 KBS 노조원들

※ 자료: 박용수, 민주화운동기념사업회 제공
  1990년 4월 12일, KBS 노조원들이 방송 자주권 쟁취를 연호하면서 KBS 본사 앞을 행진하였다.

그림 38 KBS 비상대책위와 회담하는 최병렬 공보처 장관

※ 자료: 경향신문 제공
  최병렬 공보처 장관은 1990년 4월 28일, KBS에 들러 비상대책위원들에게 정부 측 입장을 설명하였다.

한편 1992년 1월, 현대자동차 노조가 사측과 합의되지 않은 성과급을 요구하였을 때 파업을 두려워해 유화론을 제기하는 입장도 있었지만, 최병렬은 '공장이 문을 닫더라도 법은 지켜져야 한다'면서 노조에 맞섰다. 사실 6공화국이 출범하면서 노태우 대통령은 정부가 노사문제에 개입하지 않겠다는 의사를 피력한 바 있고, 분규 현장이 무정부 상태에 비견될 만큼 혼란스러웠을 때도 청와대, 현장을 관할하는 지자체, 심지어 주무부처인 노동부도 공권력을 동원하는 악역을 자처하지 않았기 때문에 노조를 향한 강경 대응은 대단한 용기가 필요한 일이었다. 최병렬은 노동부 장관으로 취임하였을 때, 노조가 산업현장을 장악해 질서가 완전히 무너지는 상황 앞에서 '우리나라가 크게 탈나고 있구나'라고 느꼈고, 노동현장의 질서를 바로잡기 위하여 노사 쌍방에게 "법대로 하자"라면서 브레이크를 걸었다.

> "노동현장의 시계추가 권위주의 시대에는 사(使) 쪽에 기울어 있었습니다. 장관이 돼서 보니까 시계추가 노(勞) 쪽에 한참 가 있었어요. 저는 이 시계추를 가운데로 돌려놓아야 한다고 생각했습니다. 전국의 노동현장을 다니면서 노조 대표, 회사 대표를 몇십 명씩 만나 격론을 벌이고 토론했습니다. 어떤 사람이 저보고 '당신은 사용자 장관 아닙니까?'라고 얘기합니다. 그래서 '나는 사용자 편도 근로자 편도 아닌 국민의 장관이다'고 말한 적이 있습니다." (최병렬, 1995)[70]

한 노동부 고위관료는 논리 전개의 완결성과 함께 불의와 타협하지 않는 강직성을 최병렬의 강점으로 꼽았다.[77] 전직 장관들도 그에 대하여 소신을 가지고 합리적으로 일을 처리하며, 탁월한 정책 추진 능력을 지닌 장관이라고 평가하였다.[78] 이렇듯 '소신'과 '추진력'이라는 용어로 설명되는 최병렬의 지도자상은 법적 정당성에 대한 확고한 신념과 결단에서 비롯되었던 것이다.

3) 통치기술 역량의 발휘

최병렬은 국민학교 6학년 때 아버지를 여읜 후 기울어진 가세를 일으키는 가장의 역할을 짊어져야만 한다는 책무감이 컸지만, 형편에 기죽지 않고 씩씩하게 학창 시절을 보냈다. 진주중안중학교 담임선생님은 그의 학적부에 '활동적이고 책임감이 있으며 발표력이 좋다'고 기록하였으며, 부산고 재학 시절에는 '발표력이 좋고 통솔력이 뛰어난 학생'이라는 평가를 받았다. 승부사적 근성도 매우 강해 동네에서 또래 아이들과 싸우든 어떤 일을 하든 죽기 살기로 덤벼들어 끝장을 보곤 했다.[79] 총명한 두뇌와 외향적인 성격 덕분에 사회에 진출한 이후에도 늘 자신만만한 모습으로 비춰졌다.

그는 신문사에서 일하면서 기자들에게 예절과 취재 태도, 기사의 정확도와 진실성을 세세히 따지는 엄격한 데스크였고, 일단 역할을 맡기면 끝까지 책임지게끔 하되, 기대에 못 미치면 눈물이 쏙 빠지도록 몰아붙이는 지휘관이었다.[80] 문공부 홍보조정실이 신문 편집에 개입해 언론을 좌지우지할 때도 "당신들이 와서 신문 만들어"라고 고함을 치며 정부의 요구를 매몰차게 거절하던 편집국장이기도 했다.[81] 때문에 최병렬이 편집국장을 하던 4년 2개월간 그가 전권을 휘둘렀다고 해도 과언이 아닐 정도로 신문이 거의 그의 페이스대로 만들어졌다고 한다.[82]

그림 39　조선일보 사회부장 시절의 사보 칼럼

※ 자료: 조선일보사보(1979.8.18)
"능력이 부치면 몸으로 때우고, 그래도 안 되면 악이라도 써보는 배수진을 치는 것이다. 이 넓은 판도에 그날그날 톱기사 걱정을 하고 있다는 것부터가 도저히 납득할 수 없는 일이다. 발길에 차이는 게 기삿거리인데, 그것을 주워 오는 게 우리의 직업인데, 어째서 좋은 기사가 없다는 말인가. 하루 한 시간이라도 신문을 생각하고, 좋은 기사로 능력을 인정받아 기자로 입신하겠다는 각오가 있다면 나의 이 "실정 모르는 소리"에 반론을 제기하진 못하리라 믿는다."라는 구절이 눈길을 끈다.

최병렬이 부임하는 조직마다 그의 강성 이미지 때문에 긴장감이 맴돌았다. 그가 정치 행보에 나섰을 적에는 열린 공간에서 대중을 조직하고 움직여서 정치 목표를 달성하는 역할보다는 닫힌 공간에서 권력을 움직여 정치적 목적을 이루는 임무를 주로 맡는다는 평을 받았고,[83] 독선적이라고 할 만큼 주관이 뚜렷하고 고집이 센 사람으로 통했다. 그의 지나친 냉철함이 오히려 포용력 부족을 초래할 수 있고, 뚝심과 의리 있는 호탕함의 이면에 관료적인 이미지가 각인되어 있다는 분석도 나왔다.[84]

그러나 그와 가까이서 교유한 사람들은 원만한 대인관계에 소탈한 면모를 지닌 '인간 최병렬'을 기억한다. 최병렬 자신은 어떤 자리에 있어도 물러나는 순간을 마음에 지니고 있었기 때문에 전화도 비서에게 잘 안 시키고, 수행비서를 잘 데리고 다니지 않으며, 일요일에는 운전기사를 절대 못 나오게 하는 등 항상 낮게 살려고 노력했다고 이야기하였다.[85]

편집국장 시절에는 특종을 많이 한 악바리 기자들을 파격적으로 발탁해 승진시키고 선망받는 부서와 출입처에 배치하는 등 열심히 일하는 기자들에게는 그에 걸맞게 대우하였다. 근무시간에는 호통을 치지만 밤에는 술하게 술자리를 함께한 선배 기자이기도 하였다. 기자가 낙종하거나 기사를 잘못 쓰면 불호령을 내리지만, 책을 가까이 하지 않고선 급변하는 치열한 경쟁사회에서 살아남을 수 없다면서 편집국장석 뒤편 책장에 신간 서적을 빼곡히 채운 후 독후감을 써내게 하는 등 기자학습을 독려하였다는 일화도 전해진다.[86]

공보처 간부급 관료들에 따르면 최병렬은 조직 보호자로서의 역할을 철저히 이행하면서 부하들에게 일을 독려하는 보스였고,[87] 우리 부처의 직원들이 유능하다고 바깥에 자랑하고 다니면서 부하들의 사기를 진작시키는 상사였다. 그는 국회의원들이 국정감사 석상에서 국장들을 심하게 타박할 때 "내가 시켜서 한 일이니까 내가 책임진다"라면서 비난의 표적이 되기를 자처하는 책임감이 투철한 장관이었다.[88] 문공부 출판과에서 불온서적에 대한 검토를 공정하고 객관적으로 하고 있냐는 야당 의원의 추궁에 "나는 내 수하에 일하고 있는 사람들을 100% 믿는다"라고 호언하면서 조직과 한편임을 공개적으로 표명하였다.[89] 노동부 장관 재임기에는 관료들로부터 국무회의에서 노동부를 충실하게 대변하고, 조직의 위상을 높인 장관이라는 호평을 받은 그야말로 '노동부 맨'이었다.[90]

최병렬은 일을 조직적으로 하고, 사람을 챙길 줄 알아 부하 직원들과의 관계가 좋았던 윤주영 전 문공부 장관(1971.6.4-1974.9.17)을 롤 모델로 꼽았다. 또한 아래 사람보다 더 노력하고 그들을 보호할 줄 아는 자세를 리더십 요건으로 내세웠고, 장관은 책임을 지기 위해 있는 자리라는 장관관을 자주 이야기하곤 했다. 부하들이 소신껏 일한 결과에 대한 책임은 본인이 기꺼이 감수하겠다는 의미에서 일명 '접시론'을 제안하기도 했다. 가만히 앉아 있으면 본전이고 아무 욕도 안 먹는 공무원 사회에서 부하들에게 역할수행에 합당한 권한을 부여함으로써 사기를 북돋고 책임행정이 가능하게끔 하겠다는 것이다.

> "최병렬 장관은 굉장히 카리스마가 있는 사람이야. 그리고 역대 노동부 장관 중에 아주 머리가 좋은 사람 중 하나야. 논리도 정확하고. 그분은 카리스마가 있으면서도 부하들의 의견을 들어보고 그 말이 옳다고 생각하면 자기 논리를 금방 버리고 받아들입니다. 참모들의 의견을 전적으로 들었어요. 토론을 한 거죠. 자기가 어떤 소신을 가지고 있더라도 참모들 말이 옳다면 '네 말이 맞다'면서 양보해버려요. 질질 끌거나 하는 스타일이 아닙니다." (노준석, 2019.6.7 인터뷰)

공보처 장관 재직기에도 자신은 큰 줄기만 다루되, 신뢰할 수 있는 부하들에게 전적으로 위임하는 스타일의 리더십을 발휘하였다. 부하에게 업무를 맡길 때는 그를 전폭적으로 신뢰하고 자율성을 존중하였기 때문에 민영방송 주주를 선정하는 사업을 진행하면서 실무자의 의견에 토를 달지 않았다.[91] 이러한 업무방식은 본청 밖의 조직관리에도 적용돼, 부처 산하기관의 간부를 선임하는 일에도 일체 관여하지 않았다. KBS 감사를 역임한 전 공보처 관료에 따르면 정부에서 KBS 감사로 추천한 인물이 이사회의 부결로 선임되지 못하는 상황에서 공보처 장관이 후임 후보자를 천거할 수 있는 권한이 있었음에도 그가 인사에 전연 나서지 않아, '뒷배경'이 없었던 자신이 감사직에 오를 수 있었다고 한다.[92] 이렇듯 최병렬은 장관이 최종 책임을 지되 정책 프로세스를 위임과 자율의 원리에 의해 이끌어가는 통치기술을 통해 민주적 리더십의 일면을 보여주었다.

1 최병렬, 「최병렬 한나라당 대표」, 관훈토론회(2004.2.17), 163-164쪽.

2 부친이 돌아가셨을 때 13세에 불과했던 최병렬은 집안 어른이 누군지 모르고, 전쟁통에 우편도
   통하지 않아 일가친척들에게 부고를 돌릴 방법이 마땅치 않은 데다 관도 구하지 못해 소달구지에
   널빤지 관을 싣고 10리 길을 걸어 아버지 묘를 썼다고 한다. 최병렬, 앞의 책(2011(a)), 70-71쪽.

3 시사저널, 「특별기획 시리즈-한국의 신 인맥 지도. 경남고 vs. 부산고」(2010.3.9, 제1063호), 55
   쪽. 최병렬과 함께 부산고에 다닌 10회 졸업생 중에는 허문도 국토통일원 장관, 이상희 과학기술
   처 장관, 윤동윤 체신부 장관, 허삼수 청와대 사정수석비서관, 김진영 육군참모총장, 정구영 검찰
   총장, 안상영 부산시장 등이 있다. 특히 허문도는 최병렬이 조선일보로 이직한 이듬해인 1964년
   에 조선일보 견습기자로 입사해 도쿄 특파원, 외신부 차장, 주 일본대사관 공보관 등을 지냈지만,
   6공화국 출범 후 최병렬이 정·관계에서 행보를 넓힐 때, 과거 5공 정권의 언론통폐합 주역으로서
   곤욕을 치르는 대조적인 상황이 연출되었다.

4 당시 한국일보사는 실력 우선주의에 기반을 둔 공채제도를 채택해 고졸 이상으로 응시자격 기준
   을 완화하였기 때문에 최병렬은 대학교 재학 중 견습기자 시험에 응시할 수 있었다.

5 정달영, 앞의 책(2008), 37쪽.

6 최병렬은 조선일보 입사 3년차인 만 26세에 편집부 차장으로 승진한 데 이어 31세인 1970년에 정
   치부 차장, 36세인 1974년에는 정치부 부장으로 고속 승진을 하였다. 1970년대 초반, 조선일보 차
   장급 사원의 평균나이가 38세, 부장급은 39세로 집계된 것에 비해 굉장히 빠른 진급이었다.

7 편집부 차장을 하던 중 좀 더 다이내믹한 직업 전선에 뛰어들고 싶은 마음에 정치부로의 이적을
   결심하였고, 평기자로 발령이 나도 개의치 않으면 받아주겠다는 남재희 정치부장의 제안에 수긍
   해 정치부 기자생활을 시작하였다.

8 김강석, 앞의 책(2001), 163쪽; 최병렬, 앞의 책(20011(a)), 163-164쪽. 최병렬은 김용태 전임 편
   집국장이 정계 진출을 위하여 사표를 내 공석이 된 편집국장 자리에 오른 후 후배 기자들에게 종
   종 "조선일보 편집국장 자리가 낫지 왜 국회의원을 하려는지 모르겠다"라는 촌평을 내곤 했다.
   그는 1985년 제12대 총선을 앞두고 민정당에서 전국구 후보에 조선일보 편집국장을 넣으려 한
   다는 소문이 돌자 고등학교 동기인 허문도 정무수석을 찾아가 "신문사에 계속 있고 싶지 정치하
   기 싫으니 너희 영감에게 잘 좀 이야기해 달라"라고 간곡히 부탁하였다. 최병렬은 돈도 없고 정
   치할 생각도 없는 데다 언론계 선배들이 70년대 전국구라고 할 수 있는 유정회 의원을 하고 나중
   에 갈 길을 찾지 못해 난감한 상황에 처하는 모습을 많이 보았기 때문에 국회의원이 되겠다는 뜻
   이 전혀 없었다고 한다. 그러나 전두환 대통령이 후보 명단에 조선일보 편집국장이 제외된 것을
   지적해 결국 전국구 후보 명단에 이름을 올리게 되었다. 월간조선 뉴스룸, 「[정치와 인간] 내가

겪은 崔秉烈과 徐淸源: 냉철한 崔틀러와 가슴이 뜨거운 徐캡의 추억」(2003.8.6); 최병렬, 앞의 책
(2011(a)), 161쪽; 월간조선, 앞의 기사(1995년 7월호), 684쪽.

9 민정당 국책연구소가 당의 중장기 정책을 연구하는 기관을 만들라는 전두환 대통령의 지시에 따
라 임철순 의원의 주도하에 설립된 당내 조직이라면, 1985년 9월에 발족한 민정당 국책조정위원
회는 당 대표의 브레인 역할을 하는 기구로서 6공화국이 출범할 때까지 노태우의 핵심 참모조직
으로서의 기능을 담당하였다. 박홍식(2024.11.18 메모). 국책조정위원회는 최병렬을 포함해 현홍
주(대미관계), 김종인(경제), 김학준(통일), 강용식(언론), 조경목(과학기술), 이종률(외신) 등이
각자 담당 분야를 맡아 대책을 논의하는 방식으로 운영되었다. 최병렬에 따르면 국책조정위원회
멤버들은 정부에 대한 비판은 물론 당시 입에 담기 어려웠던 대통령 직선제 수용과 같은 생각을
제약 없이 표출하였고, 이곳에서 논의한 내용을 당 간부회의 때 밝히거나 민감한 사안은 노태우
대표와 독대해 보고하였다. 월간조선, 앞의 기사(1995년 7월호), 685쪽.

10 이춘구 중앙선거대책본부장, 심명보 대변인, 최병렬·강용식·현홍주 의원, 이병기 보좌역을 제13
대 대선의 '킹메이커 6인방'이라고 부른다.

11 최병렬은 대선 홍보총책을 맡아달라는 민자당 김영삼 후보의 부탁을 받고 "필요하면 현 정권도
꼬집어야 하는데 그 일을 어떻게 하느냐"라면서 처음에는 사양하였다. 그러나 정치부 기자였던
1970년, 신민당 대통령 후보 선출 때 김영삼이 김대중에게 패하자 조윤형 의원과 함께 인사동 밥
집에서 만취해 통곡할 정도로 YS를 좋아했다고 한다. 중앙일보, 「소신파 "최틀러": "판단은 차게
행동은 뜨겁게" 최병렬(의원탐구: 28)」(1993.2.28), 5면.

12 매일경제, 앞의 기사(2002.3.19). 그러나 퇴임을 앞둔 1995년 6월 29일에 삼풍백화점 붕괴 사고가
발생해 어떤 일보다 도시안전 문제에 치중해 왔던 시정에 충격이 더하여졌다.

13 방우영, 앞의 책(2008), 238쪽.

14 조남준 진술; 월간조선 뉴스룸, 앞의 기사(2003.8.6). 조남준은 최병렬이 조선일보 사회부장일
때 경찰 기자였고, 편집국장일 때는 경제부 기자로서 그를 지근거리에서 지켜봤으며, 서울시장
재직시절에는 서울시청 출입기자로서 대면하였다.

15 신동아, 앞의 기사(2001년 10월호), 257쪽.

16 노동부 고위관료(2013.8.16 인터뷰); 김경은, 앞의 논문(2014),

17 박철언, 앞의 책(2005), 312쪽.

18 정봉화, 『신작로에 남겨진 발자국: 路中 정봉화 자서전』(서울: 중앙일보시사미디어 예스위캔,
2010), 182쪽. 정봉화는 최병렬의 진주중학교, 부산고등학교 동기다. 훗날 윤필용 수도경비사령
관의 비서실장을 하다 일명 '윤필용 사건'에 연루돼 강제 전역하였다.

19 여현덕, 『서울을 읽자: 한성판윤에서 서울시장까지』(서울: 고려원, 1996), 385쪽.

20 정봉화, 앞의 책(2010), 182쪽.

21 김강석, 앞의 책(2001), 36쪽.

22 월간조선, 앞의 기사(1995년 7월호), 670-671쪽.

23 6.29 선언 제5항에서는 '언론자유의 창달을 위해 관련 제도와 관행을 획기적으로 개선하며 언론
    의 자율성을 최대한 보장한다'는 내용을 규정하고 있다. 이에 앞서 신군부는 「언론기본법」을 제
    정하고 보도지침을 마련해 언론을 통제하였다. 또한 문공부를 통해 부패 언론인, 정치 성향이 강
    한 언론인, 시국관이 오도된 언론인, 언론검열 거부 운동에 앞장선 언론인이라는 기준을 토대로
    숙정을 단행해 1980년 5.17 직후 20여 명의 언론인이 구속되고, 700여 명이 강제로 해직되었다.
    또한 전국 63개 언론매체(신문 28개·방송 29개·통신 6개사) 중 3분의 2가 넘는 44개 매체(신문
    11개·방송 27개·통신 6개사)를 통폐합하고, 사회정화라는 명목으로 "부조리·외설·사회 불안을
    조성"하는 정기간행물 172종의 등록을 취소하였다. 신동아, 「언론통폐합의 주적(主犯)은 '나'라
    는 허문도」(1988년 12월호), 196쪽; 조선일보사, 『朝鮮日報80年史. 下』(서울: 조선일보사, 2000),
    1373쪽 참고.

24 정대철 문교공보위원회 위원장; 대한민국국회, 「문교공보위원회 회의록」(1988.11.21), 1쪽.

25 1988년 4월, 한국언론연구원이 유권자 1,200명을 대상으로 한 〈선거와 언론-미디어의 영향과 신
    뢰도 설문조사〉 결과다. 월간조선, 「한국의 언론파워」(1988년 11월호), 326-328, 331쪽.

26 강삼재 의원(통일민주당); 대한민국국회, 「1989년도 국정감사 문교공보위원회 회의록」
    (1989.9.23), 19쪽; 학술단체협의회, 『노태우 대통령의 44가지 잘못』(서울: 신세계, 1992), 386쪽.

27 박석무 의원(평민당); 대한민국국회, 앞의 회의록(1989.9.23), 50쪽.

28 대한민국국회, 앞의 회의록(1989.9.23), 48-49쪽.

29 대한민국국회, 「1989년도 국정감사 문교공보위원회 회의록」(1989.10.7), 2쪽.

30 노태우(조갑제 해설), 앞의 책(2007), 180쪽.

31 이장규, 앞의 책(2011), 35쪽.

32 김호진, 『대통령과 리더십』(서울: 청림출판, 2006), 331쪽; 오인환, 앞의 책(2021), 533쪽.

33 정홍익, 「민주화이론과 제3차 민주화의 전망」, 행정논총 26(2), 1988, 352쪽.

34 공보처, 앞의 책(1992), 353쪽; 최택만, 앞의 책(1993), 19쪽.

35 1970·80년대의 노동행정은 국가안보와 경제성장 논리에 밀릴 수밖에 없는 권력구조가 형성되
    었고, 노동정책은 경제개발 우선 기조에 따라 부수적인 정책, 즉 경제성장 정책의 아류로 치부
    되었다. 또한 노동부는 고유업무인 노동자의 권익 보호나 노사분규의 중립적 조정자가 아니라
    근로자들 위에 군림하는 감시·감독관청 또는 노동조합을 순치시키기 위한 공안 기구로 인식되
    면서 "사용부"라는 오명을 얻었다. 이주완 한국노총 사무총장 진술; 노준석, 『가슴으로 풀어낸
    노사갈등』(서울: 누벨끌레: CLEF), 2007, 274-275쪽; 김원배 전 노사정위원회 상임위원 진술
    (2010.9.29); 시장경제연구원, 앞의 책(2012), 101쪽.

36 한국노동연구원, 앞의 보고서(2000.1), 118쪽. 각종 통계에 따르면 근로자의 파업으로 입은 근로
    손실 일수는 1987년에만 695만 일에 달하였고, 이후 1992년까지 연간 150만 일에서 635만 일을

기록하였으며, 실질임금 상승률은 1987년 10.1%에서 1988년 15.5%, 1989년 21.2%로 가파르게 상승하였다. 최택만, 앞의 책(1993), 63쪽; 이장규, 앞의 책(2011), 175-176쪽.

37 노태우(조갑제 해설), 앞의 책(2007), 315쪽.

38 노태우(조갑제 해설), 앞의 책(2007), 298쪽.

39 월간조선, 앞의 기사(1988년 10월호), 134쪽.

40 최병렬은 대선캠프에서 활동할 때부터 5공과의 차별화를 선거전략의 하나로 내세웠고, 노태우 정권이 출범한 후에도 군사정권의 잔재 청산을 주도하였기 때문에 전두환 전 대통령이 노리는 "손 볼 대상" 1순위로 거론되었다. 언론에서는 5공 단절론을 내건 핵심인사로 박철언과 최병렬을 꼽아 '좌(左)병렬, 우(右)철언'이라고 불렀다. 동아일보, 「[憧憬동경 이종찬 회고록] 〈23〉 5공의 착각」(2015.1.24), 12면. 최병렬은 1988년 11월 23일, 전두환 전 대통령이 백담사로 떠나기 직전에 대국민 사과문을 읽는 모습이 TV에서 생방송될 때 대통령 집무실에서 노태우 대통령, 홍성철 비서실장, 박철언 보좌관과 함께 방송을 시청했는데, 노 대통령이 눈시울을 붉히는 것을 보게 되었고, 이후 백담사행에 대한 책임을 지고 물러나겠다는 의사를 표명하였다. 월간조선, 앞의 기사(1995년 7월호), 689쪽.

41 대한민국국회, 「1991년도 국정감사 노동위원회 회의록」(1991.10.4(b)), 9쪽.

42 대한민국국회, 앞의 회의록(1989.9.23), 15쪽.

43 최병렬과 연관된 잘 알려지지 않은 일화 중 하나가 정무수석 재임 시 그의 건의로 청와대 대통령 관저를 짓게 된 일이다. 최병렬은 대통령의 지시를 받거나 보고를 위해 청와대 본관에 갈 때마다 '대한민국 대통령이 언제까지 일제 총독부 시절의 낡은 건물에서 집무해야 하나'라는 생각이 들어 관저 신축을 제안하였다고 한다. 그의 말에 노태우 대통령은 관저 뿐 아니라 본관, 춘추관까지 새로 짓는 결정을 내려 새 청와대 청사와 대통령 관저를 갖추게 되었다. 최병렬, 「청와대의 대통령 관저를 짓게 된 일화」, 노재봉(편), 앞의 책(2011(b)), 743-745쪽.

44 노태우 대통령은 노사분규가 폭발적으로 일어났을 때 조기에 공권력을 동원해 정면으로 막는 것과 시간을 두고 폭발력이 어느 정도 가라앉은 후에 대처하는 두 가지 방안을 떠올렸다. 이 중 후자를 택해 노사분규 현장에 가급적 공권력을 투입하지 않았는데, 이 같은 결정으로 인해 사측 대표들로부터 한결같이 '정부가 있느냐 없느냐'라는 불만을 듣게 되었다고 한다. 노태우(조갑제 해설), 앞의 책(2007), 263, 313쪽.

45 5공 인물로 알려진 서기원 서울신문 사장이 KBS 사장으로 임명되자 사원들은 신임 사장의 출근을 저지하였고, 이에 정부가 경찰병력을 동원해 117명의 사원들을 연행하면서 사태가 불거졌다. KBS 노조는 방송의 민주화를 내세우면서 서기원 사장의 퇴진을 요구하고, 무제한 제작 거부 투쟁을 단행하였다. 정부가 또다시 경찰을 투입해 사원 333명을 연행하자 방송사 노조의 연대투쟁이 이어져 MBC 노조가 전면 제작 거부에 들어갔고, 19개의 지방 MBC, CBS도 제작 거부에 돌입하였으며, 100만인 서명운동이 전개되었다.

46 1988년 3월, 다수 의석을 차지한 야 3당이 근로기준법·노동조합법·노동쟁의조정법 개정안을 민정당의 반대 속에서 표결로 통과시켰는데, 당시 개정된 근로기준법의 근로시간 단축, 임금 보전에 관한 내용에 기업들이 불만을 터뜨렸고, 경제부처 실무자들도 경제 현실에 비춰 노동법이 너무 앞서나간다고 지적하였다. 이장규, 앞의 책(2011), 199-201쪽.

47 조선일보, 「改閣 겹친 「送旧迎新」···部処마다 "새출발"」(1990.12.28(b)), 22면; 최병렬, 앞의 책(2011), 221, 243쪽.

48 남재희(2007.7.19-2007.12.13 구술); 국사편찬위원회, 앞의 글(2007), 213쪽.

49 전노협은 최병렬이 노동부 장관으로 임명된 직후 "현 정권이 장기집권 도구인 민방의 설립과 한국방송공사·문화방송의 언론 민주화 운동 탄압을 주도한 최 장관을 노동부 장관으로 임명한 것은 전체 노동자에 대한 도전이며, 국민의 민주화 열망에 대한 배신"이라는 내용의 성명을 발표하였다. 한국노동연구원, 앞의 보고서(2000.1), 131쪽.

50 조선일보사, 앞의 책(2000), 1385쪽.

51 월간조선, 앞의 기사(1995년 7월호), 674-675쪽.

52 대한민국국회, 앞의 회의록(1989.9.23), 13쪽; 대한민국국회, 「문교공보위원회 회의록」(1989.4.20), 51쪽 참고.

53 대한민국국회, 앞의 회의록(1989.4.20), 3, 11쪽. 훗날 노태우 대통령도 6공에서는 언론·문화·출판 분야에 대하여 과거 어느 때와는 비교할 수 없을 만큼 완벽한 자유를 보장했다고 회고하였다. 노태우(조갑제 해설), 앞의 책(2007), 370쪽.

54 대한민국국회, 앞의 회의록(1989.9.23), 13쪽.

55 대한민국국회, 「1990년도 국정감사 문화공보위원회 회의록」(1990.11.28), 32쪽.

56 김강석, 앞의 책(2001), 34쪽.

57 방우영, 앞의 책(2008), 238-239쪽.

58 유투브 채널 진성호 방송(2022.12.2).

59 월간조선, 앞의 기사(1995년 7월호), 672쪽.

60 문희상, 앞의 책(2017), 63쪽.

61 최병렬, 앞의 책(2011), 172, 174쪽; 월간조선. 「노태우 대통령을 만든 사람들」(1988년 1월호), 149쪽. 최병렬은 후보의 약점을 최소화하고, 강점을 극대화하되 잘 포장해서 민심에 맞추는 것을 선거전략의 기본원칙으로 삼았다. 또한 대통령 선거란 곧 전쟁이기 때문에 이기기 위하여 총칼만 빼놓고 다 동원하여야 한다는 생각을 가지고 하루 24시간 쉬지 않고 일하였다. 월간조선, 앞의 기사(1995년 7월호), 672, 693-694쪽.

62 중앙시사매거진(기사 제목·작성일 미상).

63 박철언, 앞의 책(2005), 305, 318쪽.

64 정권 인수 과정에서 걸림돌이 될 만한 주요 이슈를 점검하고, 사회적 공론을 모아 해결할 수 있

거나 해결 방향을 찾을 수 있는 사안을 대통령 당선자가 미리 보고받아야 한다는 판단에 따라 1988년 1월 11일, 민주화합추진위원회를 발족하였다. 최병렬은 독립운동가 이강훈, 원로 언론인 이관구, 전 서울대 총장 고병익, 시인 서정주를 포함하는 사회 각계의 원로 및 중진 인사 60명으로 위원회를 구성하였는데, 이 위원회에서 광주사태를 민주화 운동으로 공식 인정하였고, 반민주 법령의 개정과 폐지 방침도 마련하였다. 최병렬, 앞의 책(2011), 180-181쪽.

65 월간조선, 앞의 기사(1993년 9월호(c)), 277쪽.

66 월간조선, 앞의 기사(1995년 7월호), 692쪽.

67 정부는 대우조선의 분규로 무노동 무임금이 사회적 이슈로 등장하자 1988년 6월, 파업기간에 임금을 지불하지 말라는 내용의 〈쟁의기간의 근로조건 인정범위에 관한 지침〉을 각 기업에 시달하였다. 그러나 노동계의 거센 반발로 무노동 무임금제의 백지화가 논의되자 정부는 1989년 말엽, 무노동 무임금에 불응한 기업에 대하여 중과세를 비롯한 각종 제재를 가하겠다고 발표하였다. 곧이어 1990년 12월에 무노동 무임금을 인정하는 서울민사지법의 판결이 나오고, 이듬해 대법원이 이 원칙의 효력을 인정하는 판례를 남기면서 결국 1997년 3월에 개정된 노동법을 통해 무노동 무임금이 제도화되었다. 이장규, 앞의 책(2011), 189-191쪽.

68 월간조선, 앞의 기사(1995년 7월호), 659쪽.

69 월간조선, 앞의 기사(1988.10월호), 125쪽.

70 당시 안응모 내무부 장관이 서기원 KBS 사장에게 공권력 투입 요청서를 써 달라고 했지만 그가 "사원들을 잡혀가게 한 사장이 어떻게 사원들을 다스릴 수 있냐"라면서 난색을 표하자 최병렬은 방송정책의 주무장관으로서 요청서 작성을 자처하였다. 월간조선, 앞의 기사(1995년 7월호), 692쪽.

71 노태우(조갑제 해설), 앞의 책(2007), 194쪽.

72 대한민국국회, 앞의 회의록(1989.4.20), 12-14쪽.

73 대한민국국회, 앞의 회의록(1989.4.20), 18쪽.

74 대한민국국회, 앞의 회의록(1989.4.20), 22쪽.

75 대한민국국회, 앞의 회의록(1989.4.20), 34쪽.

76 월간조선, 앞의 기사(1995년 7월호), 691쪽.

77 노준석(2019.6.7 인터뷰).

78 월간조선, 앞의 기사(1995년 2월호), 157-158쪽.

79 최병렬, 앞의 책(2011), 37, 80, 83쪽.

80 월간조선. 앞의 기사(1988년 1월호), 149쪽; 조선일보사 사료연구실, 『조선일보 사람들: 광복 이후 편』(서울: 랜덤하우스 중앙, 2004), 327-328쪽.

81 김강석, 앞의 책(2001), 34쪽.

82 월간조선 뉴스룸, 앞의 기사(2003.8.6).

83 임양택(부산고 후배) 진술; 미디어빌, 「〈117〉언론선배 정치인 최틀러의 명복을!」(2022.12.4).

84 채수명, 『한국대통령학 & 대권시나리오』(서울: 이유, 2002), 276-277쪽.

85 월간조선, 앞의 기사(1995년 7월호), 670쪽.

86 메디팜헬스, 「언론, 정치계의 거목 최병렬선생을 생각하며...메디팜헬스뉴스 창간때 '정론직필' 축사」(2022.12.3).

87 이덕주(2019.3.8 인터뷰).

88 공보처 고위관료(KBS 감사 및 공보처 홍보기획관 역임)(2013.6.3 인터뷰); 김경은, 앞의 논문 (2014), 201쪽.

89 대한민국국회, 앞의 회의록(1989.9.23), 63쪽 참고.

90 노준석(2019.6.7 인터뷰).

91 민영방송 주주 선정을 할 때 실무 테스크포스를 지휘한 이덕주에 따르면 여관에 들어가 보름 동안 신청서를 검토한 후 점수를 매겨 3개의 지배주주 후보를 선정하였는데, 최병렬 장관은 실무자들의 의견에 아무런 이의를 제기하지 않고 그대로 수용하였다고 한다. 이덕주(2019.3.8 인터뷰)

92 공보처 고위관료(KBS 감사 역임)(2019.2.18 문화회 인터뷰).

오인환 장관:
외유내강의 개혁 전도사

오인환(吳隣煥)

"정부는 방송사의 본질적인 자율성을 해치는 어떠한 정책과 제도도
실시하지 않을 것입니다. 즉 불간섭의 원칙이 정부의 기본 방송정책 방향입니다."[1]

약력

구분	연도	내용
출생	1939.1.1(양력)	서울특별시 서대문구 북아현동 출생
학력	1953	부산피란부민국민학교 졸업
	1956	경기중학교 졸업
	1959	경기고등학교 졸업(55회)
	1965	한국외국어대학교 불어과 졸업
	1979	프랑스 파리2대학 신문연구소 수료
경력	1964.11	한국일보 입사(견습 17기)
	1977.4	한국일보 외신부 차장
	1978.6.10-1979.6.10	프랑스 파리 체류
	1980.9	한국일보 사회부 차장
	1982.3	한국일보 사회부 부장
	1985.4	한국일보 정치부 부장
	1987.4	한국일부 편집국 차장
	1988.6.1-1990.8.31	한국일보 제23대 편집국장
	1990.9.1-1992.4.31	한국일보 이사 겸 제7대 주필
	1992.6.19-1993.2.25	민자당 김영삼 총재 정치특보
	1993.2.26-1998.2.24	제5대 공보처 장관

공보처 장관 재임기 주요일지

구분	내 용
1993.2.26	오인환, 제5대 공보처 장관 취임
1993.4	유선방송 추진을 위한 5회 연속토론회 개최
1993.4.7	김영삼 대통령, '개혁의 흐름에 언론도 예외일 수 없다' 발언
1993.7.16	'2000년 방송정책 연구위원회' 구성
1993.7.29-9.15	대전엑스포 지원 홍보상황실 가동

구분	내 용
1993.7.30	공영방송발전연구위원회(위원장 유재천 방송위원회 부위원장) 구성
1993.8.31	종합유선방송 프로그램 공급자(PP) 선정(11개 분야 20개 업체)
1993.9.19-9.24	아시아·태평양 통신사 기구(OANA) 이사회 개최
1993.9.24	종합유선방송협회 설립
1993.11.10	한국광고자율심의기구 설립
1994.1.14	전국 50개 구역의 종합유선방송국(SO) 사업자 선정 발표
1994.4.14	2015년까지 45조 원을 투입하는 〈초고속정보통신망 구축계획〉 확정
1994.6.29	선진방송정책자문위원회(위원장: 임상원 고려대 교수) 구성
1994.9	코드분할다중접속(CDMA) 방식의 디지털 이동통신 시스템 개발
1994.10.1	KBS TV 수신료 징수제도 개선(전기료에 병과해 수신료 징수, KBS-1TV 광고 전면 폐지, 난시청지역 및 저소득층 수신료 면제 가구 확대)
1994.10.8	종합유선방송 프로그램 공급자 및 종합유선방송국 추가 선정
1994.12	〈선진방송 5개년 계획(안)〉 수립
1994.12.23	정보통신부 신설
1995.1.5	종합유선방송 전송망 개통 및 시험방송 시작
1995.3.1	종합유선방송 공공채널(K-TV) 개국 종합유선방송 본방송 개시(48개 지역 20개 케이블 TV 채널 개국)
1995.5.1	종합유선방송 유료방송 실시
1995.5.14	지역민영TV 방송국 개국(부산·대구·광주·대전)
1995.8.4	「정보화촉진기본법」 제정
1995.8.5	무궁화위성 1호 발사
1995.10.16	주 러시아 한국공보원 설치
1995.11.21	대외홍보위원회(위원장: 국무총리) 설치
1995.12.1	인터넷에 한국을 홍보하는 웹서비스 '코리아윈도' 개시
1995.12.20	PC통신을 통한 '열린정부 알림마당' 서비스 개시
1996.1.14	무궁화위성 2호 발사 성공
1996.3.14	MBC 노조, 이사회의 강성구 사장 연임 결정에 항의해 파업

구분	내 용
1996.7.1	KBS 위성시험방송 개막
1996.10.1	MBC, 공중파 방송 최초로 전체 텔레비전 프로그램 인터넷 생중계
1996.11.6	지역민영TV 방송국 개국(인천·울산·전주·청주)
1996.12.15	신문업계의 「공정경쟁규약」 제정 및 시행
1996.12.18	케이블 TV 150만 시청가구 확보
1996.12.26	KBS·MBC·SBS·EBS 노조위원장단, 국회에서 기습 통과된 노동법과 안기부법 폐지 요구 및 총파업 결의
1997.2.3	국내 최초의 영어 전용 아리랑TV 개국
1997.2	WTO에 통신시장 개방 최종 양허안 제출
1997.3.9	대통령 차남 김현철의 YTN 사장 인사 개입 밝혀져 파문
1997.6	언론개혁정책위원회(전국언론노동조합연맹·한국기자협회·한국방송프로듀서연합회) 구성
1997.8.25	위성교육방송 출범
1997.8.28	EBS 노조 파업(안정적 재원 및 청사 확보, 교육정상화 주장)
1997.12.26	오인환 장관, 케이블 TV 유공자 표창 수상
1998.2.24	오인환 공보처 장관 퇴임

1 생애

오인환(吳隣煥)은 서울시 서대문구 북아현동에서 아버지 오장근(吳長根)과 어머니 황규순(黃圭舜) 사이의 5남 2녀 중 차남으로 태어났다. 6.25 전쟁 때 부산으로 피란가 보수산 기슭에 자리한 부산피란부민국민학교에서 공부하였고, 상경 후 경기중학교를 거쳐 경기고등학교에 진학하였다.[2] 운동에 소질이 있어 고등학생 때 럭비부에서 활동하였고, 동창들 사이에서는 과묵하고 성실하였던 좋은 친구로 기억되고 있다.[3] 고교 졸업 후 한국외국어대학교 불어과에 진학하였다.

민간 부문의 발달이 취약해 구직난이 매우 심하던 1960년대에, 공부 좀 한다는 문과 출신 대졸자의 다수가 언론계로 몰렸다. 글쓰기에 자신 있었던 오인환도 언론계 구직 바람을 타고 젊음, 새로움, 순발력, 창의력을 지녀 젊은이들에게 인기를 누렸던 한국일보 입사 시험을 치뤘고, 1964년 말엽, 견습 17기 기자로 언론계에 입문하였다.[4] 그는 사회부가 특히 강한 사내에서 경찰 사건기자와 법조기자로서 깃발을 날렸고, 여러 차례 특종을 발굴해 3차례나 기자상을 수상하는 등 문재를 발휘하였다.[5]

오인환은 한국일보에서 사회부 기자를 거쳐 외신부 차장, 사회부 부장, 정치부 부장, 편집국장, 주필까지 28년간 요직을 두루 거치면서 발군의 뉴스 감각과 데스크 능력을 발휘하였다. 일례로 사회부장을 하던 1985년, 제12대 총선에서 민청학련 사건으로 사형선고를 받았던 전력이 있는 이철이 국회의원으로 당선되자 '사형수가 국회의원이 되다'라는 제목을 단 사회면 톱기사를 내걸어 이목을 끌었다. 후배 기자인 임철순에 따르면 오인환은 다른 사람이 쓴 글에 살짝 개입하여 기사의 품격을 높이는 재주꾼이자 "누워 있는 짐승을 튕겨서 생동하게 만드는" 탁월한 데스크였다.[6]

자유로운 글쓰기가 제약되었던 권위주의 정권기에는 언론의 활로를 뚫기 위하여 새롭게 고안한 지면 배치와 베일에 가려진 글감 발굴에 나섰다. 특히 5공 때 사회부장과 정치부장을 하면서 정권의 외압으로 인해 겪은 무력감은 훗날 공보처 장관이 돼 언론에 대한 국가 권력의 불개입을 선언하는 계기가 되었다. 한국일보 주필로 활동하던 1992년, 김영삼 민자당 총재의 권유로 정계에 입문하였다. 그는 김영삼 특유의 '야당 투사' 이미지를 '국가를 경영하는 지도자'로 탈바꿈시키는 작업에 매진하였고,[7] 최병렬 의원이 위원장으로 포진해 있는 민자당 선거대책위원회 산하의 기획위원회[8]에서 정치특보로 활동하였다.

문민정부 출범과 함께 제5대 공보처 장관으로 임명된 오인환은 '산업화와 민주화의 완충을 위한 역할론'에 토대를 둔 국정홍보 로드맵을 그렸다. 또한 '김영삼 개혁'의 전도사임을 자처하면서 정부 안팎을 종횡무진하고, 불철주야로 언론인들을 상대해, 장관 취임 후 2년간 한 해 평균 2,700명의 언론사 간부를 만났다.[9] 일과 후 기자들과 가진 술자리를 정부 개혁에 대한 공감대를 형성하기 위한 기회로 활용하면서 쌍방 간에 오간 술을 "문민주(文民酒)"라고 명명하였던 일화는 정·관계에서 오랫동안 회자되었다.

오인환 장관은 종합유선방송(케이블 TV) 사업자와 지역민영방송 사업자 선정과 같은 굵직한 현안을 처리하고, 뉴미디어·정보산업 육성을 위한 법제를 마련하는 일에 전력투구하였다. 특히 케이블 TV 방송은 "오인환의 작품"이라 불릴 만큼 그가 심혈을 쏟은 사업으로, 개국 1년 만인 1996년 3월에 72만 가구가 가입하고, 같은 해 12월에는 150만 시청 가구를 확보함으로써 텔레비전은 무한정의 채널을 가용할 수 있는 '풍요의 미디어'로 자리잡게 되었다. 그러나 방송 관련 조직의 정비와 방송법 체계 전면 개편의 과제를 떠안게 되면서 정보통신부, 문체부와 같은 관계 부처와 갈등을 빚었고, 공보처 폐지를 주장하는 야당의 공세 속에서 과거 공보처와는 다른 문민시대의 공보행정 모델을 구축해야만 했다.

오인환은 문민정부가 폐막하는 1998년 2월 24일까지 5년간 장관으로 재임하여, 헌정 사상 대통령과 임기를 같이한 유일무이한 장관으로 기록되었다. 언론에서는 김영삼 대통령이 오인환을 문민정부의 상징으로 삼고자 개각 때마다 유임시킨 것이라면서 그의 최상수 기록은 "최후까지 개혁을 추진하는 장관"이라는 상징성에서 더 큰 의미를 찾을 수 있다는 촌평을 남겼다.[10] 그는 "장관이란 상기판의 말과 같다. 가라면 가고 오라면 올 뿐이다"라는 말로 30여 차례 걸쳐 단행된 개각의 순간순간마다 자리에 연연하지 않았던 심정을 대변하였다.[11]

오인환은 기자 때부터 특유의 뚝심과 소신 있는 업무 추진으로 정평이 났다. 한국일보 사람들은 그를 "훌륭한 선장"(장명수 전 한국일보 사장)에 빗대거나 "기자들의 사표(師表)"(임철순 전 한국일보 주필)에 견주며,[12] "뚝심의 기자"(시사만화가 심민섭)라고 부른다.[13] 공보처 내에서도 인기 많은 상사로 기억돼, 유세준 전 공보처 차관은 그를 "남의 얘기를 경청하고, 소통과 대화를 즐기는 캐릭터를 지닌 인물"로 묘사하고,[14] 한 간부급 관료는 오인환 장관이 온 후 공보처 업무의 틀이 잡혔다고 할 수 있을 정도로 뛰어난 부처 장악력과 업무능력을 발휘했다고 언급한다.[15]

문민정부 최장수 장관이라는 타이틀을 달게 되면서 국회의원들 사이에서도 "많은 정책과 지식을 보유한 전문가"(정영훈 의원(신한국당)),[16] "군사정권하에 찌들었던 통제언론에서 문민정부에 들어와 민주언론을 이룩하는 데 가교 역할을 한 장관"(신기남 의원(국민회의))[17]이라는 말이 돌았다. 지역민방과 케이블 TV 허가와 같은 이권 사업의 주무장관으로서 최단명으로 끝날 수 있는 일을 맡았음에도 무리 없이 일을 처리해 '소신 장관'이라고도 불렸다.[18] 오인환 자신은 매사에 열심히 일하고 투명하게 일 처리한 것을 장수 비결로 꼽았다. 장관의 평균 재임기간이 1년이 채 안 되는 당시, 정권의 임기 동안 일관성 있게 정책을 추진해왔다는 점에서 직업공무원제를 채택하고 있는 공직사회에 또 다른 가능성을 넓혔다는 후문도 전해졌다.[19]

2 시대

> "우리 공보처는 케이블 텔레비전에서 한걸음 더 나아가, 정부의 세계화 전략에 발맞추어 위성방송 시대를 여는 등 뉴미디어 시대에 대비한 본격적인 준비를 하려고 합니다. 우리나라에서 발사하는 인공위성뿐 아니라 외국의 방송위성까지 활용해 전 세계에 우리나라의 뉴스와 문화를 소개하고 우리나라를 알리는 세계화 전략을 능동적으로 펴는 그런 야심찬 계획을 세우고 있습니다." (오인환, 1995.1.5)[20]

1990년대는 범세계적인 정보화의 물결 속에서 기술력과 정보력을 바탕으로 한 국가경쟁력을 중심으로 세계질서가 재편되는 변화의 시대였다. 우리나라도 무궁화 위성 발사를 통해 세계 22번째 위성 보유국으로 발돋움하였고, 종합유선방송, 직접위성방송과 같은 새로운 매체가 도입되면서 디지털 시대, 다매체·다채널 시대의 개막을 목전에 두게 되었다.

문민정부는 정보화 사회에 능동적으로 대처하고 정보통신산업을 국가 전략 산업으로 집중 육성하기 위해 1994년에 체신부를 정보통신부로 개편하면서 공보처, 과학기술처, 상공자원부에 분산된 정보통신 관련 기능을 흡수 통합하여 전담하도록 했다. 또한 정보고속도로(information super highway)라고 불리는 광케이블을 10년에 걸쳐 전국에 연결하는 총 45조 원 규모의 〈초고속정보통신망 구축계획〉을 확정하였으며, 이에 걸맞게 「정보화촉진기본법」 제정, 정보화추진위원회와 정보화

촉진기금 설치 등 정보화 추진체제를 마련하고, 뉴미디어 인프라 조성을 위한 법제를 정비하였다.

문민정부에 들어와 적극적으로 조성하기 시작한 정보 인프라는 우리나라가 정보화 물결을 선도하는 주요국으로 부상하는 데 주춧돌이 되었다. 전 세계 언론과 저명 인사들도 '한국이 미국의 초고속 인터넷 꿈을 먼저 실현'하였으며(뉴욕타임즈, 2003.5), '정부의 적극적인 투자와 지원을 바탕으로 세계 최고의 초고속망을 구축한 나라'(빌 게이츠, 2001.11)이자 '제3의 물결에 있어서 더 이상 참고할 모델이 없는 나라'(앨빈 토플러, 2001.6)로 꼽는 등[21] 한국은 정보화 선도 국가로 평가받았다. 이원종 정무수석(1993.12.22-1997.2.28)은 김영삼 시대에 발굴한 세계화·정보화 테제가 선진국으로 도약하기 위한 토대가 되었다는 소회를 밝힌 바 있다.[22] 또한 오인환도 세계화·정보화가 국제무대에서 한국의 위상을 격상시키는 계기가 되었으며, 후임 정권에 들어와 세계적인 트렌드가 된 한류 붐이 일어나게 된 기초를 구축한 장본인은 김영삼 대통령이라고 언급하였다.

그림 40   한국 마이크로소프트사 긴 공동 인디넷시비스 사업 추진 계약 체결

※ 자료: 조선일보(1997.9.27)
1997년 9월 25일, 미국 마이크로소프트사에서 인터넷서비스사업을 공동으로 추친하는 계약을 체결하였다. 왼쪽부터 이용태 두루넷 회장, 빌게이츠 MS사 회장, 이종훈 한국전력 회장.

문민정부가 출범하면서 통제 위주의 관리 행태에서 벗어난 새로운 패러다임의 공보행정을 주문받았다. 정부는 규제적 언론의 잔재에서 완전히 탈피한 언론자유 만개의 시대, 언론 수용자 주권의 시대를 열 것임을 천명하였고, 투명성·공개성·공정성을 공보행정의 대원칙으로 내세웠다. 그러나 한편에서는 언론에 민감하게 반응하는 김영삼 대통령의 성향에서 비롯된 대응책이 권위주의 정권기보다 더욱 세련되고 집중화된 언론통제 방식으로 작동하는 등 공보처의 행정력이 대통령을 향한 권한 집중을 위해 동원되고 있다는 날선 지적이 제기되었다.[23] 더욱이 권위주의 통치의 제도적 유산으로 치부되곤 한 공보처를 폐지하자는 주장은 문민정부에 들어와 더욱 구체적으로 논의되었다. 야당에서는 국가권력이 국민을 계도할 수 있다고 믿는 공보처의 사고가 국민을 수동적이고 획일적인 방향으로 몰아가는 데 악영향을 끼친다면서 행정을 할수록 언론자유의 폭이 좁아지는 모순을 지적하였고,[24] 언론은 행정의 대상이 아닌데 언론을 대상으로 구시대적인 언론행정을 하는 것은 시대와 역행한다는 견해를 제기하였다.[25]

한편 통신과 방송 간의 융합이 보편화되는 추세에도 불구하고 전파 분야와 방송 분야가 각각 정보통신부와 공보처로 양분되어 혼선이 발생했다. 또한 방송국 허가 문제 역시 공보처와 정보통신부로 이중구조화되어 있는 제도가 작은 정부를 지향하는 정권의 정책방향과 배치된다는 점이 쟁점으로 부상하였다. 더불어 공보처의 해외공보원이 문체부의 해외문화원, 외무부의 재외공관과 기능 면에서 중첩되고, 공보처 산하의 방송위원회와 문체부 산하의 청소년보호위원회가 영상문화 부문에서 서로 비슷한 기능과 역할을 한다며 행정의 비효율성이 문제로 떠올랐다.[26] 정동채 의원실에서 작성한 〈공보처 기능 재조정에 관한 연구보고서〉에 의하면 신문방송학 관련 교수 191명을 대상으로 한 조사에서 80.4%의 교수들이 공보처를 폐지하거나 총리실 산하의 공보국으로 축소해야 한다고 응답하였고, 신문방송행정 기능을 공보처가 맡는 것에 대하여는 86.9%가 부정적으로 평가했으며, 방송 기능을 방송위원회로 이관하는 데에는 76%가 찬성하였다.[27]

그러나 공보처는 과거의 언론에 대한 간섭적 규제행정이 아니라 조장·지원 행정과 등록관리 업무만 담당하며, 국제화 시대의 도래와 함께 언론산업에 대한 지원과 조장행정 기능의 수요가 증가하고 있다는 데 방점을 두었다. 오인환 장관도 민주화가 진척될수록 홍보는 각 부처의 정책과정 초반부터 투입되는 필수적인 기능이며, 공보처의 홍보 전문가들이 전 부처의 정책을 선전하고 공보처 장관은 관계장관회의에 참석해 발언권을 행사하는 방식으로 정부가 당면한 일에 가장 빈번하게 참여하기 때문에 공보처야말로 개혁을 추진하는 데 꼭 있어야 할 기관이라고 주장하였다.[28]

오인환 장관이 재임한 5년간 공보행정 관련 이슈는 도처에서 터졌다. 지역민방 선정 평가위원을 전부 공보처 장관이 뽑게 되어 있는 절차가 장관의 독선을 유발한다는 우려가 제기되고, 대통령과의 인연으로 방송행정계에 낙하산식 인사가 계속되고 있다는 지적도 일었다.[29] 위성방송에 언론사와 재벌기업이 참여하는 것을 허용할지에 대한 논쟁도 부상하였다. 지역민방, 케이블 TV, 위성방송 실시를 위하여 소나기식 투자를 하지만 정작 소프트웨어 산업은 황량한 불모지라면서 공보처 사업에 큰 그림이 결여돼 있고, 무차별적 채널 허가로 인해 방송이 상업적 이윤 창출의 도구로 여겨지는 폐단이 양산되었다는 비판도 제기됐다.[30] 새 술은 새 부대에 담아야 하는데, 공보처에서 언론통제 역할을 하던 공무원들이 그대로 남아 요직에 있는 상황에서 새로운 개혁이 나올 리 만무하다는 날이 선 공방과 함께, YS 선거 캠프에서 활약하였던 언론대책반 멤버들이 공보처 내 언론 모니터 전문위원으로 일한다는 소문이 떠돌기도 하였다.

3 임명

오인환은 1985년 개헌 정국 당시 한국일보 정치부장으로서 야당 대표였던 김영삼과 처음으로 대면하였지만, 흔히 말하는 'YS 장학생'은 아니었다.[31] 주필로 활동하였던 1992년 초반에 YS의 최측근인 이원종과 저녁 식사를 하면서 "상도동계는 아직까지 인적구성에 있어 소수파의 한계를 극복하지 못하고 있다. 캠프의 인력부터 강화해야 한다"라고 충고하였고, 얼마 안 돼 대선캠프에 참여해 달라는 김영삼 민자당 총재의 제의를 받게 되었다.[32] 오인환은 신문기자를 일생일업으로 삼기로 다짐하였기에 정계의 영입 제의를 몇 차례 고사하였지만, 김영삼의 민주화 투쟁을 완성시키는 작업에 동참하라는 동료와 선후배의 독려, 그리고 아내의 격려에 힘입어 민자당 대선캠프에 뛰어들었다.[33] 이로써 당시 민자당 대선캠프는 조선일보 출신의 김윤환과 최병렬이 포진하고 있는 데다 한국일보 주필인 오인환을 정치특보, 동아일보 논설위원인 이경재를 공보특보로 발탁함으로써 4대 일간지에서 편집을 담당했던 인사를 모두 거느리게 되었다.[34] 유세준 전 공보처 차관에 따르면 오인환은 중도보수로서 YS의 노선과 부합하는 데다 신문사에서 일하면서 정치적 혜안과 뛰어난 발상력이 부각되었는데, 이러한 강점을 높게 평가한 참모들의 권유로 김영삼 대표가 오인환의 영입을 추진하였을 것이라고 한다.[35]

제14대 대선에서 승리를 거머쥔 김영삼 당선인은 오인환에게 '좋은 직책'을 주겠다고 제안하면서 장관 발탁을 예고하였고, 그로부터 얼마 안 돼 그는 문민정부의 공보처 장관으로 임명되었다.[36] 사실 김영삼은 대통령이 되기 이전에 40여 년간 정치생활을 하면서 신문 1면 톱을 가장 많이 차지하였던 인물로, 언론의 주목을 받고 지면의 주인공이 되는 데 민감하였다. 또한 역대 어느 대통령보다 '말'의 힘을 믿었기 때문에 정부를 대변하는 공보처 장관직에 올랐다는 것은 대통령의 막강한 신임 아래에 있다는 것을 의미했다.[37]

> "김영삼, 김대중 양 김을 키워준 동력은 군부정권의 압력과 견제를 무릅쓴 언론계의 끈질긴 지지였다. YS는 온화한 인품과 귀공자 같은 면면, 중도적인 정치노선 때문에 더욱 언론의 주목을 받았다. 그러나 제14대 대선 이후 그는 언론의 비판과 견제를 받아야 할 권력자가 되었고, 그런 만큼 권력과 언론계 사이에 끼여 있는 공보처는 어려운 처지일 수밖에 없었다. 나는 5공과 6공 정권 때 신문사 요직에 있으면서 군부정권과 씨름하여야 했고, 민주화된 정국에서는 쇄신을 요구받는 언론풍토에서 언론과 관계하는 어려운 일을 맡게 된 것이다. 공보처 장관직은 신임이 두터워 기용된 자리였으나 하루아침에 신임을 잃을 수 있는 민감한 자리이기도 했다."
> (오인환, 2024.12.2 메모)

오인환은 순발력이 뛰어나고 매사에 정면 돌파하는 개혁적 기질을 지녀 "정부의 입"으로서 기대를 모았다.[38] 국회의원들도 '김영삼 대통령의 개혁 담당 장관'(채영석 의원(민주당)),[39] '개혁시대의 개혁장관'(박계동 의원(민주당))[40]이라는 칭호로 문민정부 첫 공보처 장관의 성격을 규정하였다. 공보처 내에서는 그가 대선캠프의 정치특보를 거쳐 입각한 실세 장관이었기 때문에 부처 폐지론으로 불안정한 조직의 위상을 높이는 데 큰 역할을 해 줄 것이라고 기대하였다.[41] 오인환은 '정권 안보의 기수'라는 공보처 장관의 과거 전통을 불식시키고, 우리나라의 민주주의를 발전시키고 언론이 성숙하도록 하는 데 일익을 담당하는 장관이 되겠다는 다짐을 안은 채 제5대 공보처 장관으로 취임하였다.

> "김영삼 정권은 과거 박정희, 전두환, 노태우 정권을 이어가던 사람들과 민주화를 추진해 온 사람들이 만나서 창출한 정권이 아닙니까? 그렇지만 선거캠프에 가서 보니까 그 사람들(권위주의 정권의 인물들)도 물론 도왔지만 YS 개인의 정치적 이미지, 그 힘이 정권을 창출한 거예요. 그러니까 민주화를 제도적으로 완성하고, 한국을 산업화와 민주화를 함께 이룩한 나라로 만들겠다는 목표에 대한 김영삼 대통령의 의지와 각오가 대단했습니다. 자부심도 뜨거웠지요." (오인환, 2018.10.29 인터뷰)

그림 41   공보처 업무보고 후 김영삼 대통령과 오인환 장관

※자료: e영상역사관
1993년 4월 1일, 김영삼 대통령이 공보처의 업무보고를 청취하였다. 왼쪽부터 황인성 국무총리, 김영삼 대통령, 오인환 공보처 장관.

언론이 '제4부의 권부'라고 일컬어질 정도로 권력기관화되어 있는 상황에서 언론 주무부처 장관에게는 언론의 책임과 언론의 자유라는 두 가치 사이에서 올바른 길을 노정하기 위한 특별한 지혜가 필요했다. 또한 이전 정부에서 계획된 종합유선방송 및 위성방송 사업과 김영삼 대통령의 공약 사항인 지역민방이 거의 동시에 실시되는 뉴미디어 산업 시대의 개막을 앞두고 방송 관련 조직의 정비와 방송법 체계 전면 개편의 과업을 맡게 되었다. 더욱이 뉴미디어 기술의 발전, 방송·통신 융합 등 방송환경의 급속한 변화에 따라 방송 정책은 공보처와 체신부만이 아니라 과학기술처, 문체부, 상공자원부의 업무와 연관돼, 범정부적 차원으로 접근하여야 할 사안으로 부상하였다. 오인환은 디테일을 따지지 않고 큰 방향을 제시하는 김영삼 대통령 특유의 통이 큰 리더십 덕분에 임명권자의 간섭 없이 소신껏 국정업무를 수행할 수 있었다.

4 오인환의 민주화

과거 권위주의 정권에서는 체제 유지를 위해 가장 효율적이고 확실한 방법의 하나로 언론 장악을 시도하였고, 그 결과 언론인의 대량 동원이 이루어지면서 언론계 인사의 정계 진출이 빈번해졌다. 즉 5.16 쿠데타와 유신체제, 그리고 12.12 사태를 거치면서 군부 권위주의의 정당성을 기능적으로 보완하고, 말과 글로써 정당화시켜 줄 전문가 집단이 필요함에 따라 언론인에게는 새로운 정치적 기회구조가 열리게 된 것이다.[42]

특히 유신정권에서는 언론을 강력하게 통제하는 한편, 언론인들을 체제 안으로 끌어들이기 위하여 해외공보관제와 대변인제를 신설하였고,[43] '각 사 1인 꼴'로 배당되었다는 유정회 국회의원 시대가 개막하면서 언론인들의 정치권 진입이 본격화되었다. 1980년대에 들어와 조선일보 방우영 사장, 합동통신 이원경 회장, 문화방송·경향신문의 이진희 사장이 국가보위입법회의 의원으로 지명되는 등 언론계는 정치 진출을 위한 유력한 통로 가운데 하나로 부상하였다.[44] 동아일보 기자 출신인 김원기 전 국회의장은 언론인의 정계 영입에 대해 헌정질서를 파괴하고 만들어진 정권이 좋지 않은 이미지를 분식하려는 의도에서 야당지에 있던 언론인들을 끌어들인 것이라는 분석을 내놓았다.[45]

사실 민주화된 사회에서 국가권력과 언론의 관계는 그 나라의 민주주의 성격과 성숙도를 반영하는 척도로 다루어지곤 한다. 특히 민주주의가 공고화되는 과정에서 대통령과 대중을 매개하는 언론의 협조와 지원 없이는 국정 동력을 가동하기 어렵기 때문에 민주화 시대의 장관에게는 대언론 관리 기술이 직무의 성공과 실패를 결정짓는 중요한 역량 중 하나로 꼽힌다.

이 시대에 있어 공정하고 알찬 보도, 짜임새 있는 지면을 만들기 위하여 그 어느 시대에도 그랬듯이 젊은 기자들이 ① 날카로운 센스, ② 예리한 문장력, ③ 중후한 식견, ④ 끊임없는 노력이라는 자질을 갖추거나 갖추기 위해 전력투구해야 한다. 훌륭한 시인은 천부적으로 타고날 수 있지만 훌륭한 기자는 끊임없는 단련과 수양을 통해서만 태어난다는 철칙을 유의하지 않으면 안 되는 것이다. 앞의 자질을 무시하거나 내팽개쳐 버리고 '민주언론'을 고함만 친다면 신문은 한 치도 발전하기 어렵고 한 발자국도 개선되기 힘들다. 때문에 열심히 취재하거나 좋은 기사를 쓸 생각은 하지 않고 뒤켠에 서서 남을 비판하기나 하고 의식이 있는 체하는 기자들이 많다면 그건 기자들이 병들어 있는 것과 같다고 말할 수 있다. 물론 앞서 지적한 4가지 자질을 갖추었다 해도 권력에 영합하고 시대에 부응하는 등 '기자정신의 부재'를 드러내면 무슨 소용이 있는가라는 반문이 나올 수 있다. 제3공화국에서 제6공화국에 이르기까지 언론계가 배출한 엘리트들이 권력을 위해 봉사한 타락 사례가 많았던 만큼 그 같은 반론은 논리의 무게를 지닌다. 그러나 우리는 그 반론에 대하여 다시 한번 더 반론할 수 있어야 한다. 4가지 자질에다가 왕성한 기자정신을 다섯 번째로 추가해서 갖추면 될 것 아니겠는가. 그리고 그것이 20~30대 젊은 기자들에게서 기대되는 새 시대의 기자상이 아니겠는가.

오인환 한국일보 제23대 편집국장 취임사(1988.6.1)[46]

김영삼 대통령은 언론의 협조를 얻느냐 못 얻느냐에 신한국 창조의 성패가 달려있다고 여겼기 때문에 황인성 국무총리에게 각 부처마다 유능한 인재를 발탁해 공보관으로 보임케하라는 특별 지시를 내리고, 공보처 안에 언론대책반을 설치해 운영하면서 언론보도에 깊은 관심을 기울였다. 또한 정무수석 산하의 홍보1(언론) 비서관을 홍보1(신문)과 홍보2(방송)로 세분화하고, 이전 정부에서 유명무실하였던 영상홍보 비서관을 공보수석 산하에 두는 비서실 직제 개편을 단행함으로써 공보 기능을 한층 더 강화시켰다.[47]

오인환은 장관으로 취임할 때 과거에는 권위주의 정권에 정통성을 부여하기 위해 무리한 상징조작까지 하면서 체제홍보를 강요하였다고 비판하였고, 정치중립이라는 기본원칙을 골격으로 하는 국민홍보를 과제로 삼고, 체제 홍보를 위한 도구였던 공보처를 개혁해 민주화 시대에 걸맞은 위상으로 쇄신할 것임을 강조하였다. 또한 불간섭 원칙이 정부의 대언론 정책 방향이며, 홍보전략의 목표를 신한국 창조에 두겠다고 선언하였다.[48] 과거 정부와 언론 간의 관계가 통치권자의 탄압과 언론의 자유를 확보하기 위한 언론인들의 저항이 반복적으로 교차하는 과정이었다면, 문민정부에서는 정부의 정보공개를 통한 홍보를 중시하고, 공공정보의 확산이라는 정책방향을 설정함으로써 언론의 민주화를 추구한 것이다.

오인환에 따르면 민간을 위장한 군부세력이 집권한 6공과는 달리, 문민정부에서는 정통성, 도덕성, 대표성을 갖는 김영삼 대통령을 위시해 민주화에 기여한 세력이 정권 창출의 주체로 부상함으로써 민주적 정상화의 기틀을 바로잡고, 선거법, 정치자금법, 지방자치법 등의 법제를 마련하는 정치개혁을 통해 민주주의의 제도적 완결을 이루었다. 그가 장관 취임사에서 '국가 제일의 목표는 신한국 창조'라고 밝혔듯이, 신한국 창조를 위한 일체의 개혁은 민주주의 수준을 한 단계 업그레이드시키는 일이었다. 즉 오인환에게 민주화란 권력의 속성에 정당성(민간정부)이 담보되고, 권력행사를 위한 정당한 수단(법제도)이 갖춰져 있으며, 이를 토대로 선진화된 사회로의 진입이라는 목표를 향해 작동하는 권력작용을 의미한다.

"노태우 정부는 문민정부라고 볼 수 없어요. 제일 중요한 건 정권을 창출한 주체가 누구냐라는 것입니다. 물론 (노태우 시대에) '보통사람의 시대'라면서 (민주 정부를) 창출했다고 주장하였죠. 그러나 노태우는 전두환과 함께 12.12를 일으킨 장본인이고, 형태만 바꿔서 민간인 얼굴을 했을 뿐 백그라운드는 실세 군부 출신이 장악하고 있었습니다. 그러니까 6공은 문민 시대로 가는 과정에서 등장한 예비·중간 단계의 정권이라고는 볼 수 있죠. 그 이후에 본격적인 문민 민주화의 틀을 세운 정부는 김영삼 정권이고, 마무리 정착 역할을 한 것은 김대중 정권입니다." (오인환, 2018.10.29 인터뷰)

오인환은 언론 주무부처 장관으로서 정부의 불개입주의와 공개행정을 선언하였다. 또한 각종 질타와 오해, 방해 공작에 직면해 때로는 정면돌파의 길을 택하고, 상황에 따라 사고의 전환을 통해 새 길을 모색하는 양가적 입장을 취하면서 문민정부의 개혁에 대한 국민적 합의를 이끌어 내고자 했다.

1) 정부의 불개입주의 선포

경제개발이 본격화되기 전인 1950~60년대의 언론계는 엘리트의 대표적인 사회진출 루트였다. 대학 졸업 후 한국일보에 입사한 오인환은 편집국 기자로 활동하면서 통념을 비틀어 바라보는 직관과 현장 취재력, 글솜씨를 바탕으로 입지를 다졌다. 또한 불편부당과 춘추필법을 사시로 내세우는 사내에서 기자학습을 하면서 정치·사회현상을 균형 있게 바라보는 감각을 체득할 수 있었다. 특히 외신부 차장 시절에 파리 특파원으로 발령돼 1년간 프랑스에서 체류하였던 경험은 미국 일변도로 치우쳐 있던 시각이 균형을 이루게 되는 계기가 되었다.[49] 그는 장관 재임기에도 자신을 "뼈대와 몸체는 언론인이며 살갗이 공직자가 된 것"이라 말하였고, 첫 국정감사 석상에서는 30년 가깝게 언론인 생활을 하다가 공직에 왔기 때문에 관료라기보다는 언론 전문가로서의 생각을 가지고 있다고 밝히는 등 언론인으로서의 정체성을 어필하곤 하였다.[50]

신문사에서 쌓은 내공은 공보처 장관이 된 후 대언론 관계를 설정하는 데 길잡이가 되었다. 일례로 5공화국 때 문공부 장관으로 임명된 언론계 출신 인사들이 언론계를 제압하는 악역을 도맡아 하는 모습을 지켜보면서 언론인의 비굴한 처지에 공분하였고, 정부가 언론영역에 무분별하게 간섭하는 일을 경계하게 되었다.[51] 그는 훗날 장관으로 부임하면서 "나는 그들과 반대로 하겠다", "통제보다는 협조로 접근하겠다"라는 다짐을 되뇌었으며, 언론과 정부 사이에서 대화와 소통의 창구가 되고 완충 역할 또는 방파제 역할을 하겠다는 신조를 행정 현장에서 구현하고자 했다.

오인환 장관은 문민정부 공보행정의 기본원칙으로 정부의 언론 불개입과 정직하고 성실한 정보공개를 내걸었다. 다시 말해 공보처의 주된 임무는 국민과 정부 간 쌍방적 의사소통의 중간 매개적 역할이며, 국정을 투명하게 공개해 정부 시책의 공개를 관행화하고, 국민의 알권리 충족과 국정참여의 기회를 확대시키는 데 중점을 두고자 한 것이다. 또한 언론인들과의 소통을 통해 수렴한 의사를 정치권에 전달하고, 정치권력이 언론계를 향해 취할 수 있는 압력을 중화시키는 창구가 되며, 정부와 언론 간의 지속적인 대화를 통해 상호 이해하는 관계를 형성함으로써 언론인으로서의 정체성과 행정가로서의 실리를 모두 지키고자 했다.

"제가 3공~6공 어려웠던 시절에 요직에서 신문사 생활을 했던 사람입니다. 전화도 많이 받았고 압력도 많이 받았고 경우에 따라서는 요직에 길게 있지 못하고 쫓겨나기도 한 경험이 있습니다. 언론탄압이라는 것이 뭐냐, 언론탄압이라는 것이 어떤 형태로 오냐 하는 마이크로한 것에 대한 제 경험은 여기에 있는 어떤 분도 상상할 수 없는 그런 수준이었습니다. 어떻게든지 언론을 돕고 언론과의 갈등을 최소화하는 장관으로서의 역할을 하려고 노력하고 있고, 그 점에 관해서 저는 말로 하는 것이 아니라 제가 가지고 있는 모든 역량을 다해서 하고 있습니다." (오인환, 1996.10.2)[52]

그림 42   김영삼 대통령의 언론사 사진부장 접견

※ 자료: e영상역사관
　김영삼 대통령은 1993년 6월 9일, 언론사 사진부장을 청와대에 초청해 접견하였다.

※ 자료: e영상역사관
오인환 공보처 장관은 1993년 9월 1일, 연세대 언론홍보대학원에서 '개혁과 방송'을 주제로
특강을 진행하였다.

오인환은 언론인들과 함께 있을 때면 장관으로서의 고충을 토로하였고, 판에
박은 듯한 정부 옹호론이나 체제 홍보성 발언은 피했다. 언론인들은 정부가 언론
의 협조를 구하고자 한다는 것을 잘 알고 있기 때문에 장관이 아무런 조건 없이 언
론계 사람들과 친목의 시간을 보내면서 소통하는 일은 일종의 호소 전략이었다.
오인환은 간부급 이하의 기자들과도 잘 어울렸기 때문에 언론계로부터 두루두루
원군을 얻었다. 장관 취임 후 한두 달이 지났을 무렵, 언론사 부장이나 국장급이
아닌 그 밑의 사건팀장들을 식사 자리에 초대해 YS "흉"도 보고 이런저런 에피소
드를 이야기하면서 파안대소하는 가운데 흉금을 터놓음으로써 대통령의 인간적인
면모를 알리고, 자연스럽게 새 정부에 대한 지지로 이어지게끔 하는 소통의 달인
으로서의 면모를 보여주기도 하였다.[53]

"예전에는 장관들이 언론에 대해 억압적인 정책이나 제스처를 썼어요. 전두환
정권 때가 제일 심했고, 박정희 정권 때도 심했고. 공보처가 정부의 홍보기구지만
행사할 수 있는 권력은 따로 있는 거니까요. 그렇지만 저는 압력을 넣지 않고 대통
령의 권력과 언론이 부딪히는 그 가운데에서 절충하는 역할, 중화하는 역할, 상호교
류할 수 있게 하는 역할. 그 역할을 5년 동안 꾸준하게 했어요. 조선일보 김대중 주
필이 저하고 같은 또래입니다. 장관하는 동안 대화도 했으나 사설로 비판 당할 때도
있었고.. 제가 막지는 않았습니다." (오인환, 2018.10.29 인터뷰)

오인환은 5년간의 재임기 내내 몸을 사리지 않고 열심히 일하는 데 일관한 '몸을 던져 일하는 장관'이었다. 그는 "검찰에서는 박희태가, 언론계에서는 오인환이 폭탄주를 퍼뜨린다"라는 소문이 돌 정도로 술이 세기로 유명했는데, 술자리를 일자리로 활용하는 암중비약의 수완 덕분에 그는 '위장에 펑크가 나도 일하기 위해 술을 마시는 사람'으로 불렸다. 또한 언론계를 친정처럼 살피고, 언론 관련 시민단체나 해외 특파원들에게 파격적인 지원을 함으로써 사기를 북돋기도 하였다. 이와 같이 장관이 직접 나서 언론과 접촉하고, 언론계를 지지하는 행보는 대통령을 후방에서 지원하는 가장 효과적인 활동이었다.

원활한 국정운영과 언론의 자유 신장이라는 두 마리 토끼를 동시에 잡아야 하는 주무장관으로서 고민이 많고 고충도 많았다. 민심이 국정에 충분히 반영될 수 있도록 장관이 직접 국정 모니터가 돼 각 처에서 수렴한 민심을 국무총리와 내각, 청와대에 전달하였다. 국무회의에서는 '공보처를 이용해 달라'는 세일즈를 하였다. 1·2급 공무원들을 모아놓고 문민정부의 개혁에 대해 장관이 직접 나서서 강의하는 열심을 드러냈다.[54] 야당 의원들을 향해 정부 정책의 옹호자가 되어 국정에 동참해줄 것을 호소하는 일도 비일비재하였다.

그러나 대정부 관계는 복잡한 이해와 견해의 충돌 속에서 파워게임의 양상으로 치닫곤 했다. 때로는 다른 부처와 권한 범위를 둘러싸고 주도권 싸움에 몰렸다. 전파 분야를 맡는 정보통신부와 방송 분야를 담당하는 공보처 간의 업무 혼선이 일어나고, 공보처의 해외공보원이 문체부의 해외문화원과 기능 면에서 중첩된다는 점이 이슈화될수록 공보처 폐지론에 힘이 실어지는 상황이 연출되었다. 전 부처를 상대로 개혁에 동참할 것을 촉구하는 장관의 언행이 신문과 방송에 대해 입김을 불어넣으려 하는 구태로 간주되기도 하였다. 야당에서는 공보처의 개혁운동 방식의 비효율성을 지적하였고, 장관 혼자 독주하면서 고군분투하고 있는 것처럼 비춰지는 모습을 꼬집었다.[55]

"문민정부는 이전의 군부 독재 시대보다 국정을 홍보하기가 더 어려운 상황이었다. 군부정권은 언론에 자갈을 물리는 통제수단을 가지고 있었고, 홍보지원 자금이나 시혜책 같은 수단도 있었다. 문민정부는 그런 수단을 가지고 있지 않은 데다 민주화를 맞아 언론의 비판기능이 활성화되고 있었기 때문에 언론과의 대화가 유일한 돌파구였다. 그렇기 때문에 나는 전국의 신문·방송 관계자들을 두루 만나 폭넓은 대화를 강행하였다. 폭탄주도 많이 마셨다. 그러던 어느 날 청와대 단독 보고 자리에서 대통령이 '오 장관은 술을 많이 마시면서 대통령 비판까지 한다면서'라고 강하게 질책하였다. 나는 '50대 중반 나이에 과음하면 몸이 상한다는 것을 누가 모르겠습니까. 민주화 개혁의 완성을 돕기 위해 제 한 몸을 던지고 있는 겁니다'라고 대답했다. 사정을 이해하지 못하면 즉시 사임할 생각이었다. 그 후 대통령은 과음으로 상한 위장 질환을 치료하라고 위로금을 보내주었다. 나는 대통령의 신임을 재확인한 후 언론인들과의 회동을 계속하였다." (오인환, 2024.12.2 메모)

2) 공개행정을 통한 공정성 확보

오인환은 강직하고 솔직하며 자기관리가 철저하였다. 부산피란부민국민학교를 함께 다닌 안병영 전 교육부 장관은 전교중앙어린이회에서 몇 번 만났던 오인환을 믿음직한 형님 같은 인상의 동창으로 기억한다.[56] 기자 시절에는 후배들을 거느리고 다니면서 밤늦게까지 술을 마실 때가 많았지만, 다음 날 아무 일 없었던 것처럼 멀쩡하게 출근하는 철저함이 몸에 배어 있었다.[57] 오인환 자신은 철저한 프로페셔널리스트라는 생각으로 일생을 살았다고 사부하였고, 불철주야로 일한 덕분에 까다로운 언론의 주무부처 장관임에도 최장수 장관으로 남게 된 것이라 공언하였다.[58]

일각에서는 김영삼 대통령이 그의 철학과 뚝심을 높게 평가하였기 때문에 한 부처에서 장수하게 된 것이라고 한다.[59] 실제로 오인환은 문민정부가 막을 내릴 때 "한번 YS맨이면 영원한 YS맨"이라는 퇴임 소회를 밝힌 후 정치권은 물론 정부 산하기관 어디에도 얼굴 한 번 내밀지 않는 처신을 고수해, 언론에서는 장관으로서의 책임감과 소통력, 그리고 정치적 금도를 보여주었다고 평하였다.[60]

솔직한 성품과 빈틈없는 자기관리 습관은 장관 부임 이후에도 여실히 드러났다. 그는 각지에 흩어져 있는 공보관들에게 홍보는 정직하고 솔직해야 한다는 홍보관을 피력하였고, 공보처 직원들로 하여금 외부에 자료를 제출할 때 모든 것을 형식적으로 하지 말고 정확한 내용을 숨김없이 밝혀서 보고서를 작성할 것을 독려하였다. 국회에서도 의원들의 질타성 의혹에 대하여 질의 내용보다 더 넓은 범위의 사실관계를 정리해와 답변하곤 했다. 공익자금으로 설치된 산하기관(국제교류방송재단)에 대해 장관 직권으로 자체 감사를 실시한 후 위법 현황을 먼저 공개함으로써 국회의 의혹을 사전에 차단하였다. 홍보가 개혁을 위한 중요 수단이라는 확신을 가지고 정부 정책과 국정을 효과적으로 알리는 데 주력한 결과, 문민정부 출범 이전의 14개월과 이후 5개월간의 홍보량을 비교할 때 보도자료 배포는 824건에서 975건으로 18%, 브리핑·기자회견은 101건에서 200건으로 187% 높아져 월평균 총 홍보량이 33.5% 가량 증가하였다. 또한 TV·라디오 출연, 신문기고·세미나·토론회 등 대국민 직접 홍보가 문민정부 출범 이후 월평균 39%씩 증가하였다.[61] 파격적인 공개행정을 진두지휘한 오인환은 공보처 안에서도 솔직하고 속임수 없이 노력하는 장관으로 평가받을 수 있을 것이라고 자신하였다.[62]

한편 공보처는 허가관청이라고 불릴 정도로 많은 방송매체 허가에 관여해 문민정부 5년간 지역민방 8개, 케이블 TV 방송국 77개, FM 방송국 5개, 프로그램 공급업체 29개를 포함해 총 119개의 방송 및 방송사업을 허가하였다.[63] 그러나 주무 장관의 독선과 독주에 대한 우려가 끊이지 않았고, 도처에서 로비 암약설이 떠도는 등 그 과정이 순탄치만은 않았다. 오인환은 전파는 국민의 것이고, 방송은 인쇄매체와는 달리 공중의 것이기 때문에 공공성을 지닌다는 철학을 앞세운 채 공정하고 투명하게 일하겠다고 다짐하였다.

그림 44 국정감사에서 발언을 준비하는 오인환 공보처 장관

※ 자료: 출처 미상
오인환 공보처 장관이 1993년 10월 20일, 국회 국정감사에서 발언을 준비하고 있다.

오인환 장관은 도덕적 힘은 투명성에서 비롯된다는 일념을 토대로 "민영방송 선정은 해방 후 가장 투명성 있는 사업"이 될 것이라면서 장관 자리를 걸고 로비를 차단하였다. 일례로 방송계와 오랫동안 연계를 맺어온 공무원들을 해당 사업에서 제외시키기 위하여 사업 관할 부서의 인적 배치를 재정비하였다. 로비하는 업체에게는 선정 과정에서 불이익을 주겠다고 선언하였을 뿐 아니라 청탁 유혹, 경쟁업체에 대한 비방, 정치권 실세의 개입설 유포 등 각종 부당한 행위를 심사 청문회 때 공개하겠다는 엄포를 놓았다. 또한 공개 청문회를 개최함으로써 후보업체가 제출한 보고서상의 '죽어 있는 정보'를 뛰어넘는 실체적 진실을 듣고자 하였으며, 선정 절차를 낱낱이 기록한 백서를 발간해 사업의 전 과정을 공개함으로써 이권사업의 허가는 로비에 의해 판가름 난다는 기존의 관행을 뒤엎는 파격을 불러왔다. 오인환은 "20세기 말 언론계의 최대 이권"이라고 불리는 민영방송 사업자 선정을 추진하면서 절차의 일관성과 적정성, 결과의 적합성이 최대한으로 확보되는 모델을 만들 수 있을 정도로 경험을 쌓았다고 공언하였다.

한편 케이블 TV 심사위원 선정 과정에서도 당초에 5배수로 후보자를 올리게 했지만 정작 심사에는 후보가 명단에 없는 사람을 위원으로 선정하는 우회 전략을 동원하고, 심사위원들이 외부와 접촉하지 못하게끔 호텔에 합숙해 심사하도록 조처하였다. 언론에 심사위원 명단이 공개되면 돈보따리를 싸들고 찾아오는 사람이 많을 거라 우려해 민간 위원들에 대한 정보를 차관에게도 알리지 않은 채 비밀을 유지하였다. 언론에서는 공보처가 그야말로 007 작전을 방불케 하는 극도의 보안속에서 심사를 진행하고, 잡음을 없애기 위해 재야 시민단체 인사를 평가위원으로 위촉하는 방식을 택함으로써 공정성을 지켰다고 평하였다.[64] 또한 시중에서는 공보처를 '투명처', 오인환 장관을 '오투명 장관'으로 부른다는 에피소드가 나돌았다.[65]

"민방 사업의 핵심 실무 관계자가 조용히 찾아와 '의중에 있는 후보자를 알려 주십시오'라고 말했습니다. 그 자리에서 '없다'고 즉답했는데 이후 두 차례나 다시 물었고 나는 같은 대답을 했습니다. 김 대통령의 차남인 김현철 씨가 민방에 관심을 보였을 때 '대통령도 투명성에 예외가 없다'고 강조했습니다. 김 대통령의 지시로 아들에 대한 전면 수사에 들어갔을 때 검찰이 내 뒤도 샅샅이 뒤졌지만 나온 혐의가 하나도 없었습니다." (오인환, 2018.10.29 인터뷰)

위성방송, 케이블 TV, 지역 민방을 네트워크화하는 인프라 조성에는 막대한 예산이 동원되고, 당장 성과를 산출해 내지 못하는 일이기 때문에 사업의 필요성에 대한 폭넓은 공감대가 필요하다. 오인환 장관의 공정성 기조는 정책에 대한 신뢰를 부여함으로써 장시간을 요하는 방송 인프라 토대를 마련하는 데 활로를 제공하였고, 말 많고 탈 많은 이권 사업을 한 단계씩 진척시켜 나가는 추동력이 되었다.

> "오인환 장관은 6.29 선언 이후로 언론이 자율화되고 민주화되는 과정에서 정책을 집행하면서 다매체·다채널 시대를 열었다. 그런 시대를 열면서 잡음이 생길 수도 있는데, 비교적 잡음이 적게, 그리고 이 땅에 새로운 방송체제가 정착되는 데 큰 역할을 했다고 봅니다." (유세준, 2019.3.8 인터뷰)

3) 직설과 유연한 대처의 혼용

오인환은 여러모로 신화적인 인물로 회자된다. 그는 계속 전진하면 좋은 결과가 뒤따라온다는 경험을 체득하였기 때문에 신문사 편집국장 시절, 기자들을 불러 모아 밀어붙이는 일 처리 방식을 고수하였고, 이로 인하여 독재한다는 비판과 혼자 잘난 체한다는 힐난을 받았다. 그러나 한편에서는 기자정신을 발휘할 수 있도록 최선을 다해 뒷받침해 주는 상사로 기억되고 있다. 한국일보 시사만화가 심민섭은 그가 편집국장으로 있을 때 아랫사람을 완벽하게 보호해 준 덕분에 마음껏 '심마니'(시사만화명)를 그릴 수 있었다면서 강직한 편집국장 덕분에 신문도 강할 수 있었다고 술회하였다.[66]

> "(오인환 장관이) 사회부장 때 기자들한테 저마다 담당 분야의 시리즈를 만들게 했어요. 그때 나는 보사부를 출입하였는데, '약을 알자'라는 주제로 (한동안) 한 페이지씩 썼습니다. 약 문제를 다루고, 우리나라 제약산업 이야기를 다루고.. 그걸 하면서 굉장히 공부가 됐어요. 오인환 선배가 굉장히 후배들을 키워줬다는 생각이 듭니다." (임철순, 2022.11.30 인터뷰)

그림 45 한국일보 시사만화 '심마니'

※ 자료: 한국일보(1989.5.4)
동의대 사건이 터진 다음날, 한국일보 '심마니'에서 대통령의 무능함을 꼬집는 만화를 게시하였다. 당시 편집국장은 오인환.

공보처는 조직과 예산규모가 가장 작은 미니 부처였지만, 정부 정책 홍보가 기본 직무였던 만큼 비판의 표적이 되는 일이 많았다. 오인환 장관은 "입 바른 말"을 아끼지 않는 스타일로, 기자간담회 자리에서 대통령의 뜻을 제대로 파악하지 못하는 장관들을 "고추 먹고 맴맴하는 사람들"에 빗대어 이목을 끌었다. 국무위원들이 새로운 대학입시제도에 대해 논의하는 모습을 두고 '국무회의가 교육의 본질적인 문제는 제쳐놓은 채 지엽적인 문제에 매달려 안타깝다'고 논평해 너무 튄다는 지적도 받았다.[67] 그는 김영삼 대통령이 공직자 재산공개, 금융실명제 등 각종 개혁을 단행할 때 가장 큰 목소리로 개혁논리를 대변한 내각의 일원이었고,[68] 문민정부 막바지에 닥친 유례없는 경제위기 상황에서 "세계화라는 구호만 내세웠지 세계를 보는 안목은 떨어졌으며 내실도 다지지 못했다"라면서 위기의 근본 원인은 지도 역할을 포기한 정부에 있다는 자성의 목소리를 정부 측에서 처음으로 낸 각료였다.[69]

"이분(오인환)의 별명이 '오턱'인데, 딱 이렇게(턱을 치켜세운 자세를) 해가지고 다 녀서 선배들이 지어준 별명이에요. 선배들한테는 그렇게 고분고분하지 않았다는 게 정답일 거예요. 뻣뻣하고 약간 오만하고 건방지다는 의미도 담겨 있지만 그만큼 자 신감이 있다, 이런 의미가 담긴 별명이고요. 그리고 이분은 지휘관에 참모형과 사 령관형이 있는데, 늘 그랬어요. 자기는 참모보다는 사령관형이다. 또 그렇게 행동을 했고." (임철순, 2022.11.30 인터뷰)

그는 선배 앞에서는 때때로 오만하지만, 후배들에게 끈적끈적한 의리와 포용 력으로 대해 "대형(大兄)"으로 통했다.[70] 장관이 되어서도 자기 주장을 일방적으로 고집하기보다는 관료의 전문적 견해를 신뢰해 기존의 입장을 선회할 줄 아는 유연 한 리더십을 발휘하였다.

종합유선방송사업 프로그램 공급자 선정이 한창일 때 신청업체들 간의 과다 경쟁으로 인하여 선정사업이 "돈벌이 잔치"로 전락하고, 대도시 중심의 방송으로 지역간 사회문화적 격차가 더욱 커질 것이며, 프로그램 제작 능력이 미비해 해외 의존적인 프로그램 편성이 불가피하고, 지역 민방 개국 시기와 중복됨으로써 혼란 과 낭비가 초래될 것이라는 반대 여론이 조성되었다.[71] 게다가 오인환 장관도 취 임 직후에는 종합유선방송 도입이 시기상조라고 여겨 반대하였다. 하지만 케이블 TV가 21세기 정보화사회의 중심 매체로 부상할 것이라는 확신이 서자 당초 입장 에서 선회하여 각계의 비난과 각종 우려에도 불구하고 막대한 예산을 끌어들여 사 업을 강행하였다. 또한 케이블 TV에서 정치 이슈를 다룰 수 있게 하겠다는 안건을 제안하였다가 사이비 기자 문제를 더욱 심화시키게 될 것이라는 판단이 서자, 곧 바로 생각을 바꿔 보도에 제한을 가하였다.

"처음 장관에 취임했을 때 사실 저는 개인적으로 종합유선방송을 반대했습니다. 아직 종합유선방송을 수용할 수 있는 수준이나 여건이 되지 못하는 것 같아서 반대 했습니다. 그런데 제가 결국 설득당한 이유는 종합유선방송을 해야 하는 것이, 나라 로 얘기한다면 경부고속도로를 놓는 것과 같다. 경부고속도로를 놓아야 산업화가 촉진되듯, 종합유선방송을 해야 앞으로 뉴미디어 시대에 선진국을 따라갈 수 있다. 지금 놓치면 10년, 20년 후에 땅을 치면서 후회하게 될 것이다. 이런 식의 얘기를 많이 들었습니다. 그래서 '당장은 어렵겠지만 결국은 앞날을 보고 선택해야 하는 것이구나'라고 돌이키면서 종합유선방송을 적극적으로 추진하는 입장으로 전환했습니다." (오인환, 1993.10.24)[72]

위성방송의 전송방식에 대하여 KBS, MBC, SBS 3개 사가 모두 현재 기기와 부합하는 아날로그 방식으로 하자고 주장하고, 오인환 역시 비용 절감 차원에서 기존의 방식을 고수하려고 하였는데, 지금 벌이고 있는 뉴미디어의 총합적 구조가 정보화 시대로 연결된다는 신념이 확고해지자 그는 아날로그 전송방식을 택하려던 의사를 철회하였고, 디지털 전송방식을 차용한 무궁화 위성을 미국에 이어 두 번째로 쏘아 올리는 데 힘을 보탰다. 또한 향후 5~10년 안에 지구상에 700개 안팎의 위성방송이 뜨게 되면 전파제국주의라는 새로운 형태의 전쟁이 일어날 것이라는 예상이 그려지자, 전파 식민지로 전락하는 것을 막고 전파 영공을 지키기 위해 경쟁력 있는 업체(재벌기업)에 참여의 문을 개방하는 결정을 단행하였다.

●̶ 그림 46 한국-캐나다 TV 프로그램 공동제작 양해각서 체결

※ 자료: 한국일보 제공
　정부는 1995년 4월 27일, 조선호텔에 설치된 위성생중계 시설을 통해 캐나다 정부와 TV 프로그램 공동제작에 관한 양해각서를 서명·교환하였다. 우리 정부 대표로 오인환 공보처 장관이, 캐나다 대표로 미셸 뒤피 문화부 장관이 원격화상을 통해 동시 서명했다.

공보처 내부에서는 장관이 권위주의적이지 않고 직원들의 말을 되도록 많이 들으려 하지만, 국회에서는 정론으로 밀고 나가는 단호함으로 대처한다면서 이를 자랑거리로 삼았다. 공보처 장관을 하면서 신문사 간부 때처럼 야전사령관과 같은 리더십으로 조직의 분위기를 일신하였고, 관료들이 복지부동 분위기에 매몰되지 않도록 내부를 관리하였다.[73] 한편 부하 공무원들에게 인사 문제를 철저하게 위임하고, 스스로 움직이도록 재량권을 확실하게 부여하였다.[74] 또한 일주일에 두세 번 난상공론(브레인스토밍) 회의를 열고 발상의 전환을 강조하는 등 민주적 합의 절차를 통해 새 시대에 걸맞은 아이디어가 도출되기를 기대하였다.

> "오인환 장관을 보면 정책과정에서 상당히 뭐라 그럴까... 오픈 디스커션을 많이 한다. 말하자면 간부들과 대화를 많이 나누죠. 또 그게 부족하다 싶으면 외부에 나가 전문가들을 만나서 디스커션하고. 언론인을 자주 만나니까 언론계에 던져보기도 하고. 그렇게 디스커션을 해서 딱 결정이 되면 밀고 나가는 거는.. 굉장히 합리적이면서 추진력도 대단하다. 이분은 오픈 디스커션으로 의견을 모으고, 일도 비밀스럽게 하는 게 아니라 공개적으로 그냥 밀고 나가는 스타일이다." (유세준, 2019.3.8 인터뷰)

위기는 장관을 몰락시키기도 하지만, 그 위기에서 살아남으면 장수 장관(long-lasting minister)으로 자리매김한다.[75] 오인환 장관은 5년간 재임하면서 몇 차례 낙마 위기에 직면하였지만,[76] 그때마다 위험을 모면하려는 술수를 쓰거나 허투루 대응하지 않고, 있는 그대로의 사실을 앞세워 밀고 나가는 방식으로 정면 돌파하였다. 정보기관으로부터 오인환 장관이 언론인들과 술을 자주 마신다는 보고를 받은 김영삼 대통령이 꾸짖자 대통령의 개혁이 성공하도록 돕기 위한 충정에서 비롯된 희생이었다고 기탄없이 직언하였다. 또한 언론재벌로 알려진 루퍼트 머독이 한국의 위성방송 사업에 참여한다는 내용의 기사가 대서특필돼 미리 보고받은 바 없는 김영삼 대통령이 크게 화를 내자, 관련 법이 제정되지 않아 라이센스를 줄 수도 없는 상황이라고 항변하는 등 대통령 앞에서도 할 말은 하고야 말았다.

큰 사고 없이 부처를 이끈 행정가로서의 무결점, 위기가 닥쳤을 때 대통령과의 담판승부를 감행하는 기개, 합의과정을 중시하되 결정이 이루어지면 소신껏 밀고 나가는 뚝심, 부하들의 전문성과 자율성을 존중하는 데서 비롯된 관료들과의 상호 신뢰 등 그의 장관기를 설명해주는 많은 행적이 '대통령과 임기를 같이한 장관'이라는 기록의 달성으로 이어졌다.

1 오인환, 「문민시대 방송의 역할(방송개발원 토론회 및 리셉션 기조연설)」(1993.7.1), 공보처 (편), 『공보.개혁정책자료: 오인환 공보처장관 연설문집』(서울: 공보처, 1996), 207쪽.

2 경기고등학교 1959년 졸업 동기생 중 안병영(교육부), 김두희(법무부), 김철수(상공자원부)가 문민정부에서 장관으로 등용돼 경기고에서도 55회는 명문 기수로 이름났다. 또한 문종수 청와대 민정수석, 현홍주 법제처장, 박용성 전 두산 회장, 국회의원 이건개가 경기고 55회 동기다. 특히 박용성이 두산그룹 부회장으로 있을 때 두산 계열사인 동아출판사가 종합유선방송 교육 분야의 프로그램 공급업체로 선정되면서 오인환 장관과의 학맥 논란이 불거졌다.

3 안병영(2022.12.9 서면 인터뷰).

4 초기 한국일보에 대하여 이야기할 때 빼놓을 수 없는 사람이 장기영이다. 한국은행 부총재, 한국일보 사장, 부총리 겸 경제기획원 장관, 국회의원, IOC 위원을 역임한 백상(百想) 장기영은 금융계, 언론계, 관계, 정계, 체육계 등 각종 분야를 누벼, '뼈는 금융인, 몸은 체육인, 피는 언론인, 얼굴은 정치인'으로 그려지는 인물이다. 임철순; 한국일보, 「[특별기고] 백 가지 생각 천 가지 행동의 언론인 장기영」(2016.5.2), 29면. 장기영이 한국일보 사장을 할 때 수많은 기자들이 탄생해 그는 가장 많은 기자를 길러낸 '왕초'이자 '대기자'로 불렸고, 한국일보는 '언론인 양성소' 또는 '기자 사관학교'로 통했다. 김강석, 앞의 책(2001), 245쪽. 1958년 한국일보에 입사해 2년간 일하였던 남재희에 따르면 장기영은 기자들을 전부 파악하고, 기사를 위해 직접 발로 뛰며 기사 작성과 편집에 아이디어를 제공하는 "기자적" 사장이었고, 사내는 위계질서 없이 매우 개방적이어서 활력이 넘쳤는데, 그런 분위기 덕분에 한국일보는 젊은층에 상당히 어필하는 신문이었다고 한다. 남재희(2007.7.19-2007.12.13 구술); 국사편찬위원회, 앞의 글(2007), 56-57쪽.

5 오인환은 사회부 기자로 활동하면서 여러 차례 특종을 발굴해 「9월부터 병역사범 일제검거」(1970.2.6)라는 제목의 기사로 특종상을 받았고, 「검찰, 5대 생활경제사범 일제 단속」(1974.11.30)으로 은상, 「판돈 1천만원 도박부인 11명 구속」(1975.3.6)으로 동상을 수상하였다. 한국일보사, 『한국일보 50년사: 1954~2004』(서울: 한국일보사, 2004), 923-925쪽.

6 임철순(2022.11.30 인터뷰).

7 조선일보, 「「킹 메이커」들 뜨거운 머리싸움」(1992.11.10), 4면.

8 민자당 기획위원회는 최창윤(비서실장), 이해구·조부영(사무부총장), 김영진(종합상황실장), 강용식(선대위원장 비서실장), 김영수(정세분석위원장), 박관용(홍보위원장), 이경재(공보특보), 서상목(정책조정실장), 박범진·이원종(부대변인), 조경목(사회개발연구소장) 등으로 구성되었다.

9 오인환 장관은 문민정부 출범 직후인 1993년 3~4월에 언론사의 정치부장, 사회부장, 외신부장, 발행인, 경제부장, 생활환경부장, 전국부장들과 회동하였고, 같은 기간에 김영삼 대통령도 편

집국장, 주필, 경제부장, 시사만화가, 여기자 대표들과 단체로 만나는 등 언론과 빈번하게 접촉하였다.

10 서울신문, 「오인환 공보처 최장수 기록」(1997.10.5), 2면.

11 시사오늘, 「[時代散策] 오인환 전 공보처 장관 "부친 반대로 접은 김현철 미완의 정치 꿈, 아쉬워"」(2023.9.26‒10.17, 312호), 13쪽; 동아일보, 「金泳三정부 최장수장관 吳隣煥공보처」(1995.12.21), 6면.

12 임철순 전 한국일보 주필에 따르면 새로운 보직을 맡게 되거나 사내 문제에 대한 해결책이 필요할 때 조언을 구하기 위해 기자들이 찾는 선배가 오인환과 장명수였다고 한다. 임철순(2022.11.30 인터뷰). 오인환은 장관이 되어서도 한국일보를 친정과 같이 대하였다. 제14대 대선을 치르는 과정에서 김영삼 캠프와 불편한 관계가 되어버린 한국일보의 사정을 잘 알고 있었음에도 장강재 회장이 투병 중 위독해지자 김영삼 대통령을 대면한 자리에서 위문 전화를 권유하였다. 김영삼 대통령은 급작스러운 제안에 순간 표정이 굳어졌지만 선뜻 전화기를 집어 들고 위로의 말을 전했고, 그 모습을 지켜본 오인환은 장강재 회장이 마음 편하게 투병할 수 있게 되었음을 확인해 안도하였다고 한다. 오인환, 「張康在(1945~1993)」, 대한언론인회(편), 『韓國言論人物史話 제7권: 자유언론 위해 한평생, 그 빛나는 발자취』(서울: 대한언론인회, 2010), 354쪽.

13 브레이크뉴스, 「YS정권 5년 장기(長期) 장관 '오인환 전 공보처장관'과 언론자유」(2019.7.26).

14 유세준(2019.3.8 인터뷰).

15 동아일보, 「[12·20 개각 뒷얘기] 오인환공보, 최장수장관 기록」(1996.12.20).

16 대한민국국회, 「1997년도 국정감사 문화체육공보위원회 회의록」(1997.10.6), 3쪽.

17 대한민국국회, 앞의 회의록(1997.10.6), 24쪽.

18 서울신문, 「오인환 공보처 최장수 기록」(1997.10.5), 2면.

19 SBS 뉴스, '오인환: 최장수 공보처장관 기록'(1997.10.6).

20 오인환, 「케이블 TV는 정보화시대의 고속도로(K-TV 시험방송 개시 치사)」(1995.1.5), 공보처, 앞의 책(1996), 227쪽.

21 한국전산원, 『한국의 정보화정책 발전사』(서울: 한국전산원, 2005), 24쪽.

22 동아일보, 「[논설위원이 만난 사람/이진녕] "정치는 바른사람 아닌 문제해결할 줄 아는…"」(2015.11.20), 28면.

23 예컨대 각 부처의 공보관은 정부에 대한 언론의 보도 내용과 논조를 분석해 언론에 즉각적으로 대응하는 언론조정관으로서의 역할을 하며, 공보처는 "공보협의"라는 명목으로 이들로부터 업무를 보고받고 평가하며 지침을 시달하는 총본부 역할을 하고 있다는 지적이 일었다. 박지원 의원(민주당); 대한민국국회, 「1993년도 국정감사 문화체육공보위원회 회의록」(1993.10.14), 23쪽. 또한 문민정부 초반의 강력한 사정개혁 선상에서 "언론도 예외가 아니다"라는 대통령의 발언은 언론의 자율을 제압하려는 통치 구실이라는 비판도 잇따랐다. 김기도 의원(민자당); 대한민국국회, 앞의 회의록(1993.10.14), 29쪽.

24 박계동 의원(민주당); 대한민국국회, 앞의 회의록(1993.10.14), 97쪽.

25 조세형 의원(민주당); 대한민국국회, 「1993년도 국정감사 문화체육공보위원회 회의록」
    (1994.10.10), 42쪽.

26 이와 관련해 방송과 문화가 유기적으로 함께 움직이기 위하여 문체부와 공보처가 재결합하거나
    공보처는 국무총리실 산하의 공보실로 축소 개편되어야 한다는 의견, 정부시책의 홍보는 청와대
    대변인과 각 부처 공보관의 역할 이행만으로도 충분하다는 공보처 무용론이 제기되었다. 그러나
    오인환은 일생을 "캐리어 대사"로 지내는 외무부 대사들이 해외홍보 역할을 맡는다는 것은 어불
    성설이며, 총리실 산하의 공보실로 이관한다면 보이지 않는 그늘에서 쌍방향으로 홍보하는 기능
    은 다 상실되고 말 것이라면서 우려를 표명하였다. 또한 방송과 방송 소프트웨어의 노하우를 가
    진 공보처를 제치고 방송에 대해 무지한 정보통신부로 방송행정 기능을 이관할 경우, 제대로 된
    방송정책이 나올 수 없을 것이라고 주장하였다. 대한민국국회, 「1996년도 국정감사 문화체육공
    보위원회 회의록」(1996.10.2), 70쪽.

27 정동채 의원(새천년민주당); 대한민국국회, 앞의 회의록(1996.10.2), 36쪽.

28 대한민국국회, 앞의 회의록(1993.10.14), 97쪽. 오인환은 공보처가 권위주의 정권기의 이미지와
    오버랩되는 양상 때문에 과거 공보처 장관이 져야 하는 멍에를 멜 수밖에 없었다며, '공보처'라는
    이름을 바꿨어야 했다는 후회를 내비쳤다. 대한민국국회, 앞의 회의록(1997.10.6), 54쪽. 또한 공
    부처 폐지를 목전에 두고 "정부 초기에 시대의 변화에 맞는 철학과 비전을 만들어 제출했으나 무
    능한 청와대가 쓰레기통에 버렸다"라면서 섭섭함을 토로하였다. 조선일보, 「오(吳) 공보처 장관
    의 '고해성사'」(1998.1.4), 4면.

29 최재승 의원(새정치국민회의); 대한민국국회, 앞의 회의록(1996.10.2), 19-21쪽.

30 박계동 의원(민주당); 대한민국국회, 앞의 회의록(1994.10.10), 78쪽; 길승흠(새천년민주당), 대
    한민국국회, 앞의 회의록(1996.10.2), 42쪽; 정상용 의원(민주당); 대한민국국회, 「1995년도 국
    정감사 문화체육공보위원회 회의록」(1995.10.9), 93쪽. 그러나 오인환 장관이 방송산업의 하드
    웨어와 소프트웨어를 분리해 하드웨어 부문만 육성하려고 하지 않았다는 것은 각종 연설문을 통
    해 입증된다. 그는 21세기 국가경쟁력은 정보화 사회에 걸맞은 정보유통망 보유와 다양하고 질
    높은 소프트웨어의 개발에 좌우된다고 보았고(1995.3.24), 통신·방송망의 확장은 소프트웨어 산
    업의 진흥을 전제로 하는 것(1996.12.12)이라고 언급하였다. 오인환, 「종합유선방송의 조기 정착
    (다솜방송 스튜디오 준공식 축사)」(1995.3.24), 공보처, 앞의 책(1996), 221쪽; 오인환, 「위성방
    송 도입의 전략과 방향(21세기 방송 연구소 주관 '위성방송정책의 방향모색' 세미나 기조연설)」
    (1996.12.12), 공보처, 앞의 책(1996), 275쪽.

31 김영삼은 30대 후반에 야당 원내총무를 하던 때부터 기자들과 동고동락하는 친밀한 관계를 형성
    하였고, 정치인 중에서 언론을 가장 잘 이용하는 사람으로 정평이 났다. 김영삼의 상도동 자택에
    는 정치부 기자들이 매일 찾아와 새벽 취재를 오는 기자들을 위하여 아예 대문을 열어놓고 아침

식사를 준비하였다. 또한 기자들에게 촌지를 쥐여주기도 해 'YS 장학생'이라는 말이 돌기도 하였다. 월간조선, 「한국의 정치부 기자들」(1993년 3월호(b)), 262쪽.

32 당시 김영삼은 오인환에게 홍보특보 자리를 제안하였다. 그러나 오인환은 한국일보사에서 28년 동안 재직하면서 늘 해오던 글쓰기에서 벗어나고 싶다는 뜻을 전했고, 결국 정치특보라는 타이틀로 대선캠프에 합류하게 되었다. 오인환이 정계에 들어가도록 문을 열어준 이원종은 YS의 표정만 봐도 기분 상태를 알아채는 'YS 의중읽기'의 일인자였다. 오인환은 공보처 장관으로 취임한 후 이원종을 차관으로 발탁하였고, 이원종이 정무수석으로 자리를 옮긴 후에는 청와대의 비호를 받으면서 장관 직무를 수행할 수 있었다고 한다.

33 그러나 오인환이 동료와 선후배들의 격려로 정치계에 입문하게 되었다고 기자회견을 한 데 대하여 기자협회에서는 "민주발전을 위해 전업했다는 발언은 한국일보 평기자들의 정서와는 딴판"이라고 꼬집었다. 시사저널, 「YS의 신임 특보 '東亞'서 면직」(1992.8.13, 제146호), 34쪽. 한편 당시 한국일보 사회부 차장이었던 임철순에 따르면 오인환은 언론사의 꼭대기라고 할 수 있는 주필까지 역임하였기 때문에 그의 정계 진출에 대하여 사내에서 비판적인 시각이 조성되지는 않았다고 한다. 임철순(2022.11.30. 인터뷰).

34 시사저널, 앞의 기사(1992.8.13, 제146호), 34쪽. 이후 문민정부가 출범하면서 단행된 청와대 및 내각 인사에서도 언론계 출신들이 대거 등용되자 강준만은 정치권력에 대한 견제와 감시를 사명으로 하는 언론이 "근친상간"을 범하였다는 비판을 날렸다. 강준만, 「김영삼정부와 언론」(서울: 개마고원, 1994), 35쪽.

35 유세준(2019.3.8 인터뷰).

36 대선캠프에 몸담았기 때문에 오인환의 입각은 거의 확실시되었지만, 공보처가 아닌 보사부, 노동부, 교통부와 같은 사회부처 장관으로 낙점될 것이라는 관측이 유력하였다. 조선일보, 앞의 기사(1993.2.23), 5면; 조선일보, 「새內閣 오늘 일괄발표」(1993.2.26), 1면.

37 오인환에 따르면 김영삼, 김대중과 같은 재야 인물을 전국적인 지도자로 부상하게끔 해준 것은 그들의 한마디 말을 열마디로 키워준 언론이었다. 그러나 김영삼은 언론이 군부와 밀착해 사세를 확장하고, 민주화 운동 시기에 양지 편에 서기도 했기 때문에 언론을 향한 경계심을 갖고 있었다고 한다. 월간조선 뉴스룸, 앞의 기사(2021년 12월호).

38 조선일보, 「한국일보 출신 "大兄" 별명」(1993.2.27(b)), 4면.

39 대한민국국회, 앞의 회의록(1993.10.14), 109쪽.

40 대한민국국회, 앞의 회의록(1993.10.14), 20쪽.

41 김광웅 외, 앞의 책(2007), 94쪽. 문민정부 출범 당시 공보처의 총인원은 264명이고, 예산규모는 372억여 원으로 교육부의 0.01% 수준에 불과하였다. 하지만 고시 출신의 젊은 관료들이 지닌 실력과 언론계에서 영입된 인재의 현장 감각이 어우러져 수준 높은 업무 역량을 발휘하였고, 이들의 애국심도 뛰어나 공보처 출신 관료는 정부 내에서도 명성이 자자했다고 한다. 이덕주·서종환(2019.3.8 인터뷰).

42 김지운, 「언론인의 권력 지향 사례에 대한 고찰」, 『사상과 정책』 봄호, 1989, 16-37쪽; 김강석, 앞의 책(2001), 326쪽. 조영재·김택호·손동유, 앞의 책(2020), 247-248쪽 참고.

43 정부는 1973년 3월에 부처 직제를 개정해 공보담당관을 공보관, 즉 대변인으로 격상시키면서 한 꺼번에 언론인 13명을 각 부처에 기용하였다. 이에 당시 중앙일보 논설위원이었던 서기원(10.26 사태 직후 대통령 공보비서관, 6공 KBS 사장)은 경제기획원의 대변인이 되었고, 중앙일보 편집 국장 대리였던 이광표(5공 문공부 장관)도 상공부 대변인으로 자리를 옮겼다. 1976년에는 18개 부처 중 외무, 내무, 국방 등 6개 부처를 제외한 나머지 12개 부처 대변인이 모두 언론계 출신이 었다. 언론인 출신을 주축으로 하는 대변인제는 언론인을 통해 언론인을 제압하는 이언제언(以 言制言)의 사례로 언급되곤 한다. 김강석, 앞의 책(2001), 116쪽 참고.

44 이를 두고 일각에서는 언론이 "통치집단의 하수인", "민중을 조작·통제하는 독재의 수단", "정권 의 나팔수이자 선전원"이 되어 군부 권위주의를 지탱시키는 핵심권력 블록의 구성요소로 부상하 였다고 한다. 민주언론시민연합은 성명을 통해 언론인들이 자신이 출입하는 정당에 공천 신청을 하는 등 언론계에서 활동하면서 얻은 정보와 인맥을 활용해 정계에 진출하고, 정치인이 되어서 는 출신 언론사와 돈독한 관계를 유지하며 서로의 이해관계를 담보로 인적 커넥션을 형성해 주 요 사회 의제를 좌지우지하는 행태를 지적하였다. 한겨레신문, 「언론사 정치부장 우리당 입당 논 란」(2004.2.4), 5면.

45 김원기(2013.3.22 구술), 한국학중앙연구원 현대한국구술자료관.

46 한국일보사, 앞의 책(2004), 358-359쪽.

47 공보처는 1993년 주요 업무보고서에 공보관을 각 부처 홍보시책의 창구로 정착시키고, 부처 내 정책결정 과정에 공보관 참여를 관행화하여야 한다는 내용을 담았다. 또한 공보처 장관과 차관 이 매주 각 부처의 공보관실로부터 홍보업무 추진 현황을 보고받아 언론의 동향에 기민하게 대 응하고자 했다. 한겨레신문, 「김대통령, 오 공보처 언론인 연쇄접촉 분주」(1993.4.28), 10면; 강 준만, 앞의 책(1994), 23-24쪽 참고.

48 오인환, 「국가 제일의 목표는 신한국 창조(취임사)」(1993.2.26), 공보처, 앞의 책(1996), 17쪽.

49 장명수, 「洪惟善(1926~1999)」, 대한언론인회(편), 『韓國言論人物史話 제7권: 자유언론 위해 한 평생, 그 빛나는 발자취』(서울: 대한언론인회, 2010), 455쪽. 오인환은 파리 체류를 마치고 귀 국해 『파리의 지붕밑』(1979)이란 제목의 책을 집필하였는데, 이 저술에서 그는 문화기술자 (ethnographer)가 되어 프랑스의 역사와 문화, 정치, 경제, 교육 뿐 아니라 당시의 국제정세를 아우르는 광범위한 영역을 탁월한 통찰력으로 기술하였다.

50 월간조선, 앞의 기사(1998년 1월호(a)), 377쪽; 대한민국국회, 앞의 회의록(1993.10.14), 43쪽 참고.

51 오인환이 언급한 인사들 중 한 선배 언론인은 청와대 비서관, 공영방송 사장, 문공부 장관을 하 면서 언론통제와 체제 홍보에 앞장섰던 인물로 알려졌는데, 오인환은 그 선배를 '반(反) 롤모델'

로 삼았다고 한다. 특히 공영방송 사장으로 재임하던 때 방송 내용에 간섭하고, 권위주의에 입각한 언론의 사유화 논란을 부추겨 야당에서는 "공영방송을 편파적으로 운영하고, 정부 여당의 하수인 역할을 한다"라며 공격을 가하였다. 김강석, 앞의 책(2001), 269쪽; 김종찬, 『6공화국 언론조작』(서울: 아침, 1991), 486-487쪽 참고.

언론계에서 영입된 공보처(문공부) 장관이 오히려 언론의 자유를 제약하는 악역을 자처하였다는 비판은 도처에서 제기되었다. 1961년에 공보부가 신설된 후 1998년 2월, 공보처가 해체될 때까지 37년간 18명의 장관이 거쳐 갔는데, 이 중 10명이 언론인 출신(박정희 정부의 김성진·이규현·이광표, 전두환 정부의 이진희·이원홍·이웅희, 노태우 정부의 최병렬·손주환·유혁인, 김영삼 정부의 오인환)이었다. 언론의 상황과 언론과정에 대하여 이해가 깊은 언론계 장관들이 오히려 언론의 자유가 창달되지 못하게끔 언론을 더 압박하는 병폐를 초래한다는 지적은 6공화국까지 이어졌다. 손주항 의원(평화민주당); 대한민국국회, 앞의 회의록(1989.4.20), 46, 51쪽 참고. 이와 반대로 동아일보 기자 출신으로서 체신부·노동부·통일원 장관을 지낸 최영철은 언론인 출신 장관이 권위주의 시대에 언론의 보호막이 되었다고 다음과 같이 항변하였다. "그래도 언론인 출신들이 그런 일을 맡았기에 그보다 더한 것이 막아졌다는 것도 생각해야 한다. 유신 말기와 5공화국 초기의 문공부 장관들에 대해 심하게 말을 하지만 이들이 언론인 출신이 아니었다면 무슨 일이 일어났을까도 생각해야 한다." 김강석, 앞의 책(2001), 190쪽 참고. `

52 대한민국국회, 앞의 회의록(1996.10.2), 65쪽.

53 국민일보, 「[김경호의 문화비평] 찌라시 폭탄맞은 문체부, '오인환 리더십' 아쉽다」(2014.12.12). 인사 문제로 문민정부가 휘청거릴 때 사건팀장들과의 식사 미팅이 정부에 대한 호감도를 높이는 데 기여하였다는 후문이 전해졌다.

54 오인환은 〈문민정부 개혁, 어떻게 갈 것인가〉라는 제목의 자료집을 만들어 고위공무원들을 대상으로 직접 강의하였다. 그런데 이 강의를 들은 반기문 외무부 실장이 김영삼 대통령에게 "오 장관의 개혁 강의를 듣고 깨달은 바가 크다"라는 취지의 말을 하였고, 이 이야기를 들은 대통령이 매우 흡족해하자 청와대 참모들이 부랴부랴 자료집을 찾아본다고 한바탕 소동이 났다.

55 임채정 의원(민주당); 대한민국국회, 앞의 회의록(1993.10.14), 35쪽.

56 안병영 장관은 오인환을 비롯해 김철수 상공자원부 장관, 김두희 법무부 장관이 모두 경기고 55회 동기였고, 문민정부의 국정에 참여했다는 공통의 경험 때문에 끈끈한 공감대를 지녔다고 한다. 특히 오인환 장관, 문종수 민정수석과는 재임기간이 겹쳐 동창이 가까이 있다는 사실만으로도 든든하였지만, 나랏일에 워낙 쫓기다 보니 함께 만나 정담을 나눈 기억조차 없다고 하였다. 안병영(2022.12.9 서면 인터뷰).

57 임철순(2022.11.30 인터뷰).

58 오인환, 「일류 공보처가 되기 위하여(공보처 직원 연찬회 특강)」(1995.3.24), 공보처, 앞의 책(1996), 66-67쪽.

59 월간조선 뉴스룸, 앞의 기사(2021년 12월호).

60 국민일보, 앞의 기사(2014.12.12).

61 오인환, 「문민정부의 홍보이념은 국민홍보(중앙공무원교육원 고위관리자과정 특강)」(1993.9.6),
    공보처, 앞의 책(1996), 172-173쪽.

62 대한민국국회, 앞의 회의록(1996.10.18(a)), 23쪽.

63 그러나 매체의 필요성이나 매체를 수용할 사회적·경제적 여건에 대한 충분한 검토 없이 허가권
    을 남발한 결과, 새 방송매체는 방송국을 꾸려갈 전문인력의 부족과 부실 프로그램의 양산, 적
    자에서 벗어나지 못하는 경영난에 처해 "황금알 낳는 거위"에서 "미운오리 새끼"로 전락하였고,
    '꿈의 다매체·다채널 시대'라는 정부의 비전은 "건국 이래 최대의 졸속 사업"으로 장식하게 되었
    다는 비판이 일었다. 이에 정부는 케이블 TV 경영 정상화를 위하여 영상산업에 대한 금융 및 세
    제 혜택을 부여하고, 종합유선방송업체 및 방송프로그램 제작업체 대부분을 중소기업의 범주에
    포함시켜 혜택을 받게 하였으며, 프로그램 공급사의 제작시설을 도시계획시설로 인정해 시설 투
    자를 용이하게끔 하는 등 정보사회 환경의 조성에 박차를 가했다. 오인환, 「21세기 멀티미디어
    정책 방향(케이블 TV 최고 경영자 세미나 기조연설)」(1996.11.12), 공보처, 앞의 책(1996), 270-
    271쪽 참고.

64 조선일보, 「民放의혹 가려야」(1997.5.2), 3면.

65 박지원 의원(민주당) ; 대한민국국회, 앞의 회의록(1994.10.10), 27쪽.

66 오인환 편집국장은 "심마니가 솜 있으련 호랑이 되겠지, 호랑이!"라고 말하며 시사만화를 '으르
    렁대는 호랑이'에 비유하였다. 편집국장과 시사만화가는 편집 마감 과정에서 자주 대립하기 때
    문에 대개 적대관계를 이루는데, 심민섭은 강하게 그리는 법을 오히려 오인환으로부터 배웠다면
    서 강건한 편집국장을 만나서 만화는 덩달아 힘이 생겼다고 이야기하였다. 브레이크뉴스, 「YS정
    권 5년 장기(長期) 장관 '오인환 전 공보처장관'과 언론자유」(2019.7.26).

67 월간조선, 「오인환 공보처 장관-YS개혁의 나팔수, 하지만 너무 튄다는 평도」(1993년 7월호),
    284-285쪽.

68 동아일보, 앞의 기사(1996.12.20).

69 조선일보, 「長官과 會長의 후회」(1998.1.6), 3면.

70 조선일보, 앞의 기사(1993.2.27(b)), 4면.

71 강준만, 앞의 책(1994), 242, 244-245, 247-249쪽.

72 대한민국국회, 앞의 회의록(1993.10.14), 93쪽.

73 김광웅 외, 앞의 책(2007), 63쪽.

74 장관이 부하 공무원들에게 재량권을 부여하였듯, 대통령도 장관에게 부처 사무에 관한 자율성을
    확실하게 인정하였다. 오인환 장관이 대통령 앞에서 지역민방 허가건을 보고하자 이원종 정무수
    석이 김영삼 대통령을 향해 "각하, 우리가 정권 잡을 때 뭐 이런 인허가 해주려고 했습니까? 이

런 거 신경쓸 필요 없습니다"라고 직언하였고, 대통령은 이 말을 경청하였다. 당시 공보처 기획 관리실장으로서 배석하였던 유세준은 민주화된 정책과정의 생생한 현장을 직접 목격한 경험이 었다고 술회하였다. 유세준(2019.3.8 인터뷰).

75 P. Riddell, *op. cit.* (2019), p. 218.

76 대통령의 차남인 김현철이 지역민방 사업자 선정 과정에 개입하고 방송사 인사에도 관여하였다 는 의혹에 대한 책임을 추궁받을 때 장관직 낙마가 예상되었다.

민주화 시대의 장관 리더십

1 민주주의 전환기의 장관 리더십

이 책에 등장한 여섯 명의 장관은 생애과정에서 형성된 성격과 가치관, 그리고 장관 임명 전후의 시대 상황에 대한 저마다의 인식에 입각해 장관으로서의 역할을 설정하고 과업을 수행하였다.

윤형섭은 대학교수 시절, 학내 주요 보직을 전전하는 가운데 체득한 교육 현장에 대한 식견과 교육자 집안에서 성장하면서 갖게 된 교육에 대한 긍정적 인식을 토대로 교육의 자율성을 교육행정가가 지녀야 할 핵심 가치로 삼게 되었다. 교육부 장관으로 임명된 후에도 각종 사건·사고에 대응하는 데 있어 교육의 정치적 중립과 교육 자치의 신념을 앞세웠다. 한편 그는 선거를 통해 정치체제가 구축되고 의사결정 과정에서의 절차적 합리성이 충족돼 권력 형성과 행사의 정당성이 모두 갖추어진 상태를 민주화의 참모습으로 상정하였다. 장관 윤형섭은 학원가의 저항과 반발이 끊이지 않는 혼돈 속에서 '해결사'를 자처하였고, 교육의 자율성에 대한 신념을 고수할 경우 손실이 초래될 것이 명백하게 예상되더라도 정도에 서는 길을 택하였다. 학원문제가 발생할 때마다 주무부처 장관으로서 곤욕을 치뤘지만, 사안의 책임소재를 명확하게 구분해 자기 책임에 대하여 철저히 희생하되, 그렇지 않은 경우에는 한 발짝 물러서는 합리적인 일 처리 방식을 구사하였다. 그는 정책공동체를 행정부 내부로 인식하였으며, 특히 핵심행정부의 결속을 통해 사회적 불안과 위기를 효율적으로 관리하고자 하였다.

이명현은 유년기와 청년기에 겪은 갖은 고난과 파란만장한 경험을 통해 지금의 사회를 직시하고, 장래에 당면하게 될 변화를 통찰하는 혜안을 갖게 되었다. 또한 주류이면서도 비주류의 길을 마다하지 않은 선택의 결과로 해직되고, 정권의 눈 밖에 나는 시련에 직면하였지만 그 가운데 정의감과 용기심을 키울 수 있었다. 그는 권위주의가 몰락하고, 세계화와 지식정보사회로의 이행이라는 문명 전환기에 걸맞은 이상향을 신한국이라 칭하고, 신한국 이념을 기반으로 교육제도의 큰 틀의 변화를 도모한 '개혁가'였다. 이명현 장관은 세부 정책이 유기적으로 연계된 하나의 종합 세트로서 개혁안을 설계함으로써 전환기적 상황에 대응하고자 했다. 또한 정권 말엽의 경제위기로 인하여 교육개혁이 우선순위에서 밀린 데다, 개혁안을 두고 정부 안팎의 이해관계자들이 전방위로 압력을 가했음에도 그는 특유의 배짱과 기개, 대통령의 신임이라는 강력한 무기, 그리고 정책의 실효성에 대한 확신을 바탕으로 교육개혁의 법제화를 완수하였다.

진념은 노태우(동자부)·김영삼(노동부)·김대중 정부(기획예산처·재경부)에서 연이어 장관으로 발탁된 "근속 장관"으로서 정치적 이해나 정파 논리와는 거리를 둔 채 과업을 이행한 '목표 경수자'였다. 그는 30여 년간 경제관료로 일하면서 터득한 합리적이고 영리한 일 처리 스타일을 정무직에서도 이어가며 대통령과 장관은 일을 매개로 이루어지는 계약 관계라고 단언하였고, 주어진 임무를 효과적으로 수행하는 데 중점을 두어야 한다는 확신을 실천에 옮겼다. 또한 민주적 의사결정이 이루어질 수 있는 여건이 마련된 상태를 민주화라고 정의하는 등 민주주의를 효율적인 국가운영의 차원에서 인식하는 한편, 공동의 정책목표를 달성하기 위해 조성된 합리적인 조직구조의 측면에서 풀이하였다. 그러나 비대해진 시민사회, 다수 이익 간의 상충에 대한 해법의 부재, 정부의 미숙한 조정 리더십 등 복합적인 요인이 사회를 갈등의 투기장으로 조장하였다. 과거의 성공 경험만으로는 넘기 힘든 장벽에 앞에서 그는 문제를 선제적으로 공개해 중지를 모으는 방법을 택함으로써 책임을 공유하고자 하였고, 때로는 관행과는 완전히 동떨어진 제3의 길을 제시함으로써 목표의 달성을 도모하였다.

강경식은 경제에 대한 탁월한 식견과 개혁을 소신 있게 밀어붙이는 단호함으로 이름난 경제 전문가로서 정치와 경제의 완전한 분리를 추구하고, 시장경제를 신봉하는 '이상주의자'였다. 그는 민주화란 자기 일을 스스로 결정하는 자치 시스템이 갖추어진 상태를 뜻하며, 기업 경영의 자율성이 확보된 경제의 민주화를 정치적 민주화의 선행 단계로 바라보았다. 그는 1970-80년대에 경제기획원에서 일하면서 예산업무를 전산화하는 일대의 실험을 단행하고, 정부 주도의 성장 정책을 완전히 뒤엎는 내용의 안정화 시책을 입안하는 등 잇따른 도전에서 성취를 맛보았다. 이러한 성공 경험은 문제의 원인을 밝혀 근본적인 대응책을 꾀하는 전략으로 이어져 경제지표가 급속하게 악화된 1997년 초에 재경원 장관으로 취임한 후 고비용 저효율 구조의 개혁을 통해 위기를 극복하고자 힘을 쏟았다. 그러나 정권 말엽의 권력 누수, 대선을 앞둔 시점에서 민심의 동향을 의식한 정치권의 무사안일한 태도, 경제개혁에 대한 공감대 형성의 실패 등 국가조직의 비합리적 행태와 선거 논리에 의해 개혁이 가로막혔고, 결국 걷잡을 수 없는 경제 난국에 처하게 되었다.

최병렬은 6.25 전쟁의 참상을 목격하고 가난한 소년기를 보내는 가운데 국가의 존립과 사회 질서를 최우선으로 삼는 '국가주의자'로 성장하였다. 또한 신문기자, 국회의원, 선거캠프 참모로 활약하면서 축적된 정치 감각은 시대 흐름을 적확하게 포착하고, 이를 자신의 역할과 접목시켜 변화를 창출해 내는 성과의 기반이 되었다. 그는 민주화를 합법적 테두리 안에서 이루어지는 모든 활동을 용인하는 사회규약으로 바라보았고, 특히 정부 안에서 민주적 조직원리와 정책결정이 온전하게 구현되는 것을 민주주의 작동의 결과로 인식하였다. 장관 최병렬은 국가권력과 "반체제" 세력 간의 긴장이 격해진 시대를 마주해 국가 권력의 정당성을 뒷받침하는 근거로 실정법을 내세웠고, 법치 행정을 앞세워 체제 안정과 국익을 도모하였다. 또한 조직 내에서 아래로 권한을 위임해 사기를 북돋되 책임을 부과하지만, 종국적인 책임은 장관이 모두 짊어지는 희생을 자처하였고, 한 번 결정한 일에 대해선 좌고우면하지 않는 추진력을 발휘함으로써 업무의 성공률을 높였다.

오인환은 한국일보 견습기자에서 시작해 주필까지 오른 후 정계에 진출해 문민정부 최장수 장관의 타이틀을 기록한 정통 언론인 출신 장관이다. 신문사 간부 시절, 문공부의 간섭과 횡포로 인하여 겪은 굴욕은 훗날 장관이 되어 정부의 언론 불개입을 선포하고, 지원행정을 지향하는 계기가 되었다. 민주화·정보화·개방화의 조류가 확산돼 도전적인 개혁이 요구되는 전환기에 그가 내건 정부 불간섭과 조장적 행정은 민주화 시대 언론 행정의 표본이 된 것이다. 오인환 장관은 개혁 정책에 대한 사회적 지지를 확보하기 위하여 '개혁 전도사'가 되어 정부-언론-시민사회 영역을 넘나들며 동분서주하였다. 또한 새로운 유형의 방송매체 도입을 앞두고 사업자 선정을 추진하는 과정에서 공개행정을 단행함으로써 공정성 논란을 잠재우고, 사업에 대한 사회적 공감대 확산을 도모하였다. 과거 공보행정의 폐단을 이유로 공보처 폐지 논쟁이 끊이지 않는 데다 이권 사업의 주무장관이자 정권 홍보기관의 총수로서 언론의 표적이 되기 일쑤였지만, 그는 솔직하고 강직하게 대응했으며 미래 사회의 비전을 품은 채 장기적인 관점에서 결단을 내리는 뚝심을 발휘하였다.

표 11 장관 리더십의 구조

구분			이명현	진념	강정식	최병렬	오인환
개인	가치관 (장관 정체성)	자율주의	다양성 존중과 공생주의	현실주의	이상주의	국가주의	정도(正道)주의
	운영성	문제해결사	개혁가	목표 경주자	신념 고수자	통치기술자	개혁 전도사
시대	시대인식	권력 형성과 행사의 정당성이 갖춰진 시대	문명 전환의 시대	갈등의 투기장	고비용 저효율 구조	국가권력과 반체제 세력 간 긴장의 시대	민주화·정보화·개방화 시대
상황 수용 방식	민주화 인식	선거를 통해 구축된 체제	문명의 전환이 달성된 신한국	민주적 의사결정이 보장되는 체제	정치와 시장의 완전한 분리	법치가 작동하는 체제	정부의 불간섭과 조정적 행정
리더십 전략	문제해결 방법	· 교육신념에 입각한 결단 · 일의 본질을 포착해 합리적으로 접근 · 조직내부 및 부처 간 협력을 통한 문제 해결	· 명분에 기초한 합리적 정책설계 · 축적된 전문성 활용 · 승부수를 건 전략적 선택	· 경제 전문성 발휘 · 토론을 통한 의사결정 · 원칙에 기반을 둔 유연성	· 시장경제의 이상향 고수 · 미래를 전망하는 기획력 · 변화를 위한 근본적 처방	· 시대적 사명을 담은 실천 전략 구상 · 법의 잣대로 문제 해결 · 통치기술 역량의 발휘	· 정부의 불개입 주의 선호 · 공개행정을 통한 공정성 확보 · 적실과 유연한 대처의 혼용
	문제해결 수단	해석행정부의 결속	정책의 정당성 피력	책임 공유 범위의 확대	구조 개혁	법치	선제적 공개
	정책공동체 인식	행정부 내부	민관	행정부 내부	시장과 분리된 최소한의 정부	조직 내부	정권
	문제해결 난점	행정가-교육지도자와의 역할 갈등 등	정부 인력의 전문위적 지향	시민사회의 비대화	정치의 시장 개입	체제에 대항하는 일탈	체제 내부에서의 견제

여섯 명의 장관은 1930년대에서 40년대 초반에 태어나 일본의 식민통치와 해방정국을 거쳐 6.25 동란기에 유년 시절을 보내고, 60년대 전후의 경제개발 진입기에 사회 초년생으로서 직업전선에 뛰어든 전쟁·산업화 세대다. 특히 전쟁은 삶이 개인의 의지와 계획보다는 운명에 의해 좌우되는 결정적 계기로 작용하였다.[1] 한편 공부만큼은 특출나게 잘하였지만, 사회에 첫발을 내딛었을 때 진로에 대하여 깊은 고민에 빠지거나 좌절을 겪는 평범한 청년기를 보냈다.[2] 30~40대에 접어들어 가난한 국가의 엘리트로서 선진국에 얼마간 체류하는 기회를 얻었는데, 이때의 경험은 훗날 국사를 담당하면서 종합적인 시각을 갖고 미래 지향적인 판단을 하며, 균형심을 유지하는 데 큰 도움이 되었다. 장관들은 한 국가공동체에 속해 동일한 역사적 시간을 공유하였다. 하지만 이들의 삶은 유사하면서도 전혀 다른 경험들의 조합으로 이루어지며, 각자의 생애경험과 국가사회에 대한 저마다의 신념을 기반으로 자기만의 직무 스타일을 발현하였다.[3] 지도력은 삶의 과정에서 겪은 갖은 체험과 정치·사회적 환경, 시대상이 복합적으로 결합돼 형성되는 것으로, 이들 장관의 리더십은 민주화라는 시대 상황과 각자의 생애경험이 결합돼 취해진 선택과 결정이었던 것이다.

1) 생애경험과 리더십

장관들은 인생 경로에서 겪은 여러 가지의 경험을 토대로 가치관과 신념을 형성하고, 장관으로서의 정체성을 정립하였다.

경제기획원에서 오랫동안 공직생활을 하였음에도 각자의 성격과 가치관에 따라 다른 스타일의 지도력을 발휘한 진념과 강경식의 사례가 그러하다. 끊임없이 새로운 도전을 하되, 한 번 꽂힌 일에 집요하게 몰두하는 성향의 강경식은 1970년대 말엽에 소련의 참혹한 빈궁을 목격하면서 시장경제의 우수성에 대하여 확신하였고, 어느 자리에서건 자신의 신념을 고수하였다. 그는 시장이야말로 경제문제 해결의 열쇠이며 정부는 시장이 제대로 작동할 수 있도록 장애를 제거하고 인프라를 조성하는 최소한의 역할에만 머물러야 한다고 주장하였다.[4] 또한 기업을 비롯한 민간의 자치가 이루어지도록 정치와 시장은 완전한 분리되고, 시장이 정책공동체에서의 주도권을 쥐어야 한다고 여겼다. 모든 경제문제를 시장경제의 원리에 따라 처리하려는 일념에 관한 한 타협의 여지가 없었던 강경식의 기조는 그가 관할하는 정책과정에 투영돼 구조적·거시적 차원의 해법이 정책대안으로 등장하였고, 이로 인하여 반대 입장과 적수관계를 맺게 되는 일이 많았다.

한편 학창 시절부터 똑똑하고 예의 바른 모범생이었던 진념은 공직에 진출하여서도 일 처리 능력과 친화력, 인품을 모두 갖춘 이상적인 관료 모델로 꼽혔고, 그에 대한 후한 평판은 네 번의 장관 취임이라는 진기록으로 이어졌다. 진념은 자신을 경제론적으로는 시장주의자이자 기업주의자이고, 개혁 차원에서는 안정적 개혁론자이자 시스템 개혁론자라고 칭하였다.[5] 그는 정책 현장에서 주어진 문제를 두고 최적의 대안을 모색하면서 다각도로 접근해 나가는 주도면밀한 현실주의적 전략가였고, 문제를 해결하였을 때 장관의 역할이 종료된다고 여기는 목표 경주자였다. 가장 효율적으로 일을 처리하는 길은 내부의 단합, 그리고 나의 조직과 목표를 공유하는 집단과의 결속이었기 때문에 진념은 경제기획원에서 익힌 토론문화가 조직 안팎에서 조성되도록 힘썼고, 부처 간의 공조와 협력을 중시하는 화합형 지도자로서의 역량을 발휘하였다.

언론계에 입문해 신문기자로 활동하다 편집국장과 주필을 끝으로 정계에 투신한 최병렬 장관(조선일보→민정당)과 오인환 장관(한국일보→민자당)의 사례는 사회적 조건 그 자체보다는 사회환경과 시대상황을 해석하는 개인의 가치관과 주관적 판단이 리더십 스타일을 형성하는 데 관건임을 시사한다. 최병렬은 신문사 수습기자를 시작으로 편집국장까지 올랐고, 정계에 입성해 여당 국회의원이 되었으며, 청와대 수석비서관과 두 차례 장관직에 이어 서울시장을 지내는 등 권력의 요직에서 승승장구하였지만, 어느 자리에서건 국가의 존립과 이익을 최우선의 가치로 내세우는 국가주의자였다. 이러한 성향이 어디에서 비롯되었는지 단정하기는 어렵다. 다만 그 세대가 겪은 6.25 전쟁과 극한 상황에서의 생존 경험이 사회적 부채 의식으로 남아 공공심을 단련하는 계기가 되었을 것이라고 가늠하거나[6] 전쟁 직후 입대해 겪은 군 생활을 통해 대한민국 국민화의 과정을 밟으면서 국가주의적 신념을 형성하였다고 추론해 볼 수 있다.

"어린 나이에 6.25를 만나 지리산 밑에 있는 고향에서 수많은 사람이 죽어 나가는 것을 보았습니다. 우리 집안의 친척들도 그때 많이 죽었습니다. 그 장면을 보면서 그 후에 제가 철들면서 왜 우리는 그런 세월을 살아왔는가 하는 것을 제 나름 대로는 항상 마음 속에 갖고 있었습니다." (최병렬, 1994.11.23)[7]

오인환도 6.25 전쟁기에 경기도 안성에 있는 친척집에 얹혀 살고, 부산으로 쫓겨가 피란민 생활을 하는 고된 시간을 보냈지만, 그는 국가주의적 사고와는 거리가 먼 언론인이자 공직자였다. 오히려 1960~80년대에 신문기자를 하면서 맞닥뜨렸던 국가권력의 언론통제 행태는 그의 반골 기질과 맞물려 공권력에 대한 저항심을 자극하였다. 그는 공보처 장관으로 임명된 후에도 "권력의 주구"가 되어 언론을 제압하였던 선배 기자들을 반면교사로 삼아, 정부의 언론 불개입을 공보행정의 기본원칙으로 내세웠다.

> "(공보처 장관으로 부임해) 딱 가서 앉으니까 국장들이 매일 이 차트, 저 차트 넘기면서 설명을 해요. 차트로 정부 정책에 대해 강의하는 거예요. '예전에 공보처는 (이렇게 하였습니다).' 박정희 독재체제, 군 출신 대통령의 체제니까 공보처가 일방적으로 홍보기구가 되고 도구화되었죠. 쌍방향 개념이 전혀 없었던 때란 말이예요. 가만히 보니까 그동안 해 오던 관행을 장관한테 주입하는 거더라고요." (오인환, 2018.10.29 인터뷰)

이같이 개인의 가치관과 신념은 각자의 경험과 경험의 수용방식에 기반을 두고 확고해진다. 특히 권위주의 정권기에 각인된 기억은 그들의 정치적 선호를 결정하며, 장관이 된 후 정부의 역할 범위를 설정하고 정책 방향을 결정하는 일과 직결된다. 즉 공권력 행사로 인해 겪은 신변의 변화와 권위주의적 권력에 대응하였던 경험은 국가관을 형성하는 계기로 작용하는 것이다.

권위주의 정권기에 경제부처에서 일한 진념과 강경식은 관료제의 자율성을 지지한 과거 정권에 대하여 긍정적으로 인식하고, 훗날 장관 업무를 수행하는 과정에서 자신이 겪은 조직문화의 재현을 시도하였다. 사실 권위주의 정부에서는 부처에 직간접적으로 간섭하는 정치권력을 대통령이 나서서 차단시킴으로써 관료제는 내부 결정 시스템에 의해 경제시책을 운용하는 자율성을 누린 한편,[8] 수출의 급신장과 고도의 경제성장이라는 성과가 있었기 때문에 정부의 경제 간여에 대하여 낙관적으로 인식하였다. 진념과 강경식은 경제관료로 일하면서 대통령의 강력한 리더십과 전폭적인 지원 아래 경제정책을 입안하고 시행하면서 큰 성취감을 얻었다.

그러나 '대통령의 비호' 아래 성장한 경제관료가 민주화 이후에 장관으로 등용되었을 때 비대해진 시민사회, 그리고 정치 논리가 경제정책을 좌우하는 정치 대세적 경향은 이전의 경험만으로는 넘을 수 없는 큰 장벽으로 다가왔다. 강경식 장관의 경제위기 극복을 위한 개혁안의 좌초와 진념 장관이 의도한 노동개혁의 좌절은 "잘나갔던 경제관료"가 뛰어넘기 어려운, 현대 민주주의가 수반하는 복잡성의 귀결이었다. 강경식은 행정부가 국정을 주도한 권위주의 정권기에는 마음만 먹으면 실천에 옮길 수 있었는데, 민주화 이후에는 행정부가 국회를 움직일 만한 힘을 잃게 돼 개혁이 좌초되고 결국 경제위기에 봉착하였다고 진단하였다.[9] 진념 역시 민주화 과정에서 발생한 다수의 노사쟁의로 인하여 매년 20%씩 임금이 인상된 결과, 산업경쟁력이 약화되었다면서 경제위기의 주요인 중의 하나로 시민사회의 양적 성장을 꼽았다.[10]

한편 군부정권기에 민간영역에서 직업활동을 한 이들의 대부분은 권위주의 정부의 행태를 부정적으로 인식하며, 이때의 기억은 불합리한 공권력 행사에 대하여 경계심을 가지는 태도의 형성으로 이어졌다. 특히 군부정권에 의해 신변상 불이익을 당하거나 자유로운 활동에 제약이 가해졌던 경험은 장관의 바람직한 역할에 대하여 성찰하는 동력이 되었다.

일례로 1970년대 유신을 거쳐 1980년대 신군부의 집권에 이르기까지 횡행하였던 독재정치와 정치권력의 학내 침투, 그리고 사회의 부조리는 이명현으로 하여금 시국에 관심을 갖고 정의감을 일깨우게끔 하는 계기가 되었다. 그는 신군부에 의해 대학에서 해직된 후 재야학자로서 정치참여의 길에 들어섰고, 그 과정에서 다양성과 공생, 도덕성과 같은 민주주의 기본가치를 토대로 문명의 발전 선상에 합류할 것을 주문하였다. 이러한 내적 성찰은 문민정부의 국정 이념(신한국)과 맞물려 개혁의 이론적 기초를 이루게 되었다. 한편 언론계에서 배출한 문공부 장관이 언론탄압의 총대를 메고 나서는 일을 목격하였던 오인환은 훗날 공보처 장관으로 임명된 후 체제 안정을 위해 부당하게 권력 남용을 일삼은 과거 공보행정의 전력과는 반대의 행보를 걷겠다고 다짐했고, 이러한 결심은 언론에의 정부 불간섭과 지원 행정, 정보 공개주의라는 파격적인 행정 전략의 산파가 되었다.

2) 정치·사회적 환경 및 시대상황과 리더십

장관이 취임 당시의 사회 분위기를 어떻게 인식하고, 그 시기의 역사적 의미를 어떻게 해석하느냐에 따라 장관으로서의 역할관과 과업의 우선순위가 달라진다.

윤형섭이 장관으로 부임할 당시, 정권에 대한 학원가의 저항이 교육계의 현안으로 떠올랐고, 학원가의 안정은 교육부 장관의 핵심 과업이자 그의 역량을 검증할 수 있는 잣대로 부상하였다. 그는 노태우 정권이 명실공히 선거를 통해 구축된 체제일 뿐 아니라 민주적인 풍토와 의사결정의 구조가 갖춰진 정체임을 확인하였고, 이러한 확신은 당면한 문제를 해결하려는 의지를 갖고 난국을 헤쳐 나가는 데 합당한 명분이 되었다. 때때마다 터지는 교육계의 이슈로 행정가이자 교육자로서의 역할갈등에 처하기도 하였지만, 자신이 속한 정치권력의 정당성에 대한 신뢰는 교육의 정치적 중립을 추구하는 개인적 신조와 결합해 교육계의 질서를 바로잡는 행정가로서의 역할관으로 이어졌다. 한편 세계화·정보화라는 전 세계적인 문명의 전환기를 마주하게 된 이명현은 정치적 자유의 패러다임을 뛰어넘는 새로운 민주주의 모델로서 '신한국'을 제안하였다. 그는 새롭게 도래하는 신문명에 대응하는 전략 설계의 일환으로 구상된 교육개혁의 법제화를 문민정부 교육부 장관의 숙명으로 받아들였다.

한편 민주화를 어떻게 정의하느냐에 따라 장관 재임기의 사회 분위기는 긍정적으로 묘사되거나 부정적인 모습으로 그려진다.

권위주의 정권기의 공직 생활을 거쳐 노태우·김영삼 정부에서 장관을 지낸 진념에게 6.29 이후의 한국 사회는 그야말로 갈등의 투기장이었다. 노태우 정부에서 두 차례 장관직을 역임한 최병렬도 당시를 권력과 "반체제" 세력 간 긴장의 시대라고 정의하였다. 진념은 민주적 의사결정이 보장되는 여건을 민주주의의 근간으로 바라보았기 때문에 과도한 이익 추구, 현실과 동떨어진 변화에 대한 기대, 무분별한 집단행동으로 초래된 혼란에 대하여 부정적으로 인식하였다. 법령에 이탈하지 않는 모든 활동이 용인되는 사회를 민주주의의 청사진에 비유하는 최병렬 장관에게 적법절차의 원리에 위배됨 없이 출범한 노태우 정권의 정통성을 문제 삼는 행위는 체제에 대항하는 일탈로 간주되었다. 절차적 합법성과 법치를 민주주의의 핵심 원리로 수용하는 이들에게 체제 부정의 기류와 분화된 시민사회의 등장은 목표 달성을 훼방하는 장애물과 같았던 것이다.

한편 김영삼 정부의 장관들은 전면적 변화의 관점에서 민주주의를 해석하는 경향이 뚜렷하였다. 이명현과 오인환은 권력의 형성 과정이 민주적일 뿐 아니라 인적 구성에 있어서도 과거 군사독재 시대의 인물이 배제되어야만 정당성이 확보된다고 믿었기 때문에 이들에게 문민정부의 출범은 진정한 민주주의의 발로였다. 권위주의가 청산되고 문명의 전환에 대응하는 국정모델로 신한국을 내건 이명현 장관과 정부의 불간섭과 지원 행정을 민주화된 사회의 이상적인 언론정책 방향으로 인식한 오인환 장관의 관점은 시대상과 결부되어 이들이 지휘하는 정책 현장에서 개혁이라는 이름으로 시행되었다. 예컨대 이명현 장관의 '문명의 전환'이라는 당대에 대한 인식은 '문명 전환이 달성된 신한국'을 민주주의의 이상으로 바라보는 국정 철학의 기반이 되어 5.31 교육개혁이라는 일대의 혁신으로 이어졌다. 오인환 장관은 언론에 대한 정부의 통제적 행정 관행에서 벗어나 정부의 불간섭과 행정의 최소화를 선포함으로써 민주화·정보화·개방화 시대에 부합하는 공보행정의 원칙을 정립하였다.

장관은 임명권자인 대통령과 정권의 가치를 공유하는 이념 공동체를 이루되, 때로는 개인적 신념을 고수하거나 국가사회의 비전을 제시하는 독립적 주체로서 독자적으로 행동한다.

정권과 부처를 막론하고 대통령의 신뢰와 지지는 장관의 파워와 직결된다. 노태우·김영삼·김대중 정부에서 연이어 장관을 지낸 진념은 "대통령이 힘을 실어주는 환경이 되어야 장관이 일할 수 있다"라고 언급하였다.[11] 클린턴 행정부에서 대통령비서실장을 지낸 레온 파네타(Leon Panetta)는 대통령이 내각에 재량을 대폭 위임하려고 해도 장관들은 대통령의 서명을 받아 그의 위광을 업은 채 정책을 펴고자 스스로 재량권을 포기하는 현상을 예로 들면서 대통령과의 근접성이 곧 권력이라고 이야기하였다.[12]

중앙정치의 무대에서는 대통령과 독대할 정도로 신임을 받는 장관이 있는가 하면, 대통령과 거리를 둔 채 자기 조직의 과업에만 몰입하는 장관도 있다. 이 책에 등장하는 여섯 명의 인물 모두 장관으로 임명되기 전에 대통령(대통령직에 오르기 이전 포함)과 대면한 적이 있지만, 대통령과의 친밀도는 각자 달랐다. 대선 과정에 참여한 전력은 대통령과의 거리를 좁히는 가장 유력한 조건이다. 예컨대 선거 캠프에서 공식 직함을 가지고 뛴 최병렬과 오인환, 그리고 후방에서 자문역으로서 활동한 이명현은 정권 창출에 기여한 대통령의 핵심 참모였다. 이들은 정권 출범과 함께 늘 장관 후보자로 거론되었고, 장관이 되어서도 "실세 장관"이라는 타이틀을 얻었다.

대통령과의 거리가 개인적 친소 관계에 의해서만 결정되는 것은 아니다. 장관이 맡고 있는 과업의 중대성과 긴급함에 따라 대통령과의 거리가 좁혀지기도 한다. 소위 대통령의 정책을 담당하는 장관, 국민적 관심사나 언론의 이목을 끄는 이슈를 관할하는 주무장관은 대통령과 접촉할 기회가 많고, 대통령은 이들을 지원하고 배려하며 때로는 의지한다. 진념 장관은 1996년 말에 노동법 날치기 파문으로 노동쟁의가 확산되자 김영삼 대통령이 일주일에 3~4차례 직접 전화를 걸어 일이 어떻게 진행되고 있는지 확인하였다고 한다. 장관이 대통령에게 직접 보고하고, 대통령은 내각의 전문성에 의존함으로써 긴급 현안에 정치가 깊이 개입되는 양상이 조성되었던 것이다. 그러나 대통령과의 소통 빈도가 높은 것이 반드시 좋은 해결책이라고 할 수만은 없다. 대통령의 관심사를 다루는 장관일수록 자율적 의사결정과 행동은 대통령에 의해 상당히 제약되는 함정에 빠질 수 있기 때문이다.[13] 강경식 장관은 기업의 연쇄 도산을 우려해 부도를 막아보라는 대통령의 지시를 따르면서, 동시에 시장의 조정기능에서 경제문제의 해법을 찾아야만 하는 모순에 직면하였다.

한편 장관과 대통령의 관계는 대통령의 리더십 스타일에 따라 다채로운 모양새를 이룬다. 6공화국의 장관들은 대통령으로부터 어떠한 지시나 명령을 받은 적이 없었다고 회고하며, 대통령이 장관을 신뢰하고 그들이 하는 일에 적극적으로 협조했으며, 장관의 요구를 기꺼이 수용하였던 일화에 대해 이야기하였다. 반면 문민정부의 장관들은 대통령이 장관의 일에 간섭하지 않는 통 큰 지도자로서의 면모를 보였다는 기억을 상기하거나 선거와 여론을 의식해 내각에 어느 정도 관여하였다고 진술하는 등 때때마다의 이슈에 따라 다르게 그려지는 대통령의 리더십 스타일에 대하여 언급하였다.[14]

그러나 장관들은 당면한 상황조건과 정치적 피임명자로서의 한계에 구속되지 않고 저마다의 신념에 따라 독립적인 주체로서 판단하고 행동하였다. 윤형섭 장관은 교육의 자율성이라는 신조를 판단의 준칙으로 삼아 시시각각 터지는 사건·사고에 대응하였고, 이명현 장관은 다양성과 공생의 가치를 중시하는 자신의 철학이 반영된 교육개혁의 과업에 매진하는 장관기를 보냈다. 진념 장관이 주어진 여건에서 가장 효율적인 결과를 산출해 내는 데 승부수를 건 현실주의자였다면, 강경식 장관은 시장경제에 대한 무한한 신뢰를 토대로 정책실험을 단행한 이상주의자였다. 국가의 이익과 사회질서 유지를 추구하는 최병렬 장관의 국가주의적 사고, 그리고 행정의 최소화와 정보 공개를 표방하는 오인환 장관의 신조 등 각자의 신념은 개별 장관의 고유한 리더십과 독자적인 행보의 기저를 이루는 내적 동력이었다.

3) 노태우·김영삼 정부의 장관

민주화 시대를 개막한 노태우 정부에서 '민주화'는 권위주의적 제도와 관행이 착근된 정치·사회를 민주주의 풍토로 쇄신하기 위한 명분이자 시대정신이었다. 민주주의가 실현되었다는 성취를 민주적 제도의 도입과 민주주의 원리가 작동하는 국정을 통해 입증하고자 하였고, 정부가 앞서서 민주적 개혁을 실천하는 위로부터의 민주화가 추진되었다. 정부 안에서는 비공식적 권력작용의 배제를 공식화하였고, 조직 내부에서는 관료들에게 자율성과 책임행정의 기회를 부여함으로써 권력의 독점과 밀실행정을 차단하고자 했다. 노태우 정권의 장관들 역시 공정한 선거, 민주적 의사결정, 법치주의와 같은 제도적·절차적 요건을 민주화의 핵심 요건으로 인식하였다. 정책공동체 안에서의 긴밀한 협력으로 문제 해결을 꾀하는 노태우 정권기 장관들의 전략은 행정부 내부에서의 민주적 권한 배분이 정책결정의 민주화와 직결되는 요인이 됨을 시사한다.

한편 김영삼 정권기에 들어와 '민주화'는 더 이상 시대정신으로 유효하지 않았다. 나라 밖에서 벌어지는 변화의 흐름을 수용하는 데 그치는 것이 아니라, 때로는 변화에 적극적으로 대응하여야만 하는 상호교류의 시대가 펼쳐진 가운데 새로운 패러다임이 반영된 민주주의의 재개념화가 요구되었다. 김영삼 정권기에는 세계화·정보화·민주화라는 변혁의 파고가 정부와 개인의 일상에 파고드는 상황과 맞물려, 정치적 민주주의를 넘어 민주화의 대상과 조건의 확대가 예고되는 등 민주주의의 개념이 확장되었다. 김영삼 정권기의 장관들은 시민사회의 성장과 분화에 따른 권력의 분산과 정책과정의 불확실성을 장관이 관리하여야 할 대상으로 인식하였으며, 공권력을 제약하는 방향으로 자신의 역할을 재해석하였다.

정책공동체를 어떻게 인식하느냐에 따라 문제해결의 수단과 방법이 달라진다. 노태우 정권기의 장관은 자기 부처, 넓게는 행정부 내부를 한 팀으로 바라봄으로써 정책공동체의 범위를 좁게 인식하였다.[15] 민주주의 대 권위주의의 대결구도는 사라졌지만, 여러 사회집단의 관심사와 이익이 덜 분화되었기 때문에 행정부 관료들은 눈치를 보지 않고 자체적으로 의사결정을 할 수 있는 여지가 컸고, 자율성도 비교적 높았다. 또한 장관은 조직을 효율적으로 관리하고 부하들을 잘 통솔하는 조직 운영의 기술로도 과업의 상당 부분을 이행할 수 있었으며, 공동의 관심사에 대하여 이해를 같이하는 관계기관과의 연대와 협력으로 문제를 해소하기에 유리하였다.

이익의 복잡성과 분화로 특징지어지는 사회일수록 정책공동체는 확대되고 구성 집단도 다변화된다. 민주화라는 구호가 사회적 결속을 도모하는 기능을 상실하게 된 김영삼 정권기에 들어와, 저마다의 선호와 이익을 앞세우는 주체들이 정책과정에 합류함으로써 국가 의사결정의 구조는 더욱 복잡하고 난해한 양상을 띠게 되었다. 국가정책은 더 이상 소수 엘리트의 전유물이 아니고, 다양한 이해집단의 개입으로 산출되었다. 결과적으로 정책공동체의 범위가 확대될수록 엘리트들의 경쟁적 대결이 펼쳐지는 정치세계의 입지는 좁아지고, 국가기구에 집중된 의사결정 방식 역시 한계에 도달하였다. 이에 따라 장관은 더 많고 더 복잡한 층위의 이해집단 사이에서 결단하고 행동하여야만 했으며, 장관에 대한 역할기대의 무게중심이 정책 산출에 초점을 둔 시각에서 정책과정을 관리하는 역량으로 이동하였다.

결국 노태우 정부의 장관이 갈등 시대의 관리자라면, 김영삼 정권기의 장관은 전환의 시대를 맞이해 정책가로서의 역할이 부각되었다. 노태우 정부에서는 절차적 합리성이 민주화의 본질이었으며, 대통령의 민주적 리더십 아래 일체화된 내각이 국정을 이끌었다. 장관들은 자기 부처 안에서 조직원들과 한편이 되어 정책 목표 달성을 위해 경주하였고, 다른 기관, 특히 관계부처와 국시 수호 및 헌법 질서

준수에 대한 공감대를 바탕으로 공조 체제를 구축함으로써 일체화된 정책공동체를 이루었던 것이다. 또한 조직 안에서 관료들을 신뢰하고, 그들에게 권한을 위임하되 장관 자신이 최종 책임자가 되어 위험을 감수하는 데 주저하지 않았다. 관료들이 정책과정에서 소외되지 않고 의사결정의 한몫을 차지해 발언할 수 있는 분위기도 조성되었다. 지도자는 카리스마를 통해 추종자들을 고무시키고, 추종자 개개인을 배려함으로써 그들의 감성 욕구를 충족시키며, 문제를 인식하고 해결하기 위하여 직관과 열정을 동원함으로써 추종자들을 지적으로 자극시킨다는 주장[16]은 노태우 시대 장관들의 조직관리 전략을 설명해 준다.

한편 민주화라는 대의명분은 정부 각료들로 하여금 민주적 행정을 촉구하였다. 정부가 사회를 선도하는 계도자로서의 지위를 가진다는 통념은 더 이상 유효하지 않았고, 법치행정과 민주적 절차의 원리에 따른 정책과정의 운영을 정부 안에서 구현하고자 하였다. 장관은 반정부적 시민사회와의 팽팽한 긴장 속에서 법치 우위의 자세를 견지하고, 절차적 민주주의와 실질적 민주화의 간극에서 비롯되는 갈등과 충돌을 봉합하는 데 있어 관리주의적 접근 방식을 취하였다. 이 때문에 일각에서는 6공화국의 행정행태를 방어적이라 하고, 국가 최고 지도자를 민주화에 대한 기대감에 부응하는 데 무력하였던 우유부단한 지도자로 묘사한다. 노태우 정권의 장관들은 군부 통치의 잔재와 민주주의 요소가 결합된 혼합 정권으로서의 숙명적 한계, 미완으로 남은 과거 청산의 그늘 아래에서 법치 행정으로 권력의 정당성을 확보하고자 하였고, 이것이 관리주의적 리더십의 출현을 촉진하게 된 것이다.

반면 김영삼 정부의 장관들에게는 민주화라는 굴레에서 벗어나 보다 진보된 사회를 만들기 위한 개혁의 역할이 요구되었다. 그들은 개혁의 대상을 정치·경제를 비롯한 사회 전 영역으로 확장하고, 정책 쇄신을 단행함으로써 국가사회의 변화를 도모하였다. 사실 훌륭한 리더는 '위험을 무릅쓰는 도전자(risk-taker)', '변화라는 목표에 모든 것을 거는 조직게임의 주인공'에 비유되며, 차이를 만들어 내기 위해 조직의 전통을 파괴하는 지도자를 효과적인 리더로 정의하는 등 리더십은 변화의 차원에서 정의된다.[17] 김영삼 정부의 장관들은 단일한 과업의 이행을 요구받거나 지엽적인 정책 이슈에 매달리기 보다는 기존의 관행을 뒤엎고 새로운 패러다임을 도입하기 위한 전환적 시도를 단행하는 개혁가로서의 기대 앞에 놓였다. 그렇기 때문에 이들에게는 자기 부처의 사무에 매몰된 "정부 사람"으로서의 허물을 벗고 역동적인 전환기적 상황에서 새로운 가능성을 포착할 수 있는 통찰력과 새로운 아이디어를 구현해 내는 일에 대한 열망을 갖춰야만 했으며, 모험정신과 독창성이 요구되었다. 장관이라면 무엇보다 가시적인 성과와 변화를 끌어내는 데 가장 중점을 둔다는 견해는 개혁 임무의 전선에 포진한 문민정부 장관들의 역할을 대변해 준다.

한편 장관이 이끄는 부처 조직은 장관과 일체화되어 움직이는 운명 공동체가 아니라 정책목표 달성을 위한 요긴한 수단이었고, 경우에 따라 개혁의 대상으로 지목되기도 하였다. 장관들은 물리적 거리가 가까운 관료군이나 핵심행정부와 제휴하는 것보다는 정책 관련 집단의 동향에 대한 지식, 그들과의 관계와 이해집단들 간의 갈등을 조정하는 기술이 일의 성패를 결정하는 주요인이라고 인식했다. 김영삼 시대의 장관들에게 국가권력의 전우애적 결속은 더 이상 유효하지 않았고, 그들은 정부 안팎의 이해관계자뿐 아니라 국외 동향과 미래에 대한 전망까지 고려하여 국가 운영의 새 틀을 조각하는 것을 문민시대 장관의 사명으로 받아들였다.

2 **한국 민주주의 전환기의 특징**

노태우 정부에서 김영삼 정권기까지의 10여 년간 한국의 민주주의는 통치권력의 리더십과 사회적 힘의 배분 상태, 외부 환경의 변화와 압력에 의해 변모되었다. 노태우 시대의 민주주의가 절차적 정의를 실현하는 방식으로 운영되었다면, 김영삼 시대에 들어와 정치 참여의 울타리가 넓어지고, 정치적 논쟁의 소재가 다양해지는 가운데 민주주의의 외연이 확대되었다. 즉 노태우 정권기의 민주화를 '결정이 내려지는 방식'으로 설명할 수 있다면, 김영삼 정부의 민주화는 '어떤 결정이 내려지는가'에 주목할 때 그 성격을 규정할 수 있다.

구분	노태우 정부	김영삼 정부
민주화 내부 동력	선거민주주의 욕구, 산업국화	문민화, 선진국화
민주화 외부 동력	민주화 압력(제3의 민주화 물결)	문명의 전환(세계화·정보화)
민주화 정의	민주적 정치 질서	보편적 수준의 민주주의
민주화 성격	민주주의가 작동하는 방식에 초점 →합법적 정당성	민주주의의 내용에 초점 →실질적 정당성
민주화 한계	힘의 불균형(권력의 편중), 사회·경제적 민주화 미달성	민주적 의사결정의 제약, 경제위기, 사회·경제적 민주화 미달성

　　노태우 정권기의 민주화는 내부적으로는 정치적 평등에 대한 열망이 거세지고, 대외적으로는 민주화의 압력을 받는 가운데 진전하였다. 6월 민주항쟁 당시, 자유주의 원칙의 회복이 투쟁의 초점으로 떠올랐고, 이를 회복하는 가장 기본적인 방법은 공정하고 자유로운 선거였다.[18] 즉 국민 다수의 바람은 절차적 민주주의 차원에서의 권리 회복이었고, 이러한 기대가 명문화된 헌정 체제하에서 선거가 치러짐으로써 노태우 정부는 민주화된 권력으로서 정당성을 확보하게 되었던 것이다. 한편 6월 항쟁이 발발하자 미국이 사태의 평화적 해결을 위하여 적극 개입하면서 한국 권위주의 정권의 문민화를 지지하였고, 세계 곳곳에서 펼쳐진 제3의 민주화 물결의 파고는 군부정치를 종식하고 민주화의 흐름에 합류하여야 할 명분을 제공하였다.[19] 1988년 올림픽대회 주최국의 기회를 상실할지도 모른다는 우려, 그리고 산업국 대열에 파트너로 받아들여지고자 하는 소망이 한국의 민주주의 이행을 촉발시키는 동력으로 작용하기도 하였다.[20]

　　프리덤 하우스(Freedom House)에서 1987년 11월부터 1988년 11월까지의 기간을 대상으로 민주주의 지수(정치적 권리·시민적 자유)를 산출한 결과, 한국은 처음으로 자유로운 민주국가로 분류되었다. 노태우 정부가 출범하면서 국회의 권한이 대폭 강화되었으며, 행정부에서 권위주의 문화를 말소하기 위한 각종 조치를 단행함으로써 집행부를 견제하고 국가권력 간의 균형을 잡는 제도와 기관들의 밀도 높은 망이 마련되었다. 또한 권위주의 체제에서 배격되었던 민주적 절차의 원리가 국정운영에 실제로 적용됨으로써 정부 안에서 '권력에 의한 지배'로부터 '협의에 기초한 의사결정'의 정치문화가 조성되었다. 합법적 정당성은 노태우 정권에서 국정관리의 기본원리로 작용하였고, 민주적 의사결정을 정착시키기 위한 권한의 배분과 이양을 지도자층에서 실천하는 등 민주주의가 작동하는 방식에 있어 큰 진전을 이루었다. 이처럼 민주적 절차는 정통성을 뒷받침하는 근거이자 과도기를 관리하는 수단으로서 노태우 시대의 민주화를 설명해주는 핵심 개념이었다.

민주화는 공정하고 상식적인 규칙을 제도화하는 과정이자 집단 간의 갈등을 일정한 원칙과 행동규칙에 따라서 해결할 것을 제도적으로 합의하는 절차다.[21] 또한 민주적 과정 그 자체가 분배의 정의의 한 형태로, 기본적 권리들을 광범위하게 전제하고 있다.[22] 노태우 정부의 장관들은 군부 권위주의에서 민주화 정부로 넘어가는 과도기적 상황에서 사회질서와 안녕을 위하여 그 어느 때보다도 단호한 결단이 요구되었고, 권력 발동의 정당성을 민주적 절차의 산물인 법규에서 찾고자 했다. 즉 노태우 정부의 민주화는 정치질서의 맥락에서 정의할 수 있는 현상으로, 장관들은 민주적 정치질서라는 공동의 가치를 행동규범화하는 가운데 전환기의 혼란과 충격에 대응하였다.

그러나 이때의 민주주의는 제한적이고 불완전하였으며, 때로는 모순적이었다. 노태우 정권기에는 합법적 정치 공간이 개방되면서 선거와 투표, 정당활동, 시위와 집회 등 일상적 정치활동이 점차 중요하게 부상하였지만 정치과정에의 실질적 참여의 범위는 제약되었고, 정부의 소극적인 쇄신에 대한 실망과 불만은 저항과 반발로 이어졌다. 더욱이 정부의 정책활동이 시민들의 정치적·경제적 요구 수준에 미치지 못하였으며, 정권의 지지기반인 산업화 세력이 급격한 민주화로 인하여 느꼈던 사회적 불안의 문제도 해소하지 못하는 이중고를 마주하였다.[23] 그 결과 민주주의의 외연을 실질적이고 광범위하게 넓히려는 시민사회의 투쟁과 그것을 절차적이고 법과 질서 중심으로 좁게 유지하려는 국가의 의도가 부딪히면서 전환기적 갈등을 겪게 된 것이다.[24] 법규의 적용이 정당성을 상실한 공권력의 횡포로 간주되는 일도 비일비재하였다. 법의 지배란 법의 제정, 법의 운용과 평결이 얼마나 사회적 힘의 관계를 공정하게 반영하는가 하는 문제로 귀결된다고 하였을 때[25] 노태우 정권에서 법은 통치의 도구이자 질서유지의 수단으로 간주됨으로써 '법의 지배'가 아닌, '법에 의한 지배'가 횡행하는 결손적 민주주의 체제라는 비판에 직면하였다. 선거 민주주의가 확립되고, 민주주의의 공식기관과 제도가 갖춰져 있더라도 시스템이 사실상 부정하게 조작되기 때문에 민주적이지 않다는 비난도 정권의 한 계로 지목되었다.

이행기에는 구체제와 새롭게 등장한 민주주의 체제의 제도가 공존하고, 때로는 권위주의 세력과 민주주의 세력 간의 권력 공유 현상이 나타나기도 한다. 민주주의로의 전환이 자유 선거를 수반함에도 이것이 정치세력의 구도와 사회적 힘의 배분 상태 혹은 분배 양식에 반드시 변화를 가져오는 것은 아니며, 특히 이행이 과거 권위주의 정권의 배후 세력들과의 협상으로 이루어지는 경우 새 민주주의 체제가 사회·경제적 개혁 조치를 취한다고 할지라도 여러 측면에서 제한받기 쉽다.[26] 권위주의 체제와 민주화 연합 세력 간의 협약을 통해 이루어진 민주주의 이행의 개시와 구시대 인물은 연속성은 6공화국이 당면한 권위주의 잔재 청산의 과업을 제약하였고, 불완전한 민주개혁이라는 오점을 양산하였다. 전임 대통령과의 차별성을 부각시키기 위해 고안된 보통사람론이 노태우 대통령의 상징이 되었음에도 미완의 권위주의 청산과 제약된 의사결정 구도는 힘의 불균형을 초래한 것이다.[27]

권위주의 유산은 민주주의 게임의 법칙의 제도화뿐 아니라 정치영역에서 사회적·경제적 영역으로 민주주의가 확장되는 것을 방해하기 때문에 초기 민주정부가 권위주의 체제의 잔재를 어떻게 인식하고 처리하는가는 민주주의 공고화에 결정적인 조건으로 작용한다.[28] 노태우 정권은 권위주의의 단절과 새로운 민주주의 건설이라는 이중과제를 안고 있는 상황에서 통치수단에 있어서 권위적 방식과 민주적 방식 어느 쪽도 제대로 활용할 수 없는 딜레마에 봉착하였다. 따라서 6공화국을 '자유화된 권위주의 정권의 틀 안에서 민주화를 수용'하는 정권 형태에 가깝다고 평하거나[29] '연성 권위주의 체제',[30] '준군사정부',[31] '의사(擬似) 민주주의'[32] 또는 '유사(類似) 민주주의(pseudo-democracy)'[33]라고 일컬으며, 노태우 정권기를 6월 항쟁으로 분출되었던 민주화의 염원이 좌절된 '못다 한 민주화'의 시대로 묘사하는 것이다.[34] 한편에서는 민주정치의 실현을 방해하는 장애요인을 제거하면 민주화가 저절로 되는 것이라는 오판, 그리고 정치적 전환의 과정이 막 시작된 노태우 정권기에 국민들이 가졌던 민주적 성과에 대한 과도한 기대감이 이상과 현실 사이에서 간극을 유발했다고 진단하였다.[35] 결국 노태우 정권기에 범람한 각종 갈등과 반목,

이로 인해 초래된 사회적 손실은 민주주의의 규범적 측면과 경험적 측면이 경합하는 가운데 산출된 과도기적 비용이었던 것이다.

김영삼 정부는 내부적으로는 문민 민주주의의 실현과 선진국 진입에 대한 기대감이 고조되고,[36] 대외적으로는 개방 압력과 문명 전환의 흐름에 합류하여야 하는 당위적 여건 속에서 민주주의의 성격을 정립해 나갔다. 30여 년간 지속된 군부정치의 퇴장과 함께 출범한 김영삼 정권은 '문민정부'라는 타이틀을 앞세워 과거 권위주의 정권과의 단절을 선언하고, 정치·경제·사회 분야에서 전면적 개혁을 추진하였다. 또한 당시 새로운 세력으로 등장한 민주화 인사들에게 민주화는 곧 군부 종식과 동의어였던 만큼 정부는 군부에 대한 엄격한 문민통제를 확립하고, 권위주의 유산을 청산하기 위한 구체적인 작업에 착수하였다.

민주주의 이행의 초기 단계에 권위주의 레짐을 타파하고, 새로운 민주적 헌법을 도입하며, 자유롭고 공정한 선거를 통해 새 정부를 구성하는 등 정해진 과업을 수행하는 것과는 대조적으로, 공고화 단계에서는 대부분 명확하게 정의할 수 없는 다수의 긴급한 도전과 문제에 직면한다.[37] 1980년대 중반 이후 전 세계적으로 지역 중심의 경제통합이 진행되는 가운데 수출 의존도가 높은 우리나라에서는 국제화와 개방화의 추세에 전략적으로 대응하는 것이 중요한 과제로 부상하였다.[38] 또한 정보통신의 발달이 불러올 첨단의 시대에 대응하기 위한 전략 모색은 문민정부가 당면한 또 다른 과제였다. 더욱이 '민주화는 선진국 클럽에 가입하기 위한 필수 티켓'이라는 인식의 확산은 김영삼 정부로 하여금 민주화에 대한 시의적절한 개념화를 촉구하는 계기가 되었다.

1987년 6월 항쟁 이후 본격적으로 시작된 민주주의로의 이행은 김영삼 정부의 각종 정치개혁과 제도 개편을 통해 순차적으로 진행되었다. 집권 2년 차에 실시한 조사에서도 5공화국에서 문민정부까지의 민주화 정도에 대하여 완전 독재(1점)에서 완전 민주(10점)를 기준으로 설문한 결과, 전두환 정부는 3.35점, 노태우 정부 4.85점인 데 비해 김영삼 정부는 6.63점을 기록해 민주화가 급진전하였다고 인식하는 것으로 나타났다.[39]

사실 민주화는 억압적인 정치제도의 전환이나 정치 지도자의 교체 이상의 의미를 지니며,[40] 민주주의로 전환될 때 정치 변화를 초래하는 데 그치지 않고 전환에 동반하거나 선행하는 사회적·경제적 위기가 초래됨으로써 가치체계에 상당한 변동이 유발된다.[41] 더욱이 김영삼 정권기에 들어와 선진국 대열에 합류하기 위하여 구체적 개혁에 착수하였던 만큼 자유와 평등과 같은 민주주의 기본원리뿐 아니라 국제평화와 인권, 복지, 정의 등 보편적 가치가 사회적 화두로 등장하는 가운데 시민사회의 분화가 촉진되었다. '민주화'라는 시대정신이 더 이상 국민을 결속시키는 공동의 가치로서의 기능을 상실하게 되면서 정치과정을 통해 실현될 실질적 가치가 무엇인지 규명해 내는 것이 국정의 가장 긴급한 현안으로 부상하게 된 것이다.

이러한 논란 속에서 김영삼 정권은 낡은 구호로 전락한 민주화란 용어를 배제하고, 새 비전을 담은 민주주의의 이상향으로서 '신한국'을 선보였다. 권위주의 청산과 문민정치의 확립을 위한 여정은 '변화와 개혁'이라는 구호와 함께 전개되었으며, 그 최종 도달점이 신한국으로 명명되었던 것이다. 일각에서는 명확한 개념 정의도 없이 신한국이라는 용어가 난무한다고 비판하였지만,[42] 문민정부 설계에 관여한 사람들은 당대의 사회현실과 앞으로 당면하게 될 전환기적 조류에 대응하는 모델로서 신한국 만한 용어는 없다고 여겼다.

일례로 문민정부에서 초대 교문수석을 지낸 김정남은 신한국을 '도덕국가의 위상과 선진국가의 위상을 함께 갖는 민족공동체'라고 정의하면서 권력의 원천이 군사력이나 부에서 지식과 문화력, 도덕성으로 바뀔 것임을 예고하였다.[43] 이명현 장관은 권위주의 체제에서 비롯된 도덕성과 효율성의 위기가 근절된 새 시대의 개막을 신한국 건설의 첫 출발점으로 간주하였다. 오인환 장관은 김영삼이 내세운 '제2의 건국'이 민주주의를 선진국 수준으로 발전시키겠다는 의지의 표명이라는 해석을 제시하였고,[44] 김덕룡 장관은 문민정부가 추진하는 변화의 성격을 '절차나 과정상이 아닌 내용상의 혁명적 변화'라고 언급함으로써[45] 민주주의의 질적 발전이 신한국 창조로 이어질 것임을 표명하였다. 학계에서는 신한국이 진정한 의미의 민주정치(full-fledged democracy)를 실현하겠다는 굳은 의지의 표현이라면서[46] 한국의 민주주의가 공고화로 진입하는 단계에 도달하였음을 시사하였다.

신한국은 권위주의 시대에 누적된 폐단을 의미하는 '한국병'을 제거하고 사회제도와 관행을 개혁하는 데서 더 나아가, 세계화와 지식정보사회로의 문명사적 전환이 이루어지는 세계사적 조류에 편승함으로써 선진국으로 도약하려는 국가전략이었다. 즉 정권 초기에 부정부패와 사회 부조리와 같은 고질적인 병폐의 제거에 주력함으로써 도덕성을 회복하고, 이후 사회 각 부문별로 구조적인 개혁을 추진함으로써 보편적 수준의 민주주의를 달성하고자 하는 개혁의 궁극적인 이상향을 신한국으로 상징화한 것이다.

민주주의의 정당성은 민주적 절차 그 자체로 주어지는 것이 아니라, 제도가 도덕과 사회의 기본가치와 얼마나 일치하느냐에 달려있다.[47] 제도가 민주주의의 가치를 반영하고, 도덕적 선택을 지도해야만 한다는 실질적 민주주의의 차원에서 김영삼 정권기는 민주주의에 어떤 내용을 채워야 하는지 고민해야만 하는 시기였다. 이에 대내적으로 군사정권기에 축적되어 온 모순을 척결하는 과거청산을 단행함으로써 민주적 정당성을 확보하고자 했고, 대외적으로는 사회 각 부문을 세계 보편적인 기준(global standard)에 맞춰 나가는 전략적 대응을 개혁이라는 이름으로 단행하였다. 김영삼 시대의 민주화는 민주주의의 대상이 정치·경제·사회·문화 등 모든 영역을 포괄하는 방향으로 확장되며, 한국 사회가 보편적인 가치와 질서의 체제로 편입되어 가는 과정을 함축하는 현상이었다.

그러나 민주화 과정이 반드시 국가의 약화를 수반하는 것은 아니었다. 김영삼 정부의 등장으로 지배권력이 군부에서 민간인으로 전환되고, 집권 초기에 대대적인 민주화 개혁을 추진하였다는 점에서 기대를 모았음에도 각종 개혁이 대통령 개인의 결단에 의해 추진됨으로써 정치적 매개구조가 눈에 띄게 약화되었다. 또한 정부 과제가 제도적 채널이나 법적 장치를 통해 일관성 있게 지속적으로 추진되기보다는 대통령을 중심으로 한 국가 권력이 주도적인 역할을 함으로써 대통령 중심의 권력 기반과 영향력이 이전의 노태우 정권보다 훨씬 강화되는 양상이 조성되었다는 지적도 잇따랐다.[48] 다양한 가치와 상충되는 이익을 처리할 수 있는 개방적인 의사결정 시스템을 구축하여야 한다는 시대적 요청과는 별개로, 민주화 이후에도 제왕적 대통령제의 관행이 지속됨으로써 민주주의 공고화의 행보가 제약되고 말았다는 것이다. 이전 정부에서 미완으로 끝난 사회·경제적 민주화는 김영삼 정부에서도 해결하지 못한 숙제로 남게 되었다.

더욱이 정권 말엽에 직면한 경제위기를 극복하기 위해 강도 높은 개혁을 추진하는 과정에서 도입된 성과 지향적인 관리기법과 기업가적 행정가 모델은 생산 지향적 국정운영 방식을 고착화하였고, 그 결과 도덕적 가치의 위상은 추락하고, 공동체를 결속시키는 이념의 빈곤을 초래하였다. 식민 시기와 해방기를 거쳐 군부 권위주의에 이르는 오랜 시간 동안 누적된 사회적 모순과 반민주주의적 병폐를 도덕성의 회복으로 극복하고, 세계 보편적인 질서의 흐름에 합류하고자 했던 김영삼 정부의 열망은 효율 우선주의와 물질주의의 덫에 갇히는 역설적 상황에 처하게 된 것이다.

노태우 정부에서 김영삼 정권기까지의 10여 년간 한국의 민주주의는 대중의 관심과 참여, 국가와 사회 간·사회 부문 간의 긴장과 갈등, 국제 환경의 압력, 그리고 불가항력적 사건·사고가 복합적으로 작용하는 가운데 변화와 발전을 노정하였다. 노태우 정권기의 민주화가 행정 권력이 법치의 원리를 필두로 국정을 주도하는 체제 중심의 민주주의였다면, 김영삼 정권기의 민주화는 국가가 만들어 낸 상징적 가치(문민, 신한국)로 결속한 정부 안팎의 집단들이 민주주의의 내용을 채워나가는 개방적인 민주주의였다. 또한 노태우 정권기에 지속된 민주화 투쟁이 절차적 민주주의에서 실질적 민주주의로 진일보하는 과정을 추동하는 유인이었다면, 문민정부가 당면한 문명의 전환은 민주화라는 시대정신이 지배하는 시기를 넘어, 분화된 시민사회와 파편화된 가치로 대변되는 다양성의 시대를 마주하게 될 전조였다. 노태우 정부에서는 군사화된 정권에서 탈군부적 정권으로의 정치변동을 겪는 가운데 민주화된 제도와 원칙의 적용을 앞세운 반면, 김영삼 정부는 사회 전반의 변화를 촉구하는 전방위적 압력에 직면해 정치에서 사회·경제·문화·외교 등전 영역으로 민주주의의 확장을 도모하였다. 노태우·김영삼 정권기의 장관들은 민주화에 대한 해석과 대응이 시시각각 변화하는 역동적인 흐름 속에서 선택과 결정을 단행함으로써 민주주의 공고화의 터를 닦은 주인공들이었던 것이다.

1　이러한 맥락에서 장재식 산자부 장관은 6.25 전쟁이 '운명'이라는 것을 알게 해 준 사건이었다고
　　언급하였다. 또한 권이혁 문교부 장관은 전쟁이란 비극은 아프고 비참했지만 꽤 많은 이에게는
　　새롭게 도전할 수 있는 발판이 되었다고 회고하는 등 전쟁을 일상적인 삶의 경로를 획기적으로
　　전환시키는 계기로 해석하였다. 장재식, 「전쟁터로 나간 4형제 중 3명이 총 맞아」, 조선뉴스프레
　　스, 『60년 전, 6·25는 이랬다: 35명 名士의 생생한 체험담』(서울: 조선뉴스프레스, 2010), 242-
　　247쪽; 권이혁, 「서류 한 장 들고 찾아간 美軍 병원…두 달 후 "당신이 이 병원 원장이다"」, 조선
　　뉴스프레스, 앞의 책(2010), 275쪽.

2　윤형섭은 모교인 연세대에서 강의하던 시절, 『사상계』에 군사정권에 관한 논평을 썼다가 중앙정
　　보부로부터 신변의 위협을 받아 자유로운 글쓰기가 제약되는 좌절을 겪은 후 학문의 길을 걷게
　　되었다. 이명현은 가난한 나라의 굴레에서 벗어나는 데 기여할 수 있는 경제학 분야로 진로를 바
　　꾸려고 하였지만, 철학 교관으로 군 복무를 하였기 때문에 하던 공부를 계속 이어갔다. 진념은
　　대학교 재학 시절에 군 장교를 꿈꾸었지만, 좌익 활동 이력의 집안 배경 때문에 기회가 단절돼
　　꿈을 포기하고 행정고시를 치렀다. 강경식은 한국은행에 입사하는 행운을 얻었지만, 5.16 군사
　　정변으로 군부가 집권하면서 처우가 나빠지고 사기도 저하돼 공직 입문을 결심하게 되었다.

3　각 개인이 동일한 시대와 사회조건 속에서 살았다는 점에서 본서는 공통된 배경을 가진 집단의
　　다양한 경력을 연구하는 집단전기(collective biography)로서의 성격을 갖는다.

4　강경식(2010.3.11 구술), 한국학중앙연구원 현대한국구술자료관.

5　진념, 앞의 책(2002(a)), 239쪽; 한국경제신문 경제부, 『한국의 경제관료』(서울: 한국경제신문
　　사, 1995), 5쪽.

6　윤형섭도 전쟁으로 인한 부채의식에 시달렸던 경험에 대해 다음과 같이 고백하였다. "불과 서너
　　시간 거리에 있는 피의능선, 백마고지 등 최전방에서 적의 총탄에 쓰러져 가는 우리 또래 친구들
　　의 참상을 생각하면 고등학교를 졸업한 후 크고 넓은 꿈을 안고 대학에 진학한다는 것이 도리어
　　사치스럽고 죄스러울 뿐이었다." 윤형섭, 앞의 기사(2021.5.17-5.22), 14면.

7　최병렬, 「시민의 안전을 최우선으로」, 관훈토론회(1994.11.23).

8　박정희 정권기에는 집권 정당이나 의회가 행정부의 정책결정에 큰 영향력을 행사하지 못하였기
　　때문에 행정부의 경제정책 결정은 비교적 탈정치적이었다. 또한 전두환 대통령은 경제적 성공
　　이라는 목표 달성을 위해 관료조직에 모든 힘을 실어주면서 그들이 생동감 있게 경제정책을 처
　　리할 수 있도록 도움을 주었기 때문에 직업공무원들이 경제전문가로서 훈련받고 역량을 발휘할
　　수 있었다. 정정길, 「경제장관회의와 정책결정」, 『행정논총』 26(2), 1988, 373쪽; 정덕구, 앞의 책
　　(2003), 23쪽.

9　강경식(2010.3.11 구술), 한국학중앙연구원 현대한국구술자료관.

10 동력자원부, 앞의 책(1993), 421쪽. 민주주의와 경제발전의 상관관계는 정치학 연구에서 흥미로운 논제로 다루어져 왔다. 1950·60년대 정치발전 이론가들은 경제가 발전할수록 이에 상응해 정치발전이 이루어진다고 주장하였고, 이후에도 민주주의 연구자들은 양자 간의 상관성에 관한 경험적 근거를 제시해 왔다. 그러나 인도에서는 낮은 수준의 1인당 GNP가 민주주의의 장애가 되지 않는 반면, 싱가포르의 경우 경제적 번영이 민주주의 발전으로 이어지지 않는 등 경제성장이 민주화로의 이행에 결정적인 요인으로 작용하지 않는다는 사례도 보고되었다. Uk Heo, Sung Deuk Hahm & Dohee Kim, "The Impact of Democratization on Economic Growth in Asia: An Interrupted Time-Series Analysis", *Korean Observer* Vol. 43(1), 2012, p. 23, 34; Przeworski, *op. cit.* (1991). 따라서 민주주의와 경제발전이라는 변수를 독립-종속변수 간의 관계로 바라볼 것이 아니라 각 변수로부터 파생되는 산물을 어떤 방향으로 이끄느냐에 따라 양 변수 간의 관계가 설정된다는 논리를 고려할 필요가 있다. 일각에서는 권위주의 체제에서 억제되었던 개인적 욕구가 분출되고 집단 이기주의로 흐르면 경제발전이 어려워지는 반면, 개인적 자유가 자발적인 참여와 창의력으로 연결되면 각 부문의 생산성이 높아져 강한 경제를 만들 수 있다면서 민주주의가 수반하는 자유를 어떻게 이용하느냐에 따라 경제발전의 향방이 달라진다는 입장을 제시하였다. 월간조선, 「경제팀 호흡이 너무 잘 맞아 견제가 안 걸릴 위험도 있다」(1993년 5월호), 215쪽 참고.

11 노사공포럼, 앞의 글(2017년 43호).

12 A. S. Felzenberg & Heritage Foundation, *op. cit.* (2000), p. 68.

13 다시 말해, 장관은 기본적으로 대통령의 관심 분야에서 대통령과 대통령비서실의 의지를 실현시키는 역할을 하고, 대통령이 관심을 갖지 않는 분야에서 자신의 의지를 관철시키는 등 대통령의 막강한 권한에 의해 재량이 제약된다는 것이다. 김성수, 「한국 정치-행정 관계 특성의 비교 분석: 정책과정에서 장관과 고위관료의 관계를 중심으로」, 『한국사회와 행정연구』 16(4), 2006, 6쪽.

14 권위주의 시대에 장관은 대통령 권력의 그늘 아래에 있는 대통령의 대리인으로서 리더십이 제한되고 관료제의 자율성도 제약되었다는 주장과는 달리, 전직 장관들은 오히려 군부 정권기에 장관을 위시한 관료제가 재량껏 일하였던 경험을 이야기한다. 어느 청와대 출입기자도 5·6공화국의 국정운영이 관료조직에 업혀서 이루어진 반면, 문민정부에서는 관료조직이 숨을 죽이고 있다고 진술하였다. 월간조선, 앞의 기사(1993년 9월호(b)), 156쪽. 정치체제보다는 대통령의 리더십이 장관과 내각의 자율성을 좌우하는 요인임을 시사하는 대목이다.

15 노태우 정권기의 윤형섭, 진념 장관은 특정 사안에 대하여 정부 안에서 문제를 해결하였던 경험 위주로 구술하였다. 최병렬 장관의 육성이 담긴 국회회의록, 인터뷰 자료, 발제문 등을 살펴보면 그는 자신의 소신을 자기 부처 조직을 통해 실현하는 방식으로 일을 처리함으로써 정책공동체의 범위를 가장 좁게 인식하는 경향을 나타냈다.

16 J. L. Pierce & J. W. Newstrom(eds.), *op. cit.* (2006), p. 378. 번스(J. Burns)도 리더십을

지도자들이 추종자들과 공유하는 동기와 가치, 목표를 바탕으로 의기투합하는 하나의 도덕적인 과정이라고 설명하였다. J. M. Burns, *op. cit.* (1978), p. 82.

17 Larry D. Terry, *Leadership of Public Bureaucracies: The Administrator as Conservator* (2nd ed.), Armonk, New York: M. E. Sharpe, 2003, p. 41; J. Doig & E. Hargrove(1987); L. D. Terry, *op. cit.* (2003), p. 41에서 재인용; R. A. W. Rhodes, "Everyday Life in a Ministry: Public Administration as Anthropology," *American Review of Public Administration* Vol. 35(1), 2005, p. 16 참고.

18 문지영, 「한국에서의 자유주의와 자유주의 연구」, 『한국정치학회보』 38(2), 2004, 82-83쪽. 6월 민주항쟁이 많은 사람의 참여를 끌어낼 수 있었던 것은 체제의 본질적 변혁보다는 절차적 민주주의 회복에 초점을 맞췄기 때문이며, 87년 체제가 사회·경제적 개혁보다 정치적·절차적 민주주의에 머문 가장 큰 이유는 한국인의 대부분이 절차적 민주주의를 원했기 때문이라고 한다. 이갑윤·문용직, 「한국의 민주화: 전개과정과 성격」, 『한국정치학회보』 29(2), 1995, 218쪽.

19 6.10 항쟁이 터진 직후인 1987년 6월 17일, 미국 국무장관 슐츠(George Pratt Shultz)는 여·야 간의 대화 재개와 시위 중단을 촉구하였다. 또한 6월 19일에는 주한 미국 대사 릴리(James Roderick Lilley)가 레이건 대통령의 친서를 전달하였고, 6월 20일에는 더윈스키(Edward J. Derwinski) 국무차관이, 6월 23일에는 국무부 동아시아 담당 차관보인 시거(Gastein Seager)가 급거 내한하는 등 미국은 전두환 정권의 군 투입을 저지하기 위하여 한국 문제에 적극적으로 개입하였다. 정혜구·김혜진·전상효, 앞의 책(2004), 111-112쪽 참고.

20 L. Diamond, *op. cit.* (2008), p. 133.

21 E. Friedman, *op. cit.* (1994), pp. 21-22; 안청시, 앞의 책(1994), 14쪽.

22 Robert A. Dahl, *op. cit.* (1989), pp. 367-368.

23 조진만, 앞의 책(2017), 191쪽.

24 김선혁, 앞의 책(2012), 128쪽.

25 최장집, 한국어판 서문; Adam Przeworski, *Democracy and the Rule of Law*, Cambridge, UK; New York: Cambridge University Press, c2003, 안규남·송호창(역), 『민주주의와 법의 지배』(서울: 후마니타스, 2008), p. 43-44쪽.

26 Georg Sørensen, *op. cit.* (1993), p. 72.

27 기존 통치 체제의 주요 규범과 규칙, 관습이 계속 유지되는 상황에서 새롭게 공식적으로 수립된 통치 관계가 효율적으로 작용하기 어렵고, 새로운 인물과 역할, 조직, 제도 등이 실행된다고 하여도 그들의 근본적인 행위와 관계가 실질적으로 변화되지 않는 한 정치체제의 질적인 변화가 이루어지지 않는다. 따라서 민주화 초기에는 권위주의 청산이라는 문제가 소환되며, 권위주의 청산은 민주화라는 표어와 하나의 짝을 이루게 된다. 양동훈, 「민주화와 권위주의체제 유산의 청산문제」, 『한국정치학회보』 30(1), 1996, 139-141쪽.

28 임혁백에 따르면 민주정부의 지도자가 과거청산에 대하여 확고한 의지를 가지고, 시민사회도 과 거청산에 대하여 응집력 있는 압력을 행사하며, 민주정부의 통치력(governability)이 구 권위주 의 정권보다 우위에 있을 때 권위주의 청산은 적극적·지속적으로 추진된다. 반면, 경제적 호황, 시민사회의 분출, 권위주의 정치문화의 퇴조 등 과거청산에 우호적인 조건이 형성되어 있음에도 구 권위주의 세력이 정치적 영향력이 지속되고 민주 세력이 분열되는 행위적 조건이 결합되었을 때, 위로부터의 지속적인 반대 또는 소극적 태도로 인하여 아래로부터의 과거청산 작업이 교착 상태에 빠지는 "결빙된 과거청산"으로 귀착된다. 임혁백, 앞의 책(2011), 173쪽.

29 출처 미상.

30 김석준, 「결론: 대한민국 건국, 산업화, 민주화의 기적과 국가 경영전략」, 한국행정연구원(편), 『대한민국 역대 정부 주요 정책과 국정운영. 8, 이명박 정부』(서울: 대영문화사, 2014(d)), 375쪽.

31 이종범 외, 앞의 책(1994), 15쪽.

32 안병영, 「시대별 국가과제와 행정학의 대응 분석」, 『한국행정학회 하계학술대회논문집』, 2006, 3쪽.

33 진덕규, 『한국 현대정치사 서설』(서울: 지식산업사, 2000), 168쪽.

34 강정인, 『죽음은 어떻게 정치가 되는가: 91년 5월 투쟁과 김은국의 〈순교자〉로 본 정치·죽 음·진실』(서울: 책세상, 2017), 11쪽. 그밖에 노태우 정권의 성격은 '혼합정부', '준독재주의 (dictablanda)', '권위주의 통치의 확장' 등의 용어로 정의된다. Shin, *op. cit.* (1999), p. 4.

35 한승조, 「개혁정치와 정치발전」, 백민김민하박사화갑기념논문집간행위원회(편), 『國家와 民 族 그리고 世界: 新韓國建設의 理念과 課題』(서울: 백민김민하박사화갑기념논문집간행위원회, 1994), 128-129쪽; 강원택, 『6.29 선언과 한국 민주주의』(서울: 푸른길, 2017), 23-24쪽. 양동훈 도 새 민주정부에 대한 시민의 기대가 비현실적으로 높고 강력하며, 새 정부의 수립이 모든 문제 의 만병통치적 해결책이라고 믿는 경향이 민주주의 개혁의 실패 요인으로 작용했다고 언급하였 다. 양동훈, 앞의 논문(2012), 362쪽.

36 문민정부 중반기에 부상한 '세계화(segeiwha)'가 문호개방과 국제교류를 뜻하는 글로벌리제이 션이 아니라 선진국을 따라잡는 시스템 개혁에 방점을 둔 용어라는 오인환 장관의 진술이 이를 뒷받침해 준다. 오인환, 앞의 책(2021), 317쪽.

37 J. J. Linz & A. Stepan(1996b), G. O,Donnell(1996); To-chol Shin, *op. cit.* (1999), p. xxv에서 재인용.

38 최진욱, 「김영삼 정부의 출범 및 정부 소개」, 한국행정연구원(편), 『대한민국 역대 정부 주요 정 책과 국정운영. 5, 김영삼 정부』(서울: 대영문화사, 2014), 13쪽.

39 한겨레, 「김영삼정부 출범이후 민주화 '삶의 질'에 큰 영향없다」(1994.5.24), 19면.

40 Shin, *op. cit.* (1999), p. 46.

41 민주주의 이론에서는 민주주의로 전환하는 대다수의 계기가 물질적 기대감에 뿌리를 두고 있 으며, 사회·경제적 문제가 정치 사안으로부터 배제되고 쟁점으로 떠오르지 못할 때 민주주의

를 통한 집단적 결정 내용은 민주주의가 지향하는 가치로부터 멀어지게 된다고 설명한다. A. Przeworski, *op. cit.* (1995), p. 60; 최장집, 앞의 책(2005), 20쪽. 따라서 민주주의 제도는 시민의 자유만이 아니라 물질적인 복지도 보호하여야 하며, 정치 민주화뿐 아니라 사회 민주화와 경제 민주화가 모두 달성되었을 때 민주주의 공고화를 달성하게 되는 것이다. A. Przeworski, *op. cit.* (1995), p. 41; 임혁백, 앞의 책(1997), 78-79쪽.

42 박계동 의원(민주당)은 문민정부에서 마치 신기루와 같은 '신한국'을 정책목표로 내세우면서 슬로 건화하고 있음을 지적하였다. 대한민국국회, 앞의 회의록(1993.10.14), 34쪽. 신한국론은 한국병 치료의 처방전이지 통치철학은 아니라는 주장도 제기되었다. 최택만, 앞의 책(1993), 283쪽.

43 김정남, 「文民시대와 改革(金正男 청와대 교육문화수석 초청 관훈 조찬간담회)」(1993.9.21), 410쪽.

44 오인환, 「개혁의 비전(고위공직자 연찬회 특강)」(1996.2.8); 공보처, 앞의 책(1996), 83쪽.

45 조선일보, 「"改革이냐 革命이냐" 논쟁」(1993.5.27), 4면.

46 한배호, 「정치개혁의 방향과 정당의 역할」, 한림과학원(편), 『신한국의 정책과제』(서울: 나남출판, 1993), 58쪽.

47 A. Przeworski, *op. cit.* (1995), p. 42.

48 김호기, 앞의 글(1997), 229쪽; 강문구, 앞의 책(2003), 41쪽 참고. 일부 서구 학자들은 국가 권력이 대통령 1인과 그의 측근 또는 가족들에게 집중되어 있고, 권력 행사가 제도화되어 있지 않으며, 국정 감독 및 법안 심의를 담당하는 국회의 권한이 여전히 위축되어 있는 데다 정당 역시 일반 시민들의 의견과 이익을 집약하거나 매개하지 못하는 등 불완전한 상태라는 이유를 들어 동아시아의 민주주의를 '아시아적 민주주의(Asian-style democracy)' 또는 '일당 우위적 민주주의(one party-dominant democracy)'라고 칭한다. 월간조선, 앞의 기사(1992년 6월호), 218-219쪽.

참고문헌

단행본 ___

강경식 (1992), 가난구제는 나라가 한다: 경제부처 30년의 메모. 서울: 삶과꿈.

강경식 (1999), 강경식의 환란일기. 서울: 문예당.

강경식 (2003), 금융실명제와 안정화 시책. 김재익·남덕우(편), (80년대 경제개혁과)김재익 수석: 20週忌 추모 기념집. 서울: 삼성경제연구소.

강경식 (2010), 국가가 해야 할 일, 하지 말아야 할 일. 파주: 김영사.

강만수 (2005), 현장에서 본 한국경제 30년. 서울: 삼성경제연구소.

강명세 (1998), 민주화 10년, 노동시장과 정치시장의 교환?. 박기덕(편), 한국 민주주의 10년: 변화와 지속. 서울: 세종연구소.

강문구 (2003), 한국민주화의 비판적 탐색. 서울: 당대.

강민 (1990), 제6공화국 민주화의 구조적 한계와 정치상황의 논리. 한국정치학회(편), 韓國政治의 民主化와 統一方案. 서울: 을유문화사.

강봉균 (2000), 초등학교 교사에서 재경부 장관까지. 서울: 미래M&B.

강원택 (2006), 대통령제, 내각제와 이원정부제: 통치형태의 특성과 운영의 원리. 고양: 인간사랑.

강원택 (2012), 서언: 노태우 리더십의 재평가. 강원택(편), 노태우 시대의 재인식: 전환기의 한국사회. 파주: 나남.

강원택 (2013), 정치 리더를 어떻게 만들어 낼 것인가?: 반(反) 정치의 정치 개혁과 위기의 한국정치. 서울: 미래한국재단.

강원택 (2017), 한국 민주화와 노태우 정부. 강원택(편), 6.29선언과 한국 민주주의: 민주화 30년, 한국 민주주의의 진전과 노태우 정부 시기의 재조명. 서울: 푸른길.

강정인·안외순·전재호·박동천·이상익 (2002), 민주주의의 한국적 수용: 한국의 민주화, 민주주의의 한국화. 서울: 책세상.

강정인 (2017), 죽음은 어떻게 정치가 되는가: 91년 5월 투쟁과 김은국의 〈순교자〉로 본 정치·죽음·진실. 서울: 책세상.

강준만 (1994), 김영삼정부와 언론. 서울: 개마고원.

고건 (2017), 고건 회고록: 공인(公人)의 길. 파주: 나남.

고병우, 혼(魂)이 있는 경제각료, 고병우(高炳佑) 전 건설부장관의 회고. 발행지·발행처·발행년 미상.

공보처 (1992), (資料) 第6共和國: 노태우 대통령 정부 5년. 서울: 공보처.

공보처 (1993), 세계가 지켜본 김영삼 시대 개막. 서울: 공보처.

공보처(편) (1996), 공보.개혁정책자료: 오인환 공보처장관 연설문집. 서울: 공보처.

김강석 (2001), 언론인의 권력이동. 서울: 새로운 사람들.

김경은 (2014), 고위직 관료의 장관 대응행태 실증분석: 장관 역할인식과 관료의 대응경험을 중심으로. 고려대학교 행정학과 박사학위논문.

김경은·한승주·장석준·박윤희 (2020), 조선총독부 건물 철거결정은 어떻게 이루어졌나. 성남: 한국학중앙연구원출판부.

김광웅·김병섭·최종원·정광호 (2007), 장관 리더십. 성남: 지혜로.

김비환 (2016), 민주주의와 법의 지배: 현대 입헌민주주의의 스펙트럼. 서울: 박영사.

김석준 (2014), 결론: 대한민국 건국, 산업화, 민주화의 기적과 국가 경영전략. 한국행정연구원(편), 대한민국 역대 정부 주요 정책과 국정운영 8. 이명박 정부. 서울: 대영문화사.

김선혁 (2012), 노태우 시대 한국의 시민사회. 강원택(편), 노태우 시대의 재인식: 전환기의 한국 사회. 파주: 나남.

김영삼 (1992), 김영삼2000新韓國. 서울: 동광출판사.

김영삼 (2001), 김영삼 대통령 회고록(하). 서울: 조선일보사.

김원배 (2003), 노사관계정책. 이원덕(편), 한국의 노동 1987-2002. 서울: 한국노동연구원.

김인호 (2019), 明과 暗 50년: 한국경제와 함께: 김인호 회고록 1. 영원한 시장주의자. 서울: 기파랑.

김정남 (2001), 문민정부는 한국에서 무엇인가. 함성득(편), 김영삼 정부의 성공과 실패. 서울: 나남출판.

김종길 (2005), 되돌아 본 해운계(海運界)의 사실(史實)들. 서울: 동재.

김종찬 (1991), 6공화국 언론조작. 서울: 아침.

김중위 (2001), 골 때리는 장관. 박관용(편), 공직에는 마침표가 없다: 장·차관들이 남기고 싶은 이야기. 서울: 명솔출판.

김충남 (2006), 대통령과 국가경영: 이승만에서 김대중까지. 서울: 서울대학교출판부.

김태길 (1993), 체험과 사색. 하권: 생각하며 살아온 이야기. 서울: 철학과 현실사.

김호균 (2004), 21세기 성공 장관론. 서울: 나남출판.

김호기 (2009), 87년체제인가 97년체제인가. 백낙청(편), 87년체제론. 파주: 창비.

김호진 (1991), 한국정치체제론. 서울: 박영사.

김호진 (2006), 대통령과 리더십. 서울: 청림출판.

김흥기 (1999), (경제기획원 33년)영욕의 한국경제. 서울: 매일경제신문사.

남재희 (1994), 일하는 사람들과 정책: 문민정부 노동부 장관 시절의 기록들. 서울: 비룡소.

노무현 (2002), (노무현의)리더십 이야기: 행정가와 CEO를 위한 8가지 리더십의 원리. 서울: 행
복한 책읽기.

노재봉 (2011), 군 출신 대통령은 내가 마지막이오. 노재봉(편), 노태우 대통령을 말한다: 국내외
인사 175인의 기록. 파주: 동화출판사.

노준석 (2007), 가슴으로 풀어낸 노사갈등. 서울: 누벨끌레.

노태우 (2011), 노태우 회고록(상권). 서울: 조선뉴스프레스.

노태우(조갑제 해설) (2007), 盧泰愚 肉聲 회고록. 서울: 조갑제닷컴.

동력자원부 (1993), 21世紀를 준비하는 에너지 政策: 진념長官 講演.對談등 모음집. 과천: 동력자
원부.

매일경제신문 정치부 (1998), DJ시대의 파워엘리트. 서울: 매일경제신문사.

문희상 (2017), 대통령: 우리가 알아야 할 대통령의 모든 것. 서울: 경계.

민주화운동기념사업회 한국민주주의연구소 (2010), 한국민주화운동사3: 서울의 봄부터 문민정
부 수립까지. 파주: 돌베개.

박관용 (2001), 침착하게 원칙을 지키며. 박관용(편), 공직에는 마침표가 없다: 장·차관들이 남
기고 싶은 이야기. 서울: 명솔출판.

박기덕 (1998), 한국 국가의 성격과 능력. 박기덕(편), 한국 민주주의 10년. 서울: 세종연구소.

박동서·함성득·정광호 (2003), 장관론. 서울: 나남출판.

박병윤(편) (1997), 경제를 살리자. 서울: 서울경제신문.

박종인 (1998), DJ정부의 경제실세 25인: 그들의 경제관과 학·인맥. 서울: 다락원.

박철언 (2005), 바른 역사를 위한 증언 1: 5공, 6공, 3김 시대의 정치 비사. 서울: 랜덤하우스
중앙.

박태견 (1997), 관료 망국론과 재벌신화의 붕괴. 서울: 살림.

방우영 (2008), 나는 아침이 두려웠다. 파주: 김영사.

백낙청 (2009), 6월항쟁 20주년에 본 87년체제. 백낙청(편), 87년체제론. 파주: 창비.

변형윤 (1986), 냉철한 머리 따뜻한 마음: 經濟騎士道를 생각하며. 서울: 지식산업사.

부즈 앨런 & 해밀턴 (1997), 한국보고서: 21세기를 향한 한국경제의 재도약(Revitalizing the Korean Economy toward the 21st Century) 서울: 매일경제신문사.

서울대학교 행정대학원 행정조사연구소 (1973), 最高 政策 決定職의 役割에 關한 硏究: 長.次官職을 中心으로. 서울: 서울대학교 행정대학원 행정조사연구소.

손호철 (2003), 현대 한국정치: 이론과 역사 1945-2003. 서울: 사회평론.

송희준·윤정열·이영애·정영순·송미원·임혜숙 (2005), 통치 이념은 어떻게 정책에 반영되는가. 서울: 이화여자대학교출판부.

시장경제연구원 (2012), 경제원로들이 보는 한국의 시장경제:「시장경제적 관점에서 보는 한국경제의 발전경험 평가와 정책제언」연구를 위한 심층인터뷰 내용. 서울: 시장경제연구원.

신철식 (2017), 신현확의 증언: 아버지가 말하고 아들이 기록한 현대사의 결정적 순간들. 서울: 메디치.

안병만 (2008), 한국정부론(제5판). 서울: 다산출판사.

안병만 (2014), 서론: 대한민국 역대 정부 주요 정책과 국정운영. 한국행정연구원(편), 대한민국 역대 정부 주요 정책과 국정운영 1. 이승만·장면 정부. 서울: 대영문화사.

안병영 (2008), 체험적 교육부 장관론. 전상인·정범모·김형국(편), 배움과 한국인의 삶. 파주: 나남.

안병영·하연섭 (2015), 5·31 교육개혁 그리고 20년: 한국교육 패러다임 전환. 서울: 다산출판사.

안응모 (2008), 순경에서 장관까지: 海山 安應模 公職記. 서울: 현대기획.

안청시 (1994), 한국정치와 민주주의: 비교정치학적 고찰. 안청시·진덕규(편), 轉換期의 韓國民主主義 1987~1992. 서울: 법문사.

양동안 (1990), 民主化와 위기. 서울: 삼영.

양승태 (1990), 민주화와 민주화의 수사. 한국정치학회(편), 한국정치의 민주화와 통일방안. 서울: 을유문화사.

여현덕 (1996), 서울을 읽자: 한성판윤에서 서울시장까지. 서울: 고려원.

오인환 (2010), 張康在(1945~1993). 대한언론인회(편), 韓國言論人物史話 제7권: 자유언론 위해
  한 평생, 그 빛나는 발자취. 서울: 대한언론인회.

장훈 (2002), 외환시장 개방과 금융개혁: 개혁의 부조화와 때를 놓친 개혁. 모종린·전홍택·이
  수희(편), 한국 경제개혁 사례연구. 서울: 오름.

오인환 (2021), 金泳三 재평가: 대통령과 임기를 함께한 문민정부 최장수 장관의 김영삼 評傳.
  서울: 조갑제닷컴.

원희복 (2011), 국가가 알려주지 않는 공무원 승진의 비밀: 100만 대한민국 공무원의 필독서!.
  고양: 위즈덤하우스.

유동훈 (2018), 교육부장관 인사청문회의 효과성에 대한 사례 연구: 지명·준비과정과 공격·방
  어 전략을 중심으로. 연세대학교 교육학과 박사학위논문.

윤태영 (2014), 기록: 윤태영 비서관이 전하는 노무현 대통령 이야기. 서울: 책담: 한솔수북.

윤형섭 (1988), 政治와 教育. 서울: 박영사.

윤형섭 (2004), 한국의 정치문화와 교육, 어디로 갈 것인가. 서울: 오름.

윤형섭 (2008), 무지개처럼 화려한 멋과 지성의 노신사. 양포 김한주 박사 희수기념 논문집 간행
  위원회(편), 양포 김한주 박사 희수기념 논문집. 서울: 역사비평사.

윤형섭 (2011), 물태우도 군사독재도 아니었다. 노재봉(편), 노태우 대통령을 말한다: 국내외 인
  사 175인의 기록. 파주: 동화출판사.

윤형섭 (2016(a)), 한국현대사의 기점: 내가 몸으로 겪은 해방 전후의 공간. 안병환(편). 우리시
  대 智性과의 대화(중원원로담론4). 괴산군: 중원대학교 출판부.

윤형섭 (2016(b)), '우영'이라는 계초의 뜻 이루었으니 이젠 '일민'의 안락을 즐기소서. 김대중
  (편), 신문인 방우영: 미수(米壽) 문집. 파주: 21세기북스.

윤형섭 (2017), 내가 몸으로 겪은 노태우 전 대통령. 김두년(편), 우리시대 智性과의 대화(중원원
  로담론5). 괴산군: 중원대학교 출판부.

윤형섭 (2018), 내가 몸으로 겪은 젊은 날의 이만섭. 청강이만섭평전간행위원회(편), (용기와 양
  심의 정치인) 청강 이만섭. 서울: 박영사.

윤형섭 (2020), 윤형섭 제8·9·10대 원장: 연세대 행정대학원장 6년의 회고-대학의 존엄과 신군
  부의 권위주의. 연세대학교 행정대학원·연세대학교 행정대학원 총동창회(편), 연세대학교
  행정대학원 50년사(비공식 간행물).

이만섭 (2004), 나의 정치인생 반세기: 이승만에서 노무현까지-파란만장의 가시밭길 헤치며 50년. 서울: 문학사상사.

이만열 (1996), 한 시골뜨기가 눈떠가는 이야기. 서울: 두레시대.

이명현 (1982), 理性과 言語: 現代哲學의 地平을 찾아서. 서울: 문학과 지성사.

이명현 (1986), 보통사람을 위한 철학: 에세이. 서울: 까치.

이명현 (1989), 열린마음 열린세상: 李明賢칼럼. 서울: 철학과 현실사.

이명현 (1990), 길아닌 것이 길이다. 서울: 철학과 현실사.

이명현 (2003), 한국철학회 50년과 나의 삶. 한국철학회 기념사업편찬위원회(편), 한국철학회 50년: 역대 회장의 회고와 전망. 서울: 철학과 현실사.

이명현 (2024), 돌짝밭에서 진달래꽃이 피다: 현우 이명현 자서전. 파주: 21세기북스.

이상우 (2010), 권력은 짧고 언론은 영원하다. 서울: 커뮤니케이션북스.

이성희 (2003), 노사관계 개관: '87년 이후 15년 동안 노사관계의 변화. 이원덕(편), 한국의 노동 1987-2002. 서울: 한국노동연구원.

이송호 (2008), 관계장관회의. 서울: 대영문화사.

이영규·이배영 (1987), 人間 노태우. 서울: 호암출판사.

이용식 (1993), 金泳三 권력의 탄생: 3당합당에서 청와대까지 1000일간의 파워게임. 서울: 공간.

이용식 (2018), 언론을 사랑한 의회주의자. 청강이만섭평전간행위원회(편), (용기와 양심의 정치인) 청강 이만섭. 서울: 박영사.

이은진 (1994), 제2장 경제민주주의의 현대이론. 김석준(편), 經濟民主化의 政治經濟. 서울: 법문사.

이장규 (2008), 경제는 당신이 대통령이야: 전두환시대 경제비사(개정증보판). 서울: 올림.

이장규 (2011), 경제가 민주화를 만났을 때: 노태우 경제의 재조명(개정증보판). 서울: 올림.

이장규 (2012), 대통령의 경제학: 역대 대통령 리더십으로 본 한국경제통사. 서울: 기파랑.

이종범 외 (1994), 전환시대의 행정가: 한국형 지도자론. 서울: 나남.

임영신·허정·장기영 외 (1981), 財界回顧. 7: 歷代經濟部處長官篇 I. 서울: 한국일보사출판국.

임혁백 (2011), 1987년 이후의 한국 민주주의: 3김 정치시대와 그 이후. 서울: 고려대학교 출판부.

임혁백 (2014), 비동시성의 동시성. 서울: 고려대학교출판부.

임현진·송호근(편) (1995), 전환의 정치, 전환의 한국사회: 한국의 정치변동과 민주주의. 서울: 사회비평사.

장명수 (2010), 洪惟善(1926~1999). 대한언론인회(편), 韓國言論人物史話 제7권: 자유언론 위해 한 평생, 그 빛나는 발자취. 서울: 대한언론인회.

장훈 (2002), 외환시장 개방과 금융개혁: 개혁의 부조화와 때를 놓친 개혁. 모종린·전홍택·이수희(편), 한국 경제개혁 사례연구. 서울: 오름.

재경회·예우회 (2001), 한국의 재정 60년: 건전재정의 길. 서울: 매일경제신문사.

재정경제원·한국개발연구원 (1997), (열린 시장경제로 가기 위한)국가과제: 21세기 새로운 도약을 위한 준비. 서울: 한국개발연구원.

정달영 (2008), 참언론인이 되려는 젊은이들에게: 영원한 선비언론인 정달영의 언론학특강. 파주: 한울.

정덕구 (2003), 정덕구 교수의 강의노트: 한국의 경제정책 결정과정(서울대학교 강의자료).

정도영 (2020), 제4장 1960년대 대외경제협력 정책과 독일의 역할. 정도영·정진아·김영선·이숙화·안태윤·윤정란·임성욱·김명훈(편), 구술로 보는 한국 경제 성장의 역사. 서울: 선인.

정두언 (2011), 최고의 총리 최악의 총리: 공직 생활 20년의 정두언이 털어놓는 기막힌 행정부 실태. 파주: 나비의활주로.

정봉화 (2010), 신작로에 남겨진 발자국: 路中 정봉화 자서전. 서울: 중앙일보시사미디어 예스위캔.

정윤재 (2003), 정치리더십과 한국민주주의. 서울: 나남출판.

정정길 (1994), 대통령의 경제리더십: 박정희·전두환·노태우 정부의 경제정책관리. 서울: 대한경제신문사.

정해구·김혜진·정상호 (2004), 6월항쟁과 한국의 민주주의. 서울: 민주화운동기념사업회.

조석준 (1994), 組織과 行政: 趙錫俊教授停年退任記念論文集. 서울: 서울대학교 행정대학원 정년기념논문간행위원회.

조선일보사 (2000), 朝鮮日報80年史. 下. 서울: 조선일보사.

조선뉴스프레스 (2010), 60년 전, 6·25는 이랬다: 35명 名士의 생생한 체험담. 서울: 조선뉴스프레스.

조선일보사 사료연구실 (2004), 조선일보 사람들: 광복 이후 편. 서울: 랜덤하우스 중앙.

조영재·김택호·손동유 (2020), 한국정치사 구술연구. 서울: 선인.

조진만 (2017), 제6장 전환기의 민주주의. 강원택(편), 6.29선언과 한국 민주주의: 민주화 30년, 한국 민주주의의 진전과 노태우 정부 시기의 재조명. 서울: 푸른길.

조희연 (2009), '87년체제', '97년체제'와 민주개혁운동의 전환적 위기. 백낙청(편), 87년체제론. 파주: 창비.

주경식 (2001), 최단기 성공과 뒤늦은 성과. 박관용(편), 공직에는 마침표가 없다: 장·차관들이 남기고 싶은 이야기. 서울: 명솔출판.

주돈식 (2004), 우리도 좋은 대통령을 갖고 싶다: 8명의 역대 대통령과 외국 대통령의 비교 평가. 서울: 사람과책.

주태산 (1998), 경제 못 살리면 감방간대이: 한국의 경제부총리 그 인물과 정책. 서울: 중앙M&B.

진념 (1993), 21世紀를 준비하는 에너지 政策 : 진념長官 講演.對談등 모음집. 과천: 동력자원부.

진념 (2002(a)), 경제 살리기 나라 살리기. 서울: 에디터.

진념 (2002(b)), (IMF 위기를 넘어)가치 한국 실현: 진념 부총리 겸 재정경제부 장관 연설문집. 과천: 재정경제부.

진덕규 (1994), 노태우 정부의 권력구조와 정치체제. 안청시·진덕규(편), 轉換期의 韓國民主主義 1987~1992. 서울: 법문사.

진덕규 (2000), 한국 현대정치사 서설. 서울: 지식산업사.

채수명 (2002), 한국대통령학 & 대권시나리오. 서울: 이유.

최병렬 (2011(a)), 보수의 길, 소신의 삶: 최병렬 자서전. 서울: 기파랑.

최병렬 (2011(b)), 청와대의 대통령 관저를 짓게 된 일화. 노재봉(편), 노태우 대통령을 말한다: 국내외 인사 175인의 기록. 파주: 동화출판사.

최병선 (1994), 제4장 경제민주화의 도전과 좌절. 김석준(편), 經濟民主化의 政治經濟. 서울: 법문사.

최성욱 (2001), 스키마관점과 상징을 활용한 조직문화 충돌의 해석: 통합재정경제원의 사례를 중심으로. 고려대학교 행정학과 박사학위논문.

최장집 (1996), 한국민주주의의 조건과 전망. 서울: 나남출판.

최장집 (2005), 한국 민주주의의 취약한 사회경제적 기반. 최장집(편), 위기의 노동: 한국 민주주의의 취약한 사회경제적 기반. 서울: 후마니타스.

최장집 (2006), 민주주의의 민주화: 한국 민주주의의 변형과 헤게모니. 서울: 후마니타스.

최진욱 (2014), 김영삼 정부의 출범 및 정부 소개. 한국행정연구원(편), 대한민국 역대 정부 주요
  정책과 국정운영 5. 김영삼 정부. 서울: 대영문화사.

최택만 (1993), 문민경제의 개혁: 6공 경제를 해부한다. 서울: 산동회계법인 출판사업국.

폴 크루그먼(외) (1997), 세계가 진단하는 한국경제. 서울: 한뜻.

학술단체협의회 (1992), 노태우 대통령의 44가지 잘못. 서울: 신세계.

한국경제신문 경제부 (1995), 한국의 경제관료. 서울: 한국경제신문사.

한국예술종합학교(편) (2012), 한국예술종합학교 개교 20주년 기념 백서: 한예종, 스무 살의 이
  야기. 서울: 한국예술종합학교.

한국일보사 (2004), 한국일보 50년사: 1954-2004. 서울: 한국일보사.

한승조 (1992), (리더쉽 理論에서 본)韓國政治의 指導者들. 서울: 대정진.

한국전산원 (2005), 한국의 정보화정책 발전사. 서울: 한국전산원.

한국정치학회(편) (2003), 韓國政治學會五十年史: 1953년-2003년. 서울: 한국정치학회.

한국행정연구원 (2008), 한국행정 60년: 1948-2008. 3. 공공정책. 파주: 법문사.

한배호 (1993), 정치개혁의 방향과 정당의 역할. 한림과학원(편), 신한국의 정책과제. 서울:
  나남.

함성득 (2002), 대통령 비서실장론. 서울: 나남.

행정부공무원노동조합 정책연구소 (2016), 한국의 장관들(장관은 시대의 거울이다). 서울: 티핑
  포인트.

Blondel, J. (1985), *Government Ministers in the Contemporary World*. London, Beverly Hills,
  New Delhi: Sage Publications.

Blondel, J. & Thiébault, J. (1991c), *The Profession of Government Minister in Western
  Europe*. New York: St. Martin's Pr.

Brown, Gordon (2017), *My Life, Our Times*. London: The Bodley Head.

Bruce-Gardyne, Jock (1986), *Ministers and Mandarins: Inside the Whitehall Village*. London:
  Pan Macmillan.

Burns, J. M. (1978), *Leadership*. New York: Harper & Row. 한국리더십연구소(역) (2000), 리
  더십 강의. 서울: 미래인력연구센터.

Campbell, John (2014), *Roy Jenkins: A Well-Rounded Life*. London: Jonathan Cape.

Christoph, J. B. (1975), "High Civil Servants and the Politics of Consensualism in Great Britain" in Dogan, M. (ed.), *The Mandarins of Western Europe*. New York: Sage.

Clausen, J. A. (1998), "Chapter 8. Life Reviews and Life Stories" in Giele, J. Zollinger & Elder, Glen H. (eds.), *Methods of Life Course Research: Qualitative and Quantitative Approaches*. Thousand Oaks, Calif.: Sage Publications.

Cooper, T. L. (1992), "Prologue: On Virtue" in Cooper, T. L. & Wright, N. D., *Exemplary Public Administrators: Character and Leadership in Government*. San Francisco: Jossey-Bass Publishers.

Dahl, Robert A. (1989), *Democracy and Its Critics*. New Haven: Yale University Press. 조기재(역) (1999), 민주주의와 그 비판자들. 서울: 문학과지성사.

Dahl, Robert A. (2006), *On Political Equality*. New Haven: Yale University Press. 김순영(역) (2010), 정치적 평등에 관하여. 서울: 후마니타스.

Damasio, Antonio R. (1994), *Descartes' Error: Emotion, Reason, and the Human Brain*. New York: Avon Books. 김린(역) (2006), 데카르트의 오류: 감정, 이성 그리고 인간의 뇌. 서울: 중앙문화사.

Dexter, L. A. (2006), *Elite and Specialized Interviewing*. Colchester: ECPR.

Diamond, Larry (2008), *The Spirit of Democracy: The Struggle to Build Free Societies throughout the World*. New York: Times Books/Henry Holt and Co. 김지운(역) (2009), 民主主義 선진화의 길: 자유사회의 世界普遍 위해. 서울: 광림북하우스.

Dogan, M. (1989), "Introduction: Selecting Cabinet Ministers" in Dogan M. (ed.), *Pathways to Power: Selecting Rulers in Pluralist Democracies*. Boulder: Westview.

Doig, James W. & Hargrove Erwin C. (1990), Leadership and Innovation: Entreneurs in Government. Baltimore: The Johns Hopkins University Press.

Drabble, S. (2011), Ministerial *Effectiveness: Literature Review*. London: Institute for Government.

Ellis, R. (1989), *Cabinet Members as Presidential Lightning Rod*. Ann Arbor, Michigan: UMI.

Felzenberg, A. S. & Heritage Foundation (2000), *The Keys to a Successful Presidency*. Washington, DC: Heritage Foundation.

Fesler, J. W. (1986), "Policymaking at the Top of Bureaucracy" in Rourke F. E. (ed.), *Bureaucratic Power in National Policy Making(4th ed.)*. Boston: Little, Brown.

Friedman, E. (1994), "Democratization: Generalizing the East Asian Experience" in Friedman, E. (ed.), *The Politics of Democratization: Generalizing East Asian Experiences*. Boulder: Westview Press.

Goodsell, C. T. (2004), *The Case for Bureaucracy*. CQ Press. 황성돈·박수영·김동원(역) (2006). 공무원을 위한 변론. 서울: 올리브 M&B.

Greenstein, F. I. (2009), *The Presidential System: Leadership Style from FDR to Barack Obama*. Princeton: Princeton University Press.

Heady, B. W. (1975), "A Typology of Ministers: Implications for Minister-Civil Servant Relationships in Britain" in Dogan, M. (ed.), *The Mandarins of Western Europe*. New York: Sage.

Held, David (2006), *Models of Democracy* (3rd ed.). Cambridge: Polity. 박찬표(역) (2010), 민주주의의 모델들. 서울: 후마니타스.

Helgesen, Geir (1998), *Democracy and Authority in Korea: The Cultural Dimension in Korean Politics*. London: Routledge.

Hood, C. & Peters, G. (2004), "Ch4. Higher Civil Servants: Neither Mutuality Implosion nor Oversight Explosion" in Hood C., James O., Peters G. & Scott C (eds.)., *Controlling nodern Government: Variety, Commonality and Change*. Cheltenham, UK; nothampton, MA: Edward Elgar Pub.

Huntington, S. (1991), *The Third Wave: Democratization in the Late Twentieth Century*. Norman: University of Oklahoma Press.

Im, Hyug Baek (2000), "South Korean Democratic Consolidation in Comparative Perspective" in Diamond L. & Kim, Byung-Kook (eds.), *Consolidating Democracy in South Korea*. Boulder, Colo.: Lynne Rienner Publishers.

Kim, Byung-Kook (2000), "Party Politics in South Korea's Democracy: The Crisis of Success" in Diamond, L. & Kim, Byung-Kook (eds.), *Consolidating Democracy in South Korea*. Boulder, Colo.: Lynne Rienner Publishers.

Kim, Samuel (2003), *Korea's Democratization*. Cambridge; New York: Cambridge University Press.

Light, Paul C. (1987), "When Worlds Collide: The Political-Career Nexus" in Mackenzie, G. Calvin (ed.), *The In-and-Outers: Presidential Appointees and Transient Government in Washington*. Baltimore: Johns Hopkins University Press.

Linz, J. J. (2010), "The Perils of Presidentialism" in Diamond, L., Plattner, M. F. & Costopoulos, P. J. (2010), *Debates on Democratization*. Baltimore: Johns Hopkins University Press.

Linz, J. J. & Stepan, A. (1996), *Problems of Democratic Transition and Consolidation: Southern Europe, South America, and Post-Communist Europe*. Baltimore: Johns Hopkins University Press. 김유남 외(역) (1996), 민주화의 이론과 사례: 이상과 현실의 갈등. 서울: 삼영사.

Linz, J. J. & Valenzuela. (1994), *The Failure of Presidential Democracy*. Baltimore: Johns Hopkins University Press.

Miller, R. L. (2000), *Researching Life Stories and Family Histories*. London; Thousand Oaks, California.: SAGE.

O'Donnell, G., Schmitter, Philippe C. & Whitehead, L. (1986), *Transitions from Authoritarian Rule: Comparative Perspectives*. Baltimore: The Johns Hopkins University Press.

O'Donnell, G. (1992), "Transitions, Continuities and Paradoxes" in Mainwaring S. et al. (eds.), *Issues in Democratic Consolidation*. Notre Dame: University of Notre Dame Press.

Paige, G. D. (1977), *The Scientific Study of Political Leadership*. New York: Free Press.

Przeworski, A. (1991), *Democracy and the Market: Political and Economic Reforms in Eastern Europe and Latin America*. Cambridge, New York: Cambridge University Press. 임혁백·윤성학(역) (1997), 민주주의와 시장. 서울: 한울아카데미.

Przeworski, A. (1995), *Sustainable Democracy*. Cambridge, England; New York: Cambridge University Press.

Przeworski, A. (2003), *Democracy and the Rule of Law*. Cambridge, New York: Cambridge University Press, 안규남·송호창(역) (2008), 민주주의와 법의 지배. 서울: 후마니타스.

Reich, Robert B. (1997), *Locked in the Cabinet*. New York: Knopf.

Riddell, P. (2019), *15 Minutes of Power: The Uncertain Life of British Ministers*. London: Profile Books.

Riddell, P., Gruhn, Z. & Carolan, L. (2011), *The Challenge of Being a Minister: Defining and Developing Ministerial Effectiveness*. Institute for Government.

Rose, Richard (1987), *Ministers and Ministries: A Functional Analysis*. New York: Oxford University Press.

Ruscio, Kenneth (2004), *The Leadership Dilemma in Modern Democracy*. Cheltenham, UK: Edward Elgar.

Sanford, F. H. (2006), "The Follower's Role in Leadership Phenomena" in Pierce, Jon L. & Newstrom, John W. (eds.), *Leaders & the Leadership Process: Readings, Self-assessments & Applications* (4th ed.). Boston: McGraw-Hill Irwin.

Saxer, C. J. (2002), *From Transition to Power Alternation: Democracy in South Korea, 1987-1997*. New York: Routledge.

Schlesinger, Arthur M. Jr. (1986), *The Cycles of American History*. Boston: Houghton Mifflin, 정상준·황혜성(역) (1993), 미국 역사의 순환. 서울: 을유문화사.

Schmidt, Helmut (2016), *Was ich noch sagen wollte*. München: C. H. Beck. 강명순(역) (2016), (헬무트 슈미트) 구십 평생 내가 배운 것들. 서울: 바다출판사.

Shapiro, I. (2004), "Inclusion and Participation" in Engelstad, Fredrik & Osterud, Oyvind (eds.), *Power and Democracy: Critical Interventions*. Aldershot, Hants, England; Burlington, VT: Ashgate.

Shin, To-chol (1999), *Mass Politics and Culture in Democratizing Korea*. Cambridge; New York: Cambridge University Press.

Simon, James E. (1999), *British Cabinet Government*. London: Routledge.

Sørensen, Georg (1993), *Democracy and Democratization*. Boulder: Westview Pr. 김만흠(역) (1994), 민주주의와 민주화. 서울: 풀빛.

Teorell, J. (2010), *Determinants of Democratization: Explaining Regime Change in the World, 1972-2006*. Cambridge; New York: Cambridge University Press.

Terry, Larry D. (2003), *Leadership of Public Bureaucracies: The Administrator as Conservator*. Armonk, N.Y.: M.E. Sharpe.

Welsh, William A. (1979), *Leaders and Elites*. New York: Holt, Rinehart & Winston.

Whitehead, L. (2003), *Democratization: Theory and Experience*. New York: Oxford University Press.

Wolff, S. B., Pescosolido, A. T. & Druskat, V. U. (2006), "Emotional Intelligence as the Basis of Leadership Emergence in Self-managing Teams" in Pierce, Jon L. & Newstrom, John W. (eds.), *Leaders & the Leadership Process: Readings, Self-assessments & Applications* (4th ed.). Boston: McGraw-Hill Irwin.

Wren, J. Thomas (2007), *Inventing Leadership: The Challenge of Democracy*. Cheltenham, UK; Northampton, MA: Edward Elgar.

Wyszomirski, M. J. (1989), "Presidential Personnel and Political Capital" in Dogan M. (ed.), *Pathways to Power: Selecting Rulers in Pluralist Democracies*. Boulder, CO: Westview Press.

논문 및 발표문 ___

강경식 (1997), 강경식 부총리 홍콩 외신기자클럽 연설(1997.9.21).

강경식 (2023), 경제개발5개년계획 수립 60주년 기념 국제컨퍼런스 기조연설(2023.5.23).

강신택 (2008), "참여정부"의 정부혁신의 논리: 하나의 해석. 대한민국학술원 논문집(인문·사회과학편) 47(1), 281-325.

강영훈 (1990), 통일을 향한 새 정치문화(1990.10.31), 관훈토론회.

강정구 (2000), 김영삼 정권의 민족사적 평가. 한국사회학 34(4), 833-865.

김경은 (2015), 한국의 장관은 정치가인가 행정가인가. 한국행정학보 49(3), 391-425.

김경은 (2018), 민주화 이후 핵심행정부의 의사결정: 조선총독부 건물 철거 사례 분석. 행정논총 56(4), 93-124.

김광웅 (1994), 한국의 장관론: 역할, 자질, 능력. 행정논총 32(2), 36-49.

김광웅 (2003), 새 정부의 바람직한 장관 리더십. 한국정책지식센터 리더십 심포지엄(2003.2.6).

김성수 (2000), 독일의 정치. 행정관계와 행정국가. 정부학연구 6(2), 66-102.

김성수 (2006), 한국 정치-행정 관계 특성의 비교 분석: 정책과정에서 장관과 고위관료의 관계를 중심으로. 한국사회와 행정연구 16(4), 1-22.

김세은 (2017), 한국 '폴리널리스트'의 특성과 변화: 언론인 출신 국회의원을 중심으로. 한국언론학보 61(3), 7-54.

김용서 (1992), 노태우·전두환·박정희. 한국논단.

김용일 (1997), 5·31교육개혁의 정당화논리 탐색. 교양논총 5, 51-65.

김재섭 (2002), 한국 교육개혁 정책의 이념적 성격: 1980-90년대를 중심으로. 한국교육사학 24(2), 57-76.

김정남 (1993), 文民시대와 改革(金正男 청와대 교육문화수석 초청 관훈 조찬간담회)(1993.9.21).

김호균 (2003), 장관교체가 부처행정의 변화에 미치는 영향 분석. 한국행정논집 13(4), 785-815.

노사공포럼 (2017), 원로에게 듣는다: 포용과 상생의 노사관계 구축할 절호의 기회 왔다. 통권 제43호.

노재봉 (1991), 민주화와 思考의 전환. 관훈토론회(1991.3.5).

문지영 (2004), 한국에서의 자유주의와 자유주의 연구. 한국정치학회보. 38(2), 73-94.

박남기·임수진 (2018), 대통령의 내각운영 유형과 장관 임명 배경에 따른 교육부장관 리더십 사례 연구. 교육행정학연구 36(3), 203-229.

박남기·임수진 (2019), 교육부 부처 내부를 대상으로 한 교육부장관 리더십 사례 연구. 교육행정학연구 37(1), 277-305.

박종성 (1993), 전환기 한국의 정치파벌구조와 정치변동방향 연구: 민·군 관계와 엘리트 유동성을 중심으로. 한국정치학회보 27(1), 269-303.

손호철 (2009), 한국체제 논쟁을 다시 생각한다: 87년 체제, 97년 체제, 08년 체제론을 중심으로. 6월항쟁 22주년 기념 학술대토론회.

송정민 (1997), 언론인들의 권력 편입. 저널리즘비평 21(1), 12-15.

시장경제연구원·월간조선 (2002), '대통령과 대통령 보좌 조직의 역할과 기능' 토론문. 시장경제연구원·월간조선 공동기획 〈시장경제와 기업하기 좋은 환경, 어떻게 구축할 것인가?〉 (2002.8.28).

신현석 (2004), 대학 구조조정의 정치학(1)-역사적 분석을 통한 신제도주의적 특성을 중심으로. 한국교육정치학회 학술대회논문집.

안병만 (1992), 歷代지도자 統治스타일. 출처 미상(1992.6.12).

안병영 (1992), 한국관료제의 변천과 전망. 한국행정연구 1(1), 76-84.

안병영 (1999), 개혁과정과 장관의 역할: 문민정부 교육개혁을 중심으로. 연세행정논총 24, 1-24.

안병영 (2001), 장관의 교체와 정책의 안정성: 정책연속성 확보를 위한 시론. 한국행정연구 10(4), 32-61.

안병영 (2003), 한국 장관의 역할, 유형, 그리고 정책영향력. 사회과학논집 33, 1-26.

안병영 (2006), 시대별 국가과제와 행정학의 대응 분석. 한국행정학회 하계학술대회논문집, 1-6.

양동훈 (1996), 민주화와 권위주의 체제 유산의 청산문제: 개념적 분석. 한국정치학회보 30(1), 171-194.

이갑윤·문용직 (1995), 한국의 민주화: 전개과정과 성격. 한국정치학회보 29(2), 217-232.

이강로 (1994), 김영삼의 지도력 유형. 한국정치학회보 27(2-1), 145-163.

이명현 (1994), 21세기를 위한 한국의 교육 개혁. 교원교육 10(1), 13-24.

이준웅 (2007), 언론인의 정계진출과 언론의 독립성. 관훈저널 104, 122-128.

전경옥 (1996), 권력의 정당성과 대중문화. 한국정치학회보 29(3), 359-385.

정용대 (1994), 김영삼 대통령의 개혁이념과 한국 민주주의. 한국정치학회보 27(2), 121-143.

정일준 (2009), 통치성을 통해본 한국 현대사: 87년 체제와 한국의 사회구성. 6월항쟁 22주년 기념 학술대토론회.

정정길 (1988), 경제장관회의와 정책결정. 행정논총 26(2), 370-380.

정홍익 (1988), 민주화이론과 제3차 민주화의 전망. 행정논총 26(2), 340-369.

조영재 (2015), '사실'과 '구술자료'의 간극에 대한 하나의 해석: 정치엘리트 구술연구를 중심으로. 기록학연구 43, 43-70.

진념 (2000), 진념: IMF 3년과 한국경제. 관훈토론회(2000.11.30).

최병렬 (1994), 시민의 안전을 최우선으로. 관훈토론회(1994.11.23).

최병렬 (2004), 최병렬 한나라당 대표. 관훈토론회(2004.2.17).

최장집 (1998), 한 어려운 조합, 민주주의와 시장경제. 한국행정학회 Conference.

하태수 (2011), 김영삼 정권 전반기의 중앙정부 조직개편 분석. 한국정책연구 11(2), 367-402.

홍지만 (2014), 언론인 정계 진출 단점보다 장점 더 많다. 관훈저널 132, 86-92.

황경식 (2007), 哲學界의 大兄! 玄愚 李明賢 선생의 퇴임에 부쳐. 철학논구 35, 1-3.

황종성 (1996), 한국 정치엘리트의 구조적 분석. 한국정치학회보 30(2), 141-163.

Ban, C. & Ingraham, P. (1990), "Short-Timers: Political Appointee Mobility and Its Impact on Political-Career Relations in Raegan Administration," *Administration & Society* 22(1), pp. 106-124.

Barker, A. & Wilson, G. (1997), "Whitehall's Disobedient Servants? Senior Officials' Potential Resistance to Ministers in British Government Departments," *British Journal of Political Science* 27(2), pp. 223-246.

Bollen, K. A. & Jackman, R. W. (1985), "Economic and Noneconomic Determinants of Political Democracy in the 1960s," *Research in Political Sociology* 1, pp. 27-48.

Cheong, Jong One (2009), "Suggested Capacities for Minister's Success: An Empirical Approach Based on Saaty's AHP," *International Journal of Public Administration* 32, pp. 136-151.

Cohen, D. M. (1998), "Amateur Government," *Journal of Public Administration Research and Theory* 8(4), pp. 450-497.

Collier, D. & Adcock, R. (1999), "Democracy and Dichotomies: A Pragmatic Approach to Choices about Concepts," *Annual Review of Political Science* 2, pp. 537-565.

Dudley, G. & Richardson, J. (1996), "Promiscuous and Celibate Ministerial Style: Policy Change, Policy Networks and British Roads Policy," *Parliamentary Affairs* 49(4), pp. 566-583.

Eisenhardt, K. M. & Graebner, M. E. (2007), "Theory Building from Cases: Opportunities and Challenges," *The Academy of Management Journal* 50(1), pp. 25-32.

Heo, Uk (2013), "What Delays Democratic Consolidation in South Korea," *Korea Observer* 44(4), pp. 569-591.

Heo, Uk, Hahm, Sung Deuk & Kim, Dohee (2012), The Impact of Democratization on Economic Growth in Asia: An Interrupted Time-Series Analysis, *Korean Observer* 43(1), pp. 21-45.

Kakabadse, A. P. & Kakabadse, N. K. (2011), "Eleven Sides to the Minister of the Crown," *British Politics* 6(3), pp. 345-378.

Kim, Kyoung Eun & Choi, Heung Suk (2020), "What Determines Senior Civil Servants' Responsive Behaviors to Ministers?: Applying Mixedmethodology on the Relationship between Top Bureaucrats and Ministers in South Korea," *International Review of Public Administration* 25(1), pp. 22-43.

Kim, Pan Suk (2004), "Presidential Personnel Innovation for Presidential Appointees in Korea: Toward an Institutional Presidency," *Public Administration and Development* 24(3), pp. 235-246.

Kim, Pan Suk (2009), "A Case for Performance Management for Political Appointees," *Public Personal Management* 38(4), pp. 1-18.

Laughrin, David (2009), "Swimming for Their Lives: Waving or Drowning? A Review of the Evidence of Ministerial Overload and Potential Remedies for It," *The Political Quarterly* 80, pp. 339-350.

Marsh, D., Richards, D. & Smith M. J. (2000), "Re-assessing the Role of Departmental Cabinet Ministers," *Public Administration* 78(2), pp. 305-326.

Pfiffner, James P. (1907), "Political Appointees and Career Executives: The Democracy Bureaucracy Nexus in the Third Century," *Public Administration Review* 47(1), pp. 57-65.

Polsby, Nelson W. (1978), "Presidential Cabinet Making: Lessons for the Political System," *Political Science Quarterly* 93(1), pp. 15-25.

Putnam, R. D. (1973), "The Political Attitudes of Senior Civil Servants in Western Europe: A Preliminary Report," *British Journal of Political Science* 3(3), pp. 257-290.

Rhodes, R. A. W. (2005), "Everyday Life in a Ministry: Public Administration as Anthropology," *American Review of Public Administration* 35(1), pp. 3-25.

Riccucci, N. M.(1995), ""Execucrats," Politics, and Public Policy: What Are the Ingredients for Successful Performance in the Federal Government?," *Public Administration Review* 55(3), pp. 219-230.

Rose, Richard (1971), "The Making of Cabinet Ministers," *British Journal of Political Science* 1(4), pp. 393-414.

Share, Donald (1987), "Transitions to Democracy and Transition through Transaction," *Comparative Political Studies* 19(4), pp. 525-548.

Shin, Doh Chull (1994), "On the Third Wave of Democratization: A Synthesis and Evaluation of Recent Theory and Research," *World Politics* 47(1), pp. 135-170.

Shin, Hyunki & Choi, Sun (2017), "Presidential Priority and Political Appointment: Ordered Logit Regression Analysis of the Patronage and Merit of Ministers and Vice Ministers," *Korea Observer* 48(2), pp. 183-216.

Trachman, Matthew, "Historicizing Leadership/Democratizing Leadership Studies" (unpublished manuscript).

언론보도 ___

경향신문, 「內務部長官 白漢成氏 長官은 어려운 것」(1954.12.20), 1면.

경향신문, 「초청연사 12명 결정 신민개헌 공청회」(1980.1.8), 1면.

경향신문, 「姜군 관련 호소문 발표」(1991.4.29), 1면.

국민일보, 「오늘 우리는 누가 누구와 싸우나」(1991.5.2), 1면.

국민일보, 「국민특집-장관 24時 「자율·책임」이 철학···마라톤대회 정평」(1991.9.18), 17, 18면.

국민일보, 「李明賢「新韓國」자문(金泳三개혁/브레인에 듣는다)」(1992.12.26), 3면.

동아일보, 「金錫輝 검찰총장」(1982.5.22), 2면.

동아일보, 「[스케치] "상상력부터 길러라" 文化部 體質만들기 술렁」(1990.1.5), 8면.

동아일보, 「初中高교원 政治활동허용 촉구」(1990.3.10), 1면.

동아일보, 「시위大學生 경찰에 맞아 死亡 大統領사과-內閣총사퇴 촉구」(1991.4.27), 1면.

동아일보, 「3黨 體制정비 본격화」(1992.12.21), 1면.

동아일보, 「社說. 제자리 찾는 安企部 機務司」(1993.3.31), 3면.

동아일보, 「신한국(新韓國) 어디로, 김영삼 정부 6개월 평가와 과제(1) "개혁「제도적 프로그램」시급"」(1993.8.23), 3면.

동아일보, 「金泳三정부 최장수장관 吳隣煥공보처」(1995.12.21), 6면.

동아일보, 「[12·20 개각 뒷얘기] 오인환공보, 최장수장관 기록」(1996.12.20).

동아일보, 「祕話 文民정부 金泳三정권 5년의 功過(28) 2부 '문민司正'의 허실」(1998.3.8), 7면.

동아일보, 「[憧憬동경 이종찬 회고록] 〈23〉 5공의 착각」(2015.1.24), 12면.

동아일보, 「[초대석] 교육개혁 다시 필요. 이념-정파 초월한 기구로 사회적 합의를」(2015.6.1), 28면.

동아일보, 「[논설위원이 만난 사람/이진녕] "정치는 바른사람 아닌 문제해결할 줄 아는…"」(2015.11.20), 28면.

동아일보, 「2015 장관평가, 현장 소통과 개혁 추진력이 갈랐다」(2015.12.3(a)), 1면.

동아일보, 「리더십-소신 없이 눈치만…장관 21명 중 10명 '자질 미흡'」(2015.12.3(b)), 5면.

매일경제, 「8·5 개각 뒷얘기: 인선자료도 못챙긴 마지막 깜짝인사」(1997.8.6), 3면.

머니투데이, 「[소셜 디자이너 열전] 〈22〉 박석무 다산연구소 이사장」(2013.3.23), 15면.

머니투데이, 「과거 정부 기업인 입각 사례 보니…」(2018.6.26), 3면.

부산 2020, 「강경식 에세이: 철의 밥그릇과 경제 민주화」(1989년 6-7월호).

새전북신문, 「[시가 있는 이야기] 어느 깃발 아래서」(2002.1.1), 14면.

새한신문, 「「教育家族」 보람에 산다」(1979.1.1), 3면.

서울신문, 「"焚身 선동勢力 철저히 색출": 3部장관·대학총장 간담」(1991.5.9), 1면.

서울신문, 「오인환 공보처 최장수 기록」(1997.10.5), 2면.

세계일보, 「「교수신문」 전화설문조사」(1992.12.30), 21면.

시사오늘, 「[時代散策] 박세일, "YS의 변화·개혁은 아직 끝나지 않았다"」(2015.12.21-2016.1.19, 174호).

시사오늘, 「[時代散策] 오인환 전 공보처 장관 "부친 반대로 접은 김현철 미완의 정치 꿈, 아쉬워"」(2023.9.26-10.17, 312호).

시사저널, 「YS의 신임 특보 '東亞'서 면직」(1992.8.13, 제146호).

시사저널, 「'소신 장관'의 공로와 과오」(1997.11.20, 제421호).

시사저널, 「특별기획 시리즈-한국의 신 인맥 지도. 경남고 vs. 부산고」(2010.3.9, 제1063호).

시사저널, 「박관용 회고록-제16화 YS 스타일: 의욕 충만한 YS 넘친 자신감이 때론 장애」(2016.5.17-5.24, 제1387호), 37면.

신동아, 「언론통폐합의 주적(主犯)은 '나'라는 허문도」(1988년 12월호).

신동아, 「노 대통령, 끝내 대세에만 편승할 것인가」(1989년 6월호).

신동아, 「노 대통령 지도력의 세 가지 특징」(1991년 4월호).

신동아, 「YS정권 핵심 실세가 회고하는 문민정부 5년(下)」(2001년 2월호).

신동아, 「〈국·과장급 고위공무원 집중조사〉 노태우·김영삼·김대중 정부의 장관성적표」(2001
    년 10월호).

연세춘추, 「사설: 학교발전에 부치는 말-백양로 확장과 정문신축설을 듣고」(1968.4.8).

월간조선, 「노태우 대통령을 만든 사람들」(1988년 1월호).

월간조선, 「노태우의 권부」(1988년 10월호).

월간조선, 「한국의 언론파워」(1988년 11월호).

월간조선, 「최청림의 경제시평-국무회의를 활성화시키자」(1989년 5월호).

월간조선, 「경제 총리론-신현확과 김만제」(1989년 6월호).

월간조선, 「위험한 국가지상주의」(1991년 4월호(a)).

월간조선, 「강경식의 경제개혁론」(1991년 4월호(b)).

월간조선, 「「國産品 애용식」으론 나라 망한다」(1991년 11월호).

월간조선, 「장관의 잦은 교체와 정책일관성의 붕괴」(1992년 1월호).

월간조선, 「김영삼, '경제 모른다'는 인식 바꿀 수 있다」(1992년 5월호).

월간조선, 「대권 도박사 김영삼, 그 인간과 정치」(1992년 6월호).

월간조선, 「새시대의 유망 정치지도자 랭킹30」(1993년 1월호(a)).

월간조선, 「임기초에 과감한 경제·행정·의식개혁」(1993년 1월호(b)).

월간조건, 「김영삼 대통령론」(1993년 2월호(a)).

월간조선, 「김영삼의 인사원칙」(1993년 2월호(b)).

월간조선, 「강경식 전 대통령비서실장이 제시한 국정개혁 24개항」(1993년 2월호(c)).

월간조선, 「인간 노태우, 대통령 노태우」(1993년 3월호(a)).

월간조선, 「한국의 정치부 기자들」(1993년 3월호(b)), 262쪽.

월간조선, 「경제팀 호흡이 너무 잘 맞아 견제가 안 걸릴 위험도 있다」(1993년 5월호).

월간조선, 「오인환 공보처 장관-YS개혁의 나팔수, 하지만 너무 튄다는 평도」(1993년 7월호).

월간조선, 「인터뷰-최초의 금융실명제 추진주역 강경식 의원」(1993년 9월호(a)).

월간조선, 「청와대 출입기자들이 평가한 김영삼의 국가경영능력」(1993년 9월호(b)).

월간조선, 「23개 부처 국장급 이상 3백여 명이 꼽은 역대 최고 장관 23명」(1993년 9월호(c)).

월간조선, 「이것이 金泳三 개혁의 본질이다」(1993년 11월호(a)).

월간조선, 「김영삼 대통령의 역사관 문제-그는 역사의 계승자인가 파괴자인가」(1993년 11월호(b)).

월간조선, 「「野戰의 지휘자들」, 사명감과 현실 속에서 흔들린다」(1995년 1월호).

월간조선, 「전직 장관 62명의 체험적 장관론」(1995년 2월호).

월간조선, 「한국사회를 움직이는 얼굴 없는 실력자, 편집국장들의 세계」(1995년 5월호).

월간조선, 「金泳三 대통령의 愛用語 「문민」 탐험」(1995년 6월호).

월간조선, 「집중 인터뷰: 「자신만만한 남자」 崔秉烈」(1995년 7월호).

월간조선, 「교수출신 장관·청와대 참모의 장단점 연구」(1996년 2월호).

월간조선, 「진념 노동부 장관-백지상태에서 새 틀을 짜보자」(1996년 6월호).

월간조선, 「인물연구. 고립무원의 이석채 청와대 경제수석」(1997년 3월호).

월간조선, 「경제초점. 기아 사태에 대한 정부의 불개입 정책」(1997년 9월호).

월간조선, 「뉴스의 인물. 진념 신임 기아그룹 회장」(1997년 12월호).

월간조선, 「초점-문민정부 개각사 대해부」(1998년 1월호(a)).

월간조선, 「특집-IMF 시대, 위기냐 기회냐」(1998년 1월호(b)).

월간조선, 「이제는 마지막 선을 넘는다는 담담함」(1998년 3월호).

월간조선, 「IMF 사태의 내막 下 「국내 의사 말 안듣다가 IMF 의사에 의해 수술받고 있는 상황」」
     (1998년 4월호).

월간조선, 「한국의 시사만화가」(2001년 5월호).

월간조선, 「그룹인터뷰. 단명장관들, 할 말은 길다」(2001년 12월호).

월간조선, 「인물연구-장관만 여섯 번째, 직업이 장관인 陳稔 경제부총리」(2002년 4월호).

월간조선, 「4년간 교육부 장관 7명 취재기」(2002년 6월호).

월간조선, 「김대중 정부 26인의 장관들이 말하는 「장관직의 모든 것」」(2002년 11월호).

월간조선, 「[인물연구] 「최고장관」 吳明의 성공비결」(2003년 7월호).

윤형섭, 「건국대 총장 4년(1994.9-1998.8)의 회고 ① 장관직 내려놓게 했던 대학으로 오리나」
     (교수신문, 2020.11.18), 11면.

윤형섭, 「[살며 생각하며] ⑤ 총장님, 그땐 두 번 다 정말 죄송했습니다」(한국대학신문,
     2020.11.16-11.21), 14면.

윤형섭, 「[살며 생각하며] ⑪ 죄와 벌-70년대 학생처장의 고뇌」(한국대학신문, 2021.2.8-
     2.13), 14면.

윤형섭, 「[살며 생각하며 ⑭] 나의 소년기와 아버지의 비밀」(한국대학신문, 2021.3.22-
     3.27), 14면.

윤형섭, 「[살며 생각하며 ⑮] 가엾은 나의 아버지 세대와 국운」(한국대학신문, 2021.4.5-4.10), 14면.

윤형섭, 「[살며 생각하며] ⑱ 내 인생을 한순간에 바꿔놓은 그 청년은 누구였을까」(한국대학신문, 2021.5.17-5.22), 14면.

윤형섭, 「[살며 생각하며] ㉑ 교총이 더 큽니까, 대한민국이 더 큽니까? 어느 쪽이 더 중요합니까?」(한국대학신문, 2021.8.2-8.7), 14면.

윤형섭, 「[살며 생각하며] ㉒ 교육의 정치적 독립」(한국대학신문, 2021.8.16-8.21), 14면.

윤형섭, 「[살며 생각하며] ㉓ YS와의 악연, 한 번의 꽤씸죄, 두 번의 보복과 그리고 그 은덕」(한국대학신문, 2021.8.30-9.4), 14면.

이코노미스트, 「인물탐구-진념 동자부 장관」(1992.5.5, 제196호).

이코노미스트, 「'미래 장관감'은 떡잎부터 달랐다」(2007.6.26, 제893호).

이코노미스트, 「[1997년을 기억하는 스무가지 방식④ 외환위기 책임론] 희생양이 필요했던 비이성적 소극(笑劇)」(2017.3.27, 제1377호).

조선일보, 「政治學ㅡ政治學徒의 忌避」(1973.12.9), 5면.

조선일보, 「一事一言. 어느 母女」(1978.9.2), 5면.

조선일보, 「歷史는 順理로 흘러야한다」(1980.1.1), 11면.

조선일보, 「大統領 緊急權 축소 言論자유-勞動 3權 철저 보장을」(1980.1.12), 1면.

조선일보, 「4·19는 民主土着 위한 저항운동」(1980.4.19), 2면.

조선일보, 「외양간과 政治」(1980.5.3), 4면.

조선일보, 「一事一言. 教壇 20년의 信條」(1981.4.2), 11면.

조선일보, 「一事一言. "技士 양반"」(1981.4.18), 11면.

조선일보, 「「호사무마(好事無魔)」의 한해로」(1984.1.14), 5면.

조선일보, 「部分과 全體의 調和」(1984.2.7), 5면.

조선일보, 「바가지와 고깔」(1984.5.8), 5면.

조선일보, 「「署名」관련 教授 4명 서울大서 「주의」통고」(1986.3.29), 11면.

조선일보, 「"教員노조 결성 반대" 教聯서 결의대회」(1989.5.21), 15면.

조선일보, 「教聯기능 활성화 지시」(1989.6.17), 2면.

조선일보, 「東欧변혁의 교훈」(1989.11.21), 5면.

조선일보, 「高校교육正常化-선발기능우선」 큰 시각差」(1990.3.4), 16면.

조선일보, 「動向파악 대상자 명단」(1990.10.6), 3면.

조선일보, 「교육자집안····」(1990.12.28(a)), 4면.

조선일보, 「改閣 겹친 「送旧迎新」···部処마다 "새출발"」(1990.12.28(b)), 22면.

조선일보, 「예체능 특수大 설립 검토」(1991.2.2), 2면.

조선일보, 「「産業평화」로 물가 잡아보자」(1991.3.20), 4면.

조선일보, 「鄭총리"미룰것 없다"에 日曜단행」(1991.5.27), 3면.

조선일보, 「닻올린 鄭내각···「法질서-所信」강조」(1991.5.28), 3면.

조선일보, 「鄭총리 집단暴行 당해」(1991.6.4), 1면.

조선일보, 「누구를 위한 「牛人倫」 暴力인가」(1991.6.7), 4면.

조선일보, 「韓-蘇, 교육-학술교류 협정」(1991.8.16), 22면.

조선일보, 「상공一교육, 理工大설립舌戰」(1991.9.12), 8면.

조선일보, 「문제지流出 보강수사 지시」(1992.1.24), 2면.

조선일보, 「「킹 메이커」들 뜨거운 머리싸움」(1992.11.10), 4면.

조선일보, 「참신성 최대 추구····「所信派」가 큰 줄기」(1993.2.23), 5면.

조선일보, 「새內閣 오늘 일괄발표」(1993.2.26), 1면.

조선일보, 「金대통령이 대부분 직접통보」(1993.2.27(a)), 2면.

조선일보, 「한국일보 출신 "大兄" 별명」(1993.2.27(b)), 4면.

조선일보, 「당혹···환영···"정권교체 실감"」(1993.2.27(c)), 5면.

조선일보, 「90%와 54%의 여론(사설)」(1993.4.18), 3면.

조선일보, 「"改革이냐 革命이냐" 논쟁」(1993.5.27), 4면.

조선일보, 「敎改委 「개혁안」 누가만드나」(1994.6.15), 30면.

조선일보, 『교육예산「5% 논쟁」』(1995.5.25), 2면.

조선일보, 「"전국區도 票"「스타군단」 포진 득표戰과 연계」(1996.2.21), 4면.

조선일보, 「금융개혁의 교훈」(1997.1.20), 5면.

조선일보, 「민방(民放)의혹 가려야」(1997.5.2), 3면.

조선일보, 「「작은 것」에 집착말자」(1997.7.30), 5면.

조선일보, 「임기말 개각 뒷얘기」(1997.8.6), 3면.

조선일보, 「오(吳) 공보처 장관의 '고해성사'」(1998.1.4), 4면.

조선일보, 「長官과 會長의 후회」(1998.1.6), 3면.

조선일보, 「떠나는 閣僚들 한마디」(1998.2.25), 4면.

주간동아, 「경제팀 총수 진념, 개혁성 시비 잠재울까」(2000.10.12, 254호).

중앙경제신문, 「[月曜칼럼] 「불필요한 規制」부터 추방을」(1991.1.14), 3면.

중앙일보, 「소신파 "최틀러": "판단은 차게 행동은 뜨겁게" 최병렬(의원탐구: 28)」(1993.2. 28), 5면.

중앙일보, 「이명현 교육부장관, 조문부 제주대총장 취임 축하」(1997.9.20).

중앙일보, 「[새 각료 프로필] 진념 예산처」(1999.5.25), 9면.

한겨레신문, 「교육부장관의 두얼굴」(1991.5.17), 2면.

한겨레신문, 「정권인수 구체 논의」(1992.12.22), 1면.

한겨레신문, 「김대통령, 오 공보처 언론인 연쇄접촉 분주」(1993.4.28), 10면.

한겨레신문, 「김영삼정부 출범이후 민주화 '삶의 질'에 큰 영향없다」(1994.5.24), 19면.

한겨레신문, 「그들 지식은 역사 비튼 '흉기'」(1996.1.18), 5면.

한겨레신문, 「YS 브레인··· 독선 지적도, 이명현 교육」(1997.8.6), 4면.

한겨레신문, 「언론사 정치부장 우리당 입당 논란」(2004.2.4), 5면.

한국교육신문, 「'교원지위법 제정을 위한 전국 학교분회장 및 시·도, 시·군 대표자대회(1990. 5.22)' 대회사」(1990.6.1), 1면.

한국농어민신문, 「국민의 정부 초대 농림장관 김성훈이 기억하는 김대중」(2009.8.24), 3면.

한국대학신문, 「〈특별기획〉 5·31교육개혁 20년, 새로운 20년 열자 ③ 전문가 좌담」(2014.6.16), 5면.

한국일보, 「신임 尹亨燮 교육, 집안 23명 교육자」(1990.12.28), 22면.

한국일보, 「金昌悅칼럼 土曜世評. 尹장관」(1991.3.2), 5면.

한국일보, 「金昌悅칼럼 土曜世評. 「特段의···」」(1992.9.19), 5면.

한국일보, 「진념 기아그룹 회장/"기아 3자인수는 없습니다"」(1997.11.15), 7면.

한국일보, 「[특별기고] 대통령과 임기를 함께하는 장관」(2000.1.13), 6면.

한국일보, 「[장명수 칼럼] 짖지 않는 개들」(2006.9.1), 26면.

한국일보, 「서울역사박물관 '사직골 대머리집' 외상장부 공개…」(2009.7.29), 29면.

한국일보, 「[특별기고] 백 가지 생각 천 가지 행동의 언론인 장기영」(2016.5.2), 29면.

한국일보, 「[이성철 칼럼] 개각합시다, 가급적 크게」(2020.10.23), 26면.

Asian Wall Street Journal, 「Key Korean Official in a Leading Voice of Liberalism」(1984. 6.8-9), p. 1, 3.

인터넷 자료 ___

국민일보, 「[김경호의 문화비평] 찌라시 폭탄맞은 문체부, '오인환 리더십' 아쉽다」(2014.12.12), kmib.co.kr/article/view.asp?arcid=0008942879(검색일: 2024.10.24).

김병옥, 「대한민국 교육부 장관 불쌍하다!」, 김병옥 기자의 교육부 48년 출입노트(2003.12.8), edukim.com/entry/%EB%8C%80%ED%95%9C%EB%AF%BC%EA%B5%AD-%EA%B5% 90%EC%9C%A1%EB%B6%80-%EC%9E%A5%EA%B4%80-%EB%B6%88%EC%8C%8D%ED %95%98%EB%8B%A4%EF%BC%81(검색일: 2024.10.24).

김병옥, 「교장임기제 내건 교총회장이 장관 차지」, 김병옥 기자의 교육부 48년 출입노트(2014.1.28), edukim.com/tag/%EA%B5%90%EC%B4%9D%ED%9A%8C%EC%9E%A5(검색일: 2024.10.24).

단비뉴스, 「여소야대, 소통 노력 없으면 경제 퇴보」(2016.4.15), danbinews.com/news/ articleView.html?idxno=6920(검색일: 2024.10.24).

매일경제, 「[역대 공무원 베스트10] 고건.남덕우.김재익 順」(2002.3.19), mk.co.kr/news/ society/2725037(검색일: 2024.10.24).

메디팜헬스, 「언론, 정치계의 거목 최병렬선생을 생각하며...메디팜헬스뉴스 창간때 '정론직 필' 축사」(2022.12.3), medipharmhealth.co.kr/mobile/article.html?no=87214(검색일: 2024.10.24).

미디어빌, 「⟨117⟩언론선배 정치인 최틀러의 명복을!」(2022.12.4), mediaville.co.kr/news/ articleView.html?idxno=2114(검색일: 2024.10.24).

브레이크뉴스, 「YS정권 5년 장기(長期) 장관 '오인환 전 공보처장관'과 언론자유」(2019.7.26), breaknews.com/670364(검색일: 2024.10.24).

아시아엔, 「[이기우의 행복한 도전12] 고졸 출신이 고시 출신보다 승진 빨랐던 이유」(2020.6.1), kor.theasian.asia/archives/262688(검색일: 2024.10.24).

아카이브 조선, cdb.chosun.com/search/db-people(검색어: 유세준, 이덕주, 서종환).

연합뉴스, 「〈焦點〉姜부총리의 성장과정과 경제철학」(1997.3.5), n.news.naver.com/mnews/article/001/0004236828?sid=101(검색일: 2024.10.24).

월간조선 뉴스룸, 「[정치와 인간] 내가 겪은 崔秉烈과 徐淸源: 냉철한 崔틀러와 가슴이 뜨거운 徐캡의 추억」(2003.8.6), monthly.chosun.com/client/news/viw.asp?ctcd=&nNewsNumb=200308100045(검색일: 2024.10.24).

유투브 채널 진성호 방송(2022.12.2), youtube.com/@SHJin_/videos(검색일: 2024.10.24).

조선비즈, 「진념 장관, "조용히, 바늘로 찌르듯 개혁"」(2000.8.14), biz.chosun.com/site/data/html_dir/2000/08/14/2000081470259.html(검색일: 2024.10.24).

중앙시사매거진, jmagazine.joins.com/art_print.php?art_id=285346(검색일: 2024.10.24). 기사 제목·발행일 불명.

중앙일보(강남통신), 「부인 조삼진 명예교수가 말하는 강경식 전 경제부총리 가족」(2013.3.27), joongang.co.kr/article/11050513#home(검색일: 2024.10.24).

KBS뉴스, 「진념 신임 노동부 장관, "인간관계 최우선"」(1995.5.24), news.kbs.co.kr/news/pc/view/view.do?ncd=3751377(검색일: 2024.10.24).

MBC뉴스, 「진념 신임장관, 노사간 상호신뢰 바탕으로 문제해결 당부」(1996.5.24), imnews.imbc.com/replay/1995/nwdesk/article/1953278_30705.html(검색일: 2024.10.24).

SBS 뉴스, 「오인환: 최장수 공보처장관 기록」(1997.10.6), news.sbs.co.kr/news/endPage.do?news_id=N0300119384(검색일: 2024.10.24).

보고서

국민권익위원회 (2015), 장관 행동강령 도입 방안 연구.

국사편찬위원회 (2007), 언론인 정치인 남재희를 통해 본 한국 언론 및 정치사(2007.7.19-2007.12.13 구술).

국사편찬위원회 (2009), 1960~70년대 경제 고위관료에게 듣는 한국경제정책의 수립과 집행 (2009.11.24-2009.12.10 구술).

나라경제, 「산업화 시대 '경륜'과 민주화 시대 '열정'을 아울러라」(2008년 8월호).

행정안전부 (2017), 되돌아보는 대한민국 전자정부 이야기 23선: 1967-2017. 서울: 행정안전부.

한국노동연구원, 1997년 KLI 노동통계.

한국노동연구원 (2000), 『한국의 노동법 개정과 노사관계: '87년 이후 노동법 개정사를 중심으로』.

한국학중앙연구원 현대한국구술자료관: 강경식 (2009.12.10 구술), 김원기 (2013.3.22 구술), 안응모 (2014.11.10 구술), 이희일 (2011.5.11 구술), 홍사덕 (2011.1.23 구술).

Garelli, Stephane (1999), *World Competitiveness Yearbook 1999*. IMD, International Institute for Management Development(June 1, 1999).

OECD (1999), *OECD Economic Survey: Korea 1997-1998*, 한국개발연구원·재정경제부(역), OECD 한국경제보고서 1997-1998. 서울: 한국개발연구원.

국회회의록 ___

• 「문교공보위원회 회의록」(1988.11.21).

• 「문교공보위원회 회의록」(1989.4.20).

• 「1989년도 국정감사 문교공보위원회 회의록」(1989.9.23).

• 「1989년도 국정감사 문교공보위원회 회의록」(1989.10.7).

• 「1990년도 국정감사 문화공보위원회 회의록」(1990.11.28).

• 「교육체육청소년위원회 회의록」(1991.6.7).

• 「1991년도 국정감사 동력자원위원회 회의록」(1991.9.16).

• 「1991년도 국정감사 동력자원위원회 회의록」(1991.10.4(a)).

• 「1991년도 국정감사 노동위원회 회의록」(1991.10.4(b)).

• 「교육체육청소년위원회 회의록」(1991.10.21).

• 「1993년도 국정감사 문화체육공보위원회 회의록」(1993.10.14)

• 「1994년도 국정감사 문화체육공보위원회 회의록」(1994.10.10).

• 「1995년도 국정감사 문화체육공보위원회 회의록」(1995.10.9).

• 「1995년도 국정감사 환경노동위원회 회의록」(1995.10.12).

• 「1995년도 국정감사 환경노동위원회 회의록」(1995.10.13).

• 「교육위원회 회의록」(1996.7.26).

• 「교육위원회 회의록」(1996.8.22).

• 「1996년 국정감사 환경노동위원회 회의록」(1996.10.1).

- 「1996년도 국정감사 문화체육공보위원회 회의록」(1996.10.2).

- 「1996년도 국정감사 문화체육공보위원회 회의록」(1996.10.18(a)).

- 「1996년도 국정감사 환경노동위원회 회의록」(1996.10.18(b)).

- 「1997년도 재정경제위원회 회의록」(1997.3.7).

- 「1997년도 재정경제위원회 회의록」(1997.3.11).

- 「1997년도 재정경제위원회 회의록」(1997.5.22).

- 「1997년도 재정경제위원회 회의록」(1997.5.23).

- 「1997년도 재정경제위원회 회의록」(1997.7.24).

- 「1997년도 재정경제위원회 회의록」(1997.8.26).

- 「교육위원회 회의록」(1997.9.23).

- 「교육위원회 회의록」(1997.9.26).

- 「1997년도 국정감사 재정경제위원회 회의록」(1997.10.1).

- 「1997년도 국정감사 문화체육공보위원회 회의록」(1997.10.6).

- 「1997년도 국정감사 재정경제위원회 회의록」(1997.10.17).

- 「1997년도 재정경제위원회 회의록」(1997.11.14).

- 「교육위원회 회의록」(1999.8.22).

대통령 연설문 ___

김영삼, 「미 내셔널 프레스클럽 연설」(1987.9.16).

김영삼, 「대통령선거 서울 여의도 유세」(1987.12.12).

김영삼, 「제13대 대통령 당선 인사」(1987.12.17).

김영삼, 「제159회 국회 대표연설문」(1992.10.13).

김영삼, 「우리 모두 다 함께 신한국으로(제14대 대통령 취임사)」(1993.2.25).

김영삼, 「대통령의 세계화구상(세계화추진위원과의 간담회)」(1995.1.25).

김영삼, 「3.1운동은 민족사의 찬란한 금자탑」(1995.3.1).

김영삼, 「新노사관계로 세계일류국가 건설」(1996.4.24).

노태우, 「보통사람들의 위대한 시대(제13대 대통령 취임사)」(1988.2.25).

노태우, 「보통사람들의 일꾼이 되자(민주정의당 제13대 국회의원 후보자 공천장 수여식 연설)」 (1988.3.19).

노태우, 「이제 서울은 세계의 등불(서울지역 각계인사 초청 다과회 연설)」(1988.4.22).

노태우, 「국민의 소리에 귀기울이자(민주정의당 지구당위원장 접견시 연설)」(1988.5.2).

노태우, 「민주자존·민주화합·균형발전·통일번영(청와대 국무회의에서의 지시)」(1988.5.9).

노태우, 「폭력 없는 민주주의(부산 동의대학교 참사와 관련하여 국민께 드리는 말씀)」(1989.5.3).

노태우, 「민주주의는 시민의식 뒷받침될 때 성공(「한국일보」 창간 35돌 기념 특별회견)」(1989.6.9).

그림 출처

[그림 1] 한국일보 광고(1996.1.5), 36면.

[그림 2] 경향신문(1987.6.29 촬영).

[그림 3] 경향신문(1987.9.23 촬영).

[그림 4] 박용수, 민주화운동기념사업회(1989.3.25 촬영).

[그림 5] 네이버 지식백과(검색어: 최병서의 따따부따), 나무위키(검색어: 회장님 우리 회장님).

[그림 6] 조선일보, 「民政·民韓·국민당 代表 國會연설 요지」(1984.3.1), 5면.

[그림 7] 장덕균, 『YS는 못말려』(서울: 미래미디어, 1993), 게임챔프(1993년 1월호).

[그림 8] 저자 작성

[그림 9] 조선일보, 「한·소 교육협력 시행계획서 합의」(1991.11.20), 22면.

[그림 10] 경향신문.

[그림 11] 조선일보, 「大学폭력 척결 共感…「처방」놓고 갑론을박」(1991.6.8), 3면.

[그림 12] 조선일보, 「一事一言. 「教壇20년」의 신조」(1981.4.2), 11면.

[그림 13] 동아일보, 「祕話 文民정부 金泳三정권 5년의 功過(28) 2부 '문민司正'의 허실」(1998.3.8), 7면.

[그림 14] 한국일보(1995.5.31 촬영).

[그림 15] e영상역사관, '김영삼 대통령 차관급 임명장 수여식(교육부장관 포함)'(1997.8.8 촬영).

[그림 16] e영상역사관, '고건 국무총리 EBS 위성방송 개국 기념행사 참석'(1997.8.25 촬영).

[그림 17] 조선일보, 「時論. 교육과정 개정試案 비판」(1991.11.1), 5면.

[그림 18] 이명현 별장 우죽헌(愚竹軒)(2024.11.18 촬영).

[그림 19] 연합뉴스; 이코노미톡뉴스, [발행인 칼럼] "경제 부흥은 '자유'에 근거한다"」(2021.10.5), economytalk.kr/news/articleView.html?idxno=215978.

[그림 20] 한국일보(1993.2.26 촬영).

[그림 21] e영상역사관, '김영삼 대통령 진념 노동부장관 임명장 수여식'(1995.5.25 촬영).

[그림 22] 석학들의 서재(전북 부안군 소재)(2022.12.14 촬영).

[그림 23] 국민일보, 「長官 24時-直言잘해 출세늦은 「經濟브레인」」(1991.9.4), 17면.

[그림 24] KBS뉴스, 「진념 동력자원부 장관, KBS 오늘의문제 출연」(1991.7.21).

[그림 25] 한국일보(1991.9.2 촬영).

[그림 26] 한국일보, 「[기억할 오늘] 1996년 노동운동사의 분수령」(2019.12.26), 30면.

[그림 27] 경향신문(1996.12.27 촬영).

[그림 28] 한국조사기자회, 『新韓國元年: 轉換期의 現場記錄』(서울: 韓國教育文化院, 1994), 78쪽.

[그림 29] 국제신문, 「강경식 전 부총리의 환란 이야기 ① 때가 아니었다」(2007.3.4), 28면.

[그림 30] 조선일보, 「5차 5개년 계획 「公平社會」 육성이 핵심. 5개년계획 수립 實務責 姜慶植 기획원 企劃차관보」(1981.8.23), 9면.

[그림 31] e영상역사관, '김영삼 대통령 금융개혁위원회 회의 주재'(1997.4.14 촬영).

[그림 32] 박흥식 제공.

[그림 33] 박흥식 제공.

[그림 34] 박흥식 제공.

[그림 35] 박흥식 제공.

[그림 36] 조선일보, 「「産業평화」로 물가 잡아보자」(1991.3.20), 4면.

[그림 37] 박용수, 민주화운동기념사업회(1990.4.12 촬영).

[그림 38] 경향신문(1990.4.28 촬영).

[그림 39] 조선일보사보, 「[데스크에 앉고보니] 社會面은 國民을 울리고 웃길 수 있어야‥‥」(1979.8.18), 2면.

[그림 40] 조선일보, 「계약서 작성하는 빌게이츠」(1997.9.27), 11면.

[그림 41] e영상역사관, '김영삼 대통령 공보처 업무보고 청취'(1993.4.1 촬영).

[그림 42] e영상역사관, '김영삼 대통령 언론사 사진부장 접견'(1993.6.9 촬영).

[그림 43] e영상역사관, '오인환 공보처 장관 연세대학교 언론홍보 대학원 개혁과 방송에 대한 특강'(1993.9.1 촬영).

[그림 44] 출처 미상.

[그림 45] 한국일보, 「심마니」(1989.5.4), 15면.

[그림 46] 한국일보(1995.4.27 촬영).

인명색인

저자 약력

김경은(金敬恩)

한국학중앙연구원 선임연구원

고려대학교 행정학 박사(논문: 고위직 관료의 장관 대응행태 실증분석: 장관 역할인식과 관료의 대응경험을 중심으로)

[저서]

조선총독부 건물 철거결정은 어떻게 이루어졌나(2020), 문헌서원·심곡서원·도봉서원(2019), 소수서원·병산서원(2019), 한국행정의 이해(2018)

[논문]

What Determines Senior Civil Servants' Responsive Behaviors to Ministers?(2020), 민주화 이후 핵심행정부의 의사결정(2018), 전통의 보편성에 대한 탐색적 사례연구(2018), '전통의 현대화'에 대한 개념화(2016), 한국의 장관은 정치가인가 행정가인가(2015), 아동복지 체험을 통해 바라본 포용의 원리로서의 보편성(2013), 은퇴한 공직자의 리더십 형성요인에 대한 생애사 연구(2012) 등

[수상]

IRPA Best Article Award(2020)

한국행정학회 학술상(2014)

민주화 시대의 장관 리더십

초판발행	2024년 12월 27일
지은이	김경은
펴낸이	안종만·안상준
편 집	박세연
기획/마케팅	장규식
표지디자인	BEN STORY
제 작	고철민·김원표
펴낸곳	(주)**박영사**
	서울특별시 금천구 가산디지털2로 53, 210호(가산동, 한라시그마밸리)
	등록 1959.3.11. 제300-1959-1호(倫)
전 화	02)733-6771
f a x	02)736-4818
e-mail	pys@pybook.co.kr
homepage	www.pybook.co.kr
ISBN	979-11-303-2163-9 93300

*파본은 구입하신 곳에서 교환해 드립니다. 본서의 무단복제행위를 금합니다.

정 가   27,000원

이 저서는 2017년 정부(교육부)의 재원으로 한국연구재단의 지원을 받아 수행된 연구임
(NRF-2017S1A6A4A01021828).